Juan José Expósito Casasús

Vida de Ignacio Agramonte

Barcelona **2023**
Linkgua-edición.com

Créditos

Título original: Vida de Ignacio Agramonte.

© 2023, Red ediciones S.L.

e-mail: info@linkgua.com

Diseño de cubierta: Michel Mallard.

ISBN tapa dura: 978-84-1126-540-9.
ISBN ebook: 978-84-9007-454-1.

Sumario

Agramonte

Amaba la justicia como Arístides, por ella lo abandonó todo y marchó a la manigua irredenta, pasional tenía de Petrarca y de Leopardi, su carácter le emparejaba con el de Utica, él también se hubiera atravesado con la espada por no caer prisionero de César; pero por encima de todo encarnaba el ideal romántico del caballero de leyenda generoso, magnánimo y audaz, dispuesto a ofrecer la vida ante los altares de esa religión del pundonor y de la hidalguía que llevaba inscritos en su escudo inmaculado.

Anteprefacio

Bajo la égida de la muy ilustre sociedad camagüeyana «La Popular de Santa Cecilia», centenaria institución cultural y baluarte del patriotismo cubano, viene a la luz pública este modesto trabajo sobre la insigne personalidad del Bayardo. En los primeros días de la República, como marcando el rumbo a la dignidad y a la gratitud de un pueblo, inicia la citada sociedad una colecta pública para alzar en la plaza principal de Camagüey la estatua del Mayor, que años después, merced al entusiasmo y al esfuerzo de aquellos varones ilustres que formaban su directiva, fuera inaugurada y entregada a las autoridades municipales de esta ciudad, cuna gloriosa de hombres inmortales.

Ahora, en medio de la incuria y del abandono oficial, hacia estas cosas ilustres del pasado, un cubano meritísimo, un devoto fervoroso de esa religión, que tiene por pontífices a los constructores de la nacionalidad, nuestro carísimo amigo el señor Arturo Pichardo y Navarro, alma y propulsor indiscutible de esta edición, ha querido agregar al aporte imponderable ya citado, que perpetuara en bronce y en mármol la figura egregia del Mayor, esta biografía que presenta al Caudillo en los diversos aspectos de su multiforme existencia, y en la que se rinde tributo, en todo momento, al primer postulado, lema inviolable de la historia: *Veritas et omnia veritas.*

Viene este trabajo, laureado ya en infortunado Concurso, con el siguiente dictamen aprobatorio:

El jurado lamenta no poder recompensar, como fueran sus deseos, otros dos trabajos serios y meritorios, los correspondientes a los doctores Juan José Expósito

Casasús y XX y se toma la libertad de proponer la creación de dos *accesits* remunerados con la suma de 250 pesos cada uno para premiar la labor de los doctores Casasús y XX.

Firmado

José V. Zequeira; Ramón Catalá y José M. Pérez Cabrera.

Pero al hablar del laudo del jurado que nos otorgara el lauro más arriba citado debemos denunciar públicamente, desde esta tribuna de la dignidad humana, no solo el acto de injusticia cometido con nosotros, sino el atentado a la cultura, a la seriedad y a la verdad histórica que se cometiera al otorgar el primer premio, para escarnio de Palas Atenea y ludibrio de Themis afligida a la obra «Agramonte, el Bayardo de la Revolución Cubana» que presentara el señor Carlos Márquez Sterling.

Basta para enjuiciarla, descalificándola, apuntarle los errores históricos que en brevísima sinopsis expuse a la Dirección de Cultura, en recurso que tengo interpuesto contra el injusto laudo y que subrayo de esta manera:

el trabajo, al referirse a hechos de la vida del Mayor, constituye serie inescindible de falsedades y errores de tal jaez que excluyen toda auténtica documentación, requisito exigido en las bases del concurso. Así se verá en ligera ojeada, que desde la afirmación rotunda que se produce de que Agramonte obtuviera brillantemente el título de doctor, a cuyos exámenes de grado no asistió, según pruebo documentalmente; desde el relato sin sentido de la acción de Bonilla, donde Agramonte dirigió un pelotón de mambises; hasta el de la infausta rota de Jimaguayú donde se pone a Serafín Sánchez al mando de las fuerzas de las Villas, cuando solo era capitán y mandaba a sus chinos, y donde se deja en la oscuridad la muerte del Mayor, sobre la que yo he vertido chorros de luz, pasando por el cañoneo de Camagüey (cuyo relato evidencia plena ignorancia de la acción, y hasta de la topografía de la ciudad) y el macheteo del Cocal, dado por Agramonte con solo setenta hombres, y presentado con varios centenares (dice que a las fuerzas del Mayor se le unieron en Jimaguayú, ciento cuarenta jinetes), es todo un rosario de graves y peligrosos errores históricos reveladores evidentes de la injusticia que denuncio ante esa Secretaría.

Queremos, para terminar la brevísima ojeada nuestra sobre la maltrecha obra, citar una frase que se destaca en el luctuoso episodio final y que la desnuda permitiéndonos «verle el alma» como decía Séneca: «sus cenizas fueron aventadas al viento de la inmortalidad».

Si no bastaran los marcados errores históricos que por sí solos condenan la obra; si no bastara el estilo purísimo a que hacemos alusión, bastaría el adverso dictamen del que es, sin disputa alguna, cantera viva e inagotable de preciosísimos datos históricos del solar agramontino, y miembro correspondiente de la Academia de la Historia en esta ciudad, el señor Jorge Juárez Cano, quien en veintidós crónicas, casi todas publicadas en el diario *El Camagüeyano*, ha puesto de relieve el grave atentado a la justicia, a la cultura y a la historia, cometido por el tribunal del Concurso.

A ese otro tribunal: al de la conciencia honrada de los hombres justos, entregamos nuestra protesta y nuestro libro.

Camagüey, febrero 18 de 1937.

Introducción

Habiéndonos propuesto estudiar la vida y la obra de Ignacio Agramonte lo primero que ocupó nuestra atención fue el problema del método; del medio adecuado para llegar al fin; método, de meta-en, odos-camino.

Recordamos a Tito Livio, apto para la majestad de la República romana, Tácito, apropiado para describir a los tiranos, Polibio para dar lecciones de guerra y Plutarco para ensalzar la gloria de los grandes personajes. Al punto descubrimos que, para comprender la vida del Mayor y discurrir por las vetas maravillosas de su existencia, debíamos seguir el sabio consejo de don Pepe: Todos los sistemas y ningún sistema, he ahí el sistema. Porque de todo hay en la historia de esta eminencia; majestad propia de la Roma inmortal, acciones de guerra, no superadas por nadie, gloria emparejada a la de los hombres de Plutarco y hasta tiranos a porrillo, en los enemigos airados de la Patria. Dividimos el material histórico en seis libros, dedicando el primero al escenario en donde surge el personaje biografiado; esto explica que hayamos traído a la obra hechos y personas, medio y momento que preceden a su aparición y que llenan papel histórico en nuestra obra, no pudiendo omitir esa ojeada retrospectiva a los primeros días de la conquista que nos muestran la actitud de los hombres de Iberia entre nosotros para, siguiendo el curso de los pocos siglos que tenemos de vida, llegar a los albores de 1868.

El libro segundo integra un estudio psíquico-somático del biografiado siguiendo los cánones de la psicología contemporánea, buscamos su línea de vida, desde los primeros años, examinando sus dotes de actor sobresaliente, que de modo magistral va a lucir en la cercana tragedia. Allí estudiamos su vocación vital, a la luz de la doctrina de Goethe, y fijamos su tipo moral, kantiano con vetas platónicas; advirtiendo la antinomia infrecuente entre una vida íntima frustrada y una vida histórica ubérrima y provechosa. Le vemos en este libro, como abogado novel, como orador y como conspirador; hasta que se desposa en 1868, primero con su Amalia y luego, dos meses después, con la muerte.

El libro tercero, que con los cuarto y quinto abarca todo el período de su vida guerrera, nos describe al personaje en los dos primeros años de la campaña en que se revela como organizador, táctico, audaz capitán dando pruebas de valor colectivo, como ya las tenía dadas de valor personal y dócil a la superioridad de sus jefes Quesada y Jordan. Le vemos batiéndose a las órdenes del primero, muy inferior en capacidad militar a él, obediente a las disposiciones del mando, porque él, como dijera Luis Victoriano Betancourt, rebelde a todos los yugos, no obedecía más que a uno; al de la Ley, siguiendo así el consejo de Marco Tulio: *Legum servi sumus ut liberi esse possimus.*

En estos libros, donde le estudiamos como guerrero, realizamos una indagación crítica de todas sus acciones de guerra, a la luz de los principios que rigen el arte militar.

En los libros cuarto y quinto, donde continuamos estudiando al Mayor como militar, presenciamos la lucha incruenta y dolorosa entre los caudillos oriental y camagüeyano y le descubrimos a este todo el temperamento colérico cuando desafía en lance personal al presidente, cuando acusa al Gobierno y cuando protesta, y se queja, y se lamenta de los errores de aquél que le llevan, a su juicio, la Patria de las manos.

Hay un instante en este período, en que el historiador, que ha visto el cielo de la Patria oscurecido por los presagios más amargos, y las querellas más lúgubres e infecundas, ve, de repente, abrirse el firmamento sin nubes de la concordia y de la armonía, mientras anuncian las trompetas de la gloria la aparición de un día, fasto para la Patria; el día eternamente memorable en que los caudillos, enemigos y agraviados, el oriental y el camagüeyano, deponen sus diferencias, salvan los obstáculos que colocara el amor propio y en aras del otro amor, el amor santo de la Patria, se unen y se abrazan para luchar en comunidad contra el enemigo único de la tierra. Y vemos, a partir de ese momento, cómo en Agramonte se opera un avatar y se torna defensor del presidente que representaba la Ley y la República. Y le vemos elevarse hasta llegar a ser el primer general de su tiempo y el mejor oficial de caballería que la Nación haya tenido. Y así le seguimos, desde enero de 1871, hasta el infausto día de mayo del 73, en que cae para siempre.

Estudiado ya Agramonte como militar precisaba explorar esa faceta admirable de su vida, para la cual reunía dotes admirables; la política, y en la cual, a nuestro juicio, se ofrecía íntegra su personalidad, uniéndose allí sus dos destinos: el histórico y el íntimo. Esa indagación la realizamos en el libro sexto, donde damos término a nuestra labor.

Hemos avalorado el trabajo, deficiente por ser nuestro, con infinidad de documentos inéditos, nos hemos servido de fuentes vivas, los oficiales, soldados y paisanos que se citan en el texto y nos hemos, por último, constituido sobre el terreno para levantar, por nuestras propias manos, un plano del campo donde se libró la acción de «Jimaguayú», que responda a las necesidades de este estudio con el propósito de poner término, de una vez y para siempre, a tanta historia, sin sentido racional; pero con sentido místico, como alrededor de la muerte de Agramonte se ha escrito, lo que estimamos haber conseguido plenamente.

Al poner punto final a este trabajo sentimos la inefable euforia que lleva el deber cumplido a los corazones justos y si con él llegamos a prestar un servicio a la Patria, a la Cultura y a la Historia, habremos obtenido el más preciado galardón que apetece nuestra conciencia cubana.

Libro primero

En esta guerra santa, donde todo era bello por el lado insurrecto, la manigua y el bosque, los caminos y los ríos y hasta el ganado y las abejas se ponían de parte de la causa de la independencia: se realizaba el mito de Anfión-Orfeo de la leyenda antigua, cuya armonía musical, arrobadora e incoercible, unía a las piedras y a los árboles en ordenación arquitectónica y a los seres vivos, incluso a los animales, en ordenación moral.

Influencia de Juan Jacobo Rousseau en las revoluciones americanas. Destrucción de la raza siboneya. La conquista. Ocupación de La Habana por los ingleses. Los gobernantes de la reconquista. Fracaso del plan de Román de la Luz y ejecución en 1809 del enviado de José Napoleón, Francisco Filomeno. Conspiración de 1823. Función Providencial de Camagüey en nuestra Guerra Grande. Factores que la explican: topográfico (psíquico-somático) étnico, económico y cultural. Informe de Concha. Juicio de fray Cristóbal Sánchez sobre el carácter de los camagüeyanos. Influencia del padre Valencia, en la cultura camagüeyana. Traslado de la Audiencia a Camagüey: su, influencia como factor cultural. Informe de Gutiérrez de la Concha. Cerrutti. Notable influencia de Gaspar Betancourt Cisneros. Descripción del personaje. Misión a Colombia. Entrevista con Bolívar. Ejecución de Andrés Manuel Sánchez y Francisco Agüero y Velazco. Versión de Guiteras. Actitud de la Audiencia. Juicio de Juan Clemente Zenea. Conducta de don Manuel Lorenzo, frente a los desmanes de Tacón. Ejecución de Plácido. Esfuerzos separatistas de Narciso López. Actitud del Lugareño. Semblanza del general Narciso López. El Consejo Cubano de New York. Desembarco de Narciso López, en Cárdenas, y reembarco subsiguiente. Proclama de Narciso López. Su segundo viaje a Cuba. Su muerte en garrote. Levantamiento de Joaquín de Agüero. Fracaso y fusilamiento del caudillo. Palabras de Ana Josefa de Agüero. Actitud del Camagüey ante el fusilamiento de Agüero y sus compañeros. Ejecuciones de Estrampes y Pintó. Discurso del Lugareño en New York, en 1854.

El siglo XIX se abre, para la historia universal, con la promulgación de las ideas revolucionarias que en Francia abaten al último Capeto del XVIII y con el glorioso triunfo de los patriotas americanos del norte. Ambos éxitos de la Justicia tienen como poderoso propulsor a los altos estudios filosóficos, que hallan su más precipuo exponente en Juan Jacobo Rousseau, quien encarna, de modo magistral, el espíritu de su época. Él sometió al estudio frío, sereno, desapasionado de la investigación filosófica, las instituciones políticas y jurídicas de su tiempo advirtiendo, como ocurre siempre bajo los regímenes tiránicos, la incongruencia entre el derecho histórico y el derecho natural, entre la realidad jurídico-positiva y la auténtica justicia. De aquí que su pueblo, con aquella admirable intuición que poseen las masas, aceptara la doctrina como el evangelio de sus luchas. Por ello en la mesa de las asambleas revolucionarias se hallaba el código de los franceses, un ejemplar del *Contrato social*. Se había confirmado el apotegma de Plutarco: «la muchedumbre ama a los justos, a ellos se entrega y en ellos confía». Augusto Comte, hablando de aquel período glorioso, dijo: El *Contrato social*, inspira una confianza y veneración mayor que la que jamás tuvieron la Biblia y el Corán. *Systeme de politique positive*. Y Maine, en el *Ancien Droit*:

No hemos visto en nuestro tiempo y el mundo no ha visto más que una o dos veces, durante todo el curso de los tiempos históricos, trabajos literarios que ejercieran tan prodigiosa influencia, sobre el espíritu de hombres de toda suerte de caracteres y de todos los matices intelectuales, como aquellos trabajos publicados por Rousseau desde el 1749 al 1762.

Los hombres de América se alzaron al reclamo de aquellas voces de justicia, y pocos meses después del primer cuarto de siglo España rendía su espada, en la rota de Ayacucho, a uno de los más jóvenes y brillantes generales de Bolívar.

Y así llegamos al período preliminar de nuestra guerra grande en que fulge la luz purísima de aquel astro cuyo estudio comenzamos.

El biógrafo debe dirigir su mirada hacia los primeros días del descubrimiento, que encontraron la raza autóctona, producto genuino de nuestro clima. Cada vez que pienso en estos sencillos y buenos pobladores de mi patria y en el doble crimen de la conquista, exterminándolos, en los primeros cincuenta años, e inyectando en el tronco joven y en formación de mi pueblo dos razas, inferiores y heterogéneas, no puedo menos que condenar y maldecir la criminal codicia de los conquistadores de mi tierra. Yo pienso con melancolía en el tronco étnico que hubiera producido la natural y humana fusión de estas dos razas, española y siboneya, en una única alimentada a diario con elemento nuevo y vigoroso de la Península. Cuando la obra, que tiene como símbolo aquellos desquiciados de Vasco Porcallo de Figueroa y Pánfilo de Narváez, tuvo remate, dio principio la importación de negros y chinos que no terminó hasta el último cuarto del siglo XIX. Y es durante los cuatro interminables siglos de dominación el único afán de la Metrópoli sacar de esta Isla infortunada el mayor provecho económico posible. Para ello se aherroja al país, a fin de que sufra, atado a la impotencia, la inicua explotación a que se le somete. De aquí que, como ha dicho un historiador chileno Arteaga Alemparte, la historia del coloniaje ofrezca en su cronología muy poca importancia pues un día, un mes, un año son iguales a todos los días, los meses y los años. «El tiempo se desliza por entre una aglomeración de nombres inertes y silenciosos, como la corriente de un río por su lecho de tierra y de guijarros, la existencia humana, privada de su iniciativa, de su voluntad inteligente, de sus nobles entusiasmos, degenera en una especie de vegetación humana.» Y así llega, para nosotros, el año 1762, en que la armada inglesa conquista La Habana, abriendo un nuevo período histórico en la vida cubana y revelando al mundo los valores de esta tierra. España al reconquistarla tiene el buen sentido de enviar a la colonia, que había inmolado en raro ejemplo de fidelidad cientos de sus hijos, defendiendo la corona, verdaderos gobernantes, pues se abre el cielo del conde de Rycla, Bucarely, don Luis de las Casas, don Nicolás Mahy, el marqués de Someruelos, dueños de aquellas condiciones de talento y probidad, únicas que pueden revestir de pura autoridad al hombre de gobierno, según promulgaba con ejemplar sabiduría la filosofía de los siglos pasados olvidada, al parecer, en el presente. Durante este período, según apunta acertadamente Vidal Morales, como la bondad de los gobernantes, atenuaba el riguroso yugo de explotación mentado, los cubanos no intentaron romper los lazos que les unían a la nación colonizadora. Así vemos abortar el plan de Román de la Luz, denunciado a las autoridades españolas por el propio sacerdote que confesara a su mujer y perecer, en 1809, al enviado de José Napoleón, de apellido Alemán y de naturaleza mexicana, preso y ahorcado, después de convicto y confeso ante el juez que lo mandó a la horca, el mulato don Francisco Filomeno, después marqués de Aguas-Claras.

Ya en 1823 soplan los vientos huracanados de la revolución y en Matanzas Teurbe Tolón y Heredia, seguidos de una legión de valientes, conspiraban francamente por la Independencia, incorporados a los legionarios del Águila Negra, que tenían representantes en toda la Isla. Descubierta a tiempo la conspiración, por el Gobierno de España, se la hizo fracasar, dictándose sentencia, en 23 de diciembre de 1824, por la que se condenó a extrañamiento de la Isla a José Francisco Lemus, Ignacio Félix del Junco, Teurbe Tolón y Heredia entre gran número de complicados. Pero ya estamos tocando a las puertas del gran momento en que aparece en la escena de su patria el personaje insigne que biografiamos, y es hora, por tanto, de que nos trasladem os a Camagüey, donde en breve veremos, con los ojos desorbitados por la angustia, alzar el aparato repugnante de la horca, para «ajusticiar» a esos protomártires de la Independencia: Francisco Agüero y Velazco y Andrés Manuel Sánchez.

Por un complejo de circunstancias especiales era Camagüey el campo escogido por la providencia para que en el hermoso escenario de sus llanuras se desarrollaran los actos más imponentes de esa gran tragedia que constituye la guerra grande: Son factores de orden topográfico, étnico, económico y cultural. Ellos conjugados hicieron que los gobernantes españoles miraran a esta región como el baluarte principal de los redentores de Cuba. Así Concha en sus *Memorias sobre el estado político, gobierno y administración de la Isla de Cuba*, dice:

Siendo cual es pacífico el espíritu del país, dóciles a la par que inflamables sus habitantes, como todo pueblo meridional, natural era que cuidando de despertar el un tanto apagado sentimiento de nacionalidad el influjo del gobierno creciese, como grandemente creció, donde quiera que la perversión de las ideas no era ya demasiado extensa y profunda y se hallaba hasta cierto punto favorecida por circunstancias especiales, cual acontecía en Puerto Príncipe.

Veamos, primero, el factor topográfico que se interpenetra, en el cultural, pues actúa sobre los caracteres psíquicos y somáticos del sujeto. El camagüeyano vivía en diario contacto con la naturaleza, ya la psicología explica cómo esto influye sobre el espíritu del hombre, haciéndole proclive a la libertad. Pero hay más, la vida al aire libre, a caballo, dotaba al camagüeyano de admirables cualidades para los ejercicios de campaña. De aquí que ofreciera esta provincia magnífico material para forjar soldados. Ya en Plutarco leemos: «La mejor espada es la que se hace con la reja del arado». En sus amplias llanuras nacían y crecían magníficos ejemplares de la raza caballar, que constituyeron luego instrumento preciado en la contienda. Tal parece que la naturaleza ofrecía, pródiga, la estepa para criar el ganado insuperable y para que en ella luego, sin obstáculo alguno, a rienda suelta y a galope de carga, se derribaran los muros de bayonetas que la tiranía colocaba como obstáculos de acero y de metralla a la libertad de sus nobles habitantes. Por último, la abundancia de montes en toda la provincia constituía otro de los grandes recursos que el factor topográfico prestaba a la revolución, en Camagüey.[1]

Pasemos al factor étnico: Dado el régimen peculiar de vida de los habitantes de Camagüey, ciudad situada en el centro de una extensa comarca, extraordinariamente rica y dedicada al ganado no fueron requeridos aquí, como en otros lugares con profusión, esclavos africanos, por tal motivo el porcentaje de esta población en relación con la blanca, fue menor que en otras provincias; esto, desde luego, y por razones obvias al par que mantenía una homogeneidad étnica valiosa elevaba el índice de cultura de la región.

Los factores económico y cultural los estudiaremos, en virtud de su interpenetración, juntos. Según cuenta Juárez Cano, en sus *Apuntes de Camagüey*, allá por el año 1747, fray Cristóbal de Sánchez Pavón levantó un plano de la Villa que dedicó al capitán general, en la realización de cuya labor tuvo oportunidad de observar carácter y costumbre de los habitantes de Camagüey; diagnosticó que éstos eran aplicados al trabajo y al interés,

---

1   Don Teodorico Feijoó, a este respecto, decía: «Los enemigos, atacan siempre emboscados en la espesura de los montes, su conocimiento del terreno y sus senderos y trochas que conducen a parajes retirados les hace tener casi siempre segura la retirada».

leales, generosos y valientes; «pero poco dados al cultivo divino». Esto lo niega la proverbial religiosidad del camagüeyano de otros tiempos, el argumento irrefutable de ser Camagüey la ciudad que, en proporción, más templos religiosos tiene en Cuba y el mismo testimonio del historiador citado, quien afirma como el año 1749 cuando los padres jesuitas llegaron a esta ciudad recogieron la suma de 52.000 pesos fuertes con los que construyeron su colegio. Queda probado, pues, que la población camagüeyana era religiosa, católica, por no profesarse en Cuba otro culto en aquella época y, como pueblo religioso, religión de re-ligio, atar las cosas, era amante de la verdad y del bien.

El mandamiento supremo del espíritu, ha dicho Hegel, es conocerse a sí mismo, saberse y producirse como lo que es. La religión cristiana establece, como principio universal, la existencia de la verdad y el valor infinito de los individuos, a los que reconoce gozando de la conciencia de sí mismos, de la libertad.

Alejados los habitantes del Camagüey de otras poblaciones, estrecharon los lazos que les unían y emprendieron asociaciones y constituyeron cooperativas culturales. Así la creación de colegios religiosos, fuente perenne de ciencia y sabiduría, que constituyeron uno de los principales focos de cultura de la ciudad y de donde salieron próceres ilustres, que prestigiaron la región y la patria. Así la presencia, en Camagüey, todos los años, de compañías de ópera, costeadas por los propios dueños del teatro, asistentes a aquel espectáculo, culto y deleitable, para lo que habían formado una cooperativa. Así prueba, por último, de este espíritu de asociación es el magnífico Casino Campestre que nos legaron el talento y la iniciativa de aquella época, hoy por desgracia conservados solo en el recuerdo.

El floreciente estado económico de la región, permitió que gran número de estudiantes fueran a la capital, donde, en las aulas del infortunado padre Varela y de aquel santo laico que fue don Pepe, aumentaran su cultura y prepararan a sus coterráneos para la magna lucha.

Cual exponente veraz de lo anterior referiremos cómo en el año 1868 la sociedad Filarmónica de Camagüey celebró unos juegos florales siendo uno de los temas de literatura «La influencia que puede ejercer el Liceo de Puerto Príncipe en la civilización y progreso del país, y marcha que debe adoptar para obtener el mayor resultado». Hizo bien, pues, el gobierno español cuando dos meses después, en 23 de septiembre de 1868, le dice a la sociedad «La Popular»: «que no puede representar nada sin someterlo a la censura previa». A fines del año 1815 llega a la ciudad de Puerto Príncipe un varón ejemplar, a quien la gratitud popular no cesa de recordar y reverenciar, me refiero al reverendo fray José de la Cruz Espí, más conocido por el padre Valencia, encarnación magnífica del sacerdote cristiano, que realizaba la fórmula de Epicteto: «Templo vivo y encarnación de Dios». Al padre Valencia debe mucho la cultura camagüeyana; con su apostolado ejerció decisiva y notable influencia en las costumbres y sentimiento de los feligreses y si era cierta la afirmación, que hemos rebatido, y estimamos falsa, del padre Sánchez, la admirable y evangélica labor del padre Valencia, infiltrando en el espíritu camagüeyano torrentes de fervor religioso, llenó la primera necesidad de aquella colectividad humana.

Otro acontecimiento, de notable influencia en la cultura de esta región, lo constituyó la creación de su Audiencia. Por Real decreto de 14 de mayo de 1797, y en virtud de haber cedido España a Francia la Isla de Santo Domingo, se dispuso el traslado de la Audiencia que allí radicaba a la Villa de Puerto Príncipe, lo que tuvo efecto el día 30 de junio de 1800, habiéndose inaugurado y principiado a funcionar el 30 de julio del propio año, a las cuatro y media de la tarde, en que entró con toda solemnidad, el gran sello. El día 4 de agosto en la Parroquia Mayor se cantó un solemne Te Deum. La Audiencia constituyó, como es natural, foco importante de cultura ya que no solo ella trajo escogido grupo de funcionarios, sino que al calor y a la sombra de este instituto vino a vivir grupo no menos numeroso de abogados. Aquilatando su efecto imponderable, en 7 de noviembre de 1851 el Gobierno de la Isla decía a la Metrópoli:

Puerto Príncipe no será mejor porque la Audiencia continúe allí, y la política aconseja se disminuya el influjo de esa población y se diseminen los que sostienen su mal espíritu, que son, en su mayor parte, los Letrados y curiales, sostenidos por la existencia de ese superior tribunal.

Y continúa opinando que debe suprimirse, así como se lamenta ante el Gobierno diciendo: «que cuando la referida ciudad sabe sobre su decidida opinión de acabar con ese Tribunal se retarda todavía el decreto, dando lugar a que la Autoridad pierda su prestigio».

Ya, con fecha 21 de julio de 1851, se había dirigido en los siguientes términos al Gobierno:

Hay un pueblo en la Isla avanzado en el camino de la rebelión, que requería de parte del Gobierno una conducta firme. Hablo de Puerto Príncipe, y si V. E. se toma la molestia de leer mi comunicación de 9 de enero último será confirmado el juicio que entonces formé de su situación política por los sucesos y documentos de que trato en comunicación de esta fecha. Esta situación especial, ahora como entonces, debía de convencerme de lo infructuosas que serían la moderación y la templanza. Considerando imposible, a lo menos, por algún tiempo, conseguir con beneficio, no un cambio de opinión, que tampoco me prometo, de cierta clase de la población en otros puntos, pero sí disminuir su hostilidad contra el Gobierno, parecía claro que la política allí, no solo conveniente, sino necesaria, era reprimir la revolución con la fuerza, y para mejor lograrlo, rebajar todo lo posible la consideración y la importancia de un pueblo rebelde y he aquí por qué solicité, en la comunicación citada de 9 de enero, la supresión de la Audiencia, que con anterioridad recomendaron, por otras razones, mis antecesores, y si no estoy equivocado la visita presidida por el conde Mirasol; pero he tenido la desgracia de que no se haya tomado resolución alguna hasta ahora sobre tan urgente como importante asunto. Consiguiente a este sistema de energía necesario en Puerto Príncipe, suspendí a un ayuntamiento que traspasando la línea de sus atribuciones representaba sobre asuntos que no le competían. Relevé al general Olloqui, nombré al general Lemery y fueron expulsados algunos de los más peligrosos vecinos. A estas medidas, que la fuga de otros no permitió completar, se debe indudablemente que no tuviese resultados más funestos el movimiento insurreccional de que doy cuenta por separado.

Bien para satisfacer los deseos del capitán general citado, José Gutiérrez de la Concha, que ya no mandaba en Cuba, bien porque el Gobierno creyó que era conveniente lo por él aconsejado, en diciembre de 1853, fue suprimida la Audiencia, e incorporada a la Pretorial de La Habana. En 1868 y agosto 29 fue restablecida, suprimiéndose de nuevo en 3 del mismo mes del año 1870 y reinstalada por último en 1 de julio de 1879.

Constituye también elemento de notable influencia, en el factor que estamos considerando, un sabio profesor italiano que arriba a esta ciudad al principio del pasado siglo y opera desde su Cátedra auténtica revolución cultural, iniciando a la juventud camagüeyana en el estudio de los héroes de Grecia y de Roma, de los varones inmortales de Plutarco, a tal extremo que apenas hay casa de prez en Camagüey que no tenga las *Vidas paralelas* y familia que a pesar de su fervor católico y su amor a las tradiciones no tome de las páginas del gigante de Queronea nombre para sus hijos. Y claro es que los nobles ejemplos de aquellos héroes legendarios habían de influir de modo notable en el corazón camagüeyano de la época que estudiamos.

Así como La Habana tiene un don Pepe, Camagüey ostenta en el dosel del templo donde viven, para la eternidad, sus próceres el nombre insigne de Gaspar Betancourt Cisneros. Este hombre extraordinario integra el tipo perfecto del ciudadano grande, del conductor de multitudes, del eupatrida augusto que la imaginación concibe, perdido ya en las nieblas de la legendaria tradición de Roma republicana.

De todo fue este hombre singular, estadista, economista, maestro, agricultor, publicista, político, polemista, jurisconsulto y humanista. Tomaba lecciones de filosofía de Saco y las daba de inglés a Vidaurre, mientras éste se las devolvía de derecho de gentes. Cedamos la palabra, para tener la vera efigie del Lugareño, al muy docto Vidal Morales:

> Hay un camagüeyano propagandista y hombre de acción, cuya vida revolucionaria abraza un período de cincuenta y dos años y que durante el mismo es el representante más caracterizado de la idea separatista en todas sus fases históricas. Ese hombre superior es Gaspar Betancourt Cisneros, cuya memoria demanda a la posteridad el homenaje a que se hizo acreedor por su patriotismo y la magnitud de su obra. Desde las columnas de la *Gaceta de Puerto Príncipe*, combate y demuele todas sus preocupaciones, predica el culto a los beneméritos de su Patria, se encara con la aristocracia y aboga por la división territorial, corrige la costumbre paradisiaca de la vagancia y desnudez, en los niños, muchos de los cuales, de

ocho a diez años de edad, vagaban por los arrabales desnudos «como caribes u hotentotes;

censura el juego, la holganza, la afición a las letras y al teatro, cuando no las guía el buen gusto y la predilección por los buenos modelos; acomete y se defiende con bríos y con gallardo esfuerzo en suaves polémicas, con vigorosa lógica, acribillando al adversario con chistes espontáneos y rebosantes de gracia, cuando no de cáustica amargura. Su estilo es sencillo, claro, puro y limpio: es el vehículo adecuado para que sus ideas circulen y se vulgaricen. Conjuntamente con la división de la propiedad para el fomento de la agricultura, predica la reforma de esta, el mejoramiento en la industria pecuaria y en las que le son anexas, señala nuevos horizontes al trabajo de un pueblo que, superando en esto a los demás de la Isla, lo que pinta el carácter, democrático de su aristocracia «no tenía por vil el oficio del agricultor», en donde «un joven de familia decente» se acomoda de mayoral, a salario o a destajo, y entra en la ciudad con una piara de animales o una arria de efectos, sin que nadie crea que se envilece por esto. No combate de frente la esclavitud porque en aquellos tiempos en que la úlcera manaba sangre, era imposible hacerlo; pero clama con vehemencia porque se «concentre en el corazón de la Isla una gran población homogénea», por la colonización blanca, a la que consagra excelentes y numerosos artículos, pero el Lugareño no limita su misión a esparcir las sanas ideas a los cuatro vientos: a su predicación une el ejemplo, la acción que la demuestra y corrobora. Así, en su fundo de Najasa establece colonias agrícolas, promueve con su peculio la inmigración de catalanes y canarios, sufre descalabros en la práctica, que explica y demuestra con verdadera convicción; y corona esta titánica empresa lanzando a la arena el grandioso proyecto de unir, por un camino de hierro, a Puerto Príncipe y Nuevitas, completando y unificando así el vasto programa de sus reformas intelectuales, morales, políticas, sociales y económicas. Era la bondad misma; por esencia modesto y tan absolutamente destituido de vanidad como de egoísmo. En él siempre hubo, ante todo y sobre todo, desinteresadísimo patriotismo: fue la personificación de la modestia, de la llaneza, de la naturalidad, de la sencillez y de la caridad. Refiriéndose Domingo del Monte a sus artículos, de la *Gaceta de Puerto Príncipe*, arriba mencionados, decía:

> versan sobre objetos de utilidad pública y mejoras morales en su pueblo: los más notables son sobre el camino de hierro de Puerto Príncipe a Nuevitas y sobre el fomento de la población blanca. Están escritos con profundo conocimiento de las materias que tratan, en buen lenguaje castizo y en estilo culto y elegante. Era, como decía José de la Luz y Caballero, un patriota a toda prueba, todo hidalguía y buena intención; de los que nunca estuvieron conformes con la dominación española: de los que jamás confiaron ni hicieron caso de promesas de reformas y se burlaba de los que algo esperaban de ellas, demostrando la entereza de sus convicciones hasta en el delirio de su agonía, en que rechazaba la sombra de España, a la que se imaginaba ver ahogando a Cuba y apostrofándola enérgicamente exclamaba: «¡Vete! ¡Vete!».

Enterado en Nueva York de los éxitos militares de Bolívar bebe a su salud y prepara la célebre expedición a Colombia, que fracasó por las dificultades para entrevistarse con el Libertador, enfrascado en aquella época en la campaña del Perú; debido a lo cual acordaron los expedicionarios dejar un comisionado para mantener contacto con Bolívar. Posteriormente, en una entrevista celebrada por José Aniceto Iznaga, el comisionado encargado, con el caudillo americano, este hizo ver al cubano la dificultad insuperable que había para acceder a las pretensiones de invasión en este país debido a la oposición que hacían los gobiernos de Inglaterra y los Estados Unidos. Por ello se desistió de la ayuda sudamericana.

Un biógrafo de este camagüeyano dice que tiene parangón con Quetzalcóatl, el célebre personaje de la leyenda azteca, que llega cargado de ciencia y de virtud para reformar las costumbres de su pueblo. Su civilidad queda resumida en estas palabras:

> Yo no escribo ni para formar partidos ni para crearme aura popular. Yo no creo que el amor a la patria consista en frasecitas almibaradas de gacetas, sino en servicios públicos, personales, efectivos, desinteresados. Yo no creo que el mejor patriota será aquel que más y mayores alabanzas le prodigue.

Y en aquel gesto, digno de la estirpe de los Lincoln, que enseguida vamos a relatar y que se empareja con el otro, de haber dado la libertad absoluta a sus esclavos. Hallábase en amena plática con una persona de color cuando llegó el capitán del Partido quien no quiso tomar asiento en la sala de la casa en donde estaba el prócer, por lo que éste le dijo: «Pues, espéreme usted en el zaguán que dentro de un momento iré para allá». Estas palabras revelan toda la dignidad y toda la rebeldía del Camagüey legendario.

Hemos visto el fracaso en el año 1823 de las conspiraciones, para lanzar la nación a la lucha armada contra España. Sin embargo, no acalló el fervor patriótico ni el sentimiento revolucionario. Así en febrero de 1826 ya andaban, en son de guerra Andrés Manuel Leocadio Sánchez y Pérez y Francisco Agüero y Velazco, conocido por Frasquito. Ambos camagüeyanos fueron capturados por España. Oigamos al historiador Vidal Morales:

Un mes antes de ser aprehendidos, el 20 de enero, habían desembarcado en Sabana la Mar, cerca de Santa Cruz del Sur, habiendo hecho el viaje desde Kingston en la balandra inglesa Marylandia. Y ocultos desde su llegada en el ingenio Las Guabas o Las Cuabas, de don Francisco Zaldívar, a 3 leguas de la ciudad de Puerto Príncipe, recibían visitas, Frasquito, de su hermana Ángela de Agüero y de muchos de los principales vecinos de la ciudad, hasta que, en la mencionada noche del 19 al 20 de febrero de ese año de 1826 fueron sorprendidos, empleándose para ello los infames medios de que siempre se valieron nuestros opresores. El alcalde ordinario de la ciudad, don Francisco Carnesoltas, pudo obtener que dos negras esclavas, seducidas por la hala-güeña promesa de ser libertadas, denunciaran el punto en que se ocultaban aquellos candorosos jóvenes que en los mínimos detalles revelaban su inexpe-riencia política, pues al cabo de algunos días de permanencia en ese ingenio, de donde fácilmente hubieran podido huir, fueron detenidos y conducidos a la ciudad, donde los encerraron en el cuartel del regimiento de Infantería de León y pusieron a disposición de la Real Audiencia del Distrito.[2] El procedi-

---

2   Pedro José Guiteras en el Capítulo V del Libro XI, tomo III de su *Historia de Cuba*, dice: «En el exterior los cubanos refugiados en las Repúblicas de México y Colombia persistieron en sus propósitos y determinaron establecer en la capital de la primera un Congreso que

titularon Junta Patriótica Cubana, donde estaban representadas las ciudades y pueblos principales de la Isla. Reunidos el 4 de julio de 1825, fueron electos presidente don Juan A. Unzueta, natural de La Habana, y secretario don José Fernández de Velasco, de Puerto Príncipe; se nombró una comisión para entenderse con el Gobierno Mexicano, otra para las relaciones con los desafectos de Cuba y los proscriptos en los Estados Unidos, y una diputación que fuese a Colombia cerca de la persona del Libertador. Parece excusado decir que sus planes fueron recibidos con entusiasmo en México y que el héroe de Colombia se animó con el ansia de conquistar nuevos laureles en la última lucha de la libertad contra los poderes europeos en América. Según los documentos que tenemos a la vista, ambas Repúblicas se concertaron en levantar un ejército como de 5.000 hombres al mando del general Páez, el cual debía trasladarse en un convoy de Colombia protegido por la escuadra del señor Juan de Padilla; con él iría la flor de cubanos y portorriqueños, de todas graduaciones que se habían distinguido en la guerra de la revolución, capitaneados por el general portorriqueño Valero, vencedor del Callao, y serviría de núcleo a los coaligados que estaban dispuestos a unírseles en la isla. Entre los que dejaron los Estados Unidos para tomar parte en esta expedición se cuentan don Alonso y don Fernando Betancourt, quienes se embarcaron para Cartagena y al pasar por Jamaica les hizo variar de propósito un accidente que dio lugar a una de las aventuras más peregrinas y arriesgadas en conexión con la historia de estos acontecimientos. Los Betancourt se encontraron en Kingston con don José de Salas y don Juan de Betancourt, coroneles colombianos comisionados por su gobierno para examinar la costa meridional de Cuba y proponer el punto más conveniente para el desembarco y se unieron a ellos en esta peligrosa empresa. Puestos de acuerdo pasaron a Montagobay, donde los aguardaban el doctor don Francisco Desa, habanero, y don Santiago Zambrano, trinitario, y en una balandra inglesa llamada «Margaret», se hicieron a la vela el 4 de marzo de 1826, llevando a bordo cien fusiles, doble número de lanzas, diez quintales de pólvora y 10.000 cartuchos. Iban además de los sujetos mencionados, un indio peruano asistente de Salas, el capitán Rafael Dolphy y cinco ingleses. El 8 por la tarde fondearon en el embarcadero Romero, entre Manzanillo y Santa Cruz y bajaron a tierra los coroneles, los Betancourt camagüeyanos y el capitán Dolphy, dirigiéndose a la hacienda San Lorenzo perteneciente a un tío de don Alonso donde quedaron todos menos éste, que pasó a la finca de don Francisco Cosío, 4 leguas más adelante, y envió cartas a un amigo suyo de Puerto Príncipe. A los ocho días tuvo respuesta anunciándole que Cosío y un tío de don Alonso estaban presos en Santiago de Cuba acusados de masones, que los patriotas se hallaban desalentados con la prisión reciente de Francisco de Agüero y Bernabé Sánchez (proscriptos en 1823, que sabedores de la invasión proyectada se anticiparon a ir a reclutar gentes, y avisado el gobierno los prendió y condenó a muerte, cuya sentencia se ejecutó en la Plaza de Puerto Príncipe el 17 de marzo) y que se volviesen de nuevo a Jamaica, porque se había dispuesto la salida de una partida en su persecución; tan alerta andaban las autoridades en aquellos días. Con tales noticias convinieron en embarcarse y seguir a Trinidad en busca de don José Antonio Iznaga y don Pedro Sánchez. Dejaron a Romero el 18, y el 23 llegaron a la desembocadura del Manatí, donde el coronel Betancourt comisionó a don Alonso para que fuese con cartas suyas a verse con aquellos patriotas. Este llegó a Trinidad y habiendo sabido que Iznaga estaba en el campo se fue a la casa de Sánchez y le envió un propio diciéndole fuese a verse con los coroneles en el río Zaza. Cumplida su comisión se volvió a bordo para ir a ese punto, donde llegaron al día siguiente, y a las ocho de la mañana el coronel Salas, don Alonso, Dolphy y otros dos miento se aceleró con inusitada rapidez. El fiscal dijo que ambos reos salieron de esta Isla y que sigilosamente se dirigieron a un país extranjero, donde era notorio que había un foco de conspiración para invadir la Isla y arrebatársela a España: que de los Estados Unidos del Norte de América, continuaron viaje para Colombia, donde se aseguraba que se estaba preparando la invasión: que desde allí volvieron para Jamaica acompañados de jefes insurgentes, pues ese era el punto de escala más a propósito para introducirse clandestinamente en esta Isla. Se introdujeron en efecto, y después se mantuvieron ocultos, armados y disfrazados, procediendo siempre de acuerdo entre sí, hasta que fueron sorprendidos. Resulta del sumario que cuando se les prendió se veía por la costa sur un barco de vela que aparecía y desaparecía, observándose ciertos

---

ingleses, subieron al río en un bote hasta la primera casa que encontraron y no hallando caballerías que alquilar para ir al ingenio de Río-abajo, se dirigieron a un potrero situado a la orilla opuesta, y allí se proveyó don Alonso de ellas y de un guía; pero a poco de andar se tropezó con el inconveniente de no poderse vadear el río, y como le aconsejase el guía que fuese a un embarcadero cercano, se volvió al potrero y con sus compañeros entró en el bote para salvar la dificultad y seguir viaje a Río-abajo. Yo no sabía (dice la relación que escribió el mismo don Alonso) que en tal embarcadero había población y destacamento de tropa, por lo cual no dudé de dirigirme inmediatamente a él. Al doblar el recodo del río descubrimos el caserío y la batería, y no siendo posible escaparnos por la fuga como propuso Salas, determiné dirigirme al comandante del destacamento, a quien persuadí de que Salas y yo éramos prisioneros de un corsario insurgente que nos había echado en el Gran Caimán de donde veníamos en una goleta inglesa que nos traía por 50 pesos y que yo iba a Río-abajo a pedir esa cantidad a don José Antonio Iznaga ... y continuar mi viaje con Salas a Puerto Príncipe». El comandante me creyó y yo seguí a Río-abajo, a donde llegué a las ocho de la noche y permanecí hasta la una de la madrugada que con Iznaga monté en su quitrín y nos dirigimos a Tayabacoa, donde éste tuvo una entrevista con el coronel Betancourt y nos reembarcamos. A Salas y Dolphy y los ingleses les permitió el comandante que fuesen a bordo a buscar la ropa que me pertenecía para que al siguiente día nos reuniésemos allí mismo, según yo había quedado de volver, y de allá ser remitido a Sancti Spíritus con el parte de costumbre. Reunidos todos nos hicimos a la vela la misma mañana, que era Sábado de Gloria, sin tener a bordo un plátano que comer. A las cuatro de la tarde fondeamos en Caimán Brack y fuimos a tierra y compramos pescado y cortamos unas palmitas de guano y seguimos rumbo al Gran Caimán adonde llegamos dos días después. En esta roca desierta tuvieron que detenerse postrados de una enfermedad aguda, el coronel Salas y don Alonso, y como importase dar cuenta de esta expedición, los dejaron allí el coronel Betancourt, Desa, Zambrano y el indio, y Dolphy con los otros ingleses se volvió a Jamaica. Los primeros días los pasaron tal cual pero después se les agotaron las provisiones, se mantenían solamente de verdolaga silvestre que recogía don Alonso, pues Sala estaba enteramente aniquilado; y habiendo aportado por allí en el mes de julio un buque inglés, compadecido el capitán de la situación en que se hallaban, los llevó a Jamaica, donde supieron las nuevas que se dirán en el capítulo siguiente.

movimientos reveladores de la inteligencia en que demostraba estar con los mencionados patriotas. Terminaba el fiscal acusándolos grave y criminalmente como emisarios, seductores y espías convictos, y pedía que fueran condenados a la pena de horca. A pesar de los esfuerzos de sus abogados defensores, don José María Agramonte y Recio por parte de Frasquito y don Domingo Sterling y Heredia, por la de Andrés Manuel Sánchez, habiéndoles acusado el fiscal don Anselmo de Bierna como emisarios de la República de Colombia, seductores y espías, pidiendo para ellos la pena de horca, la Audiencia, compuesta de su regente, don Juan Hernández de Alba y de los oidores don Ramón José de Mendiola y doctor don Antonio Julián Álvarez, los condenó a la pena solicitada por el Ministerio Público, la que fue ejecutada en la Plaza Mayor de Puerto Príncipe en la mañana del 16 de marzo del propio año 1826.

Gobernaba en Cuba el general Vives quien, al iniciarse la causa y comunicársele por el tribunal el inicio, estimuló su celo y pidió se tomasen las providencias necesarias para su breve sustanciación, «a fin de que imponiendo el condigno castigo a los culpables sirviera él de saludable ejemplo para los demás que, olvidados de sus deberes de fidelidad al Soberano, alimentaran la depravada idea de la independencia». La Audiencia careciendo de aquel coraje que pedía Marco Tulio para el juez: *Pectus facit jurisconsultum*, se colocó servilmente a las órdenes del fiscal y prestó, con escarnio de la toga, su infando concurso para que el ridículo, absurdo y salvaje espectáculo de dos ejecuciones capitales se verificara en la Plaza Mayor de Puerto Príncipe. Juan Clemente Zenea, desde la cumbre de su talento, en obra impresa en México en 1868, *La Revolución en Cuba*, dijo:

Tomó cuerpo y forma el fantasma de la revolución y desde entonces se comprendió que había amos y siervos, dominadores y dominados, y que hasta la idea, que es propiedad absoluta del ser racional, pertenecía al soberano del país, el cual se abrogaba la autoridad de dirigir el pensamiento, de grado o por fuerza, en la dirección que tuviese por conveniente. Las sombras de los ajusticiados no quedaron con la muerte relegadas al silencio y al olvido, sino que adquirieron otra vida, salieron de las tumbas y se pusieron a caminar misteriosamente en el tiempo, y hoy por este lado y mañana por el otro empezaron a hablar al oído a sus hermanos de las nuevas edades, dando nacimiento a un ejército de víctimas y héroes que han mantenido y mantienen el combate de la dignidad contra la humillación, del bien contra el mal, del progreso contra la ignorancia, de la libertad contra la esclavitud. Figurábase el pueblo estar contemplando todos los días aquellos mártires pendientes de la cuerda y veíalos mecerse entre los maderos de la horca, temblando bajo el peso enorme del verdugo brutal que, sentado sobre sus hombros, alzaba y dejaba caer alternativamente los pies sobre la caja del pecho que devolvía con ronco sonido la respiración de los golpes. Si se hubiese castigado con otra pena menor a estos individuos, que casi estaban aislados, no habrían subido a la categoría que los elevó su enemigo, y probablemente ya serían al presente confundidos en la insignificancia del común de las gentes; pero matar al que abriga grandes ideas es convocar a la multitud para que admire la nobleza de alma de los que aceptan el sacrificio por el bien de los demás, y de este modo el mismo que pretende modificar un partido, lo protege, para que adquiera unas proporciones de que antes carecía. Cuando abrid una fosa y echáis en ella un cadáver con intención de acallar las pasiones, es inútil el esfuerzo que hacéis para imponer silencio al sepulcro; no importa que pongáis mordaza al labio, y vano será vuestro empeño por conseguir que no se cometan los hechos, pues nadie se conforma con las prescripciones de un Código que quiere contener los impulsos naturales de la voluntad y pretende acortar el vuelo de la razón.

Reuniéronse los miembros de cada familia, espantados ante la consideración de lo ocurrido; y en la soledad del hogar, a donde no alcanzan las arbitrariedades del Poder, se comunicaron unos a otros el dolor mutuo por la pérdida del deudo o del amigo, y en las secretas conversaciones de los ciudadanos se dio existencia positiva a lo que hasta allí no habría pasado quizás de ser el sueño o el delirio de una que otra exaltada fantasía. Continuó por dos años más creciendo el descontento y habría llegado a su colmo si los conspiradores no hubieran estado entretanto sembrando el desaliento desde la tierra de la emigración, con la promesa de que tan pronto como terminasen tales o cuales situaciones apuradas en que se hallaban los países de su residencia, irían a Cuba varios cuerpos de aguerridos republicanos a prestar socorros eficaces; y por último, la actitud de los Estados Unidos del Norte concluyó de una vez con la poca fe que inspiraba ya un destino político que parecía al fin enteramente irrealizable. El general don Manuel Lorenzo, probo y digno gobernador del Departamento de Oriente, que huyó de la capital de su Distrito para no someterse a la tiranía del sanguinario capitán general Miguel Tacón, trazó de manera magistral, en 1837, el cuadro político de Cuba. Oigámosle:

Si en la Península no había libertad verdadera, se veneraba a lo menos su imagen, se respetaba su simulacro, se adoraba su idolatrada sombra. Pero la Isla de Cuba era el reverso de la medalla. Nada de ayuntamientos electivos, nada de diputaciones de provincia, nada de garantías, nada de gobierno racional y regulado. Las leyes eran la voluntad absoluta, omnímoda, ilimitada, del capitán general. En vano se comunicaban las innovaciones y reformas efectuadas en la Península; en vano los procuradores de la Isla elevaban su voz ante el Gobierno y las Cortes: todo se sofocaba, todo se desoía; y los informes ocultos, y los expedientes amañados, y las representaciones de los cuerpos y de los particulares estoqueados por el temor o estimulados por el interés personal, comprimiendo la emisión natural de la opinión pública, prolongaban un régimen tiránico, irracional y tanto más insoportable a los naturales cuanto era más sensible en diferencia con el de la Metrópoli, cuanto mayores eran las formas que en todas épocas han dado de su fidelidad a la madre patria. Después de once a doce años la Isla estaba declarada en estado de sitio; el capitán general revestido de omnímodas y extra legales facultades, ejercía una dictadura singular e incombinable con la situación de un país tranquilo: las leyes, las fórmulas, los tribunales callaban a su voz: los empleados de toda clase y categorías podían ser depuestos y privados de sus destinos: los particulares podían ser confinados, deportados, encarcelados, desterrados sin forma de juicio; las penas aflictivas como el presidio, los azotes, los trabajos públicos, todo linaje de apremios corporales; esas penas que las antiguas leyes de la Nación no permitían imponer sino después de acreditada la comisión del delito por los medios y trámites tutelares establecidos en las mismas, eran aplicadas al arbitrio discrecionario del capitán general sin más razón que su voluntad, sin más juicio que su convicción moral, sin más fundamento que la delación y el anónimo: las cárceles se llenaban de presos, la Península de desterrados, los países extranjeros de prófugos; a semejanza de los tiempos de Calomarde, la palabra mágica de libertad era un delito irremisible; y la Isla de Cuba se preguntaba atónita por qué el despotismo, arrojado de España al poderoso acento de la madre de Isabel, se había refugiado en la más hermosa de sus posesiones ultramarinas.

En 1844 se conmovió la conciencia cubana con la ejecución, en masa, realizada en la ciudad de Matanzas de Plácido, Gabriel de la Concepción Valdés, y doce compañeros condenados a muerte por el Tribunal Militar que los juzgó.

Comienza la segunda mitad del siglo XIX con los esfuerzos de Narciso López por separar a Cuba de la tutela española. Pero bueno es subrayar el hecho de que las experiencias obtenidas por los cubanos, en los años que van de 1830 a 1850, hacen variar fundamentalmente su criterio en relación con el ideal de Independencia. Así el Lugareño que en la tercera década deambulaba en pos de Bolívar para que Cuba constituyera estado dependiente de naciones latinoamericanas, se declara fervorosamente anexionista y rechaza el propio ideal de Independencia con estas palabras:

Mal que pese a nuestro amor propio, somos los cubanos del mismo barro de esos que han logrado hacerse independientes; pero no pueblos libres y felices. Arrancarle la Isla a España es suprimirle virtualmente el comercio de carne humana, porque la anexión, que es un cálculo y en modo alguno un sentimiento, evitando los frutos amarguísimos de la abolición repentina de la esclavitud, permitirá la adopción de medidas salvadoras, como duplicar en diez o veinte años la población blanca e introducir inteligencias, máquinas y capitales que mejoren los medios actuales de trabajo o de riqueza. La anexión, Saco mío, decía a este, su amigo, en carta de New York, de 1848, no es un sentimiento, es un cálculo; es más es la ley imperiosa de la necesidad, es el deber sagrado de la propia conservación.

El genio organizador del Lugareño prepara, en New York, el Consejo Cubano que no es otra cosa sino una delegación de sociedades revolucionarias constituidas en distintas poblaciones de la Isla y del Club de La Habana, compuesto de personajes prominentes de nuestra sociedad. Era su propósito invadir a Cuba con una fuerte expedición de veteranos de la guerra con México, para incorporar a su patria a la Unión Americana. Resultaban propulsores de esta idea miembros del Partido Esclavista de los Estados Unidos. Perseguía, el Lugareño, además de separar a Cuba de la Urania española, la fusión de razas inyectando al tronco étnico cubano sabia fecundante de la raza sajona. Fracasado el propósito del consejo se organiza en New York, por Sánchez Iznaga, Narciso López y otros patriotas la expedición que trajo el «Creole» que desembarca en Cárdenas a las cuatro de la mañana del 19 de mayo de 1850, tomando la población y haciendo prisionero al gobernador y a varios oficiales, pero al ver el general que no tenía acogida la revolución, entre el elemento cubano, pues solo uno de nuestra nación se le incorporó decidió reembarcarse y abandonar la isla, aunque con el propósito firme de volver a desembarcar hacia el Centro de Cuba.[3]

3   Semblanza del general Narciso López: (José Quintín Suzarte. La Habana, diciembre 2 de 1881). «Este jefe, que abrió el segundo período revolucionario de Cuba, era nativo de Venezuela y pertenecía a una familia distinguida de aquella entonces Capitanía general. Al entrar casi en la adolescencia ocurrió la revolución de su país, y poco después tomó servicio contra ella en la caballería de las tropas reales. De carácter alegre, franco, abierto y simpático, de rostro agraciado, de cuerpo airoso, diestro en el manejo de todas las armas y de un valor temerario, que se complacía en el manejo de los peligros, pronto logró distinguirse y subir. A la conclusión de la guerra, en 1826, era coronel y gozaba fama universal de valiente, arrojado y entendido militar. Sea por imitar a Murat, sea por no derramar con su mano sangre de sus compatriotas, y a esto me inclino más porque parece consecuencia de su carácter caballeroso y poético, nunca entró en acción armado de sable, pistola o carabina. Las más impetuosas cargas de caballería las daba blandiendo un látigo o manatí, y cada golpe de éste derribaba a un hombre, según he oído referir a algunos de sus compañeros de armas, pues era tal su fuerza que doblaba un peso fuerte con los dedos, como si fuesen de acero, y no había caballos cuyos fuegos resistieran a la presión de sus rodillas. Solamente el célebre, el legendario José Antonio Páez, que militaba en las filas opuestas a López, rivalizaba con este en vigor físico y en ese arrojo irresistible que caracterizaba al marqués de los Castillejos y que parece inspirar respeto a la misma muerte.

...Cuando cesó la guerra de Costafirme, vinieron a buscar refugio y recompensas en Cuba, multitud de oficiales y jefes que habían permanecido fieles a las banderas de España. Y como la mayor parte de ellos trajeron sus familias, apurado se vio el gobierno para darles alojamiento y tuvo que construir a toda prisa un tosco e inmenso caserío de madera en la calle de San Miguel esquina a la de Amistad, aglomerando allí muchísimas familias de subalternos en pequeños departamentos hechos para cada una. Entre aquellos centenares de oficiales, zambos, de rostro atezado y enérgico en su mayoría, brillaban como dos estrellas por sus distinguidas figuras el teniente coronel don Ramón de las Llamosas y el coronel don Narciso López, jinetes consumados que iban a caracolear por las tardes en arrogantes corceles al Paseo, que así se llamaba entonces a la que después se tituló Alameda de Isabel II, y que tenemos ahora transformada en Parque. Yo tenía entonces seis años de edad, y recuerdo como si fuera cosa de ayer, el entusiasmo con que concurrían las gentes a admirar la habilidad ecuestre de los dos gallardos venezolanos y los elogios que le pro-

No podemos sustraernos al deseo de copiar la alocución dirigida por el

---

digaban. Dos ricas, distinguidas, bellas e inteligentes señoritas, doña Ana y doña Dolores Frías, hermanas del primer conde de Pozos Dulces, se prendaron de los amigos y en un mismo día les dieron las manos de esposas. El matrimonio de Llamosa fue feliz; el de López lo contrario, y por su culpa, pues lo contrajo cuando no estaba maduro para llenar los altos deberes que le imponía. Disipado, amigo del juego y del bullicio exterior, desertaba frecuentemente del hogar, dejando en él para guardarlo, lobos, en vez de fieles mastines. Un hijo fue el fruto de esa unión que tan pronto se destrozó por mutuo acuerdo, y López marchó a España arrastrado por su carácter batallador, a defender los derechos de la inocente Isabel, como se decía en aquella época, amenazada por el pretendiente don Carlos. La fama de López hizo que a poco de su llegada se le diese el mando de un regimiento de la Guardia Real, con el cual llevó a cabo grandes hazañas. Teniente, el más moderno de ese regimiento era el señor don José de la Concha, y López simpatizó con el joven oficial y lo distinguió y propuso varias veces para ascenso, cruces y honores. ¡Cuán lejos estaría entonces de imaginar que aquél su protegido le habría de hacer subir al cadalso! Los servicios de López fueron ampliamente premiados por el Gobierno de la Nación, pues llegó a obtener los entorchados de Mariscal de Campo, la Gran Cruz de Isabel la Católica con varias Cruces laureadas de San Fernando y diversas otras condecoraciones. Parecía llamado a otros destinos y creo que habría llegado a ellos, si permanece en la Península y se dedica al estudio; pero celillos y descontentos no sé si justificados o no, por postergaciones, su espíritu independiente y poco inclinado a la gravedad le hicieron pedir y obtener su pase para la Isla, donde si mal no recordamos, se le nombró presidente de la Comisión Militar, y renunció a poco ese empleo, quedando de Cuartel. El carácter de López, altivo con los iguales y superiores, dulce, afable y familiar con los inferiores, pronto le dio popularidad y le hizo respetuoso para las autoridades, que olfateaban ya la existencia de una conspiración anexionista, fomentada por los agentes del sur de los Estados Unidos. López, incapaz de adular ni de mendigar empleos, viéndose desdeñado y sospechado se retiró del mundo oficial y formó parte activa, comprometiendo todos sus recursos, en una empresa de minas, allá en la jurisdicción de Cienfuegos. Concha es el jefe más inteligente, más laborioso, más diplomático y más fríamente enérgico que ha mandado la Isla. Suzarte cree que López empezó a recibir cartas, verdaderas unas, imitadas otras de la Vuelta Abajo, en que se le aseguraba que habían 6.000 hombres alistados, prontos a levantarse, aunque no trajesen más que un piquete de escolta. Y fueron tan repetidas, que al fin se animó a tentar otra vez la suerte; más como el Camagüey estaba agitado con motivo del fusilamiento de Joaquín de Agüero, la prudencia más elemental y la topografía le indicaba aquel punto como preferente, se embarcó con el objeto de tomar tierra en Nuevitas o la Guanaja; mas como esto desbarataba los planes de sus enemigos, se resolvió a toda costa a hacerle variar de rumbo y sabiéndose, por una Policía bien montada, que el vapor «Creole» debía tocar en Cayo Hueso, allí fueron a esperarle, según se refería entonces, tres naturales del país, que aparecían complicados en la revolución, y le mostraron cartas diversas, en algunas de las cuales ellos habían falsificado las firmas de algunos jefes del ejército, muy amistados de tiempo atrás con el general, y lo persuadieron de que debía desembarcar en Las Pozas. Castañeda, canario, a quien en sus tiempos de prosperidad le había dispensado el general López muchos favores, no siendo el menor de ellos haberle bautizado un hijo, fue el que lo capturó y entregó al Gobierno. En pago de su traición recibió un Diploma de capitán de heroico general venezolano a sus hombres, a los que llamó «Soldados de la Expedición de Cuba»:

> La noble misión que hemos emprendido sería suficiente para demostrar y fortalecer el heroísmo del ejército, sino fueseis los hombres de la campaña de Palo Alto y Cherubusco, y hermanos o compañeros de los que alcanzaron tan inmortales victorias. Ciudadanos de la gran República; vais a dar a Cuba la libertad que tanto anhela; y a librar a la Reina de las Antillas de las cadenas que la degradan y la sujetan a una tiranía extranjera que tanto la ultraja; a hacer de vuestros hermanos cubanos lo que un Lafayette, un Steuben y un Kousciusky y Poulousky, inmortales en la historia, y añadir acaso otra gloriosa estrella a la bandera que ya tremoláis ante la admiración del mundo, sobre la tierra de los libres y el hogar de los esforzados. El pueblo de Cuba no necesita que la primer guardia de honor de la bandera de su naciente independencia se componga únicamente de los futuros ciudadanos de los Estados Unidos; sino por los que por particulares circunstancias se han ofrecido a sus amigos a castigar a los tiranos. Desarmados e incapacitados para organizar y efectuar una revolución, e intimidados por la perpetua amenaza de España de verse peor que en Santo Domingo las riquezas de las islas; vuestros hermanos cubanos se han visto obligados a esperar y desear la hora en que un primer núcleo para auxiliar su revolución se les concediera por los amigos que con ellos simpatizaran, estimando yo como el más alto honor de mi vida el conduciros en tan brillante empresa. Así que esté desplegada al viento en las playas de Cuba la bandera en la que contempláis los tres colores de la libertad, el triángulo que simboliza la fuerza y el orden, la estrella del futuro estado y las fajas de sus tres departamentos, bajo la custodia de espíritus ampliamente poderosos para conducirse como en Buenavista al combatir cualquier fuerza que la oponga el detestado gobierno español, el patriótico pueblo de Cuba se unirá a vosotros, para sostenerla con regocijo; mientras dejáis atrás número incontable de secuaces ansiosos de pisar vuestra huella bajo el mando de uno de los jefes más eminentes de la sin par campaña de México, a menos que nos anticipemos a ellos, consumando nuestra obra antes que tengan tiempo de seguirnos. ¡Soldados

---

milicias, el empleo de capitán de partido y 30.000 pesos en oro». López fue agarrotado el 1.º de septiembre de 1851.

Hemos copiado fielmente la semblanza de Suzarte; pero tememos incida en error, al citar al «Creole», pues sabido es que en su segunda expedición López vino en el «Pampero».

de la expedición libertadora de Cuba! Nuestro primer acto al llegar a Cuba, será el establecer una Constitución provisional, basada en principios americanos y adaptada a las necesidades presentes. Esta Constitución juntamente con los hermanos de Cuba, juraréis acatarla en sus principios, también como en el campo de batalla. Habéis elegido para jefes vuestros hombres de mérito y valor personal para tan noble empresa. Yo confío siempre en que vuestra presentación en Cuba dará al mundo un ejemplo de valor y de las virtudes de los ciudadanos soldados americanos, y no me engaño en la confianza que tengo de que vuestra disciplina, orden, moderación en la victoria y sagrado respeto a todos los intereses privados, os harán despreciar las insolentes calumnias de vuestros enemigos. Y cuando llegue la hora de descansar en vuestros laureles, podréis crear venturosos hogares en el hermoso suelo de la Isla que vais a libertar; y libres ya, gozaréis de la gratitud con que Cuba, generosamente, premiará a los que para ella consiguieron el inestimable y sagrado bien de la libertad. Narciso López.

López no desmaya y prepara su segunda expedición, contando con la cooperación de los patriotas cubanos del interior. Efectivamente, en Camagüey, Joaquín Agüero y Agüero recorría la Provincia en pos de prosélitos y tenía establecido su cuartel general en la posición llamada del Palenque lo que le valió no ser capturado al descubrirse, por el gobierno español, los planes de la conspiración y prender en Nuevitas y Puerto Príncipe a las principales figuras. Afirma el historiador Pirala que don Joaquín de Agüero obedecía las órdenes del Lugareño; y que fue de New York de donde se mandó decir a Agüero que se lanzase prematuramente por estar en desacuerdo Lugareño con López, refiriéndose a lo cual dice Manuel de la Cruz que el Lugareño no aviniéndose a que fuese un extranjero el primero que lanzase en los campos de Cuba el grito de guerra, se apresuró a dictar órdenes perentorias de alzamiento a Agüero; pero lo hace basándose en el folleto de Zenea, ya citado. Frente a esta afirmación se alza la negativa de Pedro Santacilia formulada en carta de 26 de abril de 1900, a Vidal Morales en la que le dice:

No recuerdo ese folleto atribuido a Zenea pero sí sé que es una calumnia infame eso que usted me dice contiene escrito contra Gaspar, porque éste era incapaz, por espíritu de mezquino provincialismo, de comprometer el éxito de la revolución sacrificando a Joaquín de Agüero en un movimiento prematuro que por lo mismo debía de tener fatales consecuencias.

Dejemos a Narciso López en su infausta aventura y vengamos al palenque camagüeyano en el que a poco de insurgir inmolaba su vida aquel ilustre ciudadano del Camagüey. Se cumplía así el negro vaticinio del caudillo venezolano cuando dijera:

> Me parece que veo lo que va a suceder. Esos mozos, sin experiencia, a las pocas de cambio son batidos por las fuerzas españolas; se les hace prisioneros; se les juzga sumariamente; los fusilan; me presento yo y agobiado el país por el efecto moral de esas ejecuciones, no encuentro quién me apoye ni responda a mi llamamiento.[4]

Esa profecía la formuló el general, según el doctor José Ignacio Rodríguez, estando en Nueva Orléans al tener noticia de los levantamientos de Agüero y Armenteros. No vino del exterior la orden de levantamiento sino la obtuvo el propio Joaquín de Agüero de la «Sociedad Libertadora», que radicaba en esta ciudad de Puerto Príncipe y que contaba con el concurso de hombres y mujeres del Camagüey. El día 4 de julio de aquel nefasto año de 1851, en la hacienda «San Francisco de Jucaral» se dicta el «Acta de Independencia de Cuba» y se lanza, por aquel puñado de valientes, el guante de guerra a la poderosa nación que tiranizaba el país. Al día siguiente, el improvisado jefe militar, organizó su fuerza para la guerra, la instruyó en el manejo del arma y marchó a pernoctar a la Sabanilla del Pontón, cerca de la ciudad de Las Tunas. El 7 dividió sus tropas, solamente integradas por cincuenta hombres de a caballo, en tres grupos, asumiendo el mando directo de uno de ellos y encargando de los otros a dos de sus subalternos, se dirigió a la ciudad de Tunas de Bayamo, a donde llegó el 8 por la madrugada, atacando la plaza por tres puntos distintos contando ingenuamente con la cooperación de elementos que había en la misma, los que faltaron a su deber; esto unido a la contingencia desgraciada de

---

4 En la nota anterior queda referida la suerte que corrió el ilustre americano en su segunda expedición a Cuba.

haberse atacado entre sí sus propias fuerzas, confundidas en la oscuridad de la noche, determinó el completo fracaso de la operación y la consiguiente retirada de sus huestes, desorganizadas y dispersas. Las tropas que guarnecían a Las Tunas, persiguieron a los invasores, alcanzándoles el día 13 de julio en San Carlos, donde mataron a los patriotas Francisco Torres, Mariano Benavides y Francisco Perdomo así como a un negro esclavo que no quiso separarse de los bravos corredentores. El escaso número de mártires, pues ya no eran otra cosa, a que habían quedado reducidos, después del precedente combate, marcha a los montes cercanos, buscando la costa norte de Camagüey en inútil empeño de salir de su país. Pero pronto tenían en su persecución cerca de 1.000 hombres del Ejército español y cayeron prisioneros de fuerzas mandadas por el capitán Carlos Conus, en la madrugada del día 23 de julio.[5] Sometidos a un consejo de guerra y convictos y confesos de los delitos de rebelión y sedición fueron condenados a muerte, en garrote vil, no pudiendo cumplirse la

---

5   Después que aquel triste cuanto memorable acontecimiento dio al traste con todos sus planes, Agüero ya no pudo ocuparse sino de su salvación; y al través de horribles pantanos, atravesando bosques y breñas intransitables, abrumado de fatiga destituido de todo humano socorro, y pasando tres días y tres noches de marcha continua, llegó al Júcaro, donde el infame P. le entregó a la saña de sus enemigos. Tres días después de su llegada a la hacienda del Júcaro recibieron los fugitivos un alcance *El Fanal* del 17 de julio, en el cual ofrecía el Gobierno indulto a los que se presentaran, determinando algunos acogerse a él. Por la noche se presentó a Joaquín de Agüero un paisano ... manifestándole que al siguiente día muy de mañana, iría a recogerle una lancha al lugar de la costa llamado Punta Gorda. Al siguiente día no fue tal lancha a buscarle, pero a eso de la medianoche el capitán español don Carlos Conus, con su tropa, rodeó el rancho de pescadores en que el desgraciado caudillo y sus cinco compañeros que no quisieron acogerse al indulto, dormían confiados, haciéndolos prisioneros. He aquí el parte oficial de su aprehensión: El comandante don Bonifacio Cayoso, segundo jefe del regimiento de infantería de Cantabria, desde San Miguel de Nuevitas, dice al comandante general del Departamento del Centro: «El capitán de cazadores don Carlos Conus, con fecha de hoy, en oficio que recibo en este momento, que son las dos de la tarde, me dice lo siguiente: En este instante, que es la una y media de la noche, he aprehendido en el rancho Punta de Ganado al cabecilla don Joaquín de Agüero y Agüero, con seis hombres más, cinco de ellos de su cuadrilla, don José Tomás Betancourt y Zayas, don Fernando de Zayas Cisneros, don Miguel Benavides Pardo, don Miguel Castellanos y don Adolfo Pierra y Agüero. Al sorprenderles me hicieron fuego, el que fue contestado por los Cazadores, hasta que les intimé la rendición, manifestándoles que de no hacerlo pegaría fuego a la casa, y se rindieron cinco, pero no don Joaquín de Agüero, que se tiró al mar y fue alcanzado por lo lanceros, lo mismo que don José Tomás Betancourt, que seguía el mismo camino, a no haberlo impedido los Cazadores. Puerto Príncipe, 23 de julio de 1851».

sentencia en esa forma, porque los cubanos la noche que precediera al día de la ejecución envenenaron al verdugo; pero el comandante general de la plaza dispuso que los reos fuesen fusilados por la espalda, lo que se verificó a las seis de la mañana del día 12 de agosto de 1851.

Joaquín de Agüero y su mujer Ana Josefa integran todo un símbolo del martirologio cubano, y las solas biografías de estos dos personajes singulares constituyen el más bello poema de sacrificio y patriotismo que pudiera tejer la imaginación ardorosa y exaltada del genio. Así cuando aquel hombre excepcional era conducido el 11 de agosto a la Capilla, sabiendo que el tambor de guerra de Narciso López llamaba a los cubanos a la lucha, al ver que la multitud inconsciente y miserable se arremolinaba frente al cuartel para contemplar hasta los más mínimos detalles de su conducción, pleno de melancolía, en un arranque digno de la leyenda, y todo para la eternidad, manifestó: ¿Y ese pueblo, qué hace? Haciendo pendat con su marido, Ana Josefa se despide de él al marchar para la guerra y trucidada por el dolor de la separación y la angustia más cruel del peligro que amenazaba a su heroico compañero; pero consciente de la misión excelsa que marcha a desempeñar, le dice, con los ojos bañados en llanto: «Ve, cumple con tu deber y que cuando vuelva a abrazarte seas un hombre libre».

Con Joaquín de Agüero fueron fusilados en el campo fatal de Arroyo Méndez sus infortunados compañeros José Tomás Betancourt, Fernando de Zayas y Miguel Benavides.

Este cuádruple crimen, lejos de apagar las ansias de libertad demostró, aún a los ojos de los gobernantes españoles, el vivo sentimiento de independencia que animaba a los habitantes de esta ciudad. Como guardando luto por el espeluznante espectáculo, las familias camagüeyanos enteras se fueron al campo; los hombres vistieron de negro, al igual que las mujeres, quienes inmolaron en el altar de la patria lo que entonces se ostentaba como bello testimonio de feminidad, sus hermosas cabelleras. La musa popular improvisó unos versos censurando acremente a la camagüeyana que no se cortara sus atributos capilares y muchas familias trasladaron su residencia del Camagüey a Morón.

El gobierno español, cuenta Pirala, realizó una suscripción para socorrer, con su producto, a las familias de los ajusticiados, las que, colocándose a una altura moral digna de su pueblo y de sus deudos, rechazaron indignadas el producto de aquella. Y oigamos, por último, tomando una plena y acabada visión de conjunto del Camagüey, de aquellos días, a Vidal Morales, el historiador:

> La triste y pavorosa noticia circuló por todo el Camagüey, llenándole de luto y consternación. Cuentan los contemporáneos que fueron días de verdadero duelo aquellos en que la Nazareth de las orillas del Tínima, cubierta con el cilicio de los grandes dolores, vio desaparecer así al valiente adalid, que constituía por tantos conceptos su orgullo y su esperanza y a sus no menos nobles y dignísimos compañeros de martirio. La ciudad quedó desierta, casi todas las familias se ausentaron al campo, para no presenciar tamaña catástrofe.

La conducta de los camagüeyanos en aquellos luctuosos días de la época más dura de la Colonia, en que era más rígido, más implacable el despotismo de los sátrapas que aquí nos oprimían a nombre de España, constituye la página más brillante del libro de oro de nuestra historia. Ya hemos relatado la serie de agravios que uno de sus ensoberbecidos mandarines infirió a la liberal sociedad principeña, suficientes para enardecer las fibras de su patriotismo y sentir vejada la dignidad de un pueblo viril y nobilísimo, de enérgica y avasalladora condición, que abriga en su alma un culto ferviente por el ideal santo de la independencia de la Patria, el único al que siempre fue muy fiel, muy noble y muy leal, lema que cual padrón de ignominioso servilismo le concedieron los tiranos para que orlase su escudo y que el denodado esfuerzo del indomable marqués de Santa Lucía, unido al de la espada de los Agüero, Agramonte, Varona (Bembeta), Luaces, Quesada, Mola, Boza, Ángel del Castillo y tantos otros borró para siempre. El procónsul Concha, en una de sus comunicaciones al Gobierno Metropolitano, refiriéndose al estado político de la Isla en esos días, decía que felizmente no era como el de Puerto Príncipe, donde la mayor parte de sus habitantes tenía verdadero fanatismo por la anexión o independencia y donde las señoras pertenecientes a las familias principales se deshacían de sus alhajas para enviárselas a los emigrados cubanos de los Estados Unidos. Y así era en efecto: aquella ciudad santa, la primera que dio el ejemplo de su amor a la independencia de la Patria, estaba predestinada para ser la cuna de nuestras libertades, la de las madres de numerosos héroes, el sitial donde la mujer cubana ostentara más la soberanía de su hermosura, donde fuera más admirable su tropical belleza, su intangible delicadeza: La Circasia de América y la Esparta de Cuba.

Desde sus ámbitos vislumbrábase ya en la segunda época constitucional y más tarde en la de Francisco Agüero, aquella luz espiritual que ilumina los escombros y que permite a los pueblos que viven sumergidos en el abismo, divisar, como Dante, desde el fondo del Infierno, el mundo superior bordado de estrellas y bañado por la hermosura infinita: Uno de los más admirables tipos de aquellas ilustres camagüeyanas fue, sin duda, la esposa amantísima de Joaquín de Agüero y Agüero: «Ana Josefa de Agüero y Perdomo, alma templada en el molde candente de la época». A partir de este desgraciado fracaso presencia nuestra sociedad alarmada las ejecuciones de Strampes y Pintó; representa el primero la tendencia emancipadora, sin afán anexionista, y el segundo constituye, al decir de M. de la Cruz, el mártir del último esfuerzo anexionista. Señala esta época el momento en que Lugareño abandona su empeño anexionista, conocedor de la resistencia ofrecida por el Gobierno de Washington y, desalentado y colérico, en asamblea celebrada en New York en 1854 invocando a López, dice:

La Independencia nacional de Cuba es el primer artículo de nuestro programa revolucionario. Por aquí vendrán ustedes en conocimiento de cuán lejos estaba de la mente de Narciso López y de los caudillos de la revolución la idea de anexionar Cuba a los Estados Unidos por medios indignos, humillantes y derogatorios, de la dignidad del pueblo cubano. España, señores, es una madre injusta, y los azotes y los ultrajes y las vejaciones de una madre jamás infamaron a sus inocentes hijos. El gobierno español en Cuba es el ladrón que roba y despoja a Cuba de todo cuanto tiene; pero el Gobierno de los Estados Unidos es el raptor que la viola y deshonra. Yo, a nombre de Narciso López, a nombre del pueblo cubano, en el seno de esta asamblea y en la presencia de Dios, quiero dejar consignada nuestro solemne protesta contra el raptor y violador de Cuba.

Libro segundo

Agramonte es la antorcha a cuya luz viste Cuba sus avíos de guerra.

Nacimiento de Agramonte. Sus padres. Influencia de la educación infantil en la vida del hombre. Indagación de la línea de vida del Mayor. El niño Agramonte en el campo de Arroyo Méndez. Paralelo entre Catón y Agramonte. Sus maestros en Camagüey y en La Habana. Su larga permanencia en España. Su ingreso en la Universidad. Semblanzas por Aurelia Castillo, Manuel Sanguily y Manuel L. Miranda. Otro punto de contacto con Catón. Estudio de la vocación vital de Agramonte a la luz de la doctrina de Goethe. Agramonte estudiante de la Universidad. Juicio de Sanguily. Su discurso de grado. Estudio crítico de esta pieza oratoria. Agramonte abogado. Juez, cómo desempeña sus funciones. Acomete los altos estudios del doctorado. Su traslado a Camagüey en 1868. Su viaje a New York, con fines revolucionarios. Su incorporación a la Logia Tínima en Puerto Príncipe. Elocuente informe ante la Audiencia. Importante función de las logias masónicas en la Guerra Grande. Pirala. Eladio Aguilera. Vidal Morales. Incidentes en Camagüey en 1866 en las fiestas de San Juan. Agramonte en el «terreno del honor». Sus más importantes lances personales. Ligero estudio sobre el duelo. Importancia del epistolario íntimo de Agramonte para penetrar en su yo interior. Aparición de Amalia Simoni. Semblanza que ofrece Aurelia Castillo. Su matrimonio en agosto de 1868. El doctor Simoni y Agramonte. Conducta del primero en la Asamblea de Minas. Las dos Venus de la doctrina platónica. Agramonte y Leopardi. Estudio de las cartas de Agramonte a la Simoni desde la manigua cubana. Una vida íntima frustrada y una vida histórica provechosa. Paralelo entre las vidas íntimas del Cid y Agramonte. Su actitud cuando la muerte le arrebatara al padre en New York. Su carta a la madre. La única carta desde el campo en que habla alegremente de la guerra. Agramonte encarna éticamente el tipo kantiano. Maravillosa carta de Amalia que no llegó a poder del Mayor.

En el marco que hemos trazado viene a la vida y a la gloria el día 23 de diciembre de 1841, en esta ciudad de Camagüey, entonces Puerto Príncipe,

Ignacio Agramonte y Loynaz, hijo de don Ignacio Agramonte y Sánchez y de doña Filomena Loynaz y Caballero. Eran sus padres, el uno austero varón y docto jurisconsulto, y la otra venerable dama de este sencillo y patriarcal rincón camagüeyano donde regían, con la fuerza toda de lo imponderable, los viejos usos sociales, aquellos que actuaban como aglutinante del pueblo y ejercían alta y noble misión educadora.

Adverso nuestro criterio al afán de muchos escritores y biógrafos de traer los antecedentes de progenie del biografiado como un título más que avalore su vida: razón y mucha la del autor del *Quijote* cuando decía: «la sangre se hereda y la virtud se aquista y la virtud vale por sí lo que la sangre no vale». Sabios los hijos del Celeste Imperio quienes, estimando que la nobleza de la sangre, en el orden hereditario, es un absurdo, invierten el orden de trasmisión, siendo no el padre quien ennoblece al hijo sino éste a sus antepasados, destacando con sus esfuerzos, en el escenario multiforme de la sociedad, a su estirpe humilde e ignorada. Pero el biógrafo no puede ignorar los postulados del método de Taine, que tiene aquí evidente aplicación, y raza y medio y momento son circunstancias que se destacan egregiamente en estos estudios.

Fonsegrive lo ha dicho: «es ley del espíritu que nada de lo que ha sido dado a la conciencia se pierde para ella» y si gran parte de la educación, como enseña la paidología, la adquiere el niño en su casa, no solo por lo que los padres le enseñan directamente sino por los cuidados y precauciones que toman para evitar que ayos y criados lleven al alma del infante ideas y sentimientos vitandos, se advierte la superior importancia que tiene para conocer la vida de un hombre saber quiénes fueron sus padres. Y determinar, no los títulos de nobleza, ni el grado de riqueza material, sino las condiciones de probidad y de carácter y la cultura de sus mayores.

Hemos visto ya quiénes eran los padres del Mayor y esto nos dará causa para explicarnos y revelarnos muchas facetas de aquel gran corazón.

Conocido es el dictamen de múltiples investigadores sobre la influencia de la educación infantil habiéndose afirmado, de consuno, y esto nuestra propia conciencia nos lo revela, que los impulsos determinantes de la constitución del alma provienen de la primera infancia. Alfredo Adler dice:

que los fenómenos aislados en la vida del alma no deben nunca considerarse como un todo cerrado sino que solo se les puede comprender considerándolos como partes de un todo inseparable, procurando después descubrir la línea de movimiento, el estilo de vida de una persona, y llegando a la visión clara de que el oculto objetivo del comportamiento infantil es idéntico al del hombre en años posteriores.

Por eso aquel grande de las letras patrias, Manuel Sanguily, en su admirable nota biográfica del Mayor, después de hacer constar las señaladas circunstancias que reunían sus padres dice: «estudió las primeras letras en varios colegios de su ciudad natal, siempre como externo». Véase cómo subraya este hecho, y con qué finalidad lo verifica, «por lo que pudo recibir más constantemente la influencia de su honrada familia y en especial del carácter de su padre, que era hombre de mucha energía y firmeza». Energía y firmeza, esas son precisamente las cualidades singulares del carácter de aquel hombre, ellas fijan en todo el decurso de su corta existencia la línea de vida del Mayor. Y es esa línea, según afirman los psicólogos contemporáneos, la que permanece invariable, durante la existencia humana. El hombre, así que traspone el dintel de la existencia y se encuentra frente al mundo, toma de éste una visión de algo que le es hostil; pero tan pronto se incorpora en su cunita recibe la primera porción de valor y ya, creyéndose fuerte, se dispone a la lucha. Si sus educadores logran alejar el complejo de inferioridad e infundirle cada vez mayores energías espirituales pueden esperar que el éxito corone su labor. He aquí que las primeras impresiones del alma humana sean de tanta importancia en el curso de la vida y que muchos psicólogos vean, aún en el mismo período de la lactancia, la línea anímica a lo largo de la cual se desarrolla toda la existencia.

Con los valiosos antecedentes que Sanguily nos tiene suministrados, del padre del Mayor, cuya autenticidad hemos podido corroborar, en amena plática con venerables camagüeyanos, casi centenarios, queda fácilmente explicado aquel episodio admirable de su vida cuyo paralelo solo podríamos encontrar en las historias de Esparta o de Roma la inmortal. Oigamos a Vidal Morales:

Refiere el malogrado joven escritor Manuel de la Cruz, apoyado en el testimonio de varios testigos, que Ignacio Agramonte, a la sazón de diez años de edad, quiso ir al lugar en que yacían los cadáveres de los ajusticiados; que sus padres con razones y consejos trataron de impedírselo, pero que él se obstinó tanto y con tanta vehemencia, que le otorgaron su consentimiento. Dice que corrió a la Sabana de Méndez, atravesando por entre la turba de curiosos, que se acercó, lento y sereno, al cadáver de Agüero, y que, después de un momento en que estuvo abstraído, contemplando aquel cuerpo inmóvil y frío, de repente, sacó un pañuelo, lo empapó en la sangre que bañaba el cadáver, y se alejó de allí pensativo y triste. Nuestro inolvidable amigo, en su obra inédita, y por desgracia incompleta, acerca del egregio caudillo que perdió la patria en los campos de Jimaguayú, refiere que largo tiempo conservó Agramonte el pañuelo empapado en la sangre de Agüero, como misterioso pacto de sangre, y que con el desarrollo de su razón creció su amor a la memoria de aquel mártir, que era un culto, que en las paredes de su cuarto había dos retratos únicos, sus penates: el de Simón Bolívar, a quien admiraba de todo corazón, y el de Joaquín de Agüero, con su semblante dulce y severo, revelando un alma levantada, enérgica y no exenta de cierto dejo de amargura; que cada vez que surgía el recuerdo del infortunado mártir camagüeyano, Agramonte se exaltaba y encendía y no perdía la ocasión de quemar incienso en el altar de aquel paladín; que no quiso hacer fuego a un piquete de caballería enemiga porque los soldados, empleados en bañar sus caballos en medio del río, no podrían defender sus vidas, y él no iba a matarlos sobre seguro.

Vamos, pues, guiados por Plutarco, a descubrir en la vida misma de Catón de Utica hecho que puede compararse al relatado y ante los cuales debemos repetir las palabras del insigne autor de la Tebaida: *Macte animo, generoso puer, sic itur ad astra*.

Habíase hecho ya tan célebre, que ocurrió lo siguiente, reunía e instruía Sila los mancebos de las principales familias para una carrera de caballos, juvenil y sagrada, a la que llaman troya, y había nombrado dos caudillos, de los cuales los jóvenes admitieron al uno por respeto a su madre, pues era hijo de Metela, mujer de Sila; pero en cuanto al otro que era Sexto, sobrino de Pompeyo, no permitieron que se les pusiera al frente ni siquiera seguirle, pregúntales Sila a quién querían, todos a una voz dijeron que a Catón, y el mismo Sexto cedió el puesto contento, y se puso a sus órdenes, dando esto testimonio a su mayor mérito. Había sido Sila amigo de su padre, y algunas veces los llamaba a él y a su hermano y les hablaba, siendo muy pocos aquellos con quienes tenía esta atención, por el envanecimiento y altanería de su majestad y su poder y dando Sarpedón grande importancia a este favor por el honor y seguridad, llevaba a Catón con frecuencia a casa de Sila, que entonces en nada se diferenciaba de un lugar de suplicios, por la muchedumbre de los que allí eran sofocados y atormentados; cuando esto sucedía tenía Catón catorce años, viendo, pues, que se traían allí las cabezas de los varones más distinguidos de la ciudad, y que los presentes devoraban en secreto sus sollozos, preguntó al ayo por qué no había alguno que matase a aquel hombre, y respondiéndole éste: Porque, aunque le aborrecen mucho, todavía le temen más, le repuso al punto: ¿Pues por qué no me das a mi una espada para libertar de esclavitud a la patria quitándole de en medio? Al oír Sarpedón estas palabras, vio que le centelleaban los ojos, y que su encendido semblante estaba lleno de ira y furor, y concibió tal miedo que de allí en adelante estuvo siempre con cuidado y en observación de que no cometiera algún arrojo.

Es circunstancia que no puede omitirse, en la vida de este hombre singular, la que apunta, con la sagacidad acostumbrada, su biógrafo citado, consistente en haber sido alumno Agramonte en esta ciudad de Camagüey de un español, don Gabriel Román y Cermeño, quien unido a la familia de su discípulo, por los lazos inconsútiles del afecto y la gratitud, tomó gran empeño y extraordinario entusiasmo en la enseñanza de su alumno.

Si aquí tuvo maestro idóneo y animoso, allá, en la capital, fue alumno del renombrado e inolvidable plantel que fundara y dirigiera el ilustre filósofo y educador cubano don José de la Luz y Caballero, de cuyas aulas pasó, sin que se pueda precisar la fecha; pero sí asegurar que fue por los años de 1851-52 a los colegios que en Barcelona dirigían José Figueras y don Isidro Prats, ambos incorporados a la Universidad de aquella ciudad en la que cursó, con notas de sobresaliente, los tres años de latinidad y humanidades, y dos de filosofía elemental, con alta calificación también.

De allá regresó a Cuba en oportunidad de incorporarse en la Universidad al curso académico de 1857-58 y después de cursar con notas de sobresaliente los estudios de bachiller en artes obtiene en 6 de julio de 1859 el título. En 2 de septiembre de 1859 matricula primer año de jurisprudencia y cursa los cuatro años de esta ciencia con notas de sobresaliente, alcanzando en 19 de julio de 1863 el grado de bachiller en jurisprudencia. Continúa estudiando la licenciatura y en 8 de junio de 1865 conquista en examen de grado el título de licenciado en jurisprudencia, del cual se tomó razón en el Ayuntamiento de Puerto Príncipe en 16 de agosto de aquel año.[6] En agosto del año 1867 solicita examen al grado de doctor, haciendo constar que tiene cursadas las asignaturas correspondientes al período del doctorado, se le señala la fecha del 20 de dicho mes y año; pero no consta del expediente universitario, que hemos tenido a la vista, que concurriera a dicha justa. Es que ya por esa época andaba dedicado intensamente al ejercicio de su profesión y ya le solicitaban, también, los incoercibles requerimientos de la Patria que un año después le vería alzarse altivo, en los montes de Bonilla, contra el tirano. Aurelia Castillo de González nos da la siguiente semblanza del héroe en esta época:

> Me parece verlo. Era alto, delgado, pálido, no con palidez enfermiza, sino más bien, así podemos pensarlo, con palidez de fuertes energías reconcentradas; su cabeza era apolínea, sus cabellos castaños, finos y lacios, sus pardos ojos velados como los de Washington; su boca pequeña y llena, como la que se ve en las representaciones de Marte y sombreada apenas por finos bigotes; su voz firme.

Veamos, ahora, cómo le describe don Manuel Sanguily:

> Su aspecto y su carácter. Por entonces era un hombre de aventajada estatura y aspecto muy distinguido y airoso. De finísimo cutis, nariz aguileña y fuerte, los ojos negros, lánguidos y hermosos, larga la sedosa cabellera y aunque le sombreaba el labio superior ligero bozo tenía el aire juvenil de un doncel de leyenda, principalmente cuando al sonreír mostraba la dentadura de maravillosa perfección femenina.

---

6   Véase en el Apéndice el documento inserto en *El Fanal* de 20 de agosto del 65.

Como se ve, en su persona desde el punto de vista físico, como desde el punto de vista moral, habíanse armonizado todas las cualidades que en la primera ocasión convierten al que las posee en un gran jefe y director de hombres. Continúa diciendo don Manuel Sanguily «que un americano que habló con el Mayor, en el campo insurrecto, decía que el joven caudillo le había parecido a lo que se imaginaba el apóstol San Juan», que los afectos de Ignacio Agramonte eran siempre serenos; pero profundos; que amaba a su hermano Enrique, menor que él, como un buen padre ama a su hijo único, a punto que por aquel compañero de su niñez y su juventud, de los días de paz y de los primeros años de la guerra, estuvo siempre dispuesto a exponer sin vacilación la vida, porque, además, por su naturaleza propia y por el medio en que se crió aquel joven catoniano y puro sentía en su corazón todos los ardores generosos de un caballero de los románticos tiempos medios, los cuales puso a prueba para su prestigio y fama en más de un lance ruidoso y grave. Y evidentemente Sanguily comparaba al Mayor con Catón porque bien conocía aquél, por Plutarco, la vida del gran romano; así en el amor que Agramonte tenía por su hermano menor se descubre otro punto de contacto con la vida de Catón. Oigamos a Plutarco:

> Era todavía niño pequeñito cuando, a los que le preguntaban a quién quería más, respondió que a su hermano; volvieron a preguntarle: ¿Y luego? Y la respuesta fue igualmente que a su hermano; volvieron la tercera, cuarta y más veces, hasta que, cansados, no le preguntaron más. Después, con la edad, todavía se fortificó y creció este amor al hermano porque ya era de veinte años, y jamás había cenado, viajado o salido a la plaza sin Cepión.

Manuel L. de Miranda que fue condiscípulo del Mayor en el colegio a que aquél asistiera en Camagüey, y luego, en los campos de la lucha armada, su ayudante, nos da la siguiente semblanza del héroe:

> Cuando cayó en el campo fatal de Jimaguayú tenía treinta y un años cuatro meses; cumplía treinta y dos en diciembre 23, fecha de su nacimiento; medía más de seis pies de alto, hermosa, gigantesca, noble, varonil, erguida figura. Frente espaciosa, ojos grandes, algo dormidos, trigueño muy claro, facciones bien delineadas, bigote

fino, y no montañoso como aparece en los retratos que se publican, de mirada dulce y no azorada, como aparece en los sellos de correo. Su voz era clara, firme y de grato sonido.

Al vigor corporal reunía las más bellas cualidades del alma, era modesto, prudente, grave, magnánimo, generoso, tenía el talento de la palabra, orador elegante y sobrio. Parecía haber nacido para mandar, sin haber sido déspota ni altanero nunca.

Y llegado ya el momento en que Ignacio Agramonte se presenta al juicio del biógrafo como adulto, debemos estudiar su persona, según el método aconsejado por Ortega y afincado en la doctrina de Goethe. Debemos determinar cuál era la vocación vital del biografiado y la fidelidad del personaje a ese su destino singular, para hallar el plano de su existencia feliz. Goethe afirmaba que la vida humana constituíala la lucha del hombre con su destino; que lo más importante no era la lucha del hombre con el mundo en torno, sino la lucha del hombre con su vocación. Goethe se separa de Kant y mientras éste sitúa su imperativo categórico como algo infrangible Goethe afirma: «No, recto es lo que es conforme al individuo». Así sustituye el deber de ser de la regla moral con el tener que ser de la vocación vital. Goethe afirma que el hombre solo reconoce su yo, su vocación singular, por el gusto o disgusto que en cada situación experimenta. La infelicidad le va avisando, como la aguja de un aparato registrador, cuando su vida efectiva realiza su programa vital; solo sus goces y sus sufrimientos, le instruyen sobre sí mismo. Cuando el hombre sufre, su vida proyecto no coincide con su vida efectiva; es el momento en que el hombre se escinde en dos, el que tenía que ser y el que en realidad es; pero esta dislocación, se manifiesta en forma de dolor, de angustia, de mal humor; la coincidencia, en cambio, produce el admirable fenómeno de la felicidad. Entonces el hombre es fiel a su destino, realiza su vocación vital. Veremos, en el curso de nuestro estudio, cómo Agramonte fue infiel a su destino; cómo vivió su vida, casi en perpetua escisión, en constante dolor, sufriendo amargado la quiebra de su entelequia. De aquí que nosotros ante su figura epónima, después de recorrer las rutas todas de su vida admirable, titularíamos su biografía la tragedia del Mayor.

El hombre desenvuelve su vida en el cumplimiento de tres misiones cardinales: amor, profesión y sociedad. En este trabajo hemos de ver cómo Agramonte resultó casi frustrado en la primera y llenando una misión histórica, en las otras, frustró, sin embargo, su vocación. Y decimos casi frustrado en la primera, porque no hay felicidad amorosa, viviendo separado del objeto, ya que la esencia del amor está en el afán de unión. Por eso Bretón de los Herreros daba su ley en estrofas admirables: «Sea amor impuro o casto, no es dichoso sin la plena posesión del ser amado». Pocos datos hemos podido acopiar de ese período, pleno de romanticismo, y de ensueño, y de esperanza, en la vida de todo profesional, que se pasa en las aulas universitarias, en relación con nuestro biografiado. Así vemos que siendo estudiante había practicado en el bufete del doctor Antonio González de Mendoza, establecido en la propia capital de la República, según afirma su biógrafo Eugenio Betancourt. Vidal Morales, en *Hombres del 68*, hablándonos de las sesiones de jueves y sábados en el Aula Magna de la Universidad, dice que a ellas (en las que se libraban reñidas lides dialécticas), asistían jóvenes llenos de júbilo y entusiasmo para apagar su sed de ilustración: Ignacio Agramonte, Luis Ayestarán, y otros. Manuel Sanguily, en *Oradores de Cuba*, dice que

por el año 66 se establecieron en el Liceo de La Habana unas reuniones dominicales a las que llamaban tertulias literarias y en una de estas reuniones, a propósito de un discurso leído por el profesor don Blas López Pérez, hubo ocasión para ser aplaudida su palabra fluente, severa y enérgica a un joven que acababa de recibir en la Universidad la investidura de licenciado en Derecho, Ignacio Agramonte y Loynaz, quien por su elocuencia y extraordinarias dotes de carácter tan gran papel habría de hacer en las convulsiones políticas que sobrevinieran.

Si el acto de recibir la investidura de grado en cualquier estudiante constituye un acontecimiento solemne de su vida, en el caso singular de Agramonte fue una verdadera apoteosis de dignidad y patriotismo. Allí se revelaron, más que el talento y la erudición de aquel joven, sus excepcionales condiciones de carácter. Y si ésta es la actitud, la posición que toma el hombre con relación al mundo que le circunda, allí quedó marcada con trazo inconfundible, la línea de la vida política de aquel varón austero. Así Antonio Zambrana, uno de sus oyentes, dijo:

Aquello fue como un toque de clarín. El suelo de todo el viejo Convento de Santo Domingo, en el que la Universidad estaba entonces, se hubiera dicho que temblaba, el catedrático que presidía el acto dijo que si hubiera conocido previamente aquel discurso no hubiera autorizado su lectura; los que debían hacerle objeciones llenaron solo de una manera aparente su tarea y yo, que allí me encontraba, concebí desde entonces por aquel estudiante, que antes de ese día no había llamado mi atención, la amistad apasionada, llena de admiración y fidelidad, que me unió con él hasta su muerte.

Insertaremos algunos párrafos del memorable discurso ya que este constituye jalón preciado para el estudio del carácter y la capacidad de nuestro biografiado:

La sociedad no se comprende sin orden, ni el orden sin un poder que lo prevenga y lo defienda, al mismo tiempo que destruya todas las causas perturbadoras de él. Ese poder, que no es otra cosa que el gobierno de un estado, está compuesto de tres poderes públicos, que cuales otras tantas ruedas de la máquina social, independientes entre sí, para evitar que por un abuso de autoridad, sobrepujando una de ellas a las demás, y revistiéndose de un poder omnímodo, absorba las públicas libertades, se mueven armónicamente y compensándose, para obtener un fin determinado, efecto del movimiento triple y uniforme de ellas. Detener la marcha del espíritu humano, ha dicho un célebre escritor, privándole de los derechos que ha recibido de la mano bienhechora de su Creador, oponerse así a los progresos de las mejoras morales y físicas, al acrecentamiento del bienestar y felicidad de las generaciones presentes y futuras, es cometer el más criminal de los atentados, es violar las santas leyes de la Naturaleza, es propagar indefinidamente los males, los sufrimientos, las disensiones y las guerras, de que los pueblos no han cesado de ser las víctimas.

Estos derechos del individuo son inalienables e imprescriptibles, puesto que sin ellos no podrá llegar al cumplimiento de su destino; no puede renunciarlos porque como ya he dicho, constituyen deberes respecto a Dios, y jamás se puede renunciar al cumplimiento de esos deberes. Se ha dicho que el hombre, para vivir en sociedad, ha tenido que renunciar a una parte de sus derechos; lejos de ser así contribuye con una porción de sus rentas y aún a veces con su persona al sostenimiento del Estado, que debe defendérselos, que debe conservárselos íntegros, que debe facilitar su libre ejercicio. Bajo ningún pretexto se pueden renunciar a esos sagrados derechos, ni privar de ellos a nadie sin hacerse criminal ante los ojos de la divina Providencia, sin cometer un atentado contra ella, hollando y despreciando sus eternas leyes.

La ignorancia, el olvido o el desprecio de los derechos del hombre son las únicas causas de las desgracias públicas y de la corrupción de los gobiernos...

Consecuencia de la libertad de pensar es la de hablar. ¿De qué servirían nuestros pensamientos, nuestras meditaciones, si no pudiéramos comunicarlos a nuestros semejantes? ¿Cómo adquirir los conocimientos de los demás? El desarrollo de la vida intelectual y moral de la sociedad sería detenido en medio de su marcha.

De la enunciación de los diversos exámenes, de las contrarias opiniones, de las diferentes observaciones, de la discusión en fin, surge la verdad como la luz del Sol, como del eslabón con el pedernal, la ígnea chispa.

Pero la verdad, se ha dicho, no siempre conviene exponerla; en realidad no conviene; pero es al poderoso que oprime al débil, al rico que vive del pobre, al ambicioso que no atiende a la justicia o injusticia de los medios de elevarse; lejos de ser perjudicial, es siempre conveniente al ciudadano y a la sociedad, cuyas felicidades estriban en la ilustración y no en la ignorancia o el error, y a los gobernantes cuando lo son en nombre de la justicia y la razón.

El individuo mismo es el guardián y soberano de sus intereses, de su salud física y moral; la sociedad no debe mezclarse en la conducta humana, mientras no dañe a los demás miembros de ella. Funestas son las consecuencias de la intervención de la sociedad en la vida individual; y más funestas aun cuando esa intervención es dirigida a uniformarla, destruyendo así la individualidad, que es uno de los elementos del bienestar presente y futuro de ella...

Estos derechos, lo mismo que los anteriormente expuestos, deben respetarse en todos los hombres, porque todos son iguales; todos son de la misma especie, en todos colocó Dios la razón, iluminando la conciencia y revelando sus eternas verdades; todos marchan a un mismo fin; y a todos debe la sociedad proporcionar igualmente los medios de llegar a él.

La Asamblea Constituyente francesa de 1791 proclamó entre los demás derechos del hombre el de la resistencia a la opresión...

La centralización llevada hasta cierto grado es, por decirlo así, la anulación completa del individuo, es la senda del absolutismo; la descentralización absoluta conduce a la anarquía y al desorden. Necesario es que nos coloquemos entre estos dos extremos para hallar esa bien entendida descentralización que permite florecer la libertad a la par que el orden.

La centralización hace desaparecer ese individualismo, cuya conservación hemos sostenido como necesaria a la sociedad. De allí al comunismo no hay más que un paso; se comienza por declarar impotente al individuo y se concluye por justificar la intervención de la sociedad en su acción, destruyendo su libertad, sujetando a reglamento sus deseos, sus pensamientos, sus más íntimas afecciones, sus necesidades, sus acciones todas

...pero fuerza es que concluya esta parte, y lo haré copiando un trozo de Maurice Lechatre:

Así como los antiguos romanos no usaban de la dictadura sino por cortos intervalos y solamente cuando la Patria corría grandes peligros, es necesario tener en ellos una acumulación tan enorme de poder, como la de una máquina que permite a un solo hombre atar una nación y someterla a su voluntad. En tiempo de paz, la centralización (limitada como lo hemos hecho nosotros), es el estado natural de un pueblo libre, y cada parte de su territorio debe gozar de la mayor suma de libertad, a fin de que siempre, y por todas partes, los ciudadanos puedan adquirir el desenvolvimiento normal de todas sus facultades.

Demostrado que solo una administración concentrada convenientemente puede dejar expedito el desarrollo de la acción individual, quédalo también que solo a la sombra de aquella puede realizarse esa alianza del orden con la libertad, que es el objeto que debe proponerse todo gobierno y el sueño dorado del publicista, porque aquella es la representación del orden; de esa armonía de los intereses y acciones de los individuos entre sí, y de los de éstos con el gobierno en su perfecta concurrencia de libertad, representada por ese franco desarrollo de la acción individual.

El Estado que llegue a realizar esa alianza será modelo de las sociedades y dará por resultado la felicidad suya, y en particular, de cada uno de sus miembros; la luz de la civilización brillará en él con todo esplendor; la ley providencial del progreso lo caracterizará y perpetua será su marcha hacia el destino que le marcó la benéfica mano del Altísimo.

Por el contrario, el gobierno que con una centralización absoluta destruya ese franco desarrollo de la acción individual, y detenga la sociedad en su desenvolvimiento progresivo, no se funda en la justicia y en la razón, sino tan solo en la fuerza; y el Estado que tal fundamento tenga, podrá en un momento de energía anunciarse al mundo como estable e imperecedero, pero tarde o temprano, cuando los hombres, conociendo sus derechos violados, se propongan reivindicarlos, irá el estruendo del cañón a anunciarle que cesó su letal dominación.

El estudio crítico de esta pieza oratoria nos muestra, en primer lugar, la religiosidad innegable del Mayor, contra quien más de un enemigo apasionado ha lanzado sus diatribas infecundas, llamándole ateo e irreligioso. Adviértese la cultura filosófica que había recibido, de marcado sabor racionalista y principalmente, en lo que concierne al derecho político, se nota que había abrevado en las fuentes filosóficas de los enciclopedistas del siglo XVIII, en las doctrinas políticas de Rousseau, en la escuela de Montesquieu, continuador de Locke y de Aristóteles, en cuanto a su doctrina del estado respecta, y en la filosofía de Krausse y su discípulo Ahrens que introdujera en España el profesor Sanz del Río y que imperara, durante media centuria, en las universidades españolas.

Aunque Agramonte no resuelve aquí el problema social, que hoy constituye el eje de las especulaciones jurídico sociológicas, véase cómo, a pesar de su incipiente cultura, descubre y señala los peligros del comunismo y, siguiendo la tendencia de la escuela demoliberal, pide poderes para el Estado y libertad para el individuo, en cuyo único sistema es posible disfrutar de la vida feliz, si no se pierde de vista el problema económico, socializando las grandes empresas, estableciendo impuestos progresivos, distribuyendo la propiedad rústica, en justicia, y evitando la concentración de los grandes capitales, lo que desde luego integra una superación de la referida escuela; pero cuyos postulados vitales mantiene.

Por encima del aspecto intelectual de toda la pieza oratoria, brilla, con resplandores de Olimpo, la luz de aquel carácter poderoso.

Y principia el ejercicio de su carrera de abogado, allí, en la propia capital de la Isla, tan pronto la Universidad le provee del título correspondiente. Siguiendo la ruta de muchos jóvenes, ansiosos de adquirir experiencia profesional, en el ejercicio de la judicatura, le veremos desempeñando el cargo de juez de paz. Para tener una idea del modo cómo realizó sus funciones judiciales y la seriedad con que ejercía su ministerio de abogado podemos leer las cartas que dirigía a su prometida desde aquella capital. Por ellas se advierte, en aquel temperamento apasionado y ardoroso, el culto que rendía a su sacerdocio, en aras del cual sacrificaba la urgente apetencia de su espíritu que clamaba por marchar a esta ciudad a pasar determinadas fechas del año cerca de la mujer que amaba. Oigámosle:

Apenas llegué, al vapor mismo fueron a decirme que había muerto un juez de paz a quien debo suplir, y que tenía que presentarme para hacerme cargo del Juzgado, y ya con esto me he encontrado con trabajo atrasado que debo despachar pronto. También me ha tenido muy ocupado una causa bastante complicada de un pobre hombre que está en la cárcel de esa ciudad hace tres años, y que siempre que voy al Príncipe me manda a buscar para suplicarme que no le deje ir al presidio, como si solo estuviera en mis manos impedirlo. Al cabo han sido hoy los estrados: he hecho cuanto a mi alcance está, en favor de él, y ya solo tengo que esperar la suerte que le depare el Tribunal.

Hasta antes de ayer no perdí la esperanza de verte en la próxima fiesta, mas las dificultades crecían más cada día. Tengo sobre todos dos negocios delicados, de una tía el uno, y de un tío el otro, que no me permiten alejarme mucho de La Habana; si se señala la vista de alguno para un día en que estuviera yo en el Príncipe, o en las mismas circunstancias pasa el término para establecer cualquier recurso que sea necesario, se ocasionarían perjuicios irreparables de que yo sería el culpable. Para ir necesitaría estar de vuelta el tercer día de Pascuas, y ni los vapores tienen su salida arreglada para eso, ni sería regular que no esperara algunos días el matrimonio de Matilde y Eduardo estando en el Camagüey.

Creo, pues, Amalia mía, que no deba ir ahora al Príncipe: que debo permanecer aquí sin interrupción hasta diciembre, en cuyo mes, por la vacación de los tribunales, podré ir a verte sin detrimento y sin propender a dilatar nuestra unión anhelada, que no quisiera demorar un solo minuto. El corazón sabe bien cuánto te cuesta este nuevo esfuerzo; pero lo que más duele es que no sea el mío el único que sufra, que el propio dolor no le abate como el que tú puedas experimentar.

Acabado de salir de los exámenes de todas las asignaturas del período del doctorado, quise aprovechar la oportunidad del domingo, para ir a ver a la familia de Calderón, que se halla en su finca en Managua: cumplía así con ella, y pasaba un día y dos noches de menos calor que el que en La Habana se experimenta. En efecto, después que salí de los actos de la Universidad, despaché algunas cosas que me importaba no dejar para otro día, y antes de las tres de la tarde, cuando acababa de recibir tu carta citada, estaba Pepe ya en casa donde se había de reunir con Manuel Castellanos y conmigo, para juntos hacer la visita a Calderón; allí estuvimos hasta la madrugada del lunes que regresamos a ésta; y no pude por consiguiente aprovechar el domingo escribiéndote como había proyectado. Ya no pienso en otra cosa que en mi viaje y en que pronto voy a verte otra vez: son pensamientos que me asaltan en todas partes y en todas ocasiones, mejor dicho que no se apartan de mí un solo momento; en medio del trabajo mismo un observador que permaneciera constantemente a mi lado sorprendería frecuentes distracciones; prefiero a hablar yo, oír a los demás, y ¡cuántas veces, mientras más empeñado está uno contándome alguna cosa, o explicándome los antecedentes de negocios, pareceré muy atento, precisamente porque el ánimo está absorto con mi amor! A veces a una larga relación de hechos, sucede una consulta sobre ellos, una pregunta sobre lo que débase hacer, y en el conflicto creado por la distracción —que nadie advierte—, para poder contestar tengo que decir: «vamos a fijar los términos» y a pretexto de aclarar los hechos de importancia procuro enterarme del caso de que se trata.

Mi adorada y bella Amalia: más ocupado que nunca en estos días por reunirse a mi trabajo ordinario el despacho de algunos asuntos de un abogado amigo y antiguo catedrático, que ocupado con otra cosa ha tenido que encomendármelos, ni he tenido tiempo para escribirte antes, haciendo seis días que te escribí la última que si no me equivoco fue la que llevó Simoni, ni podré hoy extenderme mucho... «esta noche» digo por la tarde, y el día pasa sin ponerte un renglón. Si determino realizarlo en cuanto despache un negocio, se presenta otro igualmente urgente, o la necesidad de salir para practicar cualquier diligencia, o de registrar los libros para desvanecer alguna duda; siempre un obstáculo. Y después de todo, los negocios de mi bufete son los que menos tiempo me ocupan. El turno me ha señalado con otros muchos abogados para defender a los pobres, y a cada paso me traen una causa criminal para defensa, y tanto se iba repitiendo esto, que al fin he determinado excusarme alegando ocupaciones excesivas con el Juzgado de paz, en todas las que me traen de mucho volumen. El tal juzgado es otra de las gangas que me abruman; tres días de las semanas pierdo con los doce o trece actos que en cada uno de ellos tienen lugar, y con las declaraciones de muchos testigos. Si precipitara el despacho, después las cavilaciones vendrían a decirme que con algún empeño mayor hubiera podido conciliar a dos litigantes y evitarles un pleito ruinoso o no hubiera condenado a pagar a un pobre que después de mayor investigación habría podido resultar que nada adeudaba; mientras lleve la carga tengo que llevarla con conciencia y revestido de una calma inglesa, con la sonrisa en los labios ante mil pasiones bastardas, agotando todos los medios de persuasión y de investigación tengo que pasar muchas horas procurando conciliar o desentrañando la verdad a través de las dificultades que presenta la malicia que sabe vestirse con trajes muy diversos y engañosos. Los mismos trabajos de los subalternos del Juzgado tengo que dirigirlos para evitar abusos.

Me he encontrado con trabajo atrasado, que debo despachar pronto.

Aquí se advierte el temperamento de aquel hombre; revelan estas frases el vivo afán de cumplir, con urgencia, la misión que se le tiene encomendada, al par que sacia los bríos de su espíritu, cumple con el imperativo de su conciencia recta que le va marcando la línea inquebrantable del deber.

También me ha tenido muy ocupado una causa bastante complicada de un pobre hombre, que está en la cárcel de esa ciudad, hace tres años, y que siempre que voy al Príncipe me manda a buscar. Al cabo, han sido hoy los estrados. He hecho cuanto a mi alcance está en favor de él y ya yo solo tengo que esperar la suerte que le depare el tribunal.

Aquí se destaca en su función profesional de abogado, derramando la ternura inagotable de su corazón; pues lógico es inferir que aquel pobre hombre, que llevaba varios años tras las rejas de la cárcel, sin que se ocuparan de él, era un hombre pobre que no podía pagar no digo espléndidamente, sino quizás, ni hasta el papel que se gastara en su defensa. Y el novel jurisconsulto, sigue el ejemplo de los *juris conditores* de la antigua Roma que ejercían su ministerio, por amor a la ciencia y a la justicia, sin preocuparles en lo absoluto, como afirma Marco Tulio, el miserable estipendio tras el cual corren afanosos los curiales de hoy. De aquí el nombre con que se designaran los regalos con que sus clientes, agradecidos, les obsequiaban afanosos: *honorarium*; de honor, en honor y como honra a aquel sabio que les había servido, sin otro interés que el de conducir, por los rectos caminos del derecho, la vida de su pueblo.

En una de las citadas cartas se advierte que Agramonte, ya obtenida la licenciatura, comenzó los altos estudios del doctorado y que simultaneaba esta labor con el ejercicio de la abogacía y el desempeño de sus funciones de juez de paz, todo ello descubre el caudal de energías que alimentaba, siempre dispuesto al trabajo y a la lucha.[7]

Por el mes de julio de 1868 se traslada el joven abogado a esta ciudad de Camagüey, con el propósito, parece, de ejercer en la misma, ya que aquí le llamaba con imponderable fuerza un personaje singular, ya entrevisto por el lector al través del breve epistolario transcripto. Además aconsejábale asentar sus reales en esta capital de provincia el traslado de la Audiencia

---

7 Probablemente a esta carta se debe la errónea afirmación, paralogismo propio de la vehemencia tropical, que hace Márquez Sterling cuando dice que Agramonte «recibió el título de doctor», quien yerra también, al decir que en 1855 ingresó en «El Salvador»; que de este colegio pasó a la Universidad; que siendo estudiante ingresó en la masonería; que el gobernador de Camagüey al estallar la guerra era Lesca, cuando hasta los niños de las escuelas públicas saben que lo era el brigadier don Julián de Mena; que los camagüeyanos en campaña calzan de corte bajo y van vestidos de cuello y corbata; que el Mayor no se distinguió en Bonilla; que en unión de Quesada planeó el asalto a Camagüey; que el episodio del rescate ocurrió al día siguiente de salir Sanguily del campamento de Consuegra; que Agramonte no quiso llevar a esa acción un contingente mayor; que hizo prisionero al coronel Pocurull; marra, también, cuando llama batallas a los combates del Salado, Cocal y Bonilla; que ignora la topografía de Camagüey, al colocar el barrio de la Caridad en el centro de la ciudad; cuando invierte lastimosamente los actos de confraternidad celebrados en Jimaguayú, con posterioridad a la acción del Cocal, afirmando que uno ocurrió antes y otro después de la citada acción; cuando confunde las dos acciones que libró Agramonte el día 7 de mayo de 1873, la una frente al fuerte de Molina y la otra en el Cocal del Olimpo, diciendo que el coronel Abril sale del fuerte de Molina en persecución del Mayor; y yerra, por último, al poner centenares de jinetes cubanos en la acción del Cocal y al afirmar que Serafín Sánchez mandaba la infantería de las Villas en la acción de Jimaguayú. Pero basta de citar errores de la mencionada obra y cedamos la palabra al señor Jorge Juárez Cano, que le ha bautizado, desde las columnas del diario *El Camagüeyano*, con este título: «Burda caricatura del Mayor».

que, como hemos visto, se verificó en agosto de aquel año 68. Tal vez llamábale su seguro compromiso con los patriotas de La Habana y esta provincia, de marchar al campo rebelde tan pronto sonara el clarín reivindicador; esto se infiere del viaje que se dice realizó a mediados de 1868 a Nueva York, donde hubo de entrevistarse con Manuel de Quesada, acordando planes para el feliz éxito de la expedición que debía conducir a Camagüey el general, tan pronto principiara la guerra. El viaje fue corto y Agramonte lo verificó con el mayor sigilo posible, a tal extremo que en la copiosa correspondencia con su novia, no advierte el investigador la huella del mismo, a pesar de que en aquellas cartas palpita ingenuo, franco y expresivo aquel gran corazón.

Ejerció en esta ciudad de Puerto Príncipe, y se habla de un elocuente informe forense en su Audiencia que mereció la aprobación unánime de los miembros del tribunal, quienes llegaron hasta a felicitarlo personalmente, llevados a ello, tal vez, por la viva simpatía que despertaba la figura de nuestro joven biografiado.

Ya en esta ciudad incorporóse Agramonte a la Logia Tínima, que se fundó en el año 1867, en Puerto Príncipe, a la que también pertenecían Salvador Cisneros Betancourt, Adolfo de Varona y de la Pera y Miguel Betancourt Guerra. A pesar de las activas diligencias que hemos practicado, cerca de los dignatarios de la Logia Camagüey, ya que Tínima hace tiempo, abatió columnas, han resultado infructuosos nuestros esfuerzos, dirigidos a la afanosa búsqueda de los libros de actas de la época, en los que tal vez se han perdido trazos vigorosos y bellos de la vida de Agramonte, cuya ardiente y apasionada palabra debía, en aquellas sesiones del año 1868, dirigidas a preparar la guerra cercana, haber estremecido sus paredes.

Los tres hermanos citados fueron presos, en virtud de denuncia producida contra la Logia, la que continuó funcionando secretamente y ya en el mes de julio se recibe en ella comunicación de las asociaciones revolucionarias de Oriente, invitando a los conspiradores camagüeyanos a una asamblea, señalada para el 3 de agosto en la finca de San Miguel de Rompe, situada entre Tunas y Camagüey.

Debemos, a modo de imprescindible digresión, subrayar la excepcional importancia de las logias masónicas en nuestra primera campaña emancipadora; importancia que no pasó inadvertida a los ojos suspicaces de la policía española. Así vemos la orden de detención contra los miembros de Tínima, a que nos hemos referido anteriormente. El historiador Pirala dice, a este respecto, lo siguiente:

> Los conspiradores de Cuba, como los de Puerto Rico, estaban de antiguo organizados masónicamente, y en esta forma, tan preferida en todo tiempo por los propagandistas americanos, llevaron adelante su obra separatista. Al efecto, tenían dividida la Isla en diferentes logias, obedientes a los hermanos de superior graduación que trabajaban de acuerdo con el comité o Junta establecida en La Habana, y relacionados con la primitiva Junta revolucionaria de Nueva York.
>
> Hay escritores, como el señor Cisneros y otros, que dicen que en las logias masónicas no existía completa conformidad respecto del tiempo y de la forma en que debía darse el grito revolucionario, como se demostró en la reunión que el 4 de agosto de 1868 celebraron los afiliados para decidir los puntos que motivaba la disidencia. En aquella junta conocida entre los conspiradores con el nombre de «Convención de Tirsan» a la que asistieron representantes de Puerto Príncipe, Manzanillo, Tunas, Camagüey, Bayamo y Holguín, no se consignó una verdadera avenencia, porque mientras unos señalaban el plazo de dos meses para el movimiento, se oponían otros fundándose en que sus distritos no contaban aún con los suficientes medios para emprenderlo; pidiendo, por tanto, que fuese el término más largo y el necesario para adquirirlos.

Además de esto había una trascendental desconformidad entre las aspiraciones de unas y otras logias, que las dividía profundamente; pues mientras unas querían a toda costa hacerse independientes de la metrópoli, otras se inclinaban a la anexión a los Estados Unidos, y muchos de los afiliados preferían disfrutar, bajo la nacionalidad española, los derechos políticos que su Constitución concedía para llegar después a la independencia. La delegación de Puerto Príncipe compuesta de los hermanos Salvador Cisneros y Carlos Mola, combatió el plazo de dos meses y era la que más se inclinaba al anterior acomodo, así como al aplazamiento de las operaciones militares por un año, pero la de Bayamo pretendía, por el contrario, que la revolución empezara desde luego con un carácter francamente separatista, y que sin pérdida de tiempo, todos los distritos que necesitasen las armas precisas para emprender la lucha, las buscaran en Nassau o en los Estados Unidos. Era unánime el pensamiento, según Cisneros, de todos los hermanos a quienes habló, no ser conveniente lanzarse a la revolución, como pretendía Bayamo, sin que antes se contase con los elementos que ya se estaban procurando. Las conferencias concluyeron sin llegar a un acuerdo; pero a mediados de septiembre, accediendo la exaltada logia de Bayamo a instancias de Manzanillo, anunció a los del Camagüey, que había decidido prorrogar por tres meses la hora del movimiento, con lo cual no se conformó tampoco el Comité de Puerto Príncipe, porque lo mismo allí que en Vuelta Abajo y en otros puntos, se necesitaba más tiempo para llegar a un arreglo definitivo y concluir los preparativos revolucionarios. En otra reunión, celebrada en un tejar, a la que asistieron los hermanos Agustín Arango, Ignacio Mora y Rubalcaba, se trató del estado de Las Tunas que el último consideraba delicado y lo mismo Bayamo, que sin embargo de la falta de armas y de la escasez de elementos, querían a toda costa lanzarse a la lucha sin esperar el fin de aquel plazo. Y tampoco esto hizo cambiar la opinión de la mayoría de los convocados, quienes, confirmando su anterior acuerdo, manifestaron que no debía contarse con Puerto Príncipe, Holguín, ni Cuba, mientras no pudiesen disponer de los medios necesarios para salir airosos en la empresa, eludiendo por consiguiente, toda responsabilidad en los conflictos que por las impaciencias de los imprudentes pudiesen ocurrir. El 20 de septiembre regresó Cisneros a Holguín con el acuerdo de Puerto Príncipe en contestación al de Bayamo. Así las cosas, y sin previo aviso, no era de extrañar, por tanto, la sorpresa, en los que más sobre seguro querían obrar, al saber el levantamiento del afiliado don Carlos Manuel de Céspedes. El biógrafo de Francisco Vicente Aguilera, en su prolijo estudio, impreso en La Habana en 1902, dice:

Para hacer menos sospechosas sus reuniones, resolvieron establecer logias masónicas en las diferentes poblaciones, donde se conspiraba, a las cuales hacían afiliar a los principales agentes del gobierno español, para desorientarles. Continuaron así los trabajos revolucionarios con toda regularidad, y sigilo, formándose comités y subcomités, donde quiera que había un número regular de individuos. Los jefes de esos comités asistían a las reuniones en los lugares de más importancia, las que por encubrirse con el nombre de «tenidas» masónicas y ser citados a ellas, y asistir muchas veces, los mismos agentes del gobierno no despertaban las sospechas de éste. A estos agentes del gobierno fácilmente se les despistaba, para lo cual se quedaban rezagados los revolucionarios después de las tenidas, y volvían a reunirse así que se retiraban aquellos. El lugar donde regularmente se reunían los revolucionarios de Bayamo, era el ingenio «Santa Isabel», de Aguilera, frente a la ciudad y del otro lado del río. Era este un lugar cercado, donde estaban a cubierto de toda sorpresa; allí había establecido Aguilera una «logia» amplia y cómoda, donde se efectuaban las «tenidas» masónicas y al mismo tiempo las reuniones revolucionarias.

Y por último Vidal Morales, en su obra, *Hombres del 68*, dice en relación con este asunto:

Reunidos a las doce de la mañana del día 2 de agosto de 1867 en Bayamo en casa de Francisco Maceo Osorio, éste, Francisco Vicente y su primo Manuel Anastasio Aguilera, resolvieron dar principio a los trabajos que habían de preparar y organizar la revolución, acordando ante todo resistir al pago de la contribución y que cada uno de ellos hiciera propaganda entre sus adeptos, para que, cuando hubiera suficiente número de prosélitos, se celebrara una junta general. La logia masónica, con su nutrido y escogido personal, tenía adjunto un club revolucionario, dirigido por un comité. Aguilera era el venerable de la de Manzanillo; su insignia de jefe del augusto cuerpo, colocada al parecer de una manera equivocada, pero especial, era la señal entendida para que los conjurados políticos tuvieran noticia de que después de terminada la asamblea masónica, celebraría sesión el club revolucionario. Convocóse al efecto a todos los ya afiliados a la causa revolucionaria para el 14 del propio mes en la morada de Perucho Figueredo, quien les dirigió la palabra y después de estimularlos y de excitarlos para los grandes hechos que preparaban y que habían de sacar la patria de la flaqueza y del marasmo en que parecía sumida, les dijo que era conveniente nombrar un individuo que los representara y asumiera la dirección del Centro que iba a establecerse, a fin de organizar y extender por toda la Isla el movimiento insurreccional. Seguidamente se hizo la elección, y por unanimidad absoluta de votos Francisco Vicente Aguilera fue electo jefe de la conspiración.

La Gran Logia de Colón o Gran Oriente de Cuba tenía bajo su jurisdicción, las denominadas de San Andrés, Hijos de la Viuda, del Amor Fraternal, de La Habana, y la de La Buena Fe, de Manzanillo. Los afiliados a esta última que eran Carlos Manuel de Céspedes. (h. Hortensio), Francisco Vicente Aguilera (h. Ermitaño), José María, Eligio y Manuel Izaguirre, Bartolomé, Rafael e Islas Masó, Juan Hall, Manuel Calvar, Baltasar Muñoz, Javier y Pedro de Céspedes, Juan Palma, Porfirio y Andrés Tamayo, Eugenio y Agustín Valerino, Eugenio Odoardo, el Comisionario de policía Germán González de la Peña, el teniente don Pedro Gonzalo, del Regimiento de la Corona y otros muchos solían reunirse en el ingenio Santa Isabel. A ella pertenecían casi todos los iniciadores de la guerra del 68. En tales circunstancias, el primero de agosto de este año escribió Aguilera a Belisario Álvarez a Holguín, citándole para una reunión en Tirsan, nombre simbólico que en el acta de la sesión se dio a San Miguel de Rompe (Tunas), Álvarez dio cuenta a sus amigos y acordaron acudir al llamamiento él, Salvador Fuentes y Antonio Rubio. En el camino tropezaron con Vicente García, a media legua de Las Tunas, y éste los condujo al punto designado, diciéndoles que tenía noticias de su venida por Francisco Maceo Osorio.

Inicióse en Camagüey el año de 1866 una nueva era en la historia de las conspiraciones de Cuba contra España, tres lustros después del sacrificio de Joaquín de Agüero, y de sus heroicos compañeros, que serenos y nobles cayeron en el ara del martirio, mostrando a sus compatriotas el áspero sendero que habría de conducirlos a la anhelada tierra de promisión.

Las fiestas de San Juan y de San Pedro, con inimitable estilo y delicado donaire descritas en sus artículos Sanjuaneros por El Lugareño, eran el cuadro vivo y animado de las patriarcales costumbres, la diversión privilegiada y favorita de aquel pueblo: en ellas los jóvenes hacían gala de su habilidad y destreza para regir el airoso potro tierra adentro, lucían bulliciosas, alegres y bellas comparsas y cubiertas de albo lienzo, ensabanadas, velaban su espléndida hermosura garridas mozas de ojos negros de mirar profundo y manos de alabastro. A fines del mes de junio del mencionado año de 1866 cuando el pueblo camagüeyano entregábase a esas diversiones, hubo de perturbarse el público sosiego al promoverse casi una sedición, originada por un pequeño disgusto entre los jóvenes de la

Sociedad Filarmónica y un librero español de apellido Pazo, agravado el conflicto por la inoportuna intervención de unos militares. Los ánimos se exaltaron y desde entonces comenzó el despertar del Camagüey, pues los patriotas allí residentes, previendo lo que pudiera acontecer, fundaron una nueva Junta Revolucionaria, sucesora de la Sociedad Libertadora que existía en 1850, y fueron sus miembros el doctor Manuel Ramón Silva Barbieri, padre del actual Senador, Carlos Varona Torres y Salvador Cisneros Betancourt, quienes dieron impulso a los trabajos que habían de producir la sublevación del 68 y crearon también la logia Tínima, regida por Eduardo Arteaga.

En el Camagüey no volvió a hablarse de ningún otro proyecto de conspiración hasta que Francisco M. Rubalcaba, en la logia Tínima, propuso a los camagüeyanos que secundaran a Oriente; pero habiéndose opuesto el venerable Manuel R. Silva, que en sus sesiones se tratase de política, a petición de Eduardo Agramonte Piña se convocó a todos al ingenio «La Rosalía» de Juan Ramón Xiques, a 2 leguas de la ciudad. Reunidos en dicha finca en número de unos cuarenta, el intrépido Eduardo Agramonte sacó del bolsillo una bandera cubana y todos la vitorearon. Nómbrase enseguida una comisión compuesta de los ciudadanos Salvador Cisneros Betancourt y Carlos Loret de Mola y Varona para que a fines del mes de julio saliesen a conferenciar con los orientales.

Antes de glosar ese único capítulo de su vida, donde la personalidad del Mayor no se escindía, según la doctrina de Goethe, y donde por tanto era bañada por el encanto inefable de la más pura felicidad, debemos explorar ese otro aspecto de su vida en el que se destaca, como gallardo y magnífico mosquetero defendiendo, con la tizona en su diestra temible y vigorosa, el punto de dignidad, la más leve falta de cortesía con una dama o el menor ataque a un compatriota por parte de los que tiranizaban a la tierra. Que no en balde en él vivía el alma heroica, arriesgada y generosa del Cid Campeador de la leyenda, al que vemos batiéndose en duelo por sus hijas, por su padre y por la patria.

Cuenta su nieto, prematuramente arrebatado a la vida, que en aquel tiempo había pendencias frecuentes entre peninsulares e insulares, principalmente entre los del pueblo y la tropa forastera, y en ocasión de un insulto de ésta a unos cubanos, en las fiestas de San Juan (carnaval en Puerto

Príncipe), Agramonte, movido por su arrojado y caballeroso espíritu, salió por un cubano agraviado, y combatió en duelo a muerte con un comandante de caballería que llevó la peor parte en el terrible encuentro. Aurelia Castillo, en su citada biografía, nos habla del lance aquel con un oficial español a quien increpó por haber tomado una silla, tal vez sin percatarse de que en ella apoyaba los pies una señorita cubana, ligada por vínculo de consanguinidad, en segundo grado, al que luego fuera jefe de los ejércitos cubanos: Manuel de Quesada. Hallábanse en un salón de baile y no faltó un compañero de armas del militar español que al enterarse del incidente sacara a relucir el honor del cuerpo, el prestigio de la milicia y otros términos de idéntico jaez por los cuales tanta sangre se ha vertido sobre la tierra y que llevara a su compañero al mendaz terreno del honor de donde aquel regresó herido, así como su noble e hidalgo contrincante, pues ambos eran hábiles en el manejo de la tizona y valientes en ese absurdo y falso campo del honor, al cual el espíritu extraviado de los hombres del pasado, siguiendo criterios de las selvas germánicas, llevaban todas sus cuestiones y de donde creían salir como de otro Jordan, limpios y purificados, lavada la afrenta y satisfecho el honor.[8]

El orden de exposición, metodizada por cuestiones, nos hace retroceder unos meses en la vida de nuestro biografiado, para levantar el velo de ese capítulo de su intimidad, donde hallaremos facetas que brillan con luz purísima: Plutarco lo ha dicho; nada debe dejarse, ni aún las más nimias cuestiones en la descripción de la vida de un hombre, porque muchas veces un hecho de un momento, una niñería sirve más para pintar un carácter que batallas donde mueren miles de hombres. Y no vamos a presentar un rosario de nimiedades del Mayor, que pocas realizara en su corta y singular existencia, ni a estudiar hechos aislados de intimidad; vamos a poner al descubierto aquel gran corazón, en sus relaciones con Amalia, durante los siete años que durara su idilio, lo que nos permite ese manantial, profundo y cariñoso, de sus cartas íntimas que la ternura de unos hijos agradecidos y buenos ha sabido conservar, para la historia. En ellas se advierte cómo Agramonte en esa lucha del hombre consigo mismo frustró su vida y que la

---

8   Los antiguos griegos desconocían el duelo que introdujeron en Roma los bárbaros del norte. Cuenta Valeyo Patérculo cómo éstos miraban sorprendidos al ciudadano de Roma, pueblo respetuoso de la ley, porque llevaban al tribunal de la justicia las cuestiones que ellos dirimían con la punta de la espada.

angustia y la desesperación coronaron los años más bellos de su existencia. Veremos, en el análisis final de su persona, cómo la vocación de aquel hombre no se hallaba precisamente en el palenque donde sobresaliera y se destacara como un Sol; ese fenómeno, raro en los anales de los grandes hombres, lo permitieron sus dotes singulares; pero no su vocación vital. En Martí hemos corroborado esta opinión, que ya nos habíamos formado con la lectura de su epistolario; dice el Apóstol:

> Acaso no haya romance más bello que el de aquel guerrero, que volvía de sus glorias a descansar, en la casa de palmas, junto a su novia y su hijo. ¡Jamás, Amalia, jamás seré militar cuando acabe la guerra! Hoy es grandeza y mañana será crimen. ¡Yo te lo juro por él, que ha nacido libre! Mira, Amalia; aquí colgaré mi rifle, y allí, en aquel rincón donde le di el primer beso a mi hijo, colgaré mi sable. Y se inclinaba el héroe, sin más tocador que los ojos de su esposa, a que con las tijeras de coserle las dos mudas de dril en que lucía tan pulcro y hermoso, le cortase, para estar de gala en el santo de su hijo, los cabellos largos.

Presentemos primero a la que va a ser compañera de la vida del Mayor y luego, muerto él, puede repetir como aquella virtuosa mujer de Michelet, «yo no soy su viuda, soy su alma que se ha detenido un poco sobre la tierra». Así esta mujer, caído su compañero en el campo, cuyo nombre está presente en la memoria del cubano, acopia datos, pide informes y sale en defensa del nombre de su marido cuando lo cree desfavorablemente aludido. Así niega que Agramonte fuera anexionista cuando un señor anónimo, que dice haber escrito en la Cámara de Guáimaro una petición en ese sentido, a los americanos, afirma que la solicitud fue gestionada extraoficialmente por todos los miembros, «siendo los primeros Agramonte y Zambrana»; y dice la ilustre viuda, «tratándose de Cuba, jamás oí de sus labios otro deseo ni otra aspiración que no fuera la completa independencia». En 1891, sabiendo que Máximo Gómez había escrito a Félix Figueredo una carta apologética sobre el Mayor, le pide una copia de la misma, lo que lleva, quizás, al insigne dominicano a escribir aquellas páginas brillantes de su *Diario*, constitutivas del más notable documento histórico que sobre la vida del Mayor se haya hecho. Nosotros hemos leído, con orgullo y con respeto, la carta que el generalísimo dirige a la viuda, que se conserva como preciada reliquia en la biblioteca de la Sociedad Económica de Amigos del País, lamentando no poder enviarle la copia de la que le pide; pero dándole aquellos informes de su *Diario de la guerra*. ¿Y quién puede asegurar que ese *Diario* no se ampliara o que quizás toda la semblanza que del Mayor aparece allí no la hiciera el generalísimo para enviarla a la viuda, con lo que a instancias de ésta dio a la historia el notable documento que en su oportunidad presentaremos al lector? Siendo estudiante Agramonte, en La Habana, va a pasar periódicamente sus vacaciones al Camagüey, adonde llega de Europa, después de un viaje de cerca de seis años, por Estados Unidos, Canadá y aquel continente, la señorita Amalia Simoni y Argilagos, hija de un médico prestigioso, por su cultura y por sus valores morales, y de una virtuosa dama de esta austera sociedad de Camagüey.

El destino no tarda en poner en contacto a aquellos dos seres y ya en 1866 se han prometido, como dice y repite a través de su epistolario el Mayor, «amor hasta más allá de la muerte». Pero hagamos una semblanza de esta ilustre camagüeyana para lo cual cedamos la palabra a su amiga, de toda la vida, Aurelia Castillo de González:

Para pintar a Amalia sería muy gráfica la expresión inventada por serviles cortesanos, repetida en pleno deslumbramiento de imaginación por multitudes primitivas, y que en plena democracia perdura: «¡Parecía una reina!». Sí, al arrogante cuerpo de Amalia Simoni, a su apostura altiva, hubiesen caído perfectamente la corona y el manto regios. Sus negros ojos eran hermosísimos; la profusa mata de sus cabellos, estando suelta, formaba espléndido fondo de sombras a su gentil figura de líneas helénicas, y podían recordar, salvo el color, la que en doradas ondas envuelve casi por completo a la Magdalena del Tiziano, bajando de la fina y atormentada cabeza, cual si fuesen ondas de llanto también, como el que corre de los bellos ojos, no tanto por las pasadas faltas cuanto por el purísimo y perdido amor presente que la transfigura de pecadora en santa. Añadid a aquellos encantos físicos de Amalia una cultura exquisita adquirida en viaje tan extenso que de Europa solamente le faltó visitar a Rusia; y esto fue un privilegio y un prestigio de que ella y su hermana únicamente gozaron entonces en Puerto Príncipe; pensad que esa joven cantaba con deliciosa y bien educada voz; que, hablaba correctamente varios idiomas, y comprenderéis cómo se grabó para siempre su imagen seductora en el corazón del joven que iba muy pronto a ser héroe, comprenderéis, cómo lo comprendieron o mejor, lo sintieron ellos, que Amalia era digna de Ignacio, e Ignacio digno de Amalia. Mas no dejó de interponerse entre los amantes ligera nube, que costó algunas lágrimas a la enamorada joven. El doctor Ramón Simoni gozaba de muy buena posición; quería con extremo a su hija; la veía llena de gracias, y es bien seguro, que si no pensaba en un príncipe para ella, era porque no había príncipes en Cuba. Pero había jóvenes ricos en La Habana que anhelaban la mano de Amalia, y Agramonte, aunque de familia distinguida y que disfrutaba de posición desahogada, no contaba por entonces más que con su carrera de abogado; notable, desde luego, pues había llamado ya poderosamente la atención en La Habana al desarrollar su tesis de grado, para obtener el de licenciado.

Estaban todos en La Habana, y hospedaba a la familia de Amalia el marqués de Casa Calderón, gran favorecedor de la interesante pareja. Amalia confió a Ignacio las objeciones de su padre, a quien ella había dicho: «No te daré el disgusto, papá, de casarme en contra de tu voluntad; pero, si no con Ignacio, con nadie lo haré». Agramonte no se inquietó lo más mínimo. Invitó para el día siguiente a Simoni a almorzar con él. No le disimuló nada absolutamente del grave compromiso que tenía contraído para con la revolución, próxima ya a estallar, según se creía, y aquella elocuencia y esta lealtad conquistaron al padre, que volvió a la casa, radiante de alegría, a dar con un abrazo la fausta nueva de su derrota a su contristada hija.

Y el 1.º de agosto de 1868 se casaron en la Iglesia Parroquial Mayor de esta ciudad de Puerto Príncipe, oficiando de padrinos de la boda el doctor Simoni, padre de la novia, y doña Filomena Loynaz y Caballero, madre del novio. Ya le hemos medido la altura moral y la nobleza a este patricio cubano en el relato que nos hace Aurelia Castillo cuando, después de su entrevista con Agramonte, convencido de los valores de su futuro yerno, depone su actitud y acepta el noviazgo con su hija; más tarde le veremos en la asamblea de Minas pronunciando aquellas palabras dignas de la Historia:

Señores, debo confesar que había venido a buscar, a llevarme, a mis hijos Ignacio y Eduardo; pero después de lo que he oído decir me quedo aquí con ellos.

Y por último lo contemplamos tomando el camino de la manigua para acompañar a su Amalia que, en el monte heroico y rebelde, se va unir con su marido.

No quiero el sacrificio de arrostrar hasta la cólera de tu padre, por evitarme el menor disgusto, aunque agradezco con toda mi alma el sentimiento que inspira tal ofrecimiento. Complácele siempre, y cuando para hacerlo te veas en un conflicto entre su voluntad y mis convicciones o las consideraciones que creas deberme, háblame para ponerme de acuerdo con él. Adiós, Amalia mía; hasta la noche. Las horas que han de pasar antes de que yo te vea me parecen eternas; pero la idea de que transcurriendo voy a mirarte y a oír tus palabras tan dulces para mí, me llena de placer. No dudes jamás de que te quiere con delirio y te idolatra siempre tu Ignacio.

Ausias March poeta catalán, nacido en Valencia a mediados del siglo XV, y uno de los más grandes amadores, entre los platónicos y petrarquistas, decía que el amor vale cuanto vale el amador, así como el sonido depende del que discurre la vida íntima de esta pareja de amantes ideales, confirmamos la tesis del poeta hispano y por parte nuestra le otorgamos caracteres de sentencia. Esta carta seguramente fue escrita en aquel período en que el padre de Amalia se oponía a su matrimonio con Ignacio y este gran amador, ya Ortega nos tiene dicho que el amor es un hecho infrecuente y un sentimiento que solo pocas almas pueden llegar a sentir, prefiere disgustarse a sí a violentar al padre de su amada, con lo que penetrará hasta los silos en el alma de Amalia Simoni.

No vuelvas a quedar sola otra vez como dices; allá te acompaña mi pensamiento que nunca te deja, mi amor está contigo; allí tienes mi alma. Nunca mientras viva yo estarás sola, que nunca dejarán de acompañarte.

La separación fue harto dolorosa, y ésta la escribo en esos momentos de la noche que acostumbraba pasar deliciosamente a tu lado; mas ¿qué importa? Yo quiero alejar el dolor, y la voluntad, cuando se ama tanto como amo a mi Amalia, tiene un poder irresistible. Pienso continuamente en ti, pero pienso en que abril y mayo pasarán; pienso en la tarde en que te volveré a ver, gozo figurándome que ya tu mirada se fija en mí con ese encanto indecible que tiene, me parece que siento otra vez el efecto mágico de tu sonrisa celestial, y espero con júbilo oír tus palabras, tu voz. Sí, Amalia; yo debo ser feliz aun en estos momentos, porque tú me amas mucho, mucho. ¿No pensarás lo mismo? ¿No es cierto que negarás a la tristeza la entrada en tu pecho? ¿Estarás contenta pensando en las horas de dicha que tendremos cuando volvamos a estar juntos? Y si para serlo quieres que te lo diga una vez más, yo te protesto mi cariño eterno, mi cariño hacia ti que no conoce medida ni límites.

Platón nos habla de dos clases de amor representados en el Olimpo griego por las dos Venus: la antigua, hija del cielo, Venus Urania, o celestial, es el amor que se dirige a la inteligencia, es el amor digno de ser buscado por todos; la segunda, Venus vulgar, la más joven, hija de Júpiter, significa el amor sensual, no se dirige más que a los sentidos, es un amor vergonzoso. En sus cartas de abril 4 y 17 de 1867, mayo 3, 13, 19, y 8 de agosto se encuentra esa idea de la muerte que era la obsesión persistente de Leopardi; así leemos:

Aún despúes de la tumba te idolatrará tu
Ignacio

Cuídate mucho y no dudes nunca del inmenso y eterno amor de tu
Ignacio

Seré tu apasionado eternamente, aún después de la muerte, y será feliz tu
Ignacio

Hasta otro día, Amalia de mi vida. Consérvate y no dudes que aún después de la muerte te amará tu
Ignacio

Cuéntame siempre cuanto te pase y ocurra a tu alrededor y te interese y así complacerás a quien también te lleva en su corazón y te adorará aún después de la muerte.

Ignacio

Es el desbordamiento pasional de aquel gran corazón que no hallando límite para su amor en vida, emplaza a la amada para después de la muerte, pero lo verifica con tal persistencia, y pone en sus palabras un acento tal de veracidad y convicción que llena la concepción hegeliana, sentirse en uno y sentirse fuera de uno, siguiendo el juego dialéctico de su metafísica, para lo cual es necesario que la tesis llame a su opuesto la antítesis y se fundan en la síntesis que es la unión. Aquí se ofrece el pleno amor de enamoramiento, radicalmente distinto al arbitrio vago y sensual, con lo que volvemos a la metafísica platónica. El sujeto se siente encantado por otro ser que le produce ilusión íntegra y desplazándose de sí mismo se encuentra en el otro, absorbido por él, hasta la raíz misma de su ser, como dice Ortega.

Me dices que te escribe Matilde desde el campo y te desea que seas tan feliz conmigo como lo es ella con Eduardo. Me parecería mezquina nuestra felicidad si fuera comparable a otra en la tierra; yo quiero para ti, así como para mí, una dicha suprema que la imaginación me presenta; algo muy superior a todo lo que en la vida se ve y que solo la he sentido, tocando la realidad, algunas ocasiones que estando a tu lado te oía.

En carta de julio 20 de 1867, le dice:

¿Por qué no te comprendí desde la primera vez que te vi, para haberte consagrado desde entonces mi vida y no haber existido muchos años sin que el corazón palpitase ebrio de amor? La imaginación guardaba su ideal y el corazón que no le encontraba en el mundo languidecía y desesperaba de hallarle: ¡Qué imperfecto, sin embargo, era comparado contigo!

Por esta se advierte que Agramonte, como era natural, conocía desde muchos años antes a su Amalia, probablemente desde niño; porque si él marchó para La Habana, todavía adolescente, y ella salió de viaje en 1860 se infiere que el conocimiento a que se contrae en ésta databa de la niñez.

Adorada Amalia mía: días hace ya que recibí tu carta n.º 24, y todavía la leo una y otra vez, y sus palabras me llenan de alegría. Comprendo bien singular en el mundo y ninguno puede rivalizar con él, pero sé que el tuyo es grande y superior, muy superior, al que todos ven y conocen en los demás.

¿Llorabas de placer cuándo oías a Simoni hablar de mí? ¡Quién hubiera estado allí, ángel de mi vida, para enjugar ese llanto adorado! ¡Quién hubiera podido en ese momento una vez más ofrecerte eterno amor y hacerte comprender que lo que en realidad es grande y valioso en tu Ignacio es el sentimiento que solo tú has sabido inspirarle! ¡Quién hubiera podido entonces hacer llegar hasta tus oídos los latidos de mi corazón respondiendo, lleno de entusiasmo, a tanto amor! ¡Quién ahora, Amalia, pudiera a tu lado contarte cómo se hincha el pecho y el corazón se embriaga cada vez que leo tu carta! Ámame, Amalia; ámame siempre así, y el mundo será para mí un paraíso. Para otros la existencia tiene nubes y borrascas; y para mí todas se disipan cuando tú me dices: «¿No sabes que es imposible que te separe ni un solo instante de mi pensamiento?».

«Allí (en la imaginación) y en el corazón, que incesantemente palpita lleno de amor a ti, estás siempre.» Y ¿a qué más puedo aspirar? ¿Qué puede en el mundo tener mayor título para mover mi deseo? Solo para una cosa es insaciable: quiero amor en tu corazón, y cuando allí le encuentro, no importa que sea inmenso, quiero y anhelo más y ni aún lo infinito colmaría el afán del mío. Espero con impaciencia a diciembre. ¿Qué ventura será comparable a la mía cuando mi amada Amalia me reciba llena de cariño?

En esta carta se advierte el afán de superioridad de aquel hombre que hasta a su amada quería superar en el amor recíproco; estima que el amor que a ella le arrastra es único en el mundo y no le admite la alternativa. Revela la epístola, también, el raro talento de Amalia que fulge en su carta al amado y que lee el observador en la respuesta de Agramonte.

Vamos ahora a abrir ese capítulo interesante y revelador de las cartas de Agramonte en la manigua que nos servirá, admirablemente, para estudiar, a la luz de la psicología de Goethe, el alma de aquel grande de la Patria y que nos ha permitido afirmar, como venimos haciéndolo, desde el principio, que el Mayor, llevó para su vocación una vida casi frustrada, pues solo disfrutó de momentos cortísimos de felicidad; él, que venía regiamente dotado, por la naturaleza, para llenar a plenitud su vocación.

De Agramonte a su mujer desde la manigua mambisa

Adorada Amalia mía: por falta de conductor no te escribí antes, y aún dudo que haya llegado al Pre. la noticia de estar buenos Enrique y yo, que ayer envié desde San Miguel. Ahora me aproximo un poco a ti y podré comunicarme mejor contigo, aunque no estaré mucho tiempo en ninguna parte porque hay que caminar un poco para dar mucho que hacer. A pesar de mucha agua y todo lo que hay por todas partes, gozo de la salud más completa que puede apetecerse, y solo me hace mucha falta, por estas alturas, la compañía de mi idolatrada compañera. Eso sí, Amalia mía, me parece que no te veo hace un siglo, y ansío abrazarte. ¡Cuánto te ama tu Ignacio, Amalia mía! Sin embargo, sigamos el deber. Pide la carta a Papá, léela y enséñasela a Simoni. Quizás hoy o mañana vea a Eduardo. Adiós, Amalia mía; aún después de la muerte te amará tu Ignacio

Esta carta se hizo a los cuatro días de echarse el Mayor a la manigua; ya lo devoraba el deseo de estar al lado de su adorada compañera, ya principia la lucha en su entelequia, esa lucha, que ya, en lo adelante, toda la campaña, constituye una agonía, para su espíritu, que se hace cada día más cruel a medida que se aleja de su amada.

Pueblo Nuevo, noviembre 23 de 1868: Mi adorada compañera: no sé si recibas ésta antes o después de la que te escribí anoche. De todos modos con el portador podrás escribirme y enviarme el par de botas que dejé en casa, en mi cuarto. Procúrame luego mis polainas con Juan el calesero, bien que poco las necesitaré teniendo las botas.

No quiero demorar al portador que tiene que continuar su viaje. Avisa a todos que Enrique y yo gozamos de salud. Tuyo aún *apres le tombeau*. Ignacio.

Tibisial (en Cubitas) enero 5 de 1869. Adorada Amalia mía: pobre ángel mío, como te considero por allá disgustada y sufriendo mil privaciones en un rancho; yo que gozo de salud completa, que en todas partes me hallo bien, no me conformo jamás con tus incomodidades y daría la vida porque gozaras del más completo bienestar. Por acá estamos muy ocupados, con la repartición del armamento y pertrechos recibidos. Tenemos a Quesada de general en jefe interino, nombrado por nosotros. No tengo tiempo para más. Nos veremos dentro de tres o cuatro días, si antes logro despachar lo más urgente. Tuyo hasta la muerte y aún después. Ignacio.

Sibanicú, febrero 13 de 1869. Amalia adorada: *toujours, toujours.* Te mando el hilo. Mañana nos veremos. ¡Qué bueno sería que nos viéramos constantemente! Cuídate mucho. Tuyo *jusqu'apres la mort.* Ignacio.

Bijabo, marzo 6 de 1869. Idolatría única de mi vida, Amalia adorada. Envío a Ramón a tomar noticias de ti y de la familia, porque después de la carta de Simoni que contesté con Paco Benavides no he tenido noticias de ustedes. Hasta ayer me ha sido necesario permanecer en Caunao para disponer y arreglar un millón de cosas. Ya de este lado de la línea me será más fácil verte, aunque dificulto pueda ser antes de dejar encarriladas las operaciones de este lado. Sin embargo, de tal modo siento la necesidad de verte, que aprovecharé cualquier oportunidad, aunque no sea mayor que el ojo de una aguja. Si acaso no han determinado marchar sin demora al lugar donde se halla Pedro, desearía que se retiraran por lo menos 3 leguas más, si por fin resulta cierto que el enemigo acampa donde me decía la carta citada. No lo sé aún positivamente; espero tener noticias exactas dentro de algunas horas. Nuestras tropas siempre llenas de vivo entusiasmo, espero harán mucho en breve. Lo único que me impide estar contento es no estar a tu lado. Mil cosas a la familia y tú recibe toda el alma de tu apasionado Ignacio.

Sibanicú, mayo 6 de 1869.
Amalia mía adorada: ninguna novedad ocurre por acá, ni siento otra cosa desagradable que estar separado de ti, porque a eso no me acomodo nunca. Voy viendo que no podré pasar contigo el día de mañana, como me proponía. No hay novedad camará; así no quedará asunto que no despache. Cuídate, procura estar contenta y ama a tu eterno adorador. Ignacio.

Al través de todas estas cartas se descubre la ansiedad febril, incontenible, de volar al lado de su amada; nada, ni la vida agitada de la campaña, ni el puesto prominente que ocupa, ni los múltiples combates en que ya, en este mes de mayo, de 1869, ha intervenido quitan de su mente, ni arrancan de su corazón aquella idea y aquella pasión persistentes.

¡Qué pesados me están pareciendo, la guerra, los soldados y los fusiles desde que veo pasar uno y otro día sin que me permitan ver mi ángel querido y a nuestro chiquitín! Yo no pienso sino en ti; contigo sueño y tu amor es mi vida. Cuídate, amor mío; cuídate mucho y da un millón de besos a nuestro hijito. Mientras ambos disfruten de salud y bienestar será dichoso tu compañero que contigo delira. Ignacio.

Santa Lucía, agosto 11 de 1869. Adorada Amalia mía: hace más de veinticuatro horas que me hallo en esta finca recibiendo las fuerzas y distribuyéndolas convenientemente a medida que llegan. No sé cuándo pueda continuar mi marcha, aunque es perjudicial toda demora. Escríbeme y dime cómo siguen tú y Alberto. Ya estoy pensando cuándo podré volver a tu lado. ¡Se deslizan tan dulcemente las horas contigo! ¡Son tan desagradables las ausencias! Por lo demás, bien mío, me hallo en completo estado de salud y halagado con bellísimas ilusiones en lo que concierne a nuestras armas republicanas. Tu contento y felicidad, el bienestar de nuestro Alberto, y triunfos para Cuba, todo lo espero; y tan dulce esperanza me alegra, a pesar de no disfrutar de cerca de los dulces encantos de mi ángel idolatrado. Cuídate, amor mío, y jamás dudes del eterno delirio con que te adora tu Ignacio.

La Deseada, enero 1.º de 1870.
Ángel mío adorado: Sin novedad te escribo a la carrera aprovechando el viaje de Ramón, mi asistente, a esa finca, en busca de uno de mis caballos, por muerte del que tenía acá, a consecuencia de un estacón. No puedes figurarte, bien mío, la ansiedad, porque acabe de emprender su marcha esta columna, para poderte ver luego. Un siglo parece que ha transcurrido desde que me separé últimamente y ni los deberes para con la patria, ni el entusiasmo que me inspira la esperanza de un triunfo definitivo sobre aquella son bastantes a mitigar la sed ardiente de verte. No sé vivir, no puedo vivir, sino a tu lado; tu pensamiento, tu mirada, tus sonrisas me

hacen falta. A tu lado, un desierto me parece un paraíso; mejor dicho, el cielo, y tú, mi única deidad. Hago diligencias activas para la orificación de tu diente. Tengo ya dentista e instrumentos, solo me falta oro, el cual espero conseguir pronto. Adiós, ilusión de mi vida, hasta que pueda verte que acaso no será muy tarde. Muchas cosas a toda la familia, un millón de besos a Ernesto, y tú, Amalia mía, recibe mi amor infinito, el alma toda de tu eterno adorador y compañero. Ignacio.

«No pienso en ti, contigo sueño y tu amor es mi vida» le dice en la carta en que le parecen pesados, es decir, en que siente antipatía, odio que es, según la clasificación tomista, lo opuesto al amor. Claro, porque es el amor quien crea todas las pasiones, ya que él es el movimiento natural hacia el bien, hacia la felicidad del individuo. Platón decía que era hijo de Poros, la abundancia, y de Penia, la pobreza pobre, como su madre; pero siempre, como su padre, a la caza de lo bello y de lo bueno.

Es la gran tragedia del espíritu que en Agramonte la vemos como pocas veces en la vida. «El amor es cruel, porque se alimenta de lágrimas», se ha dicho: en el caso Agramonte se repite el episodio del héroe medioeval de la España legendaria.

Nos parece oírle, como describe el poeta al Cid Campeador de la Leyenda, en los versos 1271 y siguientes del poema inmortal, clamando porque le dejen llevar consigo a su esposa y a sus hijos «telas de su corazón de las cuales se separa como la uña de la carne». En la última, le dice, con desesperación inaudita:

no sé vivir, no puedo vivir, sino a tu lado; tu pensamiento, tu sonrisa, tu mirada me hacen falta. A tu lado un desierto me parece un paraíso; mejor dicho, el cielo.

Nótese que esa carta tiene fecha de 1870; es decir, fue escrita, al año y medio de matrimonio.

Camagüey, febrero 27 de 1870.
Mi queridísima mamaíta; el día 6 del corriente mes supimos la muerte de nuestro bueno e inolvidable papá, y aunque se nos dijo que la última carta de él y dos

de usted venían en el «Anua», éste se volvió a llevar por equivocación, y sin desembarcar la correspondencia, circunstancia que aumentó nuestra amargura. ¡La última carta a nosotros de papá y las de usted después de tan rudo golpe, cuánto nos importarían en estos momentos! Pedimos nuestro pasaporte, y aunque se nos concedió en los primeros momentos, tanto se me ha instado no me separe en estos momentos del mando de las fuerzas del Camagüey, y tanto se me ha dicho que mi ausencia sería funesta para la revolución en este Estado, que he aceptado la mensualidad de 170 pesos que me ofreció el Gobierno de New York para los gastos más urgentes de mi familia y a cuenta de sueldo, y he resuelto quedarme, sacrificando así mis deseos más ardientes en aras de la Patria. No quisiera negarle la continuación de mis servicios, cuando tan encarecidamente se me pide, y cuando ya tanto he sacrificado por su independencia. Pero por otra parte ella me ofrece una suma que quizás no me proporcionaría mi trabajo en país extranjero donde no pudiera ejercer mi profesión. Hemos determinado, en consecuencia, Enrique y yo que marche él, que lleve la orden para el abono como lo hace, y mis sentimientos más tiernos a mi adorada Mamá y a mis inolvidables hermanos, acaso no esté muy lejos el día en que pueda abrazarlos diciéndoles: «Cuba es ya independiente. No han sido infructuosos tantos sacrificios». Verdad es que no podré decir lo mismo a mi papá; entonces no le podré abrazar; no le podré dar a conocer a mi hijo; pero él nos bendecirá desde el cielo. Enrique lleva encargo de arreglar las cosas del mejor modo; y si fuere necesario, después que él me escriba, todo lo dejaré, y marcharé con Amalia y Ernesto a cumplir mis deberes más sagrados si estos no fueren compatibles con los de la patria.

Peralejo, abril 2 de 1870.

Adorado ángel mío: Después de mi anterior, en que te hablaba de la acción de «El Cercado», coloqué los torpedos, que no hicieron explosión, y más tarde los descubrieron los enemigos; pero hice batir mis emboscadas de infantería con el tren, habiendo causado en éste muchas bajas y el espanto en los pasajeros. Las pobres mujeres, aunque nuestro fuego se dirigía a los carros de tropa, gritaban y pedían retrocediera la máquina. Fue un día de júbilo para nuestros soldados a pesar de que se defraudaron sus esperanzas de un buen botín, por la no explosión de los torpedos. Tuve cinco heridos, entre ellos, el comandante Alberto Adán, todos leves. Cinco días de operaciones, con infantería y caballería, durante los cuales ambas pelearon con entusiasmo y notable valor, con hambre, marchando 7 u 8 leguas en un día y todo sin oír la menor queja, y trayendo los veinticinco Remington del Cercado, me tiene muy contento con mis tropas. Por lo demás, tan lejos de ti, tan acostumbrado a verte con frecuencia, cuento las horas transcurridas sin contemplar mi cielo encantador y con afán pienso en el momento de volver a verte. Adiós, ángel mío, hasta que pueda ir a verte. Escríbeme; muchas cosas a la familia, un millón de besos a nuestro Alberto y piensa siempre que te adora con delirio tu esposo y eterno amante. Ignacio. Se me olvidaba decirte que mientras yo batía al enemigo en la línea, también lo hacían repetidas veces el coronel Díaz por Cascorro y Sibanicú, el teniente coronel Rodríguez por Yaguajay y el comandante Castellano por el Corojo, causándoles bajas considerables. De suerte que ha tenido una semana de fuego constante.

Vale. Tuyo, bien tuyo, y solamente tuyo. Sábelo bien.

Ignacio.

Mi dulce y adorada Amalia: ¡qué largos son los días pasados lejos de ti! Algunas veces todo lo llevo con resignación pensando en la libertad de Cuba, pero con más frecuencia me parece una necesidad cruel que para servir a aquella tenga que vivir separado de tu lado, y mi corazón rebosa de inconformidad. Sin embargo, llevo a todas partes y en todos momentos la suprema dicha de tu amor; de ese amor, dulce bien mío, que me convierte el mundo en un paraíso y que me hace probar una ventura inefable. No dudes jamás, amor mío, de que tu esposo vive pensando en ti, de que te adora con delirio, y de que tu amor constituye toda su dicha, y es el único elemento de existencia de su alma enamorada, Cuídate bien, un millón de besos a Alberto y no dejes de pensar que eternamente te adorará delirante tu Ignacio.

Camagüey, julio 14 de 1871.

Idolatrada esposa mía: Mi pensamiento más constante en medio de tantos afanes es el de tu amor y el de mis hijos.

Pensando en ti, bien mío, pasé mis horas mejores, y toda mi dicha futura la cifro en volver a tu lado, después de libre Cuba. ¡Cuántos sueños de amor y de ventura, Amalia mía! Los únicos días felices de mi vida pasaron rápidamente a tu lado embriagado con tus miradas y tus sonrisas. Hoy no te veo, no te escucho, y sufro con esta ausencia que el deber nos impone. Por eso vivo en lo porvenir y cuento con afán las horas presentes que no pasan con tanta velocidad como yo quisiera. Y luego el no saber de ti, ni de nuestros chiquitines, aumenta mi anhelación constante.

En cuanto a mí, Amalia idolatrada, puedo asegurarte que jamás he vacilado un solo instante, a pesar de cuanto he tenido que sacrificar en lo relativo a mis más caras afecciones, ni he dudado nunca de que el éxito es la consecuencia precisa de la firmeza en los propósitos y de una voluntad inquebrantable: sobre todo, cuando se apoyan en la justicia y en los derechos del pueblo. Escríbeme, amor mío, escríbeme mucho sobre ti; con los detalles de cada cosa. Tú sabes cuánto me interesan. Tus cartas podrán endulzar mucho el sufrimiento de ausencia tan dilatada. Por mi bienestar material puedes estar tranquila; mi salud, siempre inalterable: de nada indispensable carecemos, porque la experiencia nos ha enseñado a proveernos del enemigo; los peligros son seguramente menores que como aparecen de lejos.

Tu Ignacio.

Aunque hemos comparado al Mayor con Catón el Menor, por tener evidentes puntos de contacto con este personaje del estoicismo romano, no puede afirmarse que haya paralelismo entre estas dos vidas. Agramonte encarna éticamente el tipo kantiano. Es el virtuoso que quiere Kant: que cumple la ley universal del deber, porque lleva en su conciencia un imperativo categórico; éste hace que mientras el hombre sensible sufre el rigor de la imposición, el hombre moral se sienta elevado. Este es el caso Agramonte, gran pasional, que ofrece el fenómeno de un corazón protestando adolorido mientras la voluntad, obedeciendo el imperio de la ley moral, lleva al sujeto por las vías del apóstrofe kantiano.

¡Oh!, deber, santo y divino nombre, nada favorito que en sí encierre el halago en ti llevas, sino que solo deseas sumisión; con nada amenazas que despierte repulsión en el ánimo o aterrorice, para mover la voluntad, sino que propones tu ley que por sí misma halla entrada en el ánimo.

Véase cómo se dirige a su madre en esta carta, digresión inevitable en el epistolario consabido:

> he resuelto quedarme, sacrificando así mis deseos más ardientes, en aras de la Patria, ella me ofrece una suma que quizás no me proporcionaría mi trabajo en país extranjero, donde no podría ejercer mi profesión.

Es el deber fraterno y filial que le llama y que el imperativo le ordena cumplir; pero como halla retribución y modo de satisfacer aquél se queda, enviando al hermano.

En la segunda epístola se le halla satisfecho, confiesa alegría, habla de sus hombres jubilosos; es la primera carta del Mayor donde vemos que le refiere prolijamente a su mujer las operaciones, dándole detalles de las acciones y la única en que le hallamos pleno de exultación. Fue quizás la única vez en que el hada de la alegría, tan huraña con él, en el campo de sus heroicas hazañas, le arrullara entre sus brazos maternales y generosos y le besara, con amor y con orgullo, en su frente de elegido para el dolor y el sacrificio.

En la tercera epístola muestra el Mayor su gran dolor, revela la agonía de su espíritu, por la falta del ser amado, así dice: «Me parece una necesidad cruel que para servir a Cuba tenga que vivir separado de tu lado y mi corazón rebosa de inconformidad». Reitera al final sus protestas de fidelidad y de amor eterno. En la siguiente cifra toda su dicha en volver al lado de su mujer; añora el pasado feliz, y pone sus ojos en el porvenir, como única esperanza de su vida.

En esta última carta, de fecha 19 de noviembre de 1872, escrita casi seis meses antes de caer en la rota de Jimaguayú, se manifiesta el temple magnífico de aquel espíritu recio, muestra la firmeza de su voluntad respondiendo a los dictados del imperativo categórico; así le dice:

> puedo asegurarte que jamás he vacilado un instante, ni he dudado nunca de que el éxito es la consecuencia precisa de la firmeza en los propósitos y de una voluntad inquebrantable.

Para terminar este capítulo, de la vida íntima de Ignacio Agramonte, vamos a insertar la carta que Amalia le escribiera en abril 30 de aquel infausto año, desde Mérida, y que describe el noble carácter de aquella mujer extraordinaria; de aquella espartana de «La Matilde», carta que descubre, mejor que nada, la angustiosa tragedia en que debatía sus horas, horas de agonía y de sobresalto, esperando a cada momento recibir la espeluznante y espantosa noticia. Así le ruega, le suplica, le implora que no exponga su vida e invoca primero su amor, después el de sus hijos y por último el nombre mismo de la pobre Cuba «que tanto necesita tu brazo y tu inteligencia». En esta epístola sentida se revela, si ya no lo hubiésemos probado, el talento de Amalia Simoni, quien agota todos los recursos de esa dialéctica del sentimiento, para alejar a su marido de los peligros a que su coraje le llevaba. «Yo quiero verte en esta vida y mi deseo más ardiente es que mis hijos conozcan a su padre.» Aquí encontramos otra vez a la amada de Michelet puestos sus ojos, no en esta tierra, sino en la otra vida donde está segura que ha de encontrar a su compañero. Y, como un argumento definitivo y total, le dice: «Mi pobre niña jamás han sentido tus labios tocar su semblante angelical». Se refiere a la que nació lejos de su padre, después de la dolorosa separación de mayo de 1870.

Mérida, abril 30 de 1873.

Ignacio mío adorado: después de tantos meses pasados sin que llegara a mí ninguna carta tuya, y de no tener otras noticias sino las que da en sus periódicos el enemigo, he tenido el placer imponderable de recibir tu cariñosa y querida carta fecha 19 de noviembre que trajo Zambrana. ¡Ay, Ignacio mío, el corazón parece querer saltárseme del pecho cuantas veces la leo; cada una de tus esperanzas, cada tormento, cada palabra, me hacen sentir, demasiado; y me admiro de encontrar fuerzas para vivir tanto tiempo lejos de la mitad de mi alma. Has estado herido, mi bien, y dices que ligeramente; podrá ser como me lo dices; pero también me asalta la duda de que disminuyas la gravedad de tu herida para aminorar algún tanto mi dolor. ¡Ya lo supe antes de recibir tu carta por un periódico ya atrasado, que papá no pudo ocultarme! ¡Qué angustia, qué ansiedad, qué desesperación experimenté! Y este tormento se ha repetido en enero y febrero último te han herido otra vez y ocho días después y débil aún, te batías de nuevo sin pensar que podrá ocasionarte un gran mal. Cuantos vienen de Cuba Libre y cuantos de ella escriben aseguran que te expones demasiado y que tu arrojo es ya desmedido. Zambrana dice que con pesar cree «que no verás el fin de la revolución». Estas palabras de Zambrana recién llegado del campo de Cuba, no sé cómo no me han hecho perder la razón. ¡Ah! tú no piensas mucho en tu Amalia, ni en nuestros dos ángeles queridos, cuando tan poco cuidas de una vida que me es necesaria, y que debes también tratar de conservar para las dos inocentes criaturas que aún no conocen a su padre. Yo te ruego, Ignacio idolatrado, por ellos, por tu madre y también por tu angustiada Amalia, que no te batas con esa desesperación que me hace creer que ya no te interesa la vida. ¿No me amas? Además, por interés de Cuba debes ser más prudente, exponer menos un brazo y una inteligencia de que necesita tanto. Por Cuba, Ignacio mío, por ella también, te ruego que te cuides más. ¿Recuerdas las veces que me has dicho: «ojalá pudiera yo hacer algún grande sacrificio por ti, algo que me costara mucho, me sentiría feliz después como si hubiera llenado un sagrado deber»? Pues bien, Ignacio de mi alma, yo, tu esposa, la madre de tus hijos, la que tanto amas (¿verdad?) te pido el sacrificio de cuidar más tu salud, tu vida. Estoy más tranquila porque me parece ver tu semblante adorado, y adivinar en él que me ofreces cumplir lo que tan encarecidamente te ruego. ¡Ay, si pudiera hablarte siquiera una hora! ¡Cuánto siento que mis cartas no lleguen nunca a tus manos! Constantemente te escribo, porque sé el consuelo que será para ti saber de nosotros. Yo creía que al menos habrías recibido la que hace un año te envié con Lorenzo Castillo, junto con los retratos de los niños y que él me juró entregarte. Hace cuatro o cinco meses varios periódicos cubanos dijeron que Castillo había llegado a Cuba y estaba a tu lado; desgraciadamente parece que no te ha visto. No te figures, bien mío, ni te atormente la idea de que tengo privaciones de ninguna clase. En New York es cierto que no podríamos vivir tan cómodamente como aquí y por este motivo determinó papá venir a Mérida donde todo es barato y el clima, igual al de Cuba, nos agrada más, particularmente por los niños. Vivimos desahogadamente y papá cree que aún en el caso desgraciado de que se prolongara algunos años más la guerra de Cuba, siempre aquí, y contando solo con los recursos con que hoy cuenta, podremos vivir cómodamente. No te preocupes con los sufrimientos de este género; no tengo otros, te lo aseguro, sino no verte, y sobre todo, no olvidar ni un instante los peligros que te rodean de todas clases. ¡De nuestros encantadores hijitos, tengo tanto que contarte! Los dos continúan robustos, traviesos y alegres. Los pobres ángeles quién los viera siempre así. ¡Ernesto cumple cuatro años (el mismo día que hará tres que me separaron de mi adorado); pero parece de cinco, lo menos; es grande y esbelto, siempre conserva el cabello rubio y sus ojos son tan azules como cuando tenía un año: es hermosísimo y sumamente inteligente, bullicioso y «preguntón». Su carácter «fuertecito» es al mismo tiempo cariñoso y tierno con todos; pero con su mamasita lo es aún mucho más. Me idolatra y siempre me está observando para adivinar si tengo algún nuevo pesar. ¡Si vieras cómo cambia su fisonomía, siempre alegre, en afligida y grave, cuando cree adivinarlo! Las veces que ha cometido alguna de esas travesuras, tan comunes a su edad, el castigo que le he impuesto ha sido no besarlo durante dos o tres horas, o decirle que voy a morirme si mi hijo no me es dócil, o cualquiera cosa por el estilo. Si lo oyeras, si lo vieras entonces, cómo me acaricia y cuántos propósitos hace para en lo adelante. Habla de ti con entusiasmo, como si te conociera, y muchas veces me ha dicho: «Qué malos deben ser esos españoles que tienen la culpa de que yo no vea a mi papá». Tiene tu «aire», tu cuerpo y a veces cierta expresión grave que lo hace parecerse mucho a ti. ¡Ay! Yo espero también que algún día será tan bueno, tan perfecto como su padre. Herminia, ese otro ángel querido, es la repetición de Ernesto en inteligencia, carácter y gusto; jamás dos hermanos se han parecido más en todo esto. Es blanca, con ojos y cabellos castaños oscuros, igual a ti. Linda y monísima y bastante parecida a tu mamá. A mí me parece un querubín. Tuve el pesar de no poderla criar, como crié a Ernesto; pero tampoco permití que una extraña hiciera mis veces, y con leche de vaca, sagú y otras sustancias la alimenté nueve meses. Ya empieza a comer de todo y a robustecerse muchísimo. Ambos, Ignacio Mío, son el consuelo de mi vida, siempre inquieta y sobresaltada; a los dos los idolatro con igual ternura; ellos ocupan todo mi tiempo porque jamás he querido niñeras ni persona alguna que los cuide: la única a quien dejo a veces que me ayude es mi buena y santa madre que los quiere con delirio. Pronto te volveré a escribir y entonces te enviaré los retratos de los dos.

¡Cómo desearás verlos! Esta carta se la recomendaré a Enrique y a Zambrana. Quiera Dios que no tenga el mismo destino de mis anteriores.

Papá y mamá siempre llenos de abnegación, sufriendo con valor y esperando con la mayor ansiedad el momento de abrazarte; ellos dicen que ese sería el

día más dichoso de su vida. Matilde, mi infeliz hermana, aún ignora su inmensa desventura y todos nos esforzamos para que no la sepa sino lo más tarde posible. Perdió también sus dos niños más chicos y solo le queda Arístides, que es una criatura interesante y de clarísima inteligencia. ¡Pobre Eduardo! No tengo valor para preguntarte ningún detalle sobre él. Este pesar ha envejecido a papá de algunos años; pero siempre está al parecer sereno; nunca se nota en él síntoma ninguno de debilidad sino cuando hablan de ti y de tu arrojo en el combate que tan horrible puede ser para todos. Él y mamá tienen «fanatismo» por los tres niños y éstos les profesan el más decidido cariño. Ramón siempre en New York, trabaja y se conduce de una manera muy satisfactoria. Tu mamá y las muchachitas me escriben en todos los correos, manifestándome cada día más cariño a los niños y a mí. Mi salud es muy buena; el alma sí padece porque no es tan grande como te figuras, y no puede sobreponerse al dolor que le causa tan cruel separación. Cuídate más, amor mío, cuídate; yo quiero verte aún en esta vida y mi deseo más ardiente es que mis inocentes hijos conozcan a su padre. ¡Mi pobre niña jamás ha sentido tus labios tocar su semblante angelical! ¡Qué júbilo para mí, Ignacio mío, el día que vuelvas a mi lado, y puedas abrazar a los dos ángeles! Dios querrá que ese día no esté muy lejos. Papá va a escribirte, él te contará algo de los negocios de Cuba. Se preparan grandes expediciones. ¡Ay! cómo te sigue la imaginación allá, en los campos de la pobre Cuba. No olvides mis ruegos, Ignacio de mi vida. Recuerda que tu amor es mi bien, y tu existencia indispensable a la mía, que «quiero» que vivas y espero te esfuerces en complacer a tu esposa que adora y delira incesantemente por ti. Adiós, mi bien más querido, quiera Dios que pronto vuelva a verte tu Amalia. Escríbeme siempre.
Tuya eternamente. Amalia.

Cuenta la leyenda helénica que una vez Júpiter dirigiéndose a la mujer de Filemón preguntóle cuáles eran sus deseos, contestándole aquélla: «morir junto a mi marido». Júpiter, al morir ambos cónyuges, que integran el símbolo perfecto del amor conyugal, representado en su prístina belleza, hizo que el uno se volviera encina y la otra tilo, y que un árbol se inclinara hacia el otro enlazando amorosas sus ramas mitológicas. La encarnación exacta de este mito nos la ofrece en Cuba el matrimonio de Amalia y el Mayor.

Libro tercero

> Máximo Gómez no hubiera dejado para la historia un «Palo Seco», ni Cuba anotaría en el calendario de sus hechos de guerra ese tríptico que forman «El Naranjo», «Moja-Casabe» y «Las Guásimas de Machado», si el destino no llega a poner al frente de las tropas camagüeyanas, durante el trienio 71-73 el carácter, el corazón y la inteligencia singulares que levantaron muchos codos por encima de las cumbres gloriosas de su tiempo la personalidad insigne de Ignacio Agramonte y Loynaz.
>
> Juan José Expósito Casasús

El fracaso de la «Junta de Información» como una de las causas inmediatas de la guerra. Declaraciones de Segismundo Moret. Informe de Francisco Lersundi al Ministerio de Ultramar.

Levantamiento de 10 de octubre de 1868. Pirala. Palabras de Zambrana. Sorpresa del Camagüey. El marqués en La Habana; avisa a Ignacio Mora y éste a Bayamo de la salida de Campillo. Actitud de Morales Lemus. El *Diario de la Marina* de 15 de octubre de 1868. *La Gaceta de La Habana* de 13 del mismo mes y año. La revista *Defensa* de Camagüey. Conducta de don Julián de Mena, gobernador de Puerto Príncipe. Mena convoca a reunión el 16 de octubre. Total de las fuerzas españolas en Cuba. Llegada de Salvador Cisneros a Camagüey. Alzamiento de Clavellinas. Toma de Guáimaro. Entrada de los prisioneros en Camagüey. Asalto al tren de Nuevitas. Se incorporan a los alzados Agramonte y el marqués. Llega Valmaseda a Camagüey. Actitud de Napoleón Arango. Asamblea de Minas. Formidable réplica de Agramonte. Nombramiento de Augusto Arango para jefe de las fuerzas camagüeyanas. Envío de un delegado a Quesada. Sale Valmaseda del Camagüey. Combate de Bonilla. Relato del marqués. De Juárez Cano. Descripción de la acción. Se encomienda a Agramonte la defensa del punto de mayor peligro. Su coraje en aquel combate. Bajas españolas y cubanas. Juicio crítico-militar de la acción.

Embarca Valmaseda a La Habana. Regresa y organiza su columna con la que avanza sobre Bayamo al través de Camagüey. Marcha difícil y lenta de la columna Valmaseda. Acción del Desmayo, donde estrenan los cubanos sus cañones de cuero. Utilizan los cubanos colmenas de abejas como arma ofensiva. Hostilizan al enemigo en el potrero Consuegra. Augusto Arango espera a los españoles en Arenillas. El mito de Anfión-Orfeo en nuestra Guerra Grande. Llega a la Guanaja Manuel de Quesada. Valor de la expedición que trae. Manifiesto de Quesada. Derrota de las cañoneras españolas en Guanaja. Heroísmo de Julio Sanguily. Decreta Céspedes la abolición de la esclavitud. «La Asamblea de Representantes del Centro» abole la esclavitud. Palabras de Sanguily. Texto del Decreto. Nombra el Camagüey jefe del Ejército a Quesada. Recibe Augusto Arango a los comisionados de Dulce en La Atalaya. Viene Augusto Arango a Puerto Príncipe. Su asesinato ordenado por el gobierno español. Noble conducta del Comité Revolucionario del Camagüey. Sus comunicaciones con motivo de ese asesinato. Los comisionados y Céspedes. Hermosa carta de Carlos Manuel de Céspedes. Conducta de Napoleón Arango después de la muerte de su hermano. Viril manifiesto de Ignacio Agramonte a los camagüeyanos. Llega a Guáimaro el jefe de la revolución en Oriente. Se dirige al presidente de Chile. Elección de la Asamblea de Representantes del Centro. Desembarca en la Guanaja el brigadier español Lesca. Emprende marcha a Camagüey. Combate en los pasos de la Sierra. Bajas españolas y cubanas. Juicio crítico de la acción.

Levantamiento de Las Villas. Envían los villareños sus representantes a conferenciar con Céspedes. El 10 de abril de 1869. Guáimaro. Visión de Vidal Morales. Se constituye la República. Céspedes; presidente. Quesada; general en jefe del Ejército. Sanguily describe el acto de la investidura. El problema de la anexión de Cuba a los Estados Unidos. Ataque a las fuerzas del coronel Goyeneche. Sale Goyeneche de Puerto Príncipe para atacar a Sibanicú. Combate con los insurrectos. Combate en la Ceja de Altagracia y derrota del general Lesca por Ignacio Agramonte. Versiones del combate por los cubanos y españoles. Estudio crítico de la acción. Desembarca la expedición del Perrit. Incendio de Guáimaro. Combate de Sabana Nueva. Gobierno de Pueyo, Cañoneo de Puerto Príncipe por el general Agramonte. Relato de la acción. Su importancia. Juicio crítico. Ataque a Las Tunas por el general Quesada. Fracaso. Bajas cubanas. Juicio crítico de la acción. Paralelo entre el ataque a Tunas y el cañoneo de Puerto Príncipe. Nombramiento de Jordan para el cargo de jefe de Estado mayor. Orden de la mayoría general del Camagüey. Reunión del Horcón de Najasa. Deposición del general Quesada. Conducta de Agramonte. Comunicaciones de la Cámara y de Quesada. Actitud del presidente. Su carta a Lorda. Gestiones de Agramonte para que la Cámara acepte la renuncia a Quesada. Combate de Minas de Juan Rodríguez. Descalabro español. Bajas por ambas partes. Partes oficiales de la acción. Juicio de Sanguily sobre este combate en relación con su importancia. Combate del Clueco. Táctica cubana durante este período. Ataque a Punta Pilón por el general Jordan. Su renuncia. Carta al Representante Lorda. Simpatía recíproca entre Jordan y Agramonte. Declaraciones de Jordan en New York. Tiroteo del tren en que viajaba Pueyo hacia La Habana. Nombramiento de Agramonte para la jefatura del Distrito Militar de Camagüey el 4 de abril de 1870.

Una de las causas inmediatas de la revolución que principiara en La Demajagua con el grito rebelde de Carlos Manuel de Céspedes constitúyelo, sin lugar a dudas, el fracaso de la «Junta de Información» creada por Decreto Real de 25 de noviembre de 1865, en cuya prosa falaz se declara que

> la unidad de la Nación y de sus leyes no excluyó en lo pasado, ni excluirá enteramente en lo futuro, las naturales diferencias que la diversidad del estado social y de las condiciones económicas de las Provincias de Ultramar exigía en las leyes, porque debían ser regidas, por lo que habiendo desaparecido parte de esas diferencias y siendo los reinos de Castilla y de las Indias de una misma corona, las leyes y orden de gobierno de los unos y de los otros debían ser lo más semejante, siendo menester examinar no solamente el orden político y administrativo sino la situación económica de las Antillas, y no debiendo darse un solo paso en el camino de la reforma sin oír a los representantes de tan respetables intereses.

La sesión inaugural de la Junta se efectuó en 30 de octubre de 1866, bajo la presidencia del ministro de Ultramar, comenzando los trabajos el 4 de noviembre del mismo año, pero el día 27 de abril de 1867 el gobierno español declaró cerrada la información e hizo caso omiso a los proyectos presentados por los representantes de las colonias. Y así como en el elemento liberal de Cuba había producido muy agradable impresión el envío a la Metrópoli de la Comisión Cubana, en la que figuraban hombres como José Antonio Saco, el conde de Pozos Dulces, José Morales Lemus y Nicolás Azcárate, fue causa de disgusto y desazón el fracaso de los comisionados y la indignación que en el país levantó, determinó el emplazamiento inmediato de todos los hombres de honor para el campo de la lucha, pues ya España declaraba que no modificaría el régimen de gobierno a que Cuba estaba sometida, con lo que no solo defraudaba las justas aspiraciones de este pueblo sino que le burlaba cruelmente, dejando incumplidas las promesas hechas y poniendo en el mayor ridículo a los comisionados cubanos. Así el político español Segismundo Moret declaró que nunca se había llevado más sistemáticamente a un país hacia la desesperación; y don Francisco Lersundi, en un informe al Ministerio de Ultramar, decía:

Triste es, pero necesario, confesar que la falta, la carencia absoluta de una política constante y uniforme hacia esta isla por parte del gobierno de la metrópoli que ya prometía concesiones y reformas, ya reprimía y defraudaba las esperanzas que él mismo había hecho gratuitamente concebir, ha producido un estado de desconfianza, intranquilidad y desasosiego generales, que difícilmente podrá tener remedio, si no se adopta pronto una marcha única, fija e invariable, que a la vez que prudente, liberal y justificada, haga respetable y respetado así al gobierno de España, como al representante que aquí tenga. Las *Leyes de Indias*, ese monumento tan glorioso que elevó a tanta altura el nombre español, y la riqueza de la América Española, ha sido destruido, así como la poderosa e inquebrantable organización de nuestras colonias, sustituyéndolas, sin orden ni concierto, con un sistema burocrático, que a la par que costoso, ignorante y sin ventaja legítima alguna, permitía por un lado la inmoralidad más escandalosa, y contribuía por otro al desprestigio del Gobierno Superior Civil, de la Capitanía general, de toda autoridad, en fin: y todo esto ¿para qué? Para dar vida y explicar la existencia de un centro que se llama Ministerio de Ultramar, que para justificar la razón de ser, de que carece, no hace sino desmoronar y echar abajo, ciega y atropelladamente, todo lo que venía sancionado por el tiempo, y que implantado y arraigado de una manera muy profunda en las costumbres del país, solo debiera alterarse con mucho cuidado, muy lenta y sobre todo muy uniforme y meditadamente.

Hemos visto a Agramonte incorporarse a la «Logia Tínima» tomando parte en la conspiración, aunque pensando siempre que el movimiento revolucionario no estallaría hasta 1869, según habían acordado los jefes camagüeyanos con los orientales, en su última entrevista. Así las cosas, el 10 de octubre de 1868 promulga el manifiesto de la Junta Revolucionaria de la Isla de Cuba y da el grito de Independencia o muerte, en el Ingenio La Demajagua, el ilustre prócer Carlos Manuel de Céspedes. Dice a este respecto Pirala:

El correo portador de tal orden fue detenido el 9 de octubre en el Ingenio La Demajagua, situado en una de las ensenadas que forma el mar, en la costa que se extiende desde la desembocadura del río Cauto hasta Cabo Cruz al Este de Manzanillo; en el que estaban muchos reunidos; y como tuvieron el descuido de dejarle escapar, la situación de aquéllos no podía ser más comprometida; estaba descubierto su plan y esto lo confirmó el telegrafista Ismael Céspedes, revelando a don Carlos Manuel la orden de prenderle. Ya no cabían vacilaciones, precisaba obrar, era llegado el momento y no había de desperdiciarlo; destruir la insurrección y cuantas esperanzas en ella se fundaban, tener que emigrar o someterse a las consecuencias de un proceso, y ante los que le rodeaban no era posible; así que desplegó la bandera, que podía ser «el símbolo de sus esperanzas, de sus comprimidas aspiraciones, de sus fervientes votos», pero que no definía bien en aquellos azarosos momentos, las esperanzas y aspiraciones de todos.

Allí, dice Zambrana, mezcladas todas las clases y todas las razas, con el mismo generoso impulso en el pecho y la misma radiante y altiva satisfacción en el rostro, se hicieron los unos a los otros, enérgicas y solemnes promesas: que la patria sería redimida, el esclavo emancipado, la América lavada de su única mancha; que, para eso destruirían ellos mismos su hogar, abandonarían su familia, vivirían la vida ruda y trashumante del salvaje; que por eso aceptarían ellos la muerte; que no habría nada que los detuviese, nada que les acobardase; que empezando el combate ninguno pensaría que iba a morir, y que llegado el momento de morir ninguno moriría arrepentido. Después de esto, aquellos hombres, que procedían, los unos por raciocinio y los otros por instinto, en busca de alegría del género humano, del pacífico consorcio de todos los hombres en cada pueblo, y de todos los pueblos en la humanidad, se prepararon para la fuerza. Quedó la guerra declarada. Los que se pronunciaron con Céspedes eran treinta y siete; que se dirigieron a la sierra de Nagua; les amaneció el 10 en el batey de San Francisco y al mediodía llegaron a la hacienda Palmas Altas, en la que dio Céspedes libertad a todos sus esclavos.

Camagüey esperaba el levantamiento para el año 69, a tal extremo que el marqués ilustre se encontraba en La Habana, cuando la noticia de aquél le sorprendió: El periódico *Cuba Libre*, publicado a raíz de la Independencia, dice, por boca de un allegado del marqués, lo siguiente:

La Logia «Tínima», a la cual se había afiliado Agramonte, era un centro de conspiración. En junio del 68 en ella se recibe una comunicación, por conducto de Francisco María Rubalcaba, para que secundara el movimiento que se intentaba llevar a cabo en Oriente, citando para una reunión en San Miguel de Rompe. Esta reunión se celebró habiendo actuado Carlos Manuel de Céspedes como maestro, pues todos los reunidos eran hermanos masones, y dijo que tenía acordado el levantamiento para el 3 de septiembre. Pero, acordado no ir al movimiento hasta después de la zafra del año 69, Salvador Cisneros fue a La Habana, a fin de conferenciar con Aldama, Morales Lemus y las Logias Masónicas que allí conspiraban, por nuestra independencia. Cuando inopinadamente, en octubre de 1868, Manuel de Armas, confidente de Lersundi, dio a Cisneros y a José Ramón Betancourt, allá en la capital, la noticia de que en Yara se habían levantado proclamando la Independencia, asegurándolo, por haber visto un parte telegráfico al capitán general. Entonces, cuenta Cisneros, «me dirigí al telégrafo y supe que estaba interrumpido hasta Tunas; pero al pasar por un establecimiento de la calle de Mercaderes, leí un telegrama que decía: "En el poblado de Yara, jurisdicción de Bayamo, se ha levantado una partida de bandidos, a cuya cabeza se encuentra un tal Pedro Aguilera y un licenciado en derecho de mala muerte de Manzanillo, Carlos Manuel de Céspedes, las fuerzas del gobierno los persiguen"».

Pero a pesar del telegrama, despectivo e inocente, ese mismo día embarcaba el teniente coronel Campillo, con el regimiento de San Quintín, por el paradero de Villanueva y con dirección a Manzanillo. Los cubanos avisaron por telégrafo a Camagüey a Ignacio Mora, y de aquí se dio la noticia a Bayamo; por este motivo Modesto Díaz tuvo tiempo de prepararse y hacer morder el polvo al referido jefe español en las márgenes del Babatuaba. Morales Lemus aconsejó al marqués que se embarcase enseguida al Camagüey, para que secundase el movimiento, pues «no debía dejarse solos a los orientales, prometiéndole que ellos, los habaneros, les facilitarían los recursos que necesitaran». Estos datos los hemos tomado de un ejemplar del referido periódico *Cuba Libre*, existente en el Museo Provincial de esta ciudad.

En el *Diario de la Marina* de La Habana del día 15 de octubre de 1868, cuyo ejemplar, existente en la Biblioteca de la Sociedad Económica de Amigos del País, hemos leído, se dice lo siguiente:

La Gaceta de ayer nos da la noticia de que el 10 del corriente se levantó en el Partido de Yara, jurisdicción de Manzanillo, una partida de paisanos, sin que hasta el presente se sepa quién es el cabecilla que la manda ni el objeto que se propone. Supónese que se han unido a ella los bandoleros perseguidos en otras jurisdicciones; pero no debe distinguirse por el número ni el valor cuando al encontrarse, en el mismo pueblo de Yara, con una pequeña columna de tropas, que había salido de Bayamo, en su persecución, huyó cobardemente dejando sobre el terreno un muerto, cinco escopetas, un trabuco, cuatro machetes, una lanza y diez caballos con monturas, sin haber causado otro daño a los defensores del orden y de la propiedad que un ligero herido. Las autoridades de Cuba, Puerto Príncipe y otras jurisdicciones, se han apresurado a enviar fuerzas para ahogar instantáneamente ese aborto, que tiene tanto de ridículo como de criminal.

La Gaceta de La Habana del día 13 de octubre de 1868 tiene un suelto del mismo tenor que el precedentemente inserto; pero termina en la siguiente forma:

sobre los criminales que sean cogidos y que, según bando publicado, están ya incursos en la jurisdicción militar, caerá, pronto e inexorable, el peso de la justicia.

El historiador Juárez Cano, nos ha facilitado un ejemplar de la revista *Defensa*, publicado en esta ciudad de Camagüey, sin fecha, en la que aparece un trabajo suscrito por Salvador Cisneros en 1902, donde hablando, de los preliminares de la guerra de 1868, dice:

> que en la finca «San Miguel», fue presentado el marqués al presidente Aguilera, quien le dijo: «no tienen ustedes que hablar, pues ya se ha variado conforme a sus deseos; el mismo Carlos Manuel de Céspedes, representante por Manzanillo, ha pedido se demore el movimiento para poder terminar la zafra, y a esta petición se agrega la de otros pueblos de Oriente. La Junta ha decidido aplazar para 1869 el levantamiento».

Dice que siguió la conferencia y que la junta encargó a los comisionados el hacer propaganda constante en Camagüey.

> Que a él, en particular, le comisionó para ir a La Habana; que los comisionados se despidieron, creyendo pospuesto el movimiento y volvieron a Camagüey, dando cuenta de su cometido, siendo aprobada la gestión y habiéndose, al efecto de activar los trabajos, reunido una junta en la que estaban representadas las familias del Camagüey, usando, como local de reunión, el domicilio de Antonio Perdomo, en la calle de San Clemente. Continúa refiriendo su labor en La Habana hasta que le sorprendió el movimiento del 10 de octubre.

Como hemos visto, tanta sorpresa causó a los patriotas del Camagüey el alzamiento como a los mismos españoles. El marqués emprende rápido viaje a esta ciudad y veremos lo que, en tanto, hacen las autoridades españolas de Puerto Príncipe.

Gobernaba esta ciudad el brigadier del Ejército español don Julián de Mena, quien recibió parte telegráfico desde Bayamo, donde se le comunicaba el levantamiento de Carlos Manuel de Céspedes. El día 11 publicó una proclama, por la que declaraba en estado excepcional este distrito y sometía a quien se sublevare a los tribunales militares, los que impondrían la pena señalada a ese delito en la Ordenanza, advirtiendo, además, que la misma pena se le impondría a los instigadores, auxiliares o encubridores.

El referido general constituye la antítesis del capitán general Lersundi, que gobernaba en Cuba en aquella época, pues, mientras éste no le dio importancia alguna al movimiento, aquél le atribuyó inmensas proporciones; dando prueba de absoluta incapacidad y de falta de condiciones militares, envió una pequeña columna a Tunas y se encerró en la ciudad de Camagüey, atrincherándose en el Convento de la Merced, fortificándolo, emplazando piezas de artillería en las azoteas del edificio y de las Escuelas Pías, con lo que concedía al movimiento insurreccional, de aquellos días, una importancia que estaba lejos de tener, y deprimía notablemente la moral de sus tropas, sorprendidas ante las excepcionales precauciones, que tomó aquel jefe quien, lejos de haberse encerrado, debió haber emprendido la persecución del enemigo. Con sus absurdas medidas, los insurrectos, sin haberse lanzado al monte en esta zona, ya dominaban la provincia, desde que el gobernador se encerraba con las tropas disponibles en un convento.[9] Estos errores los encuentra con frecuencia el historiador militar estudiando las campañas de Cuba, principalmente la campaña de 1868. Es principio universalmente conocido, en estas cuestiones de la milicia, que las tropas regulares al inicio de una campaña, de esta índole, disfrutan de una imponderable superioridad sobre las milicias revolucionarias que, aparte de integrarse de ordinario con elementos inidóneos e indisciplinados, carecen de organización. Así, la lógica y la experiencia de consuno afirman que al ser atacados por fuerzas regulares, se obtiene como resultado invariable, la dispersión inmediata del núcleo rebelde. Este principio, que debe ser rigurosamente observado por todo jefe de fuerzas regulares, en los casos de insurrección, era frecuentemente quebrantado por los jefes del Ejército español. Y aquí vemos cómo el brigadier Mena fue el primer héroe cubano de la

---

9   Justo Zaragoza en las *Insurrecciones de Cuba*, págs. 242 y 243, dice: «La conducta del brigadier Mena, que para tranquilizar los afligidos ánimos no encontró mejor medio que encerrarse en el Convento de la Merced, haciéndolo desocupar a la Audiencia del Territorio, acopiando allí víveres y rodeándose de los pocos soldados de la guarnición, de los voluntarios y de algunas piezas de artillería, decidieron a los tibios a tomar una resolución seguidamente. Los que más intranquilos vivían, por sus compromisos con los del campo y su falta de confianza en la población, dejaron a 1 de noviembre sus hogares, creyendo encontrar mayores garantías de seguridad entre las bandas insurrectas; y los que mejor dispuestos se hallaban a defenderse de los enemigos de España, empezaron a desanimar al ver reducirse su número y notar la desconfianza de todos en el gobernador que tan triste ejemplo daba cuidando solamente de su defensa personal».

campaña en Camagüey, apuntando, con su ineptitud e incapacidad, a las armas libertadoras un notable éxito en esta provincia al principio mismo de la guerra.

Veamos lo que hizo Mena el día 16 y percatémonos de los efectivos con que contaba España al inicio de esta campaña, oyendo a Juárez Cano:

El comandante general de Puerto Príncipe, brigadier don Julián de Mena, reunió en su despacho a los jefes y oficiales de la guarnición, voluntarios y policías y a varias personas caracterizadas del comercio español, para darle cuenta de la situación general de la Isla, con motivo de la Revolución de Yara y de la línea de conducta que el gobierno, el capitán general y el propio brigadier, se habían trazado ante los sucesos citados, pidiendo apoyo a los allí presentes para la obra de pacificación que se proponía iniciar el poder central.

Decía el brigadier Mena que el gobierno contaba con recursos para aplastar a los sediciosos, pero que, no obstante ello, de la Península no tardarían en llegar refuerzos.

Sobre las fuerzas españolas en Cuba, decía el general que había listas para el servicio: doce regimientos de infantería; un cuerpo de ingenieros; uno de artillería; dos de caballería; una sección de la guardia civil; un regimiento de bomberos armados; un cuerpo de guardia correccional; dos compañías de guarnición de hospitales militares y cinco regimientos de milicias de caballería e infantería. Que todos esos cuerpos tenían un efectivo de:

Tropas veteranas incluyendo la oficialidad	14.300
Guardia civil	640
Guardia Correccional. (Sería Orden Público)	120
Bomberos armados	1.000
Milicia montada y de a pie	3.400
Soldados cumplidos y retenidos en servicio	300

Total de combatientes: 19.760

Que esa tropa estaba distribuida así: 1.500 hombres en el Departamento Oriental; 2.000 en el Central (Camagüey), y el resto en el Occidental. Que este ejército era de primera clase, y aunque no todo estaba provisto de armas de los sistemas perfeccionados, habían unos 6.000 fusiles Remington del último modelo, que había gran depósito de municiones y pertrechos de guerra en La Habana y que, después de guarnecidos debidamente los fuertes y hospitales y cubiertos otros servicios de las ciudades, quedaban 10.000 hombres veteranos dispuestos para entrar en campaña.

Que contaba, además, el gobierno con la marina en aguas de Cuba, compuesta de las fragatas, de hélice, *Gerona*, de cincuenta y un cañones y la *Carmen*, de cuarenta; dos vapores de ruedas, armados con dos cañones cada uno y cinco goletas de hélice, entre ellas *África*, *Huelva* y *Andalucía* con tres cañones cada una.

Después el brigadier leyó a los concurrentes los diversos telegramas recibidos de La Habana, donde se le aseguraba que el movimiento de Yara había fracasado, por no haber respondido el resto del país, como en los años de 1850 y 51.

El general expuso que tenía municiones suficientes de boca y guerra para sostenerse hasta que recibiera refuerzos del exterior, aparte de que aseguraba que el orden no sería alterado.

Salvador Cisneros Betancourt, como hemos dicho, salió de La Habana, para Camagüey, donde veremos enseguida a los patriotas celebrando una reunión de la Junta Revolucionaria, en la sociedad «El Liceo», con el propósito de secundar el movimiento que habían principiado los orientales; abierta a discusión sobre si procedía lanzarse de inmediato a la campaña o esperar a que Juan Nepomuceno Boza, informara acerca de la expedición que (costeada por aquel generoso Martín Castillo Agramonte, a quien auxiliaron la Junta de La Habana y varios compatriotas), debía venir al Camagüey. Suspendida la primera reunión y con conocimiento los cubanos, por telegrama que se había recibido de La Habana, que en el primer buque que desde allí zarpara para Nuevitas vendrían 1.500 fusiles, se acordó detener el tren de dicho lugar a Camagüey y capturar tan rico y cuantioso botín de guerra. Al efecto, se dispuso emplazar a los cubanos, para el día siguiente, a orillas del río Clavellinas, a 3 leguas de esta ciudad, y allí, respondiendo a la clarinada de La Demajagua, celebraron sus desposorios con la muerte, los primeros revolucionarios de la ciudad que consternada un día viera levantarse el patíbulo «para ajusticiar» a los protomártires de la libertad cubana.

Pero, cuando los héroes de Clavellinas se reúnen, ya había otros cubanos en el Camagüey, tremolando el pendón de guerra. Y así ese mismo día, 4 de noviembre, asaltan el cuartel de Guáimaro, haciendo capitular a sus defensores, a los que devuelven vivos a Puerto Príncipe, con lo que producen certero golpe al prestigio del Ejército español, ya que la entrada de aquellos prisioneros en la ciudad de Camagüey, el día 8, al par que implicaba la prueba elocuente de la victoria cubana, hacía resaltar la nobleza del enemigo que, opuesto a crueles e infecundas ejecuciones, no seguía el camino trazado por España desde 1826. Corolario de la victoria de Guáimaro lo constituyó la actitud de Mena, pues fue este triunfo insurrecto el que le hizo atrincherarse en la Merced, el día 9 de noviembre. El jefe a quien cupo la gloria de ganar la mentada victoria fue Augusto Arango, luego vilmente asesinado por los sicarios de España cuando, trayendo la bandera de parlamento, llegó a esta ciudad provisto de un salvoconducto y amparado en recién promulgado decreto de amnistía, publicado por Dulce.

Se ha dicho que el día 4 de noviembre de aquel año Camagüey entero se lanzó al campo; efectivamente, además de los héroes de Clavellinas y de los vencedores de Guáimaro, había rebeldes en La Atalaya, cerca del Bagá, jurisdicción de Nuevitas, en Pueblo Nuevo, a una legua del paradero de Minas y en los alrededores de Cascorro y Sibanicú.

En tanto estos hechos acaecían en la manigua, Salvador Cisneros y nuestro biografiado se hallaban en la ciudad, enviando hombres y pertrechos, levantando el espíritu revolucionario y terminando la labor que aquí debía realizarse; hasta que el día 11, ya con datos ciertos de que se había librado orden de detención contra el Mayor, por habérselo comunicado el mismo telegrafista que recibiera el despacho de La Habana, en el cual se ordenaba aquélla, lanzose al campo, donde pronto le veremos.

El día 9 Ángel Castillo Agramonte, comandando numeroso grupo de valientes, asalta el tren que de Nuevitas se dirigía a Camagüey, ignorando que los fusiles enviados por el gobierno para su ejército de operaciones, habían sido destinados al departamento oriental, por lo que resultó frustrada la operación. Los cubanos procedieron a practicar un registro minucioso de todo el convoy dando, desde luego, resultado negativo. El marqués había contestado a los compatriotas de La Habana, por telégrafo, y en clave, con relación a este cargamento: «Pierdan cuidado que no llegarán». Efectivamente no llegaron las armas a Camagüey; pero tampoco a poder de la insurrección.

Durante todo el mes de octubre y parte de noviembre del 68 el general don Julián de Mena fue prisionero de los insurrectos en la capital de Camagüey, con conocimiento de lo cual el capitán general de la isla dispuso que una fuerte columna, al mando del conde de Valmaseda, le auxiliara, levantando el sitio de la capital y destruyendo los núcleos rebeldes. Era objetivo, además, de Valmaseda reconquistar la plaza de Bayamo, para lo que debía de atravesar esta provincia. El día 14 de noviembre desembarca en el estero de Vertientes, de donde escribió al capitán general, «que el día 17 entraría en Camagüey». Además de sus armas ofensivas utilizó este general, con magnífico resultado, la intriga y la falacia contra los cubanos en armas, para lo cual le valió de mucho Napoleón Arango, tipo vanidoso, amigo del gobierno y mendaz defensor de la causa cubana. Resultado del convenio entre Arango y Valmaseda fue que éste pudo entrar en Camagüey, después de tres días de marcha, desde Vertientes, sin que los cubanos le dispararan un tiro, pues Napoleón Arango, obrando en connivencia con el hábil español, citó a los insurrectos para Clavellinas, con lo que impidió que estos le salieran al paso a Valmaseda.

En 26 de noviembre se celebra otra reunión, para tratar de las reformas que ofrecía el Gobierno español. Esta reunión tuvo como escenario el pueblo de las Minas, a donde acudió nuestro biografiado y habiendo propuesto Arango la sumisión a Valmaseda y la adopción del programa de Cádiz, Agramonte se irguió, «inspiradísimo y arrebatado, y elevando la réplica a la majestad de la arenga», desbarató los argumentos del pacifista, concluyendo su pieza oratoria, breve; pero magnífica, con estas palabras:

Acaben de una vez los cabildeos, las torpes dilaciones, las demandas que humillan: Cuba no tiene más camino que conquistar su redención, arrancándosela a España por la fuerza de las armas.

Después del Mayor habló el marqués, argumentando que no podía dejarse abandonados a los patriotas orientales y que ya no cabía, entre Cuba y España, transacción posible. Acordada la guerra se constituyó el «Comité de Camagüey», integrado por Salvador Cisneros Betancourt, Ignacio y Eduardo Agramonte. Se otorgó el nombramiento de general en jefe, de las fuerzas camagüeyanas, al insigne Augusto Arango, el héroe legendario de la acción de San Carlos, se organizó la delegación de Minas, compuesta por Manuel Arteaga Borrero, Demetrio Castillo Batista, Alfredo Arteaga Quesada y Francisco Argilagos Guinferrer. Acto seguido la delegación envió un emisario al general Quesada, que se encontraba en Nassau, requiriendo sus servicios. Terminó la sesión en la mañana del día 27 cuando se aviaban los patriotas para la victoriosa acción de Bonilla, en la que derrotaron a la fuerte columna española que traía Valmaseda del Camagüey.

Con la derrota rotunda y merecida de Napoleón Arango, el general Valmaseda abandonó sus propósitos diplomáticos y ese propio día, 26 de noviembre, sale de Puerto Príncipe con dirección a Nuevitas, custodiando un convoy; pero en la mañana del 28, en el puente de Tomás Pío, cerca de los montes de Bonilla, le esperaban animosos, decididos y magníficos los cubanos mandados por jefes de la talla de Augusto Arango, Ángel Castillo e Ignacio Agramonte.

Salvador Cisneros en sus apuntes biográficos dice:

Que se hallaban los cubanos en el campo de Minas discutiendo, por la tarde, después de haber nombrado el gobierno provisional del Camagüey, cuando llegó Juan Guerra, con la noticia de que Valmaseda venía por ferrocarril con 1.500 hombres. Que Augusto Arango dio la orden de marchar a Bonilla y parapetarse; que Valmaseda avisó, por conducto de Severino Vega, que al día siguiente vendría a Minas a hacer la paz y a almorzar con los cubanos, habiéndole contestado

Augusto que estaba «preparado para recibirlo», y, efectivamente, al día siguiente, por la mañana, se da la más bonita acción en la Ceja de Bonilla.

Refiriéndose a Agramonte dice el marqués:

en Bonilla se portó Ignacio muy valiente y bien; en un principio rechazó a más de media docena de soldados que intentaron llegar hasta él, mas habiendo sido herido levemente, su primo y concuño Eduardo, muy al principio de la acción, dejó el campo para acompañarle y llevarle. La acción comenzó a las diez y media y a los primeros disparos mis fuerzas, las de Arístides Arango, las de Esteban Duque Estrada y Ángel Castillo, comenzaron a disparar contra el enemigo hasta agotar el escaso parque que llevaban, lo que nos obligó a retirarnos ordenadamente de la línea de fuego. A las doce del día solo quedaron con Augusto Arango una docena de patriotas, entre ellos la mayor parte mozalbetes y con éstos sostiene la acción Augusto, hasta las tres de la tarde, en que el enemigo abandona el campo llevándose más de cuarenta heridos al Ingenio Canet, a 5 kilómetros de allí. No puedo prescindir de dar los nombres de los que se portaron con heroísmo, además de Ignacio, que tuvo que marcharse, y Augusto, que sería hacerle un insulto si no lo nombrase,

termina el marqués, refiriéndose en general a la acción.

Juárez Cano dice que las fuerzas de Arango, bien montadas, estaban muy mal armadas y municionadas, pues solamente contaban con tres rifles de aguja, veintidós fusiles belgas y treinta y seis españoles de cargar por la boca, ocho trabucos antiguos, treinta y dos escopetas de caza y cincuenta y dos revólveres y pistolas. En total, 101 armas de fuego largas y cincuenta y dos cortas. Que las municiones de aquel bisoño ejército eran escasas y deficientes y consistían, según el testimonio de Ignacio Mora, en una centena de cartuchos, para los rifles, y poca cantidad de pólvora con dos quintales de balas de plomo. Que el general Arango quiso darle organización militar a su gente, pero que los patriotas le objetaron su odio al militarismo y su deseo de pelear por partidas, en virtud de lo cual fue dividido el contingente en diez grupos que comandaron los siguientes jefes: Augusto Arango, Salvador Cisneros, Serapio Arteaga, Esteban Duque Estrada,

Ángel Castillo Agramonte, Ignacio Mora, Ignacio Agramonte, Arístides Arango, Pedro Recio y Luis Magín Díaz.

Colocóse el general Arango en la Ceja de Bonilla, junto al puente de Tomás Pío Betancourt, punto que escogió para interceptar la marcha del enemigo y batirlo ventajosamente. Dando muestra de su capacidad militar, ocupó la posición con infantería, mandando a los caballos al monte cercano, con encargo de que los cuidaran los negros de la impedimenta y de que fueran colocados lejos de la zona peligrosa, que había de batir el fuego enemigo.

El marqués dijo que al escoger Arango las distintas posiciones, desde donde se haría frente al enemigo, se reservó el punto más avanzado y de mayor peligro al joven Ignacio Agramonte, abogado del Príncipe que días antes se había incorporado a la revolución, posición que estaba situada al este del arroyo de Bonilla, en lugar que el hombre marcara después, porque allí, precisamente, construyeron un fortín, en el punto donde cayó el primer enemigo, muerto en combate personal con el citado Agramonte. La tropa española fue sorprendida por el fuego de la infantería cubana, apostada, y al correr la vanguardia a guarecerse hacia el centro, se destacó un piquete del flanco derecho de la columna, que fue atacado por Agramonte al frente de su grupo, matando personalmente a dos e hiriendo a cuatro más, de los que lo formaban, con lo que el Mayor puso fuera de combate, él solo, a la mitad de los elementos que integraban esa guardia de flanco. Al notar los patriotas que aquellos componentes de la columna se replegaban, y que abrían brecha en las filas enemigas, cuyos soldados ofrecían magnífico blanco a sus fusiles, cargaron a la carrera y acuchillaron, en lucha cuerpo a cuerpo, a muchos españoles empleando también el arma corta, logrando Valmaseda poner término a la acción cuando, repuesto de la sorpresa, ordenó fuego de artillería que puso inmediatamente en dispersión a la tropa irregular. Acto seguido la columna adoptó formación de batalla, quedando del lado insurrecto solo unos sesenta hombres, combatiendo desde sus buenas posiciones, hasta que agotaron las municiones; continuando entonces hostilizando al enemigo el valiente general Arango y unos contados tiradores que lograron verlo abandonar la ruta férrea y tomar rumbo, derrotado y maltrecho, hacia el Ingenio Canet.

Las bajas españolas consistieron en muchos muertos y heridos, según los cubanos; los españoles confesaron diez muertos y treinta y dos heridos: las tropas cubanas experimentaron dos heridos solamente.

La acción de Bonilla, que constituyó halagüeño triunfo para las fuerzas libertadoras, les reveló, además, el alto valor que la manigua y el monte tenían para ellas, les dio a conocer el escaso valor táctico de las tropas españolas y les mostró cómo un pequeño número de patriotas, atrincherados en la manigua irredenta, podía contener y vencer a una fuerte columna enemiga. Esta acción campal, la primera en Camagüey entre fuerzas de las dos naciones, levantó el espíritu de los patriotas, dándoles ese elemento imponderable que tanto vale en la lucha armada: la fuerza moral. En Bonilla comprendieron los cubanos cómo provistos de fusiles de retrocarga, incomparablemente superiores a las obsoletas y deficientes carabinas que les sirvieran en esta acción, podían vencer a núcleos importantes del ejército enemigo, armado todavía en esta época de fusiles de avancarga. Así vemos al Mayor Agramonte pidiendo fusiles Spencer, con los cuales afirma poder detener, de una manera infalible, en los caminos camagüeyanos, la marcha de una columna, cualquiera que sea el número de soldados de que se componga, si no queda completamente destrozada. Esto lo dice en carta a Francisco Javier Cisneros, en New York, días después de la gloriosa acción que relatamos, desde el campamento camagüeyano de Sibanicú y ya allí habla de las seguridades con que podrían contar los cubanos para esperar el éxito en la lucha armada. Esto lo demostró y enseñó al cubano bisoño la victoriosa acción de Bonilla, con cuyo recuerdo aparece también, al través de los setenta años que de ella nos separan, la figura titánica del caudillo insigne dando muerte, por su propio brazo, como los atridas ante Troya, a varios soldados enemigos.[10]

---

10 Los emboscados, enardecidos, se lanzan sobre los carros, los ocupan por pocos instantes, acuchillan las desordenadas tropas, batiéndose sin plan ni concierto, hasta que a los primeros estampidos de la artillería española, el grueso de las partidas congregadas en aquel sitio huye despavorida, manteniéndose en el puesto un grupo como de sesenta hombres que prestan obediencia a Augusto Arango. Más de un centenar, impelido por el pánico, ha puesto el pie en polvorosa. Entre aquellos sesenta está Salvador Cisneros, que da la primera prueba de su inmutable desdén de la vida, sosegado y pasivo; Ángel del Castillo; Eduardo Agramonte Piña; Ignacio Agramonte; los hermanos Boza y casi todos los que después habrán de figurar a la cabeza de las fuerzas camagüeyanas, cuando

éstas se organizasen. Valmaseda puso en ejercicio las tres armas; el grupo que mandaba Augusto Arango solo disponía de algunas escopetas de caza, carabinas, fusiles primitivos, machetes y dagas. Los jinetes, los escogidos que allí permanecieron, llegaron al lugar de la cita, atraídos por el incentivo de la aventura, solos o en pareja, dejaban sus cabalgaduras al cuidado de sus esclavos y criados y se acercaban a la línea de fuego de la emboscada, y hubo indolente que descargaba el arma que su siervo le cargaba a sus espaldas. Valmaseda, repuesto de la sorpresa, desplegó en guerrilla el regimiento de La Habana, que rompió nutrido fuego sobre los emboscados, a los que lanzó numerosas granadas y más de veinte disparos de metralla, logrando que le franquearan el camino, a costa de catorce muertos y de cincuenta heridos, sin incluir las bajas que sufrió, ya en marcha, al ser atacado por retaguardia. En las filas de Augusto Arango, Eduardo Agramonte Piña fue herido levemente en un muslo, y Villafaña, también herido leve en una mano. Tal fue el famoso combate en Bonilla. Arango se retiró a Sibanicú y Valmaseda acampó en el ingenio La Fe, renunciando a proseguir por la vía férrea, y emprendiendo marcha, después de tres días, por el antiguo camino de Nuevitas. En los Itabos esperaban el paso de la columna Ángel Castillo, Bernabé Varona y Gaspar Agüero, emboscados y escalonados, cada uno a la cabeza de diez hombres. Rómpese el fuego a las tres de la tarde; ruge la artillería española, la columna sufre algunas bajas y Gaspar Agüero, contuso, cae en poder del enemigo. Valmaseda continúa su avance cañoneando a tontas y a locas, como si quisiese amedrentar, con el estruendo de su artillería; destruye los ingenios Santa Isabel y Reunión a cañonazos, acampa en el último de éstos y al otro día, al atravesar los montes de la hacienda Consolación, Arango, que allí lo aguardaba en emboscada, le causa numerosas bajas. En este encuentro es baja definitiva Teodoro Blanco, el primer camagüeyano muerto en acción de guerra, herido grave Pedro Recio Agramonte, seis leves de la tropa y contuso, por bala de cañón, Luis Agramonte. En la noche de aquel día Valmaseda ocupa el caserío de San Miguel de Nuevitas. Como la columna había quedado muy debilitada por las bajas, y penalidades de la marcha, luego que fue reforzada con dos batallones, salió de Nuevitas para Sibanicú. Arango le esperaba con el grueso de sus fuerzas atrincherado en el paso del río Arenilla, en donde además se le tenía preparado una piara de ganado salvaje que, en hora oportuna, habría de ser abalanzada como una tromba sobre la columna. Pero Valmaseda esquivó el paso y, siguiendo por camino opuesto, fue a acampar a Consuegra, en donde el continuo tiroteo de las guerrillas, obligó a sus soldados a pasar la noche en claro. Al día siguiente hizo rumbo a Cascorro, bajo los fuegos de la partida de Pedro Ignacio Castellanos, ocupa el pueblo, lo saquea y parte en dirección a Las Tunas. Augusto Arango, emboscado en los montes de los Dolores, lo bate y le hace un prisionero. En este encuentro murió Domingo Méndez, campesino que había organizado y capitaneado una partida, y al que se dio sepultura en el cementerio de Guáimaro, con los honores de ordenanza. Tales fueron las peripecias de la columna de Valmaseda en su tránsito en estos primeros tiempos de la revolución, por el territorio camagüeyano. (Datos proporcionados por Rafael de Armas Montenegro.) He aquí el parte oficial, de origen cubano, de la acción de Bonilla: «El 28 de noviembre encontré fuerzas enemigas al mando del general Villate, en el puente de Tomás Pío, monte de Bonilla. Las calculo en 800 de todas armas. Avisado con anterioridad, coloqué la gente en los puntos convenientes, aguardando al enemigo toda la noche del 27; se presentó el 28, como a las diez de la mañana, en un tren especial. Llegado al puente empezó a maniobrar con las compañías del regimiento de La Habana, desplegándolas en guerrilla y haciendo un fuego, nutrido y constante, sobre mis

La columna de Valmaseda es hostilizada por los cubanos hasta que entra en San Miguel. El general embarca inmediatamente para La Habana, regresando el 20 de diciembre y formando una columna de 1.500 hombres, principia su marcha sobre el territorio camagüeyano.

El 20 de diciembre de 1868 lanza el general Valmaseda una proclama desde Nuevitas y dos días después emprende su referida marcha memorable a través de nuestra provincia, con dirección a Bayamo, pasando por Sibanicú, Cascorro y Guáimaro.

La columna de Valmaseda, fuerte de cerca de 2.000 hombres de las tres armas, estaba integrada por un batallón del regimiento de España, los voluntarios movilizados de Matanzas,[11] dos compañías de cazadores de San Quintín, una batería de campaña y alguna fuerza de caballería. La columna larga y lenta en el andar llevaba una impedimenta de dieciocho carretas y más de cien acémilas; su jefe, ejemplar típico de oficial de alta graduación en el ejército de España, «indolente y adiposo», marchaba en una volanta, circunstancias todas que facilitaban a los jefes mambises el hostilizarla, lo que constantemente verificaron; habiendo estrenado, los héroes de la manigua, sus cañones de cuero que fabricara en Guáimaro el patriota Clodomiro del Risco. Ello tuvo lugar en la acción del «Desmayo» donde hubo derroche de teatralería, con cargas a la bayoneta, fuego por descargas y maniobras de la artillería española. Pero oigamos a Pirala relatar esta acción:

---

líneas. Estas rompieron sus fuegos el combate siguió. Nos envió más de veinte cañonazos con metralla, muchas granadas y como 12.000 tiros. Se mantuvo el fuego durante tres horas con mucho furor. Avanzó el enemigo, salió de nuestros tiros y enseguida ataqué la retaguardia; allí le causé bastante daño que se aumentó con la llegada del tren convoy. Se han visto en el campo doce muertos y según el maquinista, prisionero, les causamos cincuenta heridos. He estorbado la comunicación por vía férrea, pues el enemigo quería restablecerla; me he apoderado de su locomotora y sus carros que imposibilité. He tenido dos heridos en mis filas; una herida llevó en un muslo Eduardo Agramonte y otra en una mano Vicente Viamonte. Solo 150 hombres opuse al enemigo. El enemigo dejó tres cadáveres insepultos. 29 de noviembre de 1868. El general en jefe, Augusto Arango. Ignacio Mora, secretario. Sibanicú, 1.º de diciembre de 1868» (No hemos podido precisar si fue Viamonte o Villafaña el otro herido de Bonilla).

11   Los destruyó Agramonte en el combate memorable de Jacinto.

Toda la columna salió de San Miguel en la mañana del 22, dejando este punto fortificado, con una respetable guarnición, al mando del capitán don Salvador Ayuso, y bien guiadas las tropas del conde por el capitán de partido Gómez, excelente conocedor del terreno que iban a recorrer, siguieron una marcha pausada por el mal estado de los caminos, llevando un convoy de unas cien acémilas y dieciocho carretas con dos yuntas de bueyes cada una, que iban a retaguardia con víveres y municiones. Con un herido, habido en un pequeño tiroteo en el monte Desmayo, pernoctaron en el potrero la Viuda; se hizo alto el 23 en el ingenio San Bartolo; se aligeró el peso de las carretas, aunque se aumentó su número; prosiguió la marcha el 14; peleóse bravamente en el Desmayo, donde Mendigurren con sus cazadores de San Quintín cayó tan oportunamente a la bayoneta sobre los insurrectos, que le cogieron un cañón, matando a los que le defendían antes que pudiesen dispararlo contra el centro de la columna, al cual apuntaba. Continuó el fuego avanzando por espacio de media hora, tiempo necesario para cruzar la media legua de bosque que faltaba, y en dos cargas sucesivas a la bayoneta que dieron los voluntarios y los flanqueadores de España, tomaron al enemigo dos cañones más, al parecer de la misma fábrica que el anterior. Desembocaron los españoles en una sabanita y dos disparos de granada ahuyentaron a los insurgentes de la vanguardia. Si esto detuvo su ímpetu, no impidió continuara peleando la retaguardia, cerca de tres horas, sin causar pérdidas notables, como tampoco las causaron las veintiséis colmenas con abejas que colocaron en medio del camino, las que, gracias a las disposiciones del general, no se esparcieron entre el ganado, lo cual hubiera producido lamentables consecuencias. Dejando tres muertos, según consigna un testigo, y llevando cinco heridos, penetraron en el potrero Consuegra, en el que celebraron alegremente la Nochebuena.

Toda la noche hostilizaron los cubanos al enemigo en este lugar, donde supo el conde que Augusto Arango, el campeón glorioso de Bonilla, el muerto vivo, el del cráneo de plata,[12] le esperaba en el río «Arenillas» y además de

---

12 Pirala dice: «Que los españoles en 1851 dejaron por muerto sobre el campo a Augusto Arango y como tal se dio en los partes oficiales. De este hecho Gonzalo de Quesada dijo: "Con la cabeza deshecha, sangrando de tremendas heridas, a gatas se había arrastrado toda la noche hasta llegar a una finca, donde su hermano el conocido médico Agustín le hizo las primeras curas, se escapó a los Estados Unidos con sus familiares, al hueso le sustituyó la plancha metálica, y después de muchos años de cuidado, pudo recobrar el habla, y emprender de nuevo su educación; cuando el indulto general, volvió a Camagüey;

una fuerte emboscada le tenía preparada una piara de ganado bravío para lanzarlo, como una tromba, sobre la columna hispana, por lo que esquivó el encuentro.

¡En esta guerra santa, donde todo era bello, por el lado insurrecto, la manigua y el bosque, los caminos y los ríos y hasta el ganado y las abejas se ponían de parte de la causa de la independencia; se realizaba el mito de Anfión-Orfeo, de la leyenda antigua, cuya armonía musical, arrobadora e incoercible, unía a las piedras y a los árboles en ordenación arquitectónica y a los seres vivos, incluso a los animales, en ordenación moral! Pero dejemos a Valmaseda camino de Bayamo y vengamos a recibir a la playa de la Guanaja al general Manuel de Quesada, que con una fuerte expedición de armas y pertrechos venía a incorporarse a la revolución.

En la madrugada del 27 de diciembre de 1868 los centinelas cubanos que otean anhelantes el horizonte ven avanzar rauda y a todo trapo, impelida por favorable viento norte y «hábilmente dirigida por intrépido timonero», la nave que conduce al general Manuel de Quesada, con dos compañías de fusileros, organizadas en Nassau, más de 2.000 fusiles Enfield, 150 carabinas Spencer, 700.000 tiros, granadas, pólvora y artículos de vestuario y equipo adquiridos por Martín Castillo,[13] que sacrificó toda su fortuna, Diego y Enrique Loynaz y el Comité Revolucionario de La Habana. Ella nos traía al cultísimo y delicado Rafael Morales, al poeta Luis Victoriano y al centauro José Payán. El general Quesada dirige, en el acto, el siguiente manifiesto al país:

Ciudadanos: Tres siglos de cadenas y de oprobios no han bastado a hacernos esclavos de los tiranos. Al grito de ¡Libertad! ningún cubano ha permanecido

---

siguió laborando y se pronunció otra vez de los primeros; su región entera estaba toda sublevada"».

13   Este patricio remitió para su pariente Ángel 100 Spencer que venían separados. Con este armamento, superior al que usaban los españoles, Ángel organizó una magnífica columna de choque, la mejor de la época, con la que asaltó y quemó a San Miguel y destruyó el campamento de Sabana Nueva, entre otros mil hechos de gloria y de heroísmo. Según Carlos Manuel de Céspedes, las cuentas de la expedición se hallan en poder de Ángela del Castillo, hija de Martín. El costo de la misma fue de $50.000 de los que pagó Castillo 10.000 y regaló, como se ha dicho, además, los Spencer, las municiones para ellos, el cañón y las granadas.

indiferente. Nuestros campos, inundados de patriotas, han sido bautizados con la sangre de nuestros hermanos. Doce años de guerra contra la injusticia y la tiranía me autorizan con los honores de ciudadano general del Ejército mexicano; y pródigo siempre en ofrecer mi sangre a la patria os traigo, con mi espada, elementos suficientes para derribar con los vuestros, ese trono tiránico, origen de nuestra servidumbre y al que hasta hoy habéis estado encadenados. Nuestra guerra no es contra los españoles, sino contra su gobierno despótico. La bandera de la libertad no desconoce ninguna nacionalidad: a su sombra encontrarán protección los intereses y los hombres de todas las naciones. Sus amigos son nuestros amigos: sus enemigos, los enemigos de la patria. Nuestro lema es Unión e Independencia. Con unión seremos fuertes. Con unión seremos invencibles. Con unión seremos libres. ¡Viva la América libre! Camagüey, diciembre de 1868. Manuel de Quesada.

Tan pronto ponen el pie en tierra los legionarios, lo que se realiza con facilidad y prontitud, y una vez desembarcado todo el material de guerra, penetran en la bahía dos cañoneras españolas, con crecido número de soldados. Pero ya los cubanos habían puesto en estado de defensa la playa de la Guanaja, animados del propósito de buscarse un puerto para el alijo de las expediciones y mantener contacto con sus hermanos del exterior. Habíase construido un magnífico fuerte, de madera con estacada de jiquí y profundo foso; y habíase establecido campo atrincherado alrededor del poblado protegido, en gran parte, por obras de caoba; dirigió esta incipiente castrametación el patriota Manuel Arteaga. Por lo tanto, al presentarse los españoles, frente al pueblo, y empezar a cañonearlo, fue contestado el fuego con vivo tiroteo por los fusileros de Quesada, los que rechazaron la fuerza española, de desembarque, a la que produjeron numerosas bajas.

En un momento de la acción, la bandera de la estrella solitaria, que flotaba orgullosa sobre el parapeto cubano, cae azotada por una ráfaga de viento, sobre la arena protectora de la defensa. Los españoles, creyendo que la habían derribado, con su fuego, prorrumpen en aclamaciones y vivas a España y en ese instante mismo el joven Julio Sanguily, que luego veremos cubrirse otra vez de gloria, en los campos estremecidos por el galope de guerra, bajo el fuego enemigo, trepa a la trinchera, salta al exterior, recoge la bandera, sube a lo alto del parapeto, y la planta allí, escapando milagrosamente a la lluvia de proyectiles que le enviaba el contrario, y ocupando su puesto nuevamente en las filas de la libertad, de donde lo aclamaron con estrepitosos vivas a Cuba. Este rasgo, como dijo Vidal Morales, auguraba su cualidad predominante de guerrero: la osadía llevada a lo increíble.

Cuando los españoles gastaron su parque de artillería, y gran parte del de fusil, el comandante abandonó el puerto enfilando hacia Nuevitas y llevando la noticia de que los filibusteros cubanos habían convertido a la Guanaja en puerto fuerte. Guanaja fue el único puerto que tuvimos en nuestro poder durante la guerra de independencia y el único, pues, de donde rechazamos con éxito a los barcos españoles. Pronto veremos que las circunstancias nos obligaron a abandonar la gloriosa playa.

Ese mismo día 27 de diciembre, en que desembarca el general Quesada, ocurre otro hecho digno de mención y de la historia: El presidente Céspedes publica su proclama aboliendo la esclavitud de Cuba Libre:

Carlos Manuel de Céspedes, capitán general del Ejército Libertador de Cuba y encargado de su gobierno provisional.

La revolución de Cuba, al proclamar la independencia de la Patria, ha proclamado con ella todas las libertades y mal podría aceptar la grande inconsecuencia de limitar aquéllas a una sola parte de la población del país. Cuba Libre es incompatible con Cuba esclavista; y la abolición de las instituciones españolas debe comprender y comprende, por necesidad y por razón de la más alta justicia, la de la esclavitud como la más inicua de todas. Como tal se halla consignada esa abolición entre los principios proclamados en el primer manifiesto dado por la revolución. Resuelta en la mente de todos los cubanos verdaderamente liberales, su realización, en absoluto, ha de ser el primero de los actos que el país efectúe, en uso de sus conquistados derechos. Pero solo al país cumple esa realización, como medida general cuando, en pleno uso de aquellos derechos pueda, por medio del libre sufragio, acordar la mejor manera de llevarla a cabo con verdadero provecho, así para los antiguos como para los nuevos ciudadanos.

El objeto de las presentes medidas no es, por lo tanto, ni podrá ser la arrogación de un derecho de que están lejos de considerarse investidos los que se hallan hoy al frente de las operaciones de la revolución precipitando el desenlace de cuestión tan trascendental. Pero no pudiendo a su vez oponerse el gobierno provisional al uso del derecho que por nuestras leyes tienen y quieren ejercer numerosos poseedores de esclavos, de emancipar a éstos desde luego; y concurriendo, por otra parte, con la conciencia de utilizar por ahora en el servicio de la patria común a esos libertos, la necesidad de acudir a conjurar los males que a ellos y al país podrían resultar de la falta de empleo inmediato, urge la adopción de medidas provisionales que sirvan de regla a los jefes militares que operan en los diversos distritos de este departamento para resolver los casos que vienen presentándose en la materia.

Por tanto, y en uso de las facultades de que estoy investido he resuelto que por ahora, y mientras otra cosa no se acuerde por el país, se observen los siguientes artículos:

1.º Quedan declarados libres los esclavos que sus dueños presenten, desde luego con este objeto, a los jefes militares, reservándose a los propietarios que así lo deseen el derecho a la indemnización que la nación decrete y con opción a un tipo mayor al que se fije para los que emancipen más tarde. Con este fin se expedirán a los propietarios los respectivos comprobantes.

2.º Estos libertos serán, por ahora, utilizados en servicio de la patria de la manera que se resuelva.

3.º A este objeto se nombrará una comisión que se haga cargo de darles empleo conveniente conforme un reglamento que se formará.

4.º Fuera del caso previsto, se seguirá obrando con los esclavos de los cubanos leales a la causa de los españoles, y extranjeros neutrales, de acuerdo con el principio de respeto a la propiedad, proclamado por la revolución.

5.º Los esclavos de los que fueren convictos de ser enemigos de la patria y abiertamente contrarios a la revolución, serán confiscados con sus demás bienes y declarados libres, sin derecho a indemnización, utilizándolos en servicio de la patria en los mismos términos ya prescriptos.

6.º Para resolver respecto a las confiscaciones de que trata el artículo anterior se formará el respectivo expediente en cada caso.

7.º Los propietarios que faciliten sus esclavos para el servicio de la revolución sin darlos libres por ahora, conservarán su propiedad mientras no se resuelva sobre la esclavitud en general.

8.º Serán declarados libres, desde luego, los esclavos de los palenques que se presentaren a las autoridades cubanas, con derecho bien a vivir entre nosotros o a continuar en sus poblaciones del monte, reconociendo y acatando el gobierno de la revolución.

9.º Los prófugos aislados que se capturen o los que sin consentimiento de sus dueños se presenten a las autoridades o jefes militares, no serán aceptados sin previa consulta con dichos dueños o resolución aceptada por este gobierno, según está dispuesto en anterior decreto.

Patria y libertad.

Bayamo, diciembre 27 de 1868.

Carlos Manuel de Céspedes.

Se ha dicho que revela este Decreto del presidente Céspedes un alto sentido práctico, pues se afirman en él los principios de igualdad y reconocen los derechos fundamentales del hombre, cumpliendo el ideario de la lucha y, al mismo tiempo, para no restar simpatía, y captarse la enemistad de los ricos terratenientes, dueños de negradas, se les concede el derecho de retenerlos. Es decir, se coloca el gobierno revolucionario en un punto medio, entre los postulados de la justicia ideal y la realidad que se vivía en Cuba. Pero evidentemente, en el terreno ideológico, el referido decreto, se concita la censura más fuerte, aunque en el terreno pragmático constituyera un éxito de estado. Dos meses después, en 26 de febrero de 1869, la «Asamblea de Representantes del Centro», integrada por hombres de principios elevados, imbuidos del ideario demoliberal, que preponderaba entonces en el viejo continente; quizás con menos sentido práctico de la vida, promulga el memorable decreto que enseguida vamos a insertar, del cual dijo Manuel Sanguily que constituía la más decisiva conquista de aquella década olímpica:

La institución de la esclavitud traída a Cuba por la dominación española, debe extinguirse con ella.

La Asamblea de Representantes del Centro, teniendo en consideración los principios de eterna justicia, en nombre de la libertad y del pueblo que representa, decreta:

1.º Queda abolida la esclavitud.

2.º Oportunamente serán indemnizados los dueños de los que hasta hoy han sido esclavos.

3.º Contribuirán con sus esfuerzos a la independencia de Cuba todos los individuos que por virtud de este decreto le deben su libertad.

4.º Para este efecto, los que sean considerados aptos y necesarios para el servicio militar, engrosarán nuestras filas, gozando del mismo haber y de las propias consideraciones que los demás soldados del Ejército Libertador.

5.º Los que no lo sean, continuarán, mientras dure la guerra, dedicados a los mismos trabajos que hoy desempeñan, para conservar en producción las propiedades y subvenir al sustento de los que ofrecen su sangre por la libertad común; obligación que corresponde de la misma manera a todos los ciudadanos hoy libres, exentos del servicio militar, cualquiera que sea su raza.

6.º Un reglamento especial prescribirá los detalles del cumplimiento de este decreto.

Patria y libertad. Camagüey, febrero 26 de 1869. La Asamblea.

Salvador Cisneros Betancourt. Eduardo Agramonte. Ignacio Agramonte. Francisco Sánchez Betancourt. Antonio Zambrana.

Los camagüeyanos habían nombrado, por medio de su Comité Revolucionario, jefe militar del departamento al general Augusto Arango; pero como le tenían ofrecido ya, a Manuel de Quesada, que traía los lauros de oficial general, en el ejército de México, el mando de las tropas, tan pronto llegó éste fue sustituido el general Arango. Quesada fijó su cuartel general en la zona de Tibisial; 7 leguas al noroeste de Puerto Príncipe.

Evidentemente que influyó, de modo decisivo, en este cambio de jefatura, la actitud del hermano de Augusto, Napoleón, de quien hemos hablado y cuya conducta intrigante y antirrevolucionaria, produjo tanto quebranto a la causa de la libertad impidiéndole, como vimos más arriba, hostilizar a la columna de Valmaseda en su marcha de Vertientes a Puerto Príncipe. Además, el valioso aporte que en hombres y pertrechos traía el general Quesada constituía mérito singular que, unido a lo anterior, y vistas las circunstancias especiales en que se hallaba colocado Arango, propiciáronle el acceso al mando de las tropas camagüeyanas, el que se le confirió con fecha 31 de diciembre de 1868; quedando encargado «el activo y diligente triunvirato» que integraba el Comité de Gobierno, formado por Ignacio y Eduardo Agramonte, con el marqués de Santa Lucía, de dar forma a la administración civil y económica de la comarca, creando prefecturas y proveyendo a los servicios auxiliares del incipiente e improvisado ejército revolucionario.

Era tal la influencia que Napoleón ejercía sobre el prestigioso Augusto que hallándose éste acampado, con las fuerzas que integraban el regimiento de Caunao en la zona de Atalaya, a 2 leguas y media de Nuevitas, recibió a los comisionados del general Dulce, con los que convino entrevistarse con los miembros del Comité Revolucionario del Camagüey y mostrarles el plan de reforma; pero, rechazado éste por los miembros del Comité, resuelve el heroico general, disparado tal vez por qué resorte, misterioso y desconocido, venir a Puerto Príncipe, provisto de un salvoconducto del gobernador de Nuevitas y amparado por el Decreto de amnistía que el general Dulce acababa de promulgar en aquellos días. Decreto enviado por los revolucionarios españoles de septiembre al capitán general de la Isla, el que publicó el *Diario de la Marina*, de 12 de enero de 1869 y por el cual se concedía indulto a todos los insurrectos que se presentaran en el término de cuarenta días. Así le vemos abandonar la manigua insurrecta y sin permiso ni anuencia del Comité Revolucionario ni de la jefatura del Ejército, llegar a Puerto Príncipe, desarmado y confiado en la lealtad del Gobierno español, prevalido tanto del documento que traía en su bolsillo cuanto de la referida proclama de amnistía del capitán general.

Al llegar a la ciudad inquiere por el jefe de policía, a quien se encuentra en el Casino Campestre y quien lo autoriza para cruzar el puente; pero tan pronto vuelve la espalda el confiado cubano es asesinado por detrás. De su bolsillo le extrajeron un ejemplar del periódico donde venía inserto el decreto de amnistía. Le condujeron, luego de asesinado, al cementerio en medio de la algazara y los gritos de la turba miserable. Este asesinato, repelente e inexplicable, cometido por el Gobierno de España, encendió en fervores de santa indignación a la manigua insurrecta, como tendremos ocasión de ver dentro de un rato.[14] Imputamos a España el espeluznante asesinato, porque

---

14   Pirala ha dicho: «Aquella muerte fue una gran desgracia de funestas consecuencias por las transacciones que impidió. Los periódicos españoles atribuyen injustamente el crimen a los insurrectos».

de los datos históricos que tenemos a la vista se advierte cómo el gobierno de Puerto Príncipe sabía del viaje de Augusto y tomó las medidas correspondientes, y dio las instrucciones pertinentes para que se consumara el nefando crimen, del que testifican los señores don Pedro Agüero Sánchez, Francisco de Varona, José Agustín Recio y don Pedro Batista. El primero testigo de mayor excepción, por ser adicto a la causa española, el tercero abogado y el cuarto rico hacendado de esta ciudad.

Y decimos que es inexplicable porque no se concilia el crimen citado con la labor pacificadora de Napoleón, ni con la campaña del general Dulce, ya que eran fácilmente previsibles los resultados que este salvaje procedimiento debía producir en la manigua mambisa.

El Gobierno revolucionario del Camagüey respondió a aquel crimen, no con la represalia natural, sino mandando a salir del campo revolucionario, y poniendo fin a las negociaciones de paz, a los comisionados del general Dulce a que nos hemos referido. Al efecto dirigió, tanto a los citados, cuanto a Céspedes, las siguientes comunicaciones:

El C. Augusto Arango, confiando demasiado en una soñada libertad de los gobernantes españoles en Cuba, trató de entrar en Puerto Príncipe con el ánimo de conferenciar con aquéllos, que le dirigían falaces promesas de libertad y de paz; se presentó desarmado y con un solo compañero; ambos han sido cobardemente asesinados por los que solemnemente le ofrecieron respetar su persona.

Usted comprenderán cuál es la medida de represalia que correspondía tomásemos. Señores: Vuelvan inmediatamente a Nuevitas que ni aún en justa represalia olvidan los cubanos su fe empeñada. No cabe transacción entre los cubanos y los tiranos, y nuestra guerra la llevaremos hasta el punto de extinguir su oprobiosa y funesta dominación en Cuba. Después de leer ésta, los emisarios del gobierno español, saldrán sin demora y sin que se lo estorbe pretexto alguno, del terreno en que ondea el pabellón de la Independencia.

P. y L. Imías y enero 27 de 1869.

El Comité Revolucionario de Camagüey.

El C. Augusto Arango... Después de esa entrevista y de solicitar de nosotros una asamblea para determinar en el asunto, a lo que nos negamos por creerlo inútil y aun perjudicial, determinó sin anunciárnoslo pasar a Puerto Príncipe, sin duda con el objeto de seguir las negociaciones allí, confiando en un salvoconducto que parece le facilitó el coronel o gobernador de Nuevitas. Apenas llegado a la ciudad, en la que se presentó con un solo compañero y sin armas, fue desoído en sus manifestaciones parlamentarias y asesinado vilmente, así como su compañero. Ante este hecho vandálico, por más que el C. Augusto Arango estuviera en disidencia con nosotros y aun haya sido víctima en circunstancias de hallarse contrariando nuestros esfuerzos, no podemos olvidar que fue nuestro hermano de armas y hemos creído un deber dirigir a los comisionados de Dulce la adjunta comunicación, y que si desean hablar con usted lo hagan dirigiéndose por mar, pues no sería digno que diésemos paso a esos emisarios, cuando un cubano ha sido asesinado por los enemigos.

Como usted ve, estamos más resueltos que nunca a no transigir con su gobierno que no respeta sus mismos salvoconductos. En cuanto a nosotros esta circunstancia nos ha sobrecargado de trabajo, por lo cual tal vez solo mañana podremos salir a vernos con usted.

P. y L.

Campamento camagüeyano y enero 27 de 1869.

El C. R. del C. Salvador Cisneros. Eduardo Agramonte. Ignacio Agramonte.

La Junta de La Habana anunciaba la salida de los comisionados a Céspedes, en la siguiente forma:

El domingo último ha salido de aquí una comisión compuesta de los señores don José de Armas y Céspedes, don Hortensio Tamayo y don Ramón Rodríguez Correa: llevan la misión de presentarse a usted en nombre del general Dulce, y de entregarle una carta que este señor le dirige en términos muy satisfactorios para usted, pero en el concepto de la Junta y del público, es un lazo que se tiende a la revolución. El señor Dulce, recordará usted que es el héroe de Vicálvaro y no ha variado nada en sus opiniones. Sigue haciendo alarde de sus traiciones y de su arte de engañar.

Concluía la carta exponiendo que la opinión de la Junta se fundaba en «que ya no cabía ningún arreglo, que era muy tarde y que no había más que independencia o muerte». Y Carlos Manuel de Céspedes, por su parte, que había sido citado por los comisionados para una entrevista, contestó en la forma que vamos a relatar, con lo que queda ya descrito este episodio pacificador del principio de la guerra de 1868:

Cuartel general en la finca sobre las riberas del Cauto.

Señores Hortensio Tamayo, José de Armas y Céspedes y Ramón Rodríguez Correa.

Muy señores míos: Es en mi poder la carta que ustedes han tenido a bien dirigirme con fecha 19 del que cursa, en la cual me manifiestan haber llegado hasta el campamento de Imías, en el Camagüey, comisionados por el general Dulce para celebrar una conferencia conmigo y entregarme además una carta de dicho señor. Estoy ya en camino para la finca nombrada «Ojo de Agua de los Melones», donde me propongo efectuar una entrevista con el general Manuel de Quesada; de modo que pueden ustedes venir hasta ese punto para tener el gusto de verlos y que cumplan la misión que se les ha encargado. Me congratulo de que tan dignos patriotas sean los escogidos por el gobierno de España para hacer la paz con los libertadores de Cuba. Sin embargo de que yo creo que serán infructuosos todos los ofrecimientos que nos hagan en el concepto de que la isla quede bajo el dominio de España, porque no hay uno solo de los soldados del Ejército Libertador que no esté decidido a morir antes de que deponer las armas y sujetarse de nuevo a sufrir el yugo de los españoles. El incendio de Bayamo y del pueblo del Dátil, por los mismos bayameses, la guerra que estamos sosteniendo con las tropas de Valmaseda, que no nos trata sino como trataban los conquistadores de España a los primitivos hijos de este país, la muerte de muchos patricios distinguidos, todos los sacrificios que hemos hecho para dar al mundo una prueba de que no somos tan sufridos ni tan cobardes como hasta aquí se vino diciendo, son suficientes pruebas para que España se convenza de que no hay poder alguno que ahogue nuestras aspiraciones, ni contenga el impulso de un pueblo que solo desea ser libre para entrar de lleno y con ansia en el pleno goce de sus derechos. Yo tendré el gusto de dar a conocer a ustedes la ventajosa situación en que nos encontramos, y mientras tanto se realiza nuestra entrevista, reciban ustedes las seguridades del aprecio y la más distinguida consideración de Carlos Manuel de Céspedes.

Estudiado ya el incidente histórico de los comisionados, veremos la reacción del Comité Revolucionario del Camagüey ante el asesinato inadjetivable de Augusto Arango, que lesionaba los fueros de humanidad y destruía una vida de las más preciadas para nuestra causa. Ella está expresa en la siguiente proclama, que dirigiera a Cuba el 27 de enero de 1869:

Cubanos: El Camagüey está de luto. Augusto Arango, uno de sus hijos predilectos, ha muerto vilmente asesinado por los infames sicarios de la tiranía; creyendo todavía posible un convenio honroso con el gobierno español, y desoyendo las manifestaciones en contra de sus hermanos de armas, tomó a empeño tener una entrevista con el gobernador Mena, declarando su proyecto a un cortísimo número de sus allegados. Esperando encontrar lealtad en los viles secuaces del despotismo, se presentó en la ciudad acompañado solamente por un hombre y desarmado. ¡Pero aquellos miserables no podían perder tan bella ocasión de saciar sus cobardes y sanguinarios instintos, y le asesinaron! Ellos, que a su solo nombre, temblaban de espanto; ellos, que al menor ataque acudían en tropel a resguardarse detrás de sus parapetos, creyéndose siempre demasiado débiles, encontraron la ocasión de llevar a cabo una hazaña digna de ellos, violando todos los derechos, hasta el derecho de gentes. Pocos pueblos podrán presentar al ludibrio de los hombres una acción más acabada que la que le ofreció ayer el pueblo español que oprime al Camagüey. Asesinar a un valiente que por sí mismo se presenta, sin armas, y como parlamentario, no es acción que sea capaz de cometer un pueblo cualquiera. Es preciso para ello que esté dotado de una organización funestamente privilegiada... Pero no es eso todo. ¡Aquellos miserables han llevado su vileza —la pluma se resiste a estamparlo— hasta celebrar su cobarde hazaña con vítores, músicas y otras manifestaciones públicas de regocijo!...

Este hecho, que por su bajeza se sustrae a toda calificación exacta, debe darnos una medida de la confianza que debe inspirarnos el gobierno español al plantear en Cuba el régimen del derecho y la justicia. España nunca podrá resignarse a reconocer nuestros derechos, porque entonces no podría arrancarnos, a título de sobrantes, los fondos necesarios a llenar nuestras necesidades más perentorias, entonces dejaría de ser nuestro suelo el venero a que acuden sedientos de oro ese sinnúmero de empleados famélicos y venales, que como un enjambre de parásitos aflige a nuestra desgraciada Patria.

Cubanos, nuestro hermano Augusto, alucinado por falaces promesas, se ha hecho él mismo víctima de la iniquidad española. Confiado en ellas, dio acogida a las esperanzas de obtener el bien de Cuba, sin derramamiento de sangre y lágrimas. Noble deseo, pero irrealizable, atendida la índole depravada de los conquistadores de América, que se ha conservado inmutable al través de los siglos y de la civilización. Los asesinos de Atahualpa, de Guatimozín y de Hatuey, encuentran dignos sucesores en los de Plácido, de Armenteros y de Augusto. Hermanos: depongamos nuestro dolor; que la más santa indignación anime solo nuestros pechos. ¡La sangre de nuestros hermanos clama venganza! Que nuestro grito sea para siempre. ¡Independencia o muerte! Y que cualquiera otro sea mirado en adelante como un lema de traición. Cubanos: ¡honor a la memoria de nuestro hermano! ¡Viva la libertad! ¡Viva la independencia de Cuba!

Patria y libertad. Campamento camagüeyano, 27 de enero de 1869.

El Comité Revolucionario del Camagüey.

La conducta de Napoleón Arango después de la horrible inmolación de su ilustre hermano, merece una severa condena de la historia, ya que continuó laborando porque Cuba siguiera bajo la bandera española, lo que determinó su proceso, por una corte marcial, que le llamó a descargarse de la culpa que le resultaba, libró orden de detención contra su persona. Antes de que se verificara la detención de Arango, ya el 17 de marzo de aquel año, nuestro biografiado había dirigido a sus compatriotas de Camagüey la magnífica catilinaria, digna de la prosa de Marco Tulio Cicerón, que copiamos enseguida:

CAMAGUEYANOS:

El C. Napoleón Arango, después de haber tenido una o más entrevistas con el jefe español conde de Valmaseda, provocó una reunión de patriotas que tuvo lugar en el paradero de Las Minas la noche del 26 de noviembre, con el objeto de proponerles la aceptación de las concesiones ofrecidas por el gobierno español. Esa reunión, cuya legitimidad para determinar acerca de la revolución, no puede ser dudosa al citado ciudadano que la convocó, rechazó sus proposiciones por los votos de una inmensa mayoría, acordando llevar adelante la revolución, hasta derrocar al gobierno español en Cuba: aceptó su renuncia y nombró un Comité para dirigir la revolución, y un jefe superior para las operaciones militares.

El Comité, en el ejercicio de sus funciones, y para la debida separación de los poderes, nombró una Corte Marcial, compuesta de tres jóvenes distinguidos de La Habana, conocedores de la ciencia del derecho, para juzgar los delitos políticos.

Erigida la Asamblea de Representantes del Centro por los patriotas aceptó y confirmó de hecho los nombramientos y los trabajos del Comité y la Corte Marcial, por consiguiente, es un tribunal legalmente constituido y autorizado y sus resoluciones no pueden desobedecerse, sin pugnar de frente con el orden de cosas creado por la mayoría de los revolucionarios del Centro, y sin ser hostil a la revolución.

Acusado en enero último el C. Napoleón Arango del delito de traición, ante el Comité, éste dispuso que la Corte Marcial procediese a la correspondiente averiguación, y dicho tribunal, con los datos del sumario que instruye, ha juzgado procedente ordenar la prisión del encausado, llamándolo a descargarse de la culpa que le resulta.

Ese C. sin embargo, en vez de comparecer con la frente serena a vindicar su nombre y su conducta, como lo hacen los inocentes, elude la presentación y se niega a obedecer la determinación judicial, como si temiese ser confundido con el resultado procesal, como si presumiera que las páginas del procedimiento habían de poner de manifiesto su culpabilidad. Procurando cohonestar semejante proceder, ha publicado un papel, pretendiendo se le juzgue en una reunión popular, que a su vez dice acusará al Comité. Si fuera dado a cada procesado pretender otro tanto, sería imposible la administración de justicia, y la impunidad campearía desembarazadamente: si así pudieran confundirse las funciones e involucrarse los procedimientos, el caos más horroroso envolvería las instituciones sociales. No, el procesado debe vindicarse ante el tribunal competente que le juzgue, y Napoleón Arango no tiene título para eximirse del precepto general ni para aspirar a que se le juzgue de una manera extraordinaria y a su antojo, ni son tampoco compatibles los privilegios con las instituciones democráticas que hoy se plantean en Cuba, a costa de tantos sacrificios. Jamás se habrá visto al pueblo, en ningún país civilizado, y con tribunales constituidos, juzgando los delitos de un simple ciudadano: es tan peregrina como insostenible la pretensión del ciudadano Napoleón.

En cuanto a los cargos que desea hacer al Comité o a la Asamblea, ¿por qué confundirlos con sus alegaciones de procesado? Hágalos oír ante el pueblo cuando llegue la hora de dar cuenta de las funciones con que éste invistió a esas corporaciones, que gustosas aceptan sin duda la responsabilidad de todos sus actos, y no quiera con ellos distraer la atención judicial de lo que contra él arroje el procedimiento...

Él fue quien, después de aceptar en Clavellinas el nombramiento de general en jefe del Ejército Libertador, en vez de marchar con éste a conquistar la independencia cubana, se apresuró a ponerse en relaciones y a establecer conferencias con el jefe español, conde de Valmaseda, para que indignamente aceptásemos las promesas mentidas de España. Él fue quien en la Asamblea de Las Minas se empeñó obstinadamente en sostener, contra el torrente de la opinión de los patriotas, la deposición de nuestras armas, de esas armas conquistadoras de la honra que nos arrebataba la más oprobiosa dominación; y quien renunció su nombramiento y se separó de nosotros, porque allí se condenaron y desatendieron sus sugestiones, él quien constantemente ha contrariado la revolución, quien ni aún en los momentos del dolor que debiera causarle el horroroso asesinato cometido por los españoles en su hermano Augusto, ha venido a colocarse como soldado en las filas del Ejército ni ha dejado de pensar en lanzarse al frente de la revolución, su propia frase, para torcer el curso de ésta.

Sin embargo, ese ciudadano sostiene en su papel la frase «que mienten» los que dicen que no quiere la revolución, sin recordar que en su segundo impreso, sin fecha, que comienza arrogantemente: «Al arrojar mi guante al gobierno español...». había consignado las palabras siguientes, entre otras muchas cosas notables: «Un país acostumbrado por más de 300 años al yugo, a la vejación, a no considerar a sus habitantes como hombres, sino como autómatas, ese país no puede de un solo golpe cambiar su estado de abyección por el de independencia y libertad, sin conmociones tales, que dejen de hundirlo en un abismo insondable, el ejemplo lo tenemos en todas las repúblicas actuales que fueron colonias españolas. Y si esto nos ha enseñado la historia en esas repúblicas, ¿qué podríamos esperar nosotros en este país, compuesto de elementos tan heterogéneos?». Más adelante dice: «Por eso había querido que optásemos por el programa de Cádiz ("demasiado amplio aún para lo que a Cuba convendría")».

Vemos, pues, a Napoleón Arango, que no quiere la revolución, y que después grita y se desmiente.

También dice en su último papel: «Desde el año de 1851 tomé las armas en contra del gobierno español» y en el primero que dio a la prensa, en diciembre último, con motivo de haber dicho el *Diario de la Marina* que con otros había vuelto al buen camino el señor don Napoleón Arango, deponiendo las armas, negaba haberlas tomado en el párrafo que copio a continuación: «Dice el parte que se había presentado un número bastante considerable deponiendo las armas; niego que así haya sido, pues no puede deponer las armas quien no las ha tomado».

Y hasta demuestra lo contrario, cuando pretende hacer creer que es abolicionista, pues sostiene en el mismo papel que los esclavos «no deben ser libres sino cuando hayamos conquistado nuestra independencia». Sobre el mismo asunto añade: «Todos queremos la libertad para los negros, ¿por qué, pues, ese funesto empeño de tocar una cuestión que está resuelta en el interior de todos?».

Precisamente lo contrario es lo racional; si todos queremos la libertad para los negros; si es cuestión resuelta en el ánimo de todos, ¿por qué habría de ser funesto tocarla? ¿por qué no llevar al terreno práctico la resolución?

Por lo demás ¿qué importa que su padre hubiera sido un buen patriota? ¿qué importa que también lo hubiera sido su hermano Augusto? Ramón Recio es traidor y hermanos tiene que luchan noble y heroicamente por la independencia de Cuba. A un lado los insensatos fueros de familias; no se trata de los allegados de Napoleón Arango; se trata de éste; que se defienda de los cargos que contra él resultan y será absuelto; pero si es culpable, los méritos ajenos no lavarán su mancha...

El C. Napoleón, arrogante y vanidoso siempre, dice que haciendo la guerra como la entiende él, no pasearan las tropas españolas casi impunemente, como acaban de hacerlo, de Guanaja al Príncipe, del Príncipe a Santa Cruz y de Santa Cruz al Príncipe. Es ridícula tal arrogancia; nuestras tropas se baten con el enemigo, éste ha dejado sembrado de cadáveres el campo de acción de Bonilla, en la Casualidad y en la Sierra de Cubitas. Entre tanto Napoleón Arango jamás ha disparado un solo tiro a las tropas opresoras; jamás se ha puesto con los suyos al alcance de las balas enemigas, cada vez que ha disfrutado de autoridad, en Las Minas y en San Miguel, no ha hecho de ella otro uso que tratar con nuestros contrarios, sacrificando en la última una vida que debía ser para él sagrada, en aras de su bastardo empeño; y después de anunciar pomposamente que «arroja su guante al gobierno español», que se «lanza al frente de la revolución»; «que va a vencer o a morir o a derramar su sangre en beneficio de su país», lejos de buscar las huestes enemigas, se aleja de su paso y olvida que clama venganza la sangre de Augusto, derramada alevosamente por los españoles.

Patria y Libertad, marzo 17 de 1869.

Ignacio Agramonte Loynaz.

Paso de la Sierra de Cubitas

En el mes de diciembre de 1868 llegó a Guáimaro por primera vez el jefe de la revolución en Oriente, Carlos Manuel de Céspedes, con el objeto de que el Comité Revolucionario de Camagüey, acatase su doble autoridad de jefe político y militar de la República. Desde allí se dirigió al presidente de Chile, pidiéndole que nos reconociera como beligerantes y solicitando su apoyo y cooperación ante las demás naciones para que intercedieran con España, para que esta nación pusiera fin a sus reprobables medios de guerra. El Camagüey, entretanto organiza y distribuye sus fuerzas y, respetuosos aquellos hombres del derecho del pueblo, teniendo en consideración que el triunvirato elegido al principio de la guerra lo fue solamente por un cuerpo de 150 hombres, y que aquélla había alcanzado notable desarrollo, incorporando nuevos y valiosos elementos, sometieron sus puestos a votación, habiendo resignado, los miembros del Comité, sus poderes y convocado para aquel acto cívico: en éste obtuvieron mayoría los hombres del antiguo triunvirato; Cisneros y los dos Agramonte, habiéndose aumentado la representación con dos cubanos y tomado la denominación de Asamblea de Representantes del Centro. Esta asamblea siguió un ideario distinto, en lo que respecta a los principios democráticos, que el observado por los caudillos orientales. De aquí el diverso criterio en relación con el problema de la esclavitud y de aquí la pugna con el caudillo de La Demajagua que terminó, gracias al gran juicio de los cubanos, en la Asamblea de Guáimaro de 10 de abril de 1869, a la que concurrieron representantes de las Villas, que, siguiendo la tendencia camagüeyana, determinaron en aquel espíritu comprensivo, abierto y noble de Carlos Manuel de Céspedes, cambios fundamentales de conducta.

Pero examinemos los hechos de armas acaecidos en estos dos meses en la Provincia.

Después de la breve estancia de Valmaseda en Camagüey, procedente de Vertientes, quedó otra vez sitiada la plaza de Puerto Príncipe, y el pobre brigadier Julián de Mena, encerrado en el Convento de la Merced, esperando los auxilios de La Habana.[15] El capitán general había organizado una fuerte columna de 3.000 hombres que puso a las órdenes de don Juan de Lesca, a quien concedía el mando del Distrito Central, deponiendo, muy merecidamente, al gobernador militar de Camagüey. El 18 de febrero de 1869 desembarca en la ensenada de la Guanaja el referido general, que ya tenía conciencia clara de lo difícil que le era levantar el bloqueo del Príncipe, por la vía férrea de Nuevitas, porque sobre ella el general Quesada había escalonado sus fuerzas. Así escogió la vía más corta de Guanaja a Camagüey, punto el primero, situado perpendicularmente sobre la capital. Poco esfuerzo costó a tan importante contingente armado ocupar nuestro puerto, y ya en tierra el brigadier, organizó su columna con la que iba a levantar el sitio de Puerto Príncipe: constaba aquélla de un batallón de infantería del rey, un batallón de cazadores de la Unión, un tercio de caballería, una compañía de ingenieros y una sección de artillería, con tres piezas de montaña. Dice Juárez que el general Quesada, convaleciente, estudió sobre el terreno los pasos de la Sierra de Cubitas, para tomar las medidas convenientes a impedirle el cruce al jefe enemigo. Esto destruye la afirmación que, en defensa de aquel jefe, hacen sus panegiristas, de que por encontrarse enfermo no asistió a la acción y no impidió, personalmente, la llegada al Príncipe del jefe español. Además, habiendo llegado a Guanaja el 18 por la noche el general Lesca, tuvo el mando cubano tiempo suficiente para haber acumulado todos sus efectivos en los lugares estratégicos del camino, principalmente en los magníficos pasos de la Sierra, en donde habría de librarse lo que técnicamente constituye una batalla, ya que entraban en función casi todos los elementos de guerra de uno de los combatientes, por la dominación de la capital de Camagüey. Pero Quesada, violando los principios del arte de la guerra, erró fatalmente

---

15 Pirala ha dicho: «En Puerto Príncipe ya, desde principios de enero del año 1869, empezaron a escasear las subsistencias por el bloqueo establecido por los insurrectos, que amenazaron con fusilar a cuantos cogieran con provisiones para la población».

en este episodio. Así vemos que allí no se encuentran las tropas disciplinadas y superiormente armadas de Ángel del Castillo; que los cubanos numerosos andan por Sibanicú en funciones electorales, y que el propio jefe, general Quesada, no asiste a la acción echando en el palenque sus arrestos y su capacidad. Por ello, el general Lesca atravesó la Sierra peleando desde las ocho de la mañana del día 23 hasta las tres de la tarde, en que ya había colocado sus tropas del otro lado del natural reducto.

Las bajas españolas consistieron en treinta y uno muertos y en ochenta y dos heridos, mientras las cubanas fueron dos muertos y quince heridos.

El general Quesada fue acusado por el fracaso de los cubanos en esta acción y Manuel de la Cruz, hablando de su deposición, dice:

> Que iba dando al traste con su fama de guerrero muy quebrantada por hechos de armas, como el paso de Cubitas, el asalto a Tunas y otros de menor importancia, en que el pedestal que le habían erigido el entusiasmo y la experiencia, fue cayendo a pedazos.

Vidal Morales dice: «que en el ataque a Tunas como en la defensa del paso de la Sierra de Cubitas, estuvo poco afortunado el general Quesada». Nosotros afirmamos que la fortuna no intervino en aquella operación y que se frustró desgraciadamente a causa de la falta de aptitud militar del jefe revolucionario. Su falta de aptitud militar la puso de manifiesto el general Quesada en las acciones de más importancia que emprendió en nuestra tierra.[16] Así se pone de relieve en esa carta que dirige al Mayor, precisamente el día 22 de febrero de 1869, cuatro días después del desembarco de Lesca en La Guanaja, de lo que tenía conocimiento en la fecha de la carta y lo que debió saber, por su servicio de vigilancia y observación, el mismo día 18, desde cual momento debió haber dispuesto inmediatamente una concentración de todos sus elementos de guerra para vencer al español

---

16 Esto no aminora un ápice los méritos indiscutibles y reales que para con la Patria tiene contraídos el general Quesada. Excelente organizador se ocupó, tanto de la distribución de las unidades y efectivos que debían integrarlas, en relación con el número de sus jefes, cuanto del sistema de aprovisionamiento, de la fundación de talleres, armerías, fábricas de pólvora, reclutamiento de soldados y dedicó, por encima de todo, atención preferente a la organización de la caballería camagüeyana.

que acudía en auxilio de Puerto Príncipe. Este grave error no puede por menos que concitarle un dictamen adverso del historiador crítico de Cuba al general Quesada quien, cuando ya Lesca había chocado con los cubanos y se preparaba a atravesar los pasos de la Sierra de Cubitas, dice a Agramonte «que el enemigo está por Guanaja y por Nuevitas y que en ambas vías tiene la resistencia que podemos oponer, y que es suficiente, por ahora». Este documento basta para descalificarle como estratega aún cuando haya tenido excepcionales condiciones de organizador, que precisa reconocerle y proclamarlas como homenaje a su aporte imponderable en la ingente lucha.

Efectivamente, antes de transcurrir las veinticuatro horas de esta carta, el enemigo, vencedor, atravesaba los pasos de la Sierra y dejaba a retaguardia las escasas fuerzas que Cuba le opuso en su marcha sobre la capital del Camagüey, la que venía prácticamente a libertar. Pero veamos tan importante documento histórico:

Señor Ignacio Agramonte. La Candelaria, febrero 22 de 69.

Mi querido amigo y h. Siéntome más débil que una parida, apenas puedo dirigirle cuatro líneas para recomendarle que sin pérdida de un instante manden ustedes citar a Napoleón, y, si concurre, déjenlo arrestado desde luego, y a la orden de la corte marcial; si él desobedece la citación de ustedes ya yo mandaré en el acto tropa armada a hacer cumplir una providencia de ustedes que no ha sido acatada; pero quisiera antes de este caso ver si es posible evitar malas interpretaciones que siempre tienen que ser lamentables. Napoleón sigue siempre con sus miras, él no se cansa, ni descansa; parece español en lo tenaz. El enemigo está por Guanaja y por Nuevitas, en ambas vías tiene la resistencia que podemos oponer y es suficiente por ahora. Avisaré todo lo que vaya ocurriendo. Yo estoy con calentura en este momento mismo que les digo adiós a mis amigos y hs.:

M. Quesada.

Armando Prats ha dicho que el general Agramonte tomó parte en esta acción, pero esto nosotros lo negamos ateniéndonos a la relación que el general Loynaz del Castillo ha hecho de las fuerzas que allí pelearon, a esa carta, prueba definitiva, y al hecho de que Agramonte estaba por aquellos días en Sibanicú, acreditándose con prueba documental que el 25, según el testimonio de Vidal Morales se firmó el decreto de abolición de la esclavitud promulgado por la Asamblea de Representantes del Centro el día 26[17] y lo casi imposible del traslado en aquella época histórica desde el paso de Lesca en Cubitas hasta el pueblo de Sibanicú, en solo treinta y seis horas. La relación a que nos referimos del general Loynaz dice así:

Los cubanos pelearon en el paso de la Sierra de Cubitas, bajo el fuego constante de la artillería española, pero con muy poca fuerza; la del coronel Chicho Valdés y las dos compañías de rifleros de la Libertad, una al mando del capitán Cheno Boza y la otra a cuyo frente estaba mi padre, el capitán Enrique Loynaz.[18]

---

17   Vidal Morales, en la pág. 472 de *Iniciadores y primeros mártires*, dice: «La Asamblea de Camagüey en 25 de febrero de 1869 dictó el siguiente decreto. (De Abolición de la Esclavitud)».

18   Céspedes, exculpando a Quesada, dice: «Dígase que las circunstancias fueron desfavorables. Esa es la guerra con sus alternativas y algo hay que conceder también a la brillante cualidad militar del jefe español, recordando en su honor que tampoco "el genio militar de Agramonte pudo contenerlo cuando se retiró de Puerto Príncipe para volver a Nuevitas"». No es posible comparar seriamente ambos hechos de armas. El cruce de la Sierra es un hecho de imponderable importancia estratégica, que no debía desconocer el general en jefe cubano y para impedirlo debió de haber colocado a su paso todos sus elementos de guerra, pues derrotado Lesca, hubiera sido tomado prisionero de seguro, ya que sin auxilio cercano la retirada le hubiera sido imposible con la enorme impedimenta de sus bajas. Y el ejército cubano vencedor, habría capturado sin trabajo la propia capital del Camagüey. En tanto, la acción de La Ceja es librada con pocos hombres y escasos recursos de guerra Quesada, por su parte, en su informe a la Junta Central Republicana, decía: «La presencia del brigadier Lesca en Nuevitas con una fuerza de 3.000 hombres, destinada a Camagüey, me obligó a concentrar las mías sobre la línea. Allí, reunida la mayor parte de las fuerzas del Centro, traté de dividirlas en regimientos, batallones, compañías, encontrándolas ya muy dóciles a la disciplina y más dispuestas a la obediencia, aunque inexpertas en la táctica. Pasó así el mes de enero y parte de febrero, hasta el 22 de éste, al par que caía yo enfermo de una fiebre eruptiva, recibía la noticia del desembarque de Lesca por la Guanaja y su intento de atravesar la Sierra de Cubitas hacia Puerto Príncipe. Di las órdenes necesarias para la inmediata ocupación de las mejores posiciones de la Sierra; pero la poca disciplina del novel ejército hacía tan embarazosos sus movimientos que solo 500 hombres tuvieron tiempo de tomar posiciones ventajosas, y ese número cortísimo en comparación de las fuerzas enemigas fue el que causó el destrozo que conocemos: 330 muertos y 800 heridos y hubiera bastado, tal era su decisión en el combate, a rechazar del todo la columna si se hubiera construido una pequeña trinchera transversal en la boca del desfiladero, pero no pude estar yo presente y a nuestros inexpertos jefes no se les ocurrió tan sencilla idea...».

Queda probado que Agramonte se hallaba en esos momentos en el desempeño de las funciones que como triunviro le correspondían y organizando, además, el cuerpo electoral para el acto cívico de fines de febrero. Así el mismo día que entraba Lesca en Camagüey promulga la Asamblea de Representantes del Centro el Decreto de abolición de la esclavitud, que ya conocemos.

En tanto en La Habana se esperaba con ansia, desde principios del mes de marzo, saber la suerte de Lesca y sus soldados, en la marcha por levantar el sitio de Puerto Príncipe, hasta que el día 9 de marzo se recibió el parte oficial del general, comunicando su entrada en la ciudad.

En 7 de febrero de 1869 resuena en los campos de Villaclara el clarín de guerra libertadora y más de 10.000 hombres, llenos sus pechos generosos de un afán sagrado por la libertad de su país, se alinean en valles y collados en las jurisdicciones de Sancti Spíritus, Remedios, Villaclara y Cienfuegos, mandados por sus jefes naturales. Con más sentido práctico que los camagüeyanos, no piensan los hombres de Villaclara en formar gobierno propio, como hicieron aquéllos, sino que nombran sus delegados para que pasen a esta provincia a trabajar por la unificación del gobierno revolucionario y constituyan la República. Cupo desempeñar esta misión, que llenaron con gloria, a los próceres Honorato Castillo, Miguel Jerónimo Gutiérrez, Arcadio García, Tranquilino Valdés, Antonio Lorda y Eduardo Machado. Y aquí se encontraron los comisionados de las Villas con los del Camagüey y los de Oriente. Ellos hicieron posible aquella conjunción que culminó en el acontecimiento magno del 10 de abril y que le dio vida a la primera República de Cuba.

Oigamos a Perucho Figueredo en discurso pronunciado en Key West, conmemorando tan fausto día:

Eran los primeros días del mes de abril, continúa diciendo nuestro amigo Fernando Figueredo Socarrás, a cuyo relato nos atenemos por haber sido testigo presencial de los sucesos que narra, cuando atraídos por los acontecimientos, se hacía aquel pueblo el centro donde afluía todo lo más selecto de la revolución. Allí se hallaban representados los camagüeyanos por su «Comité», por sus jefes militares y por individuos de su ejército, allí se había dado cita, como para asistir a una gran fiesta, lo más selecto de aquella sociedad que en masa, como solemne protesta, se lanzó al campo de la lucha, allí se veían las gentiles hijas del Tínima, las mujeres más bellas de los trópicos americanos, quienes iban a sancionar con sus hechizos cuanto allí se pactara. Allí están los villareños con su Junta Revolucionaria, escoltados por soldados que mandaban soldados gigantes que obedecían la voz del heroico hijo de la infeliz Polonia, el bravo Carlos Roloff; allí estaba Céspedes con su legión oriental, allí en Guáimaro, en fin, estaba la crema de la revolución. Las conferencias secretas se sucedían unas a otras; la crisálida no puede ostentar las bellísimas alas de la mariposa, sin un misterioso recogimiento. Los hombres más importantes de la revolución, los que podrían llamarse sus genuinos representantes, se ocupaban día y noche de dar forma a aquella obra todavía apenas principiada. Céspedes, Izaguirre, Jesús Rodríguez, Alcalá y Agüero, representaban en las conferencias a Oriente; Salvador Cisneros, Francisco Sánchez, Ignacio Agramonte, Miguel Betancourt y Antonio Zambrana, representaban a Camagüey; y Miguel Jerónimo Gutiérrez, Eduardo Machado, Arcadio García, Honorato del Castillo, Antonio Lorda y Tranquilino Valdés, a las Villas. Y era el 10 de abril de 1869, el venturoso día, designado para dar término a los trabajos de aquellos hombres eminentes. La obra grandiosa que había de servir en lo sucesivo como cimiento a la que desde ese día sería la joven República de Cuba, estaba terminada. Se había encomendado tan delicado trabajo a dos hombres pensadores, de instrucción y talento reconocidos, llamados Ignacio Agramonte Loynaz y Antonio Zambrana.

En aquella cámara fue nombrado presidente de la República Carlos Manuel de Céspedes y de la Cámara de Representantes Salvador Cisneros Betancourt. Se cubrieron las secretarías de la Guerra, Hacienda, Interior y Relaciones Exteriores y se organizó el Ejército Revolucionario, nombrando general en jefe del mismo a Manuel de Quesada y jefe del Ejército del Camagüey al ciudadano Mayor general Ignacio Agramonte, colocando bajo su mando seis brigadas y tres batallones de línea. Hablando de aquella Cámara gloriosa dijo José Varela Zequeira, «que su literatura estaba saturada un ejemplo es el hecho de que había veces que hacían alto en plena manigua, para discutir la separación de la Iglesia y del Estado».

Y Vidal Morales, refiriéndose a ella, dice:

Ese pacto fundamental de nuestra República será siempre el símbolo glorioso del más brillante momento de nuestra historia nacional. Si los individuos se complacen en celebrar como un recuerdo feliz, las fechas de la historia de su vida, los pueblos con mejor razón deben guardar el culto de los momentos de gloria, en los cuales nacieron, se constituyeron o se perfeccionaron. En la historia futura de la Isla de Cuba, el recuerdo del día 10 de abril en que el patriotismo de sus hijos dejó de ser una mera palabra o una simple aspiración; en que se convirtió en una virtud y exigió de todos sacrificios positivos, en cambio de la nueva vida de la libertad y de viriles esperanzas, a que todos nacimos en ese día y en esa hora para siempre memorables.

El día 12 del propio abril se llevó a cabo del modo más solemne, según cuenta Vidal Morales, la investidura de Céspedes como presidente de la República y de Quesada como general en jefe.

Describiendo el acto dice Sanguily:

En una sala bastante espaciosa había una mesa y dos hileras de sillas, como en las academias. Sobre la mesa un libro colocado encima de un cojín de cuyos cuatro ángulos pendían borlas de oro. El marqués de Santa Lucía presidía la sesión.
Abierta la sesión, los dos secretarios de la Cámara, Agramonte y Zambrana, pronunciaron sendos discursos enérgicos, esencialmente democráticos y muy elocuentes. Céspedes habló, como lo hacía siempre, con cierto calor, mas sin fluidez ni elegancia. Tocó su turno a Quesada. Al empezar su discurso, apoyaba ambas manos en el puño de su sable, que figuraba un águila y había adornado de cordones. La frase final fue de sumo efecto: «Y esta espada os conducirá triunfantes al Capitolio de los libres; o la encontraréis junto a mi cadáver en el campo de batalla». La mayor parte de los hombres y todas las mujeres lloraban oyendo estas cosas. Ángel Castillo, que murió muy pocos meses después heroicamente, creía más que los otros, acaso, porque era el que más lloraba.

En la Cámara de Representantes de Guáimaro se trató el problema de la anexión de Cuba a los Estados Unidos, que como hemos visto había preocupado durante varios lustros a los más puros patriotas cubanos, quienes se inclinaban a ella por mor de las circunstancias.

En virtud de aquellas corrientes, en sesión celebrada el 29 de abril de 1869 se acordó lo siguiente:

1.º Comunicar al gobierno y al pueblo de los Estados Unidos que se ha recibido una petición suscrita por un gran número los vivos deseos que animan a nuestro pueblo de ver colocada esta Isla entre los Estados de la Federación Norteamericana.

2.º Hacer presente al gobierno y al pueblo de los Estados Unidos que este es realmente, en su entender, el voto casi unánime de los cubanos, y que si la guerra actual permitiese que se acudiera al sufragio universal, único medio de que la anexión legítimamente se verificaría, ésta se realizaría sin demora.

3.º Al Gobierno y al pueblo de los Estados Unidos, para que no retarden la realización de las bellas esperanzas que, acerca de la suerte de Cuba, este anhelo de sus hijos hace concebir. Y en cumplimiento del acuerdo, la Cámara de Representantes de la Isla de Cuba, dirige la presente manifestación al presidente de la Gran República de los Estados Unidos.

Guáimaro, abril 30 de 1869.

El presidente. Salvador Cisneros y B. Lucas Castillo. Miguel J. Gutiérrez. José María Izaguirre. Arcadio J. García. Fornaris y Céspedes. Tranquilino Valdés. Miguel Betancourt. Doctor A. Lorda. Pedro M. A. Agüero. Tomás Estrada. Manuel de J. de Peña. Pío Rosado. Francisco Sánchez Betancourt. Eduardo Machado. El secretario. Antonio Zambrana.

Sancionó el presente acuerdo. El presidente de la República. C. M. Céspedes.

Ya en abril 6 se había enviado, por la Asamblea de Representantes del Centro, la siguiente comunicación al presidente de los Estados Unidos:

La Asamblea de Representantes del Centro ha sabido con júbilo vuestra elevación a la silla presidencial de la gran República. Los liberales de Cuba conciben las más gratas esperanzas al ver al digno jefe del partido radical al frente del Gobierno de los Estados Unidos. Cuba es hoy ciertamente merecedora de simpatías del Mundo entero y muy especialmente de las de la Unión Americana, porque los hijos de

Cuba pelean y mueren por la Libertad y han destruido una institución abominable, para cuyo exterminio acaba de realizar con heroísmo inmensos sacrificios el pueblo que gobernáis. Por el Decreto de que os acompañamos copia impresa, podéis ver que la esclavitud de los negros no existe ya, y que por las noticias que de nuestros combates probablemente tenéis, debéis comprender que la dominación española en Cuba, último resto de barbarie en América, desaparecerá bien pronto. Parece que la Providencia ha hecho coincidir estos acontecimientos con la exaltación al poder del partido radical que representáis, porque sin el apoyo que de ese partido aguardamos, puestos en lucha los cubanos con un enemigo sanguinario, feroz, desesperado y fuerte, si se consideran nuestros recursos para la guerra, vencerán, sí, que siempre vence el que prefiere la muerte a la servidumbre, pero Cuba quedaría desolada, asesinados nuestros hijos y nuestras mujeres por el infame gobierno que combatimos, y cuando según el deseo bien manifiesto de nuestro pueblo, la estrella solitaria que hoy nos sirve de bandera, fuera a colocarse entre las que resplandecen en la de los Estados Unidos, sería una estrella pálida y sin valor. Si es cierto lo que asegura un periódico de este país; si estáis autorizado, para reconocer nuestra independencia, apresuraos, general, a prestarnos vuestro valioso, vuestro decisivo apoyo, dando así al Mundo un testimonio elocuente de lo que significa, con respecto al destino de los pueblos, el partido cuya jefatura y representación os está encomendada.

Camagüey, abril 6 de 1869. La Asamblea.

Salvador Cisneros. Miguel de Betancourt. Francisco Sánchez. Ignacio Agramonte. Antonio Zambrana.

Retrocedamos un poco y volvamos al campo donde los valientes de Cuba cruzan su acero con el enemigo de la Patria esclavizada.

El 6 de marzo de este año 1869 sale del pueblo de Santa Cruz, con dirección a Camagüey, el coronel del Ejército español González de Goyeneche con una columna fuerte, trayendo numerosa impedimenta de carretas, mulas y caballos, cargados de armamentos y parque.

Numerosas fuerzas cubanas, desprovistas de municiones para sostener un combate, ocuparon posiciones escalonadas a todo lo largo del trayecto que debía recorrer la columna. También aquellos heroicos hijos de la libertad, tenían preparadas manadas de toros y novillos e infinidad de cajas de colmena, para lanzarlas sobre la columna española, en determinado lugar del camino; pero los animales salvajes, lejos de precipitarse sobre las tropas españolas, satisfaciendo el propósito de los mambises, tomaron miedo al estruendo de la artillería y rompiendo las cercas, huyeron en otra dirección que la pretendida por los cubanos; las abejas, rotas sus colmenas, huyeron con el humo de la pólvora y no produjeron quebranto alguno al enemigo. Goyeneche necesitó despejar el camino, obstruido por numerosos troncos de alterosos árboles que los previsores mambises habían tendido sobre la ruta, y continuó su marcha, no sin sufrir cinco muertos, veinticinco heridos y treinta contusos.

El 10 de marzo salió de Camagüey la columna de Goyeneche con el propósito de atacar a Sibanicú, donde sabía que se encontraba el Comité Revolucionario del Centro; pero una extensa trinchera que atravesaba el camino con martillo, como decían los insurrectos, en ambos extremos, le causó numerosas bajas, teniendo que retirarse sobre esta ciudad después de haber capturado la trinchera vacía, desde luego, y habiendo en su viaje de regreso chocado con el general Manuel de Quesada que esperaba a los españoles en el puente de Imías, donde se entabló un sangriento combate que causó muchas bajas en ambos contendientes.

El día 18 sale nuevamente la columna de Goyeneche en marcha a Santa Cruz y es atacada en el camino por el general Quesada, causándole más de cincuenta bajas.

Sitiada la ciudad de Puerto Príncipe, el mayor empeño de los españoles durante los primeros meses del año 1869, era mantener comunicación con el puerto de Nuevitas; de aquí que sus esfuerzos se dirigieran princi-palmente a la conservación y mantenimiento de sus comunicaciones con aquella ciudad. Regresaba el general Lesca, con su columna, fuerte de las tres armas, de cerca de 3.000 hombres, cuando le sale al encuentro, en la Ceja de Altagracia, el Páez de Camagüey, empeñándose un combate que duró tres cuartos de hora y que terminó al oscurecer: acompañaban al Mayor en esta acción los jefes Chicho Valdés, Recio y Mariano Molina, que se portaron con el heroísmo digno de aquellos hombres. En ese combate, el primero que librara el general Agramonte, como jefe de toda la facción cubana, se cubrió de gloria, haciendo numerosas bajas a un enemigo diez veces superior y poniendo de relieve las altas prendas que exornaban sus condiciones de militar.

Oigamos el parte oficial que da al general en jefe:

A las cuatro y media se presentó el enemigo en la Ceja, en número considerable, dividido en dos columnas que avanzaban en combinación por la línea férrea y por el camino del Yaguajay al Camagüey. La que marchaba por este último recibió el fuego de los diecisiete rifleros y cincuenta y dos carabineros que allí tenía emboscados, a las inmediatas órdenes del C. teniente coronel Lepe Recio, que se retiró después de rechazar una compañía o fracción de flanqueo, matando varios negros y el capitán que los mandaba. Reconcentrada todas las fuerzas enemigas en la confluencia de ambos caminos, quedaba al alcance de los rifleros del C. coronel Valdés Urra (Chicho), que con algunos carabineros ocupaban el centro de la trinchera que tenían los cubanos sobre la línea, y comenzó un vivo fuego, sostenido durante media hora y que derribaba filas enteras de enemigos. Este no avanzaba, a pesar de las órdenes y de los gritos de los jefes, y seguramente fue sustituida la vanguardia por buenos veteranos, porque hubo un momento de silencio; se repitió la orden de ataque y la columna avanzó. Sin embargo nuestro fuego, que se extendió con muy buena puntería por el ala izquierda de nuestras trincheras, dominando la columna enemiga por su dirección diagonal y por haberse desmontado su frente, impidió el asalto, y los obligó a buscar el flanco derecho, con lo que lograron los camagüeyanos engañar al enemigo, porque la trinchera que deseaban defender era angular en la izquierda del ferrocarril. En efecto, flanqueada la que solo tenía por objeto engañarle sobre la línea, las citadas fuerzas del coronel Valdés que la ocupaban, se retiraron a la trinchera angular, y cuando el enemigo creyéndose dueño de nuestro reducto, se apresuraba a atacar por retaguardia el ala izquierda, se encontró con el lado del ángulo que seguía el camino, recibiendo de lleno el fuego del mismo, hasta que replegándose, buscó la cabeza de la trinchera para flanquearla, al mismo tiempo que los flanqueadores de la derecha amenazaban el extremo de nuestra ala izquierda. Entonces se retiraron los nuestros juntos y con el mayor orden. Estoy seguro que las bajas del enemigo exceden de 200, porque el fuego fue vivísimo y con puntería fija, viéndose caer a sus soldados en crecido número. Jamás se han batido mejor nuestras tropas; jamás han hecho un fuego más ordenado, ni se ha atendido más la voz de los jefes, sin que viera yo separarse uno solo de su puesto hasta que todos lo hicieron juntos. Por esto creo que nuestro triunfo ayer fue completo, porque no solo no hemos tenido más que dos heridos leves, mientras que el enemigo ha sufrido mucho, a pesar de su nutrido fuego que se embotaba en las trincheras, y de su gran número de cañonazos, cuyas granadas iban a estallar lejos de nosotros, sino porque la conducta de nuestros soldados nos da derecho a esperar mucho de ellos. La brigada de Caunao, como la del coronel Porro que accidentalmente mandaba el comandante Romero y como los rifleros a las órdenes del teniente coronel Recio, han sabido cumplir bien con su deber; pero debo hacer una mención especial de los pocos hombres que mandaba el coronel Valdés, que supieron defender hasta lo último el difícil puesto que les confié. No creerá seguramente el enemigo que allí, detrás de esos parapetos, solo 300 hombres se oponían a sus crecidas fuerzas. Continuaremos hostilizándole hasta su llegada a Camagüey, y haciéndole difícil la reconstrucción del ferrocarril, a pesar de nuestra carencia de instrumentos de zapa. No me han comunicado noticia alguna los jefes que operan de las Minas a Nuevitas.

Patria y Libertad. Ingenio Santa Cruz, mayo 4 de 1869.

Ignacio Agramonte y Loynaz.

La versión española de este combate, que vamos a examinar y enjuiciar desde el punto de vista militar es la siguiente:

El día 2 de mayo acampó la columna del brigadier Lesca en Altagracia. Inmediato a aquél hallábase el general insurrecto Quesada, con fuerzas considerables.

El día 3, salió, a las cuatro de la mañana, dejando las compañías quinta y sexta del batallón de Aragón, custodiando el puente Bonilla, esperaba en Altagracia el medio batallón derecho. La tercera y cuarta compañías, desplegadas en guerrillas, flanquearon el costado derecho y la primera y segunda el izquierdo, y una sección de la séptima marchó en extrema vanguardia, y los gastadores, la otra sección de la séptima compañía y dos piezas de artillería, formaba la retaguardia... Una de las trincheras fue tomada por el flanqueo de la derecha y destruida por los ingenieros. Una compañía de rifleros insurrectos, al mando de Quesada, intentó envolver la retaguardia de la columna. Retirándose los insurrectos, siguiendo en su plan de hostilizar en todo el trayecto a las fuerzas defensoras de España. Siguió la columna avanzando por la línea férrea hasta que el teniente coronel Arango llegó a ver una trinchera sobre la vía y dispuso que el ayudante don Ramón Fuentes fuese a prevenir a la extrema vanguardia; cuando hallábase ésta a cierta distancia, cerca ya de alcanzar al alférez Salas, que mandaba dicha extrema, hicieron los insurrectos una descarga desde la trinchera. Fue una resistencia empeñada la que ofrecieron allí los partidarios de Cuba Libre. La fuerza, a la voz del teniente coronel, replegóse a derecha e izquierda, marchó decididamente hasta tomar la trinchera, alentados con la enérgica voz del teniente coronel, del alférez Salas y del ayudante Fuentes. La segunda sección de la séptima compañía, al mando del capitán Pin, y los gastadores de todo el batallón, uniéronse a la extrema vanguardia, avanzando todos hacia la trinchera, desde donde hacían los insurrectos un fuego nutrido, resistiéndose en sus ventajosas posiciones en número considerable. Hubo un momento en que se creyó que los insurrectos no se contentarían con estar a la defensiva, sino que saldrían de la trinchera para atacar a la columna. Temeridad hubiera sido en los jefes intentar el ataque de aquella trinchera, defendida por numerosas fuerzas insurrectas. En vista de la imposibilidad de tomar aquella posición, sin exponerse a una derrota o a derramar inútilmente la sangre del soldado, el capitán Pin sostuvo el buen espíritu de sus tropas, limitándose a sostener su peligrosa situación. El ayudante fue a reclamar el auxilio de la artillería. El coronel Fajardo, jefe de la vanguardia, dispuso que de la octava compañía, que ya se había colocado en acción para penetrar en el bosque, fuese a cada lado una sección para atacar los flancos de la trinchera que no podía ser ofendida en aquellos momentos, porque a las guerrillas de los costados les fue imposible avanzar más, haciendo que parte de las fuerzas de la séptima que se hallaba a la derecha, se dirigiese a tomar la trinchera por la izquierda. En este instante, cuando avanzaba la artillería cumpliendo la orden comunicada por el ayudante, entraba en el terreno de la acción un batallón de la Reina y al frente de él, el teniente coronel señor Macías, que al adelantarse algunos pasos fue herido mortalmente sobre su caballo, al llegar a la altura de la séptima, cuando ya estaban mezclados soldados de uno y otro cuerpo. Caer el teniente coronel, y como impulsados por un solo movimiento, todos los individuos de la columna avanzaron intrépidamente, comenzando a subir por el costado izquierdo de una de las trincheras, tomada pocos momentos antes por el sargento primero de la séptima y el alférez Salas con algunos soldados. El fuego continuó hacia el costado derecho; los flanqueos, que se hallaban a la altura conveniente, y las dos secciones de la octava, no habían podido entrar en la manigua por la espesura de aquel sitio. Las fuerzas de los insurrectos habíanse concentrado en el costado derecho, desde el cual el fuego era terrible. El teniente coronel Bergel, auxiliando al coronel Fajardo, empleó las fuerzas puestas en acción en atacar al costado derecho, dando tiempo para que colocadas de un modo conveniente las piezas de artillería, funcionaran éstas. Atacados los insurrectos tan enérgicamente por las fuerzas que se hallaban ya al otro lado de la trinchera, y por las que sostenían fuego de frente a ella, y por la guerrilla del costado derecho, que ya se hallaba a la altura de dicha trinchera, por el interior de la manigua, que no pudieron hacer más duradera la resistencia y abandonaron sus posiciones. El batallón de Aragón tuvo en este combate tres muertos, uno de ellos el alférez de la octava don Eusebio Marcilla, veintitrés heridos, entre los que se encontraban el teniente de la misma compañía don Juan Robles. Fue herido, además, el caballo, del teniente coronel y muerto el del coronel. El Regimiento de la Reina perdió al teniente coronel mencionado y tuvo cuatro bajas de tropa. La artillería un oficial herido. Ante el esfuerzo de la resistencia, era preciso que las tropas centuplicaran su valor, y así lo hicieron. La vanguardia, que se distinguió extraordinariamente, hicieron grandes y heroicos esfuerzos los jefes ya citados, el comandante Sanz, el teniente de la séptima, don Rafael Herrera y el abanderado Carreras, el médico don José Fernández y el capellán don Manuel García Carrillo, cumpliendo su difícil encargo con valor y abnegación, hallándose al auxilio de los heridos bajo el fuego de los rebeldes.

Del estudio de ambos partes militares se advierte, en el jefe cubano, observancia de la primera de las reglas que se recomiendan en fortificación de campaña; es decir, la colocación de la fortificación precisamente en el punto de cruce obligado del enemigo, porque si éste puede obviarla y cruzar fuera de sus fuegos aquélla carece de objeto; en segundo lugar se advierte rara y plausible habilidad en la colocación de las emboscadas, ya que la tropa enemiga recibió el fuego de frente de setenta hombres emboscados a las órdenes del coronel Lope Recio; y en tercer lugar se comprende que el Mayor, que había estudiado a los clásicos, conocía de seguro la frase de Lisandro: «cuando no basta la piel de león se ha de poner un poco de la de zorro».

Al vemos que con rara habilidad prepara una trampa en la que caen tres veces los soldados españoles; primera, al ser sorprendidos por la emboscada; segunda, al atacar de frente trincheras defendidas por infantería, sin haberlas sometido previamente a un fuego certero y prolongado, y tercera, al hecho de tomar posiciones después de incontables bajas en cuyo asalto quedaba a merced del enemigo, que le fusiló a discreción, desde puntos escogidos de antemano.

Se advierte en Agramonte, además, capacidad bastante para preparar su retirada, la que se verificó oportunamente, dentro del mayor orden; y la acometividad suficiente, requisito imprescindible en todo buen jefe de caballería, para, con conocimiento de su misión, continuar hostilizando al enemigo, hasta verle refugiado en la propia capital de la Provincia. Habiendo acordado los cubanos abandonar el pueblo de Guáimaro, el general Quesada ofició al comandante de la plaza para que procediera a su destrucción en la siguiente forma:

> Ciudadano comandante de armas de Guáimaro. Inmediatamente y bajo su más estrecha responsabilidad pondrá usted fuego al pueblo que se halla bajo su gobierno, de manera que no quede en él piedra sobre piedra. El ciudadano coronel Chicho Valdés va con una partida de cien ciudadanos libertos, trabajadores, para ayudar a usted en la completa destrucción de ese, poblado. Supongo que en él no faltará alquitrán y aguardiente, combustibles que le auxiliarán a usted bastante. Avise usted, con dos horas de anticipación a las familias que se hallen en él.
> Espero que dé usted a esta superior disposición el más exacto cumplimiento. Patria y Libertad. Campo de Camagüey. El general en jefe Manuel de Quesada.

En consecuencia este histórico poblado, donde se promulgó y juró la primera Constitución de nuestra República, fue reducido a cenizas. Como su iglesia parroquial era de tejas y ladrillos, de tres naves, construida en 1843, y su torre a pesar del fuego se mantenía enhiesta, los mambises socavaron sus cimientos y tirando de aquella con treinta yuntas de bueyes, lograron derribarla, consumando la destrucción del templo.

Cuando los españoles ocuparon el pueblo y resolvieron volver a levantar el caserío, utilizaron las piedras y ladrillos de la iglesia para sus obras de defensa.[19]

El 11 de mayo de 1869 desembarcó en la bahía de Nipe, península del Ramón, la expedición del Perrit, que venía bajo el mando del patriota Francisco Javier Cisneros, como jefe de mar, y trayendo como jefe militar al general americano Tomás Jordan, alumno de la famosa escuela de West Point y que recibió su entrenamiento en la guerra de Secesión donde llegó a jefe de estado mayor del general confederado Beauregard.

El 16 de mayo de 1869 tuvo el general Jordan un encuentro con los españoles, derrotándoles con grandes pérdidas, y días después dio el combate de Canalito, en el cual su ordenanza Henry Reeve, héroe de la contienda grande, se batió en tal forma, a presencia del jefe, que éste entusiasmado exclamó: «Dénle un rifle a ese muchacho, que es más valiente que Julio César»; pronto hemos de ver al valiente joven americano cubriéndose de gloria como oficial de caballería a las órdenes del Mayor.

En junio de 1869 se da la acción de Sabana Nueva de la que afirma Eugenio Betancourt que en ella tomó parte el Mayor, en tanto Sanguily lo niega. Aceptando nosotros la tesis de este último por cuanto no se concilia con la lógica que siendo Agramonte, en ese tiempo, jefe del Camagüey mandase la referida acción Ángel Castillo. Este campamento

---

19 Hablan de la destrucción de Guáimaro los siguientes autores: Ubieta, tomo 4, pág. 161. «Mayo 10 de 1869. El gobierno de nuestra República ordena el incendio del histórico poblado de Guáimaro, residencia del Ejecutivo, desde el 10 de abril, trasladándose éste a la hacienda Santa Lucía, propiedad de los hermanos Dionisio y Manuel González.» Pirala, en el tomo 1, pág. 643, dice: «Quesada ordenó lo siguiente: "Al comandante de Armas de Guáimaro don José Manuel de la Torre: Inmediatamente y bajo su más estrecha responsabilidad pondrá usted fuego al pueblo que se halla bajo su gobierno, de manera que no quede piedra sobre piedra. El ciudadano coronel Chicho Valdés ayudará a usted en la completa destrucción de ese poblado"». Vidal Morales, en *Hombres del 68*, dice, pág. 138: «A consecuencia de haber ordenado el general Quesada el incendio de Guáimaro, tuvieron que salir de la población todos los miembros del Ejecutivo, de la Cámara, de la Corte Marcial y otras muchas personas el día 10 de mayo de aquel año». Francisco Argilagos en *Patria*, pág. 137, dice: «Inició Guáimaro su desesperado *via crucis* con el incendio ordenado para el día 15 de abril de 1868, por el general Quesada, a fin de que al llegar el conde de Valmaseda no encontrase casa donde alojarse». Y Zaragoza, en la pág. 809, del Libro 20 *Insurrecciones de Cuba*, dice: «Ordenó Quesada la destrucción de Guáimaro, insertando la orden al comandante de armas».

español estaba situado muy próximo a la ciudad de Puerto Príncipe, tan cerca que después de la toma del mismo se esperaba en esta ciudad el ataque cubano. El comandante general de la plaza que lo era Letona, quien había tomado posesión del mando el 29 de mayo, y que tenía distintas condiciones que don Julián de Mena, salió, acto seguido, para el lugar del suceso con unas compañías de Chiclana, encontrando muchos cadáveres de soldados y destruido el fuerte en donde se albergaban.

El 14 de julio de aquel año tomó posesión del Gobierno Militar el Mariscal de Campo don Eusebio Pueyo, moreno procedente de la reserva de Santo Domingo, país que abandonó para seguir al Ejército español cuando éste se retiró de aquel territorio, y el propio día publicaba una circular de la Capitanía general de fecha 8, amenazando con pena capital a los que fuesen aprehendidos, con las armas en la mano, y amenazando, además, a los jefes españoles, «tibios en sostener la insubordinación». Seis días después cañoneaba a Camagüey el Mayor Agramonte en la forma que vamos a relatar: Hemos visto la alarmante impresión que produjo en la ciudad, por parte del elemento peninsular, desde luego, la resonante victoria de Sabana Nueva y el temor que se tuvo de que la plaza fuera atacada por los jefes rebeldes. El general Agramonte, jefe de la división camagüeyana, reúne un núcleo que se hace ascender a 600 hombres, y previos imprescindibles reconocimientos divide su tropa en varios grupos, a cuyos jefes instruyó de su misión. Emplaza una pieza de artillería, calibre 24, en la finca El Pollo, al oeste de la ciudad, cerca del Hospital de San Lázaro. Esta pieza era mandada por el teniente coronel Beauvilliers. Refiriéndose a esta acción dice Sanguily que la dirigió personalmente el Mayor, pues Quesada no estuvo ni siquiera cerca del lugar.

Siguiendo el relato del cañoneo haremos constar que el Mayor dividió las tropas a sus órdenes en cinco grupos: apostó 1 a 2 kilómetros de la estación del ferrocarril con la consigna de tirotear la ciudad; otro lo situó en la Vigía para impedir que el regimiento acantonado en el Cuartel de caballería saliera de su alojamiento; el tercero, invadiría el barrio de San Ramón, el cuarto penetraría por la Sabana del padre Porro y el quinto irrumpiría por el barrio de la Caridad. Los cuatro grupos primeros ascendían en total a 300 hombres y el núcleo que mandaba personalmente el Mayor tenía aproximadamente el mismo efectivo.

El jefe de la artillería abrió fuego con su pieza «Parrot» sobre la torre de la «Iglesia de La Merced» y sobre el teatro «Principal», construcciones de bastante visibilidad y situadas dentro del alcance del arma. Sanguily afirma, que no se hicieron más que nueve disparos de cañón, en tanto Juárez dice que diecisiete. En la ciudad, inmediatamente que comenzó el fuego, se tocó llamada, acudiendo incontinenti todas las tropas a los lugares de formación.

El destacamento cubano situado a 2 kilómetros del ferrocarril concentró su fuego sobre el cuartel de caballería. El grupo que invadió la Vigía tiroteó el cuartel, pero contraatacado por los lanceros tuvo que retirarse.

El que penetró en la calle de San Ramón fue rudamente hostilizado por diversos destacamentos de voluntarios y habiendo seguido hasta la plaza, recibió la carga de un pelotón de lanceros, que le obligó a retirarse hacia la finca «La Caridad». El grupo que penetró por la Sabana del padre Porro lo hizo al galope y se proveyó abundantemente de ropa, calzado y vituallas, sin preocuparle mucho las descargas que le hizo el retén que custodiaba el templo del Cristo.

El mariscal Pueyo, valiente y decidido, montó a caballo y salió, en el acto, a reconocer las posiciones atacadas, dirigiendo la acción hasta ver a los insurrectos en completa retirada, organizando una columna volante para salir a batirlos. La citada columna salió tras el grupo más importante, que era precisamente el comandado por el Mayor, quien esperó a Pueyo en Guanamaquilla, con su caballería lista para cargarle; pero el dominicano, un poco previsor, no pasó más allá de la Mosca.

El historiador Pirala, como otros españoles, afirma que Agramonte atacó a Camagüey con el propósito de tomarlo, y que Pueyo se anotó una victoria rechazándolo; pero los insurrectos y el buen sentido de consuno niegan que aquél fuera el propósito del Mayor, porque no era concebible que con tan pocos elementos de guerra pudiera tomarse una plaza como Camagüey, con un área tan vasta y defendida por un núcleo tan poderoso de tropas como el que tenía Pueyo a su disposición. Así, acertadamente, el capitán general Antonio Fernández Caballero de Rodas, oficó a Pueyo diciéndole que Agramonte no había querido apoderarse de la plaza, sino proveerse de vituallas, en los establecimientos de la ciudad, lo que, desde luego, negó el brigadier.

Lo que pretendió el Mayor, sin lugar a dudas, y lo consiguió con creces, y con insignificantes pérdidas, fue levantar el prestigio cada vez más creciente de la revolución y obligar a los españoles a aumentar el número de tropas que guarnecían la plaza, con detrimento de las operaciones. Así tiene razón Juárez Cano cuando llama a esta acción el «Cañoneo de Camagüey»; que eso fue lo que estuvo en el ánimo y en la intención del audaz e inteligente jefe revolucionario.[20]

Como corolario obligado de esta acción a fines del año 1869, se habían construido los fuertes Pueyo, Cerro, Serrano, Diamante, y otros, rodeando la población.

El 16 de agosto de 1869 ataca el general en jefe Quesada con 1.200 hombres y una pieza de artillería, la plaza fuerte de Tunas. Presencian la función guerrera gran número de cubanas y el gobierno en pleno, esperando un éxito para nuestras armas, no solo del valor insuperable y magnífico de sus soldados, sino de la pericia del general; pero una vez más la falta de dotes militares, como táctico, de Quesada, le hizo fracasar. Nuestras tropas atacaron la plaza por cuatro puntos, defendiéndole con tesón inquebrantable 600 soldados de línea y 250 voluntarios que hicieron derroche de valor, luchando cuerpo a cuerpo dentro del poblado; pero el hecho de no haber podido el ejército sitiador rendir las trincheras, ni la torre de la Iglesia, donde se refugiaron núcleos españoles, determinó el fracaso a pesar del vivo fuego de artillería que verificaba la pieza instalada en la loma Mercader, la que luego avanzó con numerosa escolta de caballería para cañonear al enemigo con mayor efectividad. Otra causa del triunfo español lo constituyó el haber cumplido estrictamente los deberes que al militar impone la guerra el coronel de las reservas dominicanas José Vicente Valera. Este jefe había

20 Así le llamaba también, *Estudio histórico sobre Agramonte*, el notable escritor Manuel de la Cruz, aunque negando erróneamente que el Mayor dirigiera la acción: «Jamás atacó a Puerto Príncipe, aunque asistió al cañoneo a las órdenes de Quesada». Manuel Sanguily, en *Rectificaciones históricas*, puso las cosas en su lugar.
Céspedes en su obra citada: *Manuel de Quesada y Loynaz*, dice: «Agramonte al frente de su provincia natal, se batía con fuerzas de Lesca en la Ceja, causándole más de 200 bajas el 3 de mayo y el 19 ataca a Puerto Príncipe por distintos lados y sus avanzadas combaten hasta en el barrio de la Caridad».

salido ese día temprano al campo, en busca de ganado, con una fuerte guerrilla de 250 hombres y tan pronto sintió el fuego acudió a él, «a la voz del cañón», como dicen los tratados de táctica, y, sorprendiendo, por retaguardia, una fuerza cubana de infantería que atacaba a la plaza, la diezmó; esta sorpresa constituye un motivo de fuerte censura para el general Quesada, por no haber dispuesto el necesario servicio de observación y vigilancia alrededor de las tropas atacantes.

Las bajas cubanas pasaron de 250 y dice Manuel de la Cruz, refiriéndose a este combate, que Agramonte suplicó a Quesada modificase sus planes; pero que aquél, frío e imperturbable, desoyó las súplicas y no atendió más que a su egoísmo.[21]

Esta acción constituyó un rotundo fracaso para las armas cubanas y puso de relieve lo que venimos afirmando del general Quesada con relación a su capacidad militar como oficial táctico. Aquí le son imputables dos graves errores; el primero, no haber calculado y estudiado el posible efecto de su artillería, en relación con la defensa de la plaza y el número de sus defensores, cuya ascendencia y calidad aconsejaban no realizar el ataque; pues aquella tropa en posesión de la ciudad, atrincherada y protegida no podía ser desalojada por la tropa cubana que le igualaba en número y armamento y que debía lanzarse al asalto a tomar las posiciones defendidas. Además, en la hipótesis de victoria, muy improbable, ella hubiera constituido un éxito a lo Pirro, nada aconsejable para un jefe cubano.

Si las acciones de Tunas y Camagüey se nos ofrecieran para obtener, por ellas, mediante las reglas del método inductivo, el valor de los generales que las mandaron, muy maltrecho quedaría el prestigio de Quesada, frente a los insignes méritos del Mayor. En la una, estruendo de bambalinas, estudio deficiente del poder ofensivo propio, ignorancia del poder defensivo enemigo, y descuido imperdonable en la observación y vigilancia; y como en la guerra los errores se pagan en moneda de sangre, muchos muertos y heridos, por parte del atacante cubano; fracaso total de la operación y,

---

21 El propio Céspedes, panegirista de Quesada, dice: «Esta acción malograda atrajo sobre el general en jefe todo género de censuras por su terquedad, dicen sus adversarios, al no querer cambiar de táctica, aun cuando quedó demostrada la ineficacia del primitivo plan de ataque y haberle insinuado Agramonte la conveniencia de modificarlo».

cual ineluctable consecuencia, pérdida inconmensurable de la fuerza moral por nuestras tropas.

En la otra, silencio en la preparación del ataque, que sorprende al enemigo; primer éxito; conocimiento del poder ofensivo nuestro y defensivo enemigo, y, como consecuencia, abstención del ataque a fondo; cuidadas la observación y vigilancia; acordadas la línea y momento de retirada y claro señalamiento del objetivo; como resultado, escasa pérdida de vidas, apoderamiento de vituallas y provisiones; depresión de la moral enemiga y crecimiento de la moral propia.[22]

Como hemos visto anteriormente, el general Tomás Jordan arribó a Cuba en la expedición del Perrit, en mayo del año 1869. En reconocimiento de sus altas dotes militares, fue nombrado jefe del Estado mayor general, cargo instituido por las ordenanzas, recién promulgadas en el ejército. El día 8 de octubre dictaba la mayoría general de Camagüey, la siguiente orden general:

---

22   Informe del general Quesada a la Junta Central Republicana: «Me propuse dar un asalto a la ciudad de Las Tunas, no con el objeto, como erróneamente se ha supuesto, de tomar la plaza y conservarla o destruirla, que esto jamás entró en mis planes, sino con el de sacar del asalto todas las ventajas materiales y morales que pudiera en ropa, armas y municiones de guerra y boca. Hice, pues, mover las tropas hacia Las Tunas acompañadas de un regimiento de los mejor disciplinados, armados solamente de fusiles de madera; aproximé mis tropas durante la noche a la plaza amenazada, coloqué la artillería sobre una eminencia que dominaba la población y al pie de ella desplegué, en doble línea de batalla, el regimiento desarmado, mientras que al despuntar el alba y al primer cañonazo de ataque lancé al asalto las tropas armadas, en cuatro columnas distintas de 150 hombres cada una, que penetraron en la población por los cuatro extremos de sus dos flancos. El recuerdo de ese día memorable será un monumento glorioso para la historia del ejército libertador. Habíanse apoderado nuestras tropas de 300 rifles, una gran cantidad de municiones y si no saquearon un inmenso botín fue porque en la orden general del día prohibí, bajo pena de muerte, el saqueo. Tomáronse veintitrés prisioneros, 300 rifles, sacáronse por mi orden de los establecimientos cuantas piezas de rusia pudieran cargar nuestras acémilas y se retiró nuestro ejército en perfecto orden sin que el enemigo disparara un tiro durante la retirada, ni se atreviera a salir de su reducto hasta que al siguiente día le llegara el refuerzo, de cuyo movimiento tuve noticia en el campo mismo e la acción. Tal fue la batalla de Las Tunas que nuestros enemigos han pintado como una derrota, y que yo considero como la acción más gloriosa de la revolución. Obtuvimos ventajas inmensas sobre el enemigo y desde ese día el ejército cubano se ha transformado de tímido e indeciso que antes era, en intrépido y arrojado cual ninguno».

Mayoría general del Camagüey. Orden general del día 8 al 9 de octubre de 1869. Con fecha primero del actual me dice el ciudadano general en jefe lo que sigue: el ciudadano general norteamericano Tomás Jordan, que fue jefe del Estado mayor del general Beauregard, y general en jefe de Oriente, ha pasado a ser el jefe del Estado mayor general, en cuyo importantísimo puesto prestará a la patria cubana el potente auxilio de sus valiosas facultades intelectuales y morales. Instituido ese indispensable cargo por la Ley de Organización Militar promulgada por nuestro Gobierno, quiere este Cuartel general que la oficialidad superior sea quien primero le dé realce y prestigio. Destituidos los cubanos de todo conocimiento en la milicia, y en lucha abierta con un ejército bien organizado, necesitan de los auxilios del arte para llevar a feliz término su empresa; y el mejor medio de aprovecharlos, es que todos obedezcan las órdenes que emanen del ciudadano jefe de Estado mayor. Las disposiciones suscritas por su firma son forzosamente consultadas y aprobadas por el infrascrito. El distinguido militar jefe de Estado mayor será, por lo tanto, por su conocimiento y su decisión, un auxiliar y alivio a este Cuartel general. Por eso recomiendo y exijo que sus órdenes sean obedecidas sin vacilación para bien de la patria y consolidación del ejército. En consecuencia se da a reconocer, y lo harán asimismo los jefes en todos los cuerpos que operan en este Estado al ciudadano general Thomas Jordan como jefe de Estado mayor general, y sus órdenes ya directas o trasmitidas por esta mayoría general, serán obedecidas sin vacilación. Patria y Libertad. Campamento Camagüeyano, octubre 9 de 1869.

«Los hechos no mienten» es un axioma de la jurisprudencia inglesa y en el caso del general Quesada pusieron, aunque un poco tarde, de relieve cuáles eran sus méritos militares; de aquí que los jefes cubanos vieran con disgusto su permanencia en el cargo, la que hacía cada vez más irritante su deseo de llevar a Cuba a la dictadura militar, la más abominable de todas las formas de gobierno en el mundo de la teratocracia. Sabemos que este era el propósito del presidente Céspedes, ligado a Quesada por vínculos de afinidad. Como antecedente de esta cuestión, bueno es que refiramos cómo al llegar a Cuba el general, en 1869, en informe a la Junta Central Republicana sobre el estado de la guerra, había dicho que recibió un cruel desengaño, que había enviado un emisario con anticipación para que a su llegada le tuviesen en la Guanaja 3.000 hombres reunidos para armarlos y marchar seguidamente sobre Puerto Príncipe; que solo encontró 130 y que se resistían a reconocer jefe ni a obedecer a nadie. Por esto el afán del general de asumir la dictadura que hemos visto reprobaban, tanto el Camagüey como las Villas. Con este motivo, y para oponerse a ella, se celebró en la Matilde de Simoni una reunión de jefes revolucionarios que trataron de la deposición de Céspedes y de Quesada. Con conocimiento este jefe de ese acontecimiento convocó a una reunión de cubanos para la finca «El Horcón de Najasa». Pero antes de este acto ya había escrito a Ignacio Agramonte la siguiente carta:

C. Ignacio Agramonte, Mayor general,
Los Jagüeyes de Urabo, octubre 13 de 1869.
Mi querido amigo: Muy a pesar mío voy a ocuparme en ésta de un asunto a que consideraciones muy ajenas a mi personalidad me obligan, por más que de mi persona se trate. Ha llegado a mí noticia, de una manera que no permite ni aún la duda, que hay entre los ayudantes de ustedes quienes se ocupan con frecuencia y de un modo desfavorable del general Quesada. Usted, que debe conocerme ya, habrá de creerme, al decirle que Manuel de Quesada no se ocuparía absolutamente de semejantes apreciaciones, por duras e injustas que fueran, no solo por tolerancia natural de carácter, sino porque ha tenido oportunidad de saber por experiencia a cuán severos juicios expone la carrera de hombre público en cualquier sentido. Pero en el ejército, amigo mío, no hay nada más funesto, más preñado de encadenadas y fatales consecuencias en el porvenir, que esa libertad de juicios y apreciaciones sobre los jefes superiores, y que zapando todo prestigio, desmoronan la jerarquía militar y dan así al traste con lo único que hace posible la obediencia, primera necesidad del soldado en cualquier rango que se halle. El puesto que hoy indignamente ocupo yo, lo ocupará otro más digno y apto, pero ya el funesto antecedente quedará arraigado con todas sus consecuencias. Suplico a usted, pues, aunque creo el encargo superfluo, después de poner el hecho en su conocimiento, haga usted poner término a esas censuras más o menos apasionadas, pero altamente inconvenientes, valiéndose primero de la persuasión y haciendo por último uso de su autoridad y de las medidas represivas que dicta la ordenanza en todos los ejércitos del mundo. Cuento para esto con el tino y buen criterio que a usted distinguen, y quedo, como siempre su apasionado amigo.

M. Quesada.

Antes de hacerse la convocatoria para la junta de Horcón de Najasa, referida, la Cámara había recibido dos exposiciones razonadas de los jefes, oficiales y soldados, y otra firmada por muchos ciudadanos pidiendo la deposición de Quesada. A la junta asistió nuestro biografiado que abogó por los planes de Quesada, en cuanto se referían a obtener más independencia e iniciativa para el poder militar. Habiendo triunfado Quesada en esta junta, donde fue secundado por la palabra convincente y pura de Agramonte, convocó a otra para el siguiente día, a la que asistieron Moralitos, Cisneros, Zambrana y Agramonte; pero cuyos cuatro nombres eran índice evidente de lo que había de ocurrir. Efectivamente, en ella Quesada se atrevió a proponer, sin rodeos, el problema y pidió facultades dictatoriales. En el acto la dialéctica vigorosa y enardecida de aquellos hombres destruyó los argumentos del general quien, desconcertado, dice Morales, volvió sus ojos a Agramonte, su defensor de la víspera, y, confuso y aturdido, olvidando el prestigio moral del Mayor, le propuso la lugartenencia del Camagüey, si ponía su palabra decisiva al servicio de sus planes. Y dice Vidal Morales que Agramonte le volvió la espalda indignado y dijo: «Es una necesidad la deposición de ese miserable».

Reunida la Cámara habló Zambrana:

a su turno, se levantó magnífico de indignación como en la Junta de las Minas y su discurso, como aquél, en que desbarató los planes de Napoleón Arango, decidió el debate acordándose la deposición de Quesada.

Manuel de la Cruz dijo:

La tormenta que pudo estallar de aquel debate en que se bosquejaban la eterna lucha entre el elemento militar y el elemento civil, se conjuró porque Agramonte supo poner el libro de la ley encima de la espada.

Dice Vidal Morales que entre los adictos de Quesada estaba el coronel Manuel Agramonte Porro, que mandaba las fuerzas de Caunao, quien viendo el cariz que tomaban las cosas le dijo al general:

Quiere usted que les colguemos de los faroles a esos chiquillos representantes. Una palabra y mañana amanecen colgados en el jardín de esas matas de naranja.

El general contestó sonriendo, pero con firmeza:

Despacito, guarde usted todo ese entusiasmo para combatir a los azules. Nosotros debemos acatar las leyes que nos hemos dado.

Este solo hecho, de cuya veracidad no puede dudarse, por constar en una obra que tan duramente trata al general Quesada, constituye monumento perdurable de su gloria y testimonio inconfundible de sus altas dotes de patriota probadas, demostradas y acreditadas mil veces en todo aquel vasto período de nuestras luchas por la independencia.

La Cámara, el día 17 de diciembre, dirigió al general Quesada la siguiente comunicación:

En sesión celebrada el día de hoy, se resolvió por aclamación deponer a usted del cargo de general en jefe, en cuya virtud inmediatamente hará entrega del archivo y demás dependencias del Cuartel general al ciudadano jefe de E. M. general Thomas Jordan, comisionado al efecto. Y se comunica a usted para los fines consiguientes: P. y L. Palo Quemado, diciembre 17 de 1869. El presidente, Miguel G. Gutiérrez. El secretario Rafael Morales. Al ciudadano Manuel de Quesada.

A la que contestó en la siguiente forma Quesada:[23]

Horcón de Najasa, diciembre 18 de 1869.
Ciudadano presidente de la Cámara de Representantes:

---

23 Dice Vidal Morales que no faltaron partidarios al general Quesada y que Céspedes tuvo que influir en el ánimo de Bembeta para que no llevase a efecto el plan de disolución violenta de la Cámara. Agramonte, en previsión del atentado, dio severas instrucciones a su hermano Enrique.

Bajo una sola cubierta he recibido hoy por la posta dos comunicaciones de ayer de esa Cámara de Representantes. En una se me comunica la resolución de ese Poder de separarme del cargo de general en jefe y de la orden de hacer entrega del archivo y demás dependencias del Cuartel general al jefe de E. M. general Thomas Jordan. En la otra se me acusa recibo de mi oficio, fecha también de ayer, haciendo dimisión del honroso puesto que he venido desempeñando de acuerdo con las inspiraciones de mi conciencia, con aclaración de que si hubiera llegado a esa Asamblea antes de aquel acuerdo, NO HUBIERA INFLUIDO EN LO MÁS MÍNIMO EN LA DETERMINACIÓN ADOPTADA. Constante, pues, el de la presentación de mi dimisión antes de expedirse el documento de deposición, y sin que yo sospechase siquiera que se trataba de acordarla, lastima mi decoro no solo la no admisión de la renuncia para sostener la deposición, sino sobre todo el propósito marcado de hacerlo en las palabras que he transcrito. Confieso me es dolorosa tal conducta de parte de uno de los Poderes de Cuba, cuyo prestigio he procurado siempre y quisiera ver aún en estos momentos en el más alto grado de esplendor. Por lo demás, queda cumplido el precepto superior contenido en la comunicación aludida en primer término.

General M. Quesada.

Esto y el Archivo del Cuartel general durante mi mando, es cuanto tengo que ofrecer en justificación de mi conducta. Creo haber cumplido con mi deber, y a ello ha contribuido indudablemente, más que mis limitadas facultades, la decisión y denuedo de los jefes y oficiales y el nunca desmentido patriotismo de los valientes soldados y del pueblo de Cuba. ¡Continuad, compañeros de armas, dando al mundo el grandioso espectáculo de vuestros heroicos esfuerzos! Permitidme que al despedirme de vosotros os encarezca que sigáis haciendo alarde de vuestro valor y abnegación, de vuestro amor al gobierno y vuestro respeto a las leyes: y yo os ofrezco en cambio, que el que os trajo las armas con que asegurasteis la revolución y regularizasteis la guerra, os traerá también aquéllas con que habréis de conseguir la victoria y consolidar la paz. Réstame tan solo añadir, que si bien ha cesado en el empleo de jefe superior del Ejército cubano, no dejaré nunca de ser un soldado de la Patria, dispuesto a servirla donde quiera que se encuentre. El general M. Quesada.

La actitud de Céspedes, hermano político de Quesada, rayó a gran altura, contemplada a la luz del valioso testimonio que poseemos, para ello, y que lo constituye la carta que dirigió al ciudadano Antonio Lorda, concebida en estos términos:

> Número 209. Ciudadano doctor Antonio Lorda. Mi estimado amigo: Hoy ha sido depuesto por la Cámara de Representantes el ciudadano general en jefe Manuel de Quesada. Yo no prejuzgo las cuestiones; mi lema es unión y salvación de la República: el respeto a las leyes y a la Constitución y la firme oposición a todo el que quiera hollarlas y entronizar entre nosotros cualquiera clase de despotismo, introduciendo la discordia y comprometiendo el triunfo de nuestra causa. Para esto cuento con todos los buenos conciudadanos. Y siendo usted uno de tantos, espero me conteste a vuelta de correo, manifestándome sus opiniones sobre el particular. De usted afectísimo amigo y s.s. q.b.S.M. Carlos Manuel de Céspedes.

Agramonte, por su parte, a pesar de las frases que le atribuye Vidal Morales, se presentó en la Cámara, acompañado de Jordan pidiendo le aceptaran la renuncia que presentada tenía el general; pero aquellos discípulos de Vergniaud se mostraron inconmovibles ante toda clemencia y contestaron en la forma que consta del comunicado que dejamos transcrito.

Los españoles, que habían ido aumentando sus fuerzas en esta ínsula infortunada, deciden emprender activas operaciones en Camagüey. Ya hemos visto al coronel Goyeneche, activo y valiente jefe enemigo, operando a diario en los territorios de esta Provincia. Caballero de Rodas confió a este jefe la misión de operar en Camagüey, diciéndole:

> Ya comprenderá que al mandarle a usted a esa jurisdicción es mi ánimo que dirija usted las operaciones sin dar la cara y mostrando siempre que el general es quien manda, a éste le digo que oiga el consejo de usted; él es dócil y modesto y usted hará lo que quiera sin faltar a la forma.

Pueyo, con conocimiento de que aquél venía a operar en la zona de su mando, animado por el buen deseo de los jefes y oficiales de la plaza y disparado por su amor propio, organizó una columna de cerca de 2.000 hombres que salió de Puerto Príncipe el día 23 de diciembre de aquel año; llegó, por vía férrea, a Nuevitas y salió de aquí el 25 con destino a Guáimaro. Integraban la columna tropas de Infantería de Marina, la Reina, Chiclana, Voluntarios de Madrid, Cazadores de la Unión, tres escuadrones de caballería, una compañía de artillería, otra de ingenieros y cuatro piezas de montaña.

En el campo mambí, tan pronto el general Jordan tuvo conocimiento de los propósitos enemigos, se propuso salirle al paso y entablar una batalla; a este efecto ordenó una concentración de sus elementos de guerra y logró reunir 548 hombres y un cañón, el capturado por el heroico general Ángel del Castillo en la acción de «Pitajones», a cuya pieza los cubanos, por orden de la República, llamaban «El Ángel». Cuenta Jorge Juárez que Jordan pensaba combatir al enemigo en campo abierto; pero que Agramonte le convenció de lo aventurado que resultaba esperarle en tal forma, dado los pocos recursos con que se contaba, tanto en hombres como en material. En consecuencia se ordenó construir una trinchera a legua y media de «Ojo de Agua» en la finca «Minas de Juan Rodríguez», por estimarse punto adecuado para batir al enemigo con ventaja. De lo acertado de la elección ofrece irrefragable testimonio la circunstancia de que el enemigo no pudo evitarla por ser punto obligado de cruce y la dificultad con que luchó para flanquearla, teniendo que hacerlo dentro del campo de fuego cubano.

A las doce del día primero de enero de 1870, al volver un recodo del camino la vanguardia española fue recibida por certero fuego de fusilería y un disparo de metralla que enviaba la citada pieza de artillería; la punta y extrema vanguardia fueron diezmadas y rechazadas, y aunque la vanguardia emplazó las piezas de artillería, que llevaba, tuvo que hacer alto, por lo que Pueyo ordenó el avance del centro y el flanqueo de la posición enemiga, que no se verificó sino después de grandes pérdidas, porque debía realizarse a presencia de los defensores de la posición.

Los cubanos tuvieron dos muertos y doce heridos y los españoles 400 bajas, entre muertos y heridos, lo que les obligó a vivaquear sobre el campo de su derrota, que tal fue, aun capturada la enemiga posición, refugiándose, al siguiente día, en la inmediata finca «Arroyo Hondo» en la que atrincherado pasó Pueyo dieciséis días. Los insurrectos que habían sabido vencer (como Aníbal), no supieron aprovecharse de la victoria, pues debieron haber hostilizado constantemente aquella fuerza, en su marcha sobre Nuevitas, que con la enorme impedimenta que llevaba y la gran depresión moral sufrida constituía, a no dudarlo, enemigo fácil.

Veamos los partes oficiales de esta acción y la comunicación del mayor general Jordan.

El parte oficial español publicado en el *Diario de la Marina* del domingo 30 de enero de 1870 dice así:

El excelentísimo señor general, comandante general de Puerto Príncipe en comunicación del 24 del corriente da cuenta al excelentísimo señor capitán general de que con la columna de su mando, fuerte de 1.200 hombres de todas armas, y sin haber sido molestado en todo el camino que recorrió, desde Nuevitas, ocupó el 30 de diciembre próximo pasado el caserío de Guáimaro, incendiado y completamente arrasado por los insurrectos. En vista de la falta absoluta de albergue para las tropas, avanzó a una legua más, pernoctando en las haciendas denominadas «Ojo de Agua» situadas a ambos lados del camino real de la Isla y en las que descansaron las tropas al siguiente día. En primero del actual verificó un nuevo movimiento de avance, llegando a las once de la mañana al pie de una cuesta que forma recodo en el punto nombrado «La Mina de Juan Rodríguez» donde esperaba el enemigo en número de 3.000 hombres, al abrigo de un fuerte atrincheramiento que cortando el camino se prolongaba por sus flancos en una gran extensión de terreno.

Un cañón que solo tuvo tiempo de hacer cinco disparos contribuía a la defensa de esta posición que inmediatamente fue embestida por nuestras tropas. Atacó de frente la vanguardia protegida por las cuatro piezas de artillería de la columna, consiguiendo apagar a intervalos los fuegos del parapeto mientras los coroneles Aguilar y Suances le envolvían por sus flancos. Los enemigos que, detrás de su sólido atrincheramiento, habían sostenido el fuego contra nuestros valientes soldados, que combatían a pecho descubierto y en posición desventajosa, no tuvieron valor para esperar el asalto de nuestras tropas, de tal modo que cuando éstas saltaban el parapeto, aquéllos huían desbandados y en la mayor confusión y desorden bajo la acción de nuestro fuego. Acosados y perseguidos, desaparecían arrastrando consigo multitud de heridos y cadáveres, internándose en los bosques hasta donde ocuparon nuestros soldados el terreno.

Por el flanco izquierdo de la posición entró el coronel Aguilar, que con su fuerza de flanqueo había salvado los obstáculos interpuestos por el enemigo, abriéndose paso a través de todos ellos, y contribuyendo con la que atacó de frente a la dispersión de los insurrectos en su precipitada fuga.

Recogidos todos nuestros heridos, enterrados los muertos y destruido completamente el atrincheramiento, vivaqueó la columna en la posición que había conquistado con duro escarmiento del enemigo. Se conoce que éste había intentado un esfuerzo supremo, y destrozado y disperso en tan gloriosa acción, no volvió a presentarse a nuestra columna ni en la finca nombrada «Arroyo Hondo», donde se estableció al siguiente día un hospital, ni en su regreso a Nuevitas, a pesar de las frecuentes exploraciones practicadas en todas direcciones por nuestra columna.

En esta jornada tan gloriosa para nuestras armas hemos tenido 223 bajas entre muertos, heridos y contusos. Es siempre sensible la pérdida más insignificante entre nuestras bizarras tropas, pero el expresado número no puede considerarse excesivo atendida la inmensa importancia de esta acción de guerra, demostrando una vez más que ante el arrojo de nuestros soldados no hay trinchera alguna, por formidable que parezca, donde los enemigos de nuestra patria puedan considerarse fuertes.

Por documentos y noticias fidedignas se sabe que los insurrectos tuvieron más de 350 bajas. El comandante general recomienda el valor y decisión de cuantos han tenido participación en esta importante victoria y en particular el comportamiento de los coroneles Aguilar, Suances, Araoz y teniente coronel Marín, cuyos dos últimos jefes han salido heridos. Lo que se publica de orden de S. E. La Habana, 28 de enero de 1870.

El brigadier jefe del E. M. Carlos Navarro.

El parte oficial cubano, dice así:

En las Minas de Guáimaro tuvo lugar un reñido combate entre 548 hombres de todas las armas, con una pieza de artillería, al mando del general Thomas Jordan, y las fuerzas enemigas, que se componían de 2.000 hombres de infantería, caballería, artillería e ingenieros, al mando del general don Eusebio Pueyo. La acción empezó al mediodía en punto y duró setenta y cinco minutos, en cuyo tiempo fueron rechazadas tres sucesivas cargas dadas por las tropas de línea española en columna cerrada y compacta de 500 metros de largo, lo menos. La cuarta densa columna que cargó, con marcial precisión y arrojo, debió haber tenido la misma suerte, a no ser por el hecho de haberse agotado las municiones. Se dieron repetidas y sangrientas cargas al machete; el chino Sebastián Siané, del Batallón del norte, dio muerte a tres soldados españoles con la culata de su carabina. Dejaron abandonados los españoles unos 200 muertos, entre ellos algunos jefes y oficiales y veinticinco caballos. Las bajas cubanas fueron: muertos: Juan Viamontes y José Guerra; heridos: doce: El general Pueyo, teniente coronel don Sabas Marín y otros jefes, heridos también, y muertos el capitán de su artillería, don Fernando Valdés, y todos sus artilleros. La victoria alcanzada por el general Jordan fue completa.

El parte oficial del general Thomas Jordan dice lo siguiente:

E. M. G. San Agustín y enero 6 de 1870.

En el Boletín de ese apreciable periódico sobre la acción de las Minas de Guáimaro hay tantas inexactitudes, que a solicitud de los oficiales presentes, que creen importante ofrecer al país una relación más exacta, en anticipación al parte oficial detallado, tengo que suplicar a usted que publique en su próxima edición que el número de nuestras fuerzas empeñadas no excedió en 548 hombres de todas armas con una pieza de artillería. Circunstancias que estaban fuera de mi alcance dominar contrariaron mis esfuerzos, para reunir tropas más numerosas a tiempo para el combate.[24] Por su parte el enemigo contaba con muy poco menos de 2.000 hombres de infantería, artillería y caballería, pues se han encontrado muertos pertenecientes a cinco cuerpos, a saber: Infantería de Marina, Chiclana, Unión, Artillería y Voluntarios de Madrid. Había, además, cien hombres de caballería y tres piezas de artillería. Han sido hallados en el campo 200 muertos, entre ellos muchos jefes y oficiales así como unos cuarenta y cinco caballos. La acción, que empezó al mediodía en punto, duró setenta y cinco minutos, en cuyo tiempo fueron rechazadas tres sucesivas cargas dadas por las tropas de línea española en columna cerrada y compacta de 500 metros de largo lo menos: la cuarta y densa columna que cargó con marcial precisión y arrojo debió haber tenido la misma suerte, a no ser por el hecho de haberse agotado nuestras municiones y

---

24 Véase cómo este verdadero soldado se apresuraba a reunir grueso contingente tan pronto preparaba una acción importante.

porque la persona encargada del parque no se halló a tiempo. Por consiguiente, me vi obligado a ordenar la separación de nuestras fuerzas de sus posiciones, la cual se efectuó con una sangre fría y precisión que hubieran hecho honor a veteranos de cien batallas. Toda la línea (nuestras trincheras ocupaban un espacio de 490 pasos) estaba bajo mis ojos, y no vi un solo caso de mal comportamiento por parte de jefe, oficial o soldado alguno, sino por el contrario un soberbio espíritu y valor. A solicitud de oficiales y soldados ordené una carga al machete sobre los tiradores enemigos de nuestro flanco izquierdo, la cual fue ejecutada de la manera más brillante con mucho efecto y produciendo algún botín a los que la dieron; en esta carga un chino del Batallón del norte, llamado Sebastián Siané, dio muerte a nuestra vista a tres soldados españoles con la culata de su carabina. Nuestra baja total ha sido de dos muertos, Juan Viamontes, soldado de artillería y José Guerra, del Batallón del norte, ambos de balazos en la frente, y doce heridos, de los cuales solo uno grave. Con veinte cartuchos más por plaza toda la columna enemiga hubiera sido destruida, pues estaba ya ondulando y a punto de ceder en el momento que se agotó nuestro parque, dos o tres buenas descargas hubieran terminado la obra. La cabeza de la primera columna se dejó llegar hasta las trincheras, antes que rompiésemos sobre ella el fuego. Parece ser que el enemigo no estaba instruido de nuestra posición. Estoy orgulloso de haber tenido la oportunidad de mandar semejantes tropas; su noble ejemplo ha infundido en todas las que desde entonces se nos han reunido, intenso entusiasmo: todas están igualmente ávidas por encontrarse con el enemigo, lo cual verán en breve cumplido, y estoy seguro que con el más feliz resultado. El enemigo está de tal modo sobrecogido que no atreviéndose a avanzar sobre el Camagüey, ha contramarchado una legua en el camino que traía, se ha atrincherado y no osa salir por subsistencia más allá de algunos centenares de varas de su campamento y aún así solo en número de 300 hombres. Por descontado que no podrá permanecer mucho tiempo en semejante situación y tendrá que moverse pronto en cualquier dirección embarazado con 300 heridos a lo menos y las armas de éstos y de los muertos; disminuida así su fuerza efectiva en un tercio por lo menos, pues sus muertos y heridos no pueden bajar de 500. Thomas Jordan.[25]

---

25   Dice Torres Lasquetti que acompañaron a Pueyo, en esta desgraciada operación, empleados del Gobierno, comerciantes españoles y hasta un cura, que esperaban ver correr a la gente de levita, no faltando quien manifestara «que iba a la montería por tener el gusto de ver estacar los cueros de los insurrectos».

Este combate, a juicio de Manuel Sanguily, fue el más notable y el más ruidoso de la guerra hasta Palo Seco, en tanto para un español, el comandante Barrios, la derrota de Pueyo

> implicaba la pérdida de 300 bajas por apoderarse de una mala empalizada, mientras los adversarios apenas habían sufrido seis u ocho y aunque quedamos dueños del campo, como al día siguiente se vio que necesitábamos cuatro hombres para llevar cada herido en camilla y éstas pasaban de doscientas, había que emplear casi todas las fuerzas en este servicio, quedando muy pocas para defender tan gran convoy.

Goyeneche organiza en Ciego de Ávila una fuerte columna de seis batallones, un escuadrón de caballería, cuatro piezas de montaña y la contraguerrilla de Cassola, atraviesa la vasta extensión que le separa de Puerto Príncipe, de donde sale el día 17 en busca de Pueyo, de cuya derrota ya había noticias en esta capital. Goyeneche marcha directamente hacia el centro de operaciones insurrecto y choca con el enemigo en el Clueco el día 26 de febrero de este año de 1870. En la acción pelearon 5.000 soldados del Ejército español contra fuerzas cubanas mandadas por Jordan y el Mayor.

En este combate, empleando la misma táctica observada en «Minas de Juan Rodríguez», no se obtuvo la ventaja de la sorpresa por cuanto un tiro escapado a un cubano puso al enemigo en guardia, según el parte nuestro. Según Goyeneche tan pronto avistó la loma, comprendiendo que constituía un sitio ideal que habían de aprovechar los insurrectos, dispuso lo pertinente para atacarlo, ordenando a los coroneles Báscones y Armiñán que ejecutaran un movimiento envolvente sobre la posición; pero que

> los insurrectos, que se mantenían ocultos y silenciosos detrás de una trinchera no descubierta por los españoles, rompieron el fuego sobre la vanguardia y la cabeza del flanqueo derecho. Entonces se generalizó el fuego en toda la extensión de la trinchera, lanzándose sobre los costados los flanqueadores, en tanto medio

batallón de San Quintín y medio de Pizarro, apoyados por la artillería, tomaron la posición.

Según Jordan, al escaparse el tiro al soldado, ya referido, el enemigo envió flanqueos, al punto que los cubanos rompían el fuego que hizo grande y visible estrago y obligó a la columna a replegarse; pero una fuerza de Vuelta Abajo, presa de inexplicable pánico abandonó la posición, lo que hizo necesaria la retirada; de lo contrario hubiera disparado sobre el enemigo hasta el último cartucho o lo hubiera rechazado. Las bajas cubanas consistieron en tres muertos y un herido grave: las españolas las calculaba en 200.[26]

En esta época la táctica cubana consistía en atraer al enemigo hacia una fuerte posición, la que trataba de tomar, en cuya operación se le causaban grandes bajas con muy pocas para el cubano defensor, que se cuidaba siempre de asegurar su retirada.[27] Esta táctica precedió a la que luego empleara el arma de caballería, cubriéndose de gloria con el Mayor Agramonte, el 17 de noviembre de 1871 destrozando a las fuerzas del Tigre, o en el Cocal del Olimpo derrotando a la columna de Abril. Esta táctica de caballería fue seguida por Viriato contra los romanos, en Tríbola por Muza Ben Nozair, a orillas del Tajo; contra los godos, en el sitio de Mérida y por el general Gómez en Palo Seco y las Guásimas de Machado entre otras, de las infinitas acciones libradas por este invicto general. Pero

---

26 Refiriéndose a estas acciones, dijo Zambrana «que el distrito del Camagüey presentaba en 1870 un aspecto formidable y que fue objeto de la atención del gobierno español, que reconcentró sus recursos para extinguir en él la revolución; que Pueyo dirigiéndose al este y Goyeneche al sur, creyeron aterrorizar a su paso al Camagüey; pero derrotado por completo el primero en las cercanías de Tana y batido, aunque no con tanto éxito, el segundo en las trincheras del Clueco, variaron de sistema los españoles, convencidos de que sus pesadas columnas, tardías y embarazosas para moverse, presentaban un blanco más seguro al tiro de la emboscada y al ataque de la inesperada guerrilla, y trataron de fraccionarse; pero los patriotas diseminados en pequeños y numerosos grupos, para inquietar las columnas, interrumpir su sueño y perturbar su marcha, cerraban sus batallones al ver dividido al enemigo, sin que fuera posible de parte de éste la misma táctica, porque el ejército de la insurrección tenía a su favor al misterio de los bosques para encubrir sus manejos y el conocimiento del país para calcular y entorpecer los de su contrario».

27 Agramonte y Jordan formaban una magnífica pareja de soldados. Si acaso, solo una vez estuvieron en desacuerdo, cuando el segundo quería separar, de un solo tajo, a los soldados cubanos de su familia, en tanto el Mayor, que aplaudía y secundaba la idea de la separación, con mayor sentido práctico, quería se llevase a efecto escalonadamente.

si es Agramonte, o mejor, en la fuerza donde él pelea donde por primera vez se usa por los cubanos este método de combatir, la presunción asume casi los caracteres de evidencia para atribuir a nuestro biografiado, ducho en la historia de la nación colonizadora, el haber traído a nuestros campos este sistema de guerrear.

El 26 de febrero de 1870 atacó el general Jordan, sin éxito, a «Punta de Pilón», siendo ésta la última acción, de que da cuenta la historia, librada por el ilustre general americano, que tan grandes servicios le prestara a nuestra Patria.

Ya, desde primeros de este mes, tenía presentada la renuncia de su alto cargo; y de su noble intención da testimonio la carta que el día 6 del propio febrero dirigiera al representante Lorda, que dice así:

Muy señor mío: Por el doctor Emilio Mola he recibido su mensaje expresando el deseo de verme y excitándome a conferenciar cuanto antes con el presidente, y también yo he deseado ver a usted desde que supe su vuelta al Camagüey y siento que no nos hayamos encontrado. Antes que ésta llegue a sus manos habrá usted tenido ya sin duda noticia de mi renuncia y de las causas que en mi juicio me ponían en el caso de obrar así. Educado desde la edad de dieciséis años en la profesión de las armas y orgulloso de esta profesión como la de la larga serie de hombres ilustres que han demostrado y establecido los principios de la misma, principios cuya verdad he visto personalmente confirmada de la manera más terminante en una gran guerra, en estos últimos diez años, tanto por las desastrosas consecuencias que han seguido a su violación, como por los decisivos resultados que ha dado el cumplimiento de ellas, no puedo consentir por un momento solo, para conservar un puesto elevado, en hacer, por deferencia a la ignorancia y a la preocupación, lo que sé que es malo; en emprender de nuevo o continuar un sistema de operaciones que aquí mismo en Cuba ha resultado ser ineficaz durante el año transcurrido. Como soldado estoy obligado por deber de honor a hacer la guerra como lo han enseñado durante veinte siglos todos los soldados, sin excepción, como el único medio para obtener absoluto éxito.

No puedo honradamente proceder de otro modo, aun cuando no supiere que hacer la guerra como el general Agramonte y muchos de sus subordinados desean que la haga, es faltar a Cuba y que su resultado ha de ser un acto de suicidio físico y moral. Porque se lo aseguro a usted como hay Dios, si se persiste en el antiguo sistema de operaciones, el pueblo de Cuba se verá pronto reducido a absoluta y abyecta sumisión a España, abrumado inmediatamente bajo el peso de la peor de las tiranías. Afirmo esto sin ninguna clase de esperanza de cambiar a tiempo la creencia que desgraciadamente parece dominar en el país, y solo para mostrar claramente los motivos que obran en mí. ¿Se preguntará por qué si estoy tan convencido del verdadero método que debe adoptarse para dirigir la guerra, no insisto en dicho sistema? A todo lo cual respondo que trataré de hacerlo así durante el tiempo que permanezca al servicio de Cuba, pero con poca esperanza y desalentado por la convicción de que haciéndolo así habré necesariamente de evitar el descontento de oficiales y soldados, que lo subordinan todo a su deseo de estar en sus casas o cerca de ellas y de las familias, que, no viendo sino que mi sistema los expone a inconvenientes, no alcanzan a comprender el bien grande y permanente que el mismo proporcionaría finalmente a todos. Sin la completa simpatía del mayor general Ignacio Agramonte por mis planes, mucho más con la manifiesta creencia de que la concentración es impracticable al presente, no puedo nunca esperar una eficaz ejecución de aquéllos por sus subalternos. He tenido ya la evidencia de esto, y a no ser por dicha causa, el encuentro del otro día con Goyeneche, hubiera tenido un resultado tan ventajoso para nosotros como lo tuvo el de Pueyo. He sepultado una gran esperanza al hacer mi renuncia, pues yo había contado con la posibilidad de enlazar mi nombre a la independencia de Cuba, y hacer después de la Isla mi hogar y el de mis hijos. Me encuentro aquí en expectación de una operación del enemigo, que se ha anunciado y que se desenvolverá dentro de pocos días; no puedo, por consiguiente, dejar esta comarca, especialmente hallándose ausente el mayor general a consecuencia de la noticia de la muerte de su padre. Tan pronto como pueda moverme me apresuraré a dirigirme a la Presidencia. Mientras tanto, tengo el honor de ser de usted con la mayor consideración. Thomas Jordan.

Sustituido por el gobierno de la República, en el mando, el día 9 de marzo de 1870 salió de Cuba y el llegar a Nueva York el 6 de mayo nos envió a su costa 60 arrobas de azufre que era lo que más necesitábamos, para la fabricación de la pólvora, y en el *World* de 6 de diciembre dijo:

Ningún pueblo se ha insurreccionado jamás merced a más provocaciones, y ningún pueblo ha peleado jamás con tanta obstinación por la libertad y rodeado de desventuras tan numerosas y desalentadoras, como pelean en la actualidad los cubanos, después de dos años de lucha, en los cuales han puesto fuera de combate a mayor número de sus enemigos que los que pusieron nuestros antepasados en los dos primeros años de nuestra revolución. Partiendo del pleno conocimiento personal que tengo de lo que se ha hecho en Cuba, y con los recursos y obstáculos con que han luchado y luchan los cubanos, me atrevo a asegurar que si nuestros antepasados se hubieran visto obligados a combatir bajo la mitad de la presión de las dificultades con que aquéllos han tropezado a cada paso, habrían tenido que someterse, antes de que Francia hubiera tenido tiempo de interponer su poderoso auxilio de tropas regulares que constituían más de la mitad de las fuerzas que acabaron con Cornwallis y dieron término a la guerra en Yorktown. Nuestros antepasados obtuvieron el auxilio de Francia, consistente en tropas, armas y municiones. Los cubanos no han tenido auxilio de ninguna parte, antes al contrario, los gobiernos de los Estados Unidos e Inglaterra han interpuesto directamente su autoridad para impedir que reciban ayuda alguna.

El 30 de marzo de 1870, el derrotado general don Eusebio Pueyo, salió de esta ciudad, con dirección a La Habana, y al paso del tren por los kilómetros 22 a 23 de la línea de Nuevitas fue tiroteado por las fuerzas cubanas. Era la despedida que se llevaba de esta región el hombre a quien habían hecho morder el polvo los cubanos de Jordan y Agramonte en la «Mina de Juan Rodríguez». El 4 de abril de 1870 el presidente de la República, Carlos Manuel de Céspedes, dictó un decreto que refrendara el secretario de la guerra Antonio Lorda por el cual distribuía las fuerzas militares de la República y era nombrado primer jefe del distrito del Camagüey el ciudadano Mayor general Ignacio Agramonte y Loynaz.

Libro cuarto

El mejor general de su época, el mejor oficial de caballería que han tenido los cuadros del Ejército Cubano, el Mayor general, jefe de nuestras huestes en dos provincias, actuó en aquel momento, en que se apartaba de su Infantería para dirigirse a su caballería, como un simple soldado, y puso a los pies del enemigo de la patria cuatro años de incesantes triunfos, su brazo, su talento, el alma de la guerra en estas dos provincias y la esperanza más pura de la República.

Renuncia Agramonte el cargo de jefe del Distrito militar del Camagüey. Su carta a Miguel Betancourt. Su comunicación a los miembros de la Cámara en 26 de abril de 1870. El Gobierno le acepta la renuncia y le deja de cuartel. Enérgica carta de Agramonte a Céspedes. Noble respuesta del presidente. Comunicación que dirige Agramonte en 21 de mayo de 1870 a miembros de la Cámara. Consideraciones sobre este incidente enojoso. Carta de Agramonte a Aguilera. Céspedes le repone en el mando. Proclama que dirigió a los camagüeyanos cuando se hizo cargo del mando. Acciones que libra durante el período de su deposición. Socorro, Rosario, Ingenio Grande y Mucara. Con anterioridad estando al mando del distrito había librado los combates Jimirú y El Cercado. Carta a su madre. Sorpresa de la finca donde vive el Mayor con su familia. Relato de Amalia Simoni. Conducta altiva de Amalia ante el general Fajardo. Relato que hace el Mayor de su desgracia. Heroica acción en compañía de Enrique Mola. Éxodo de las familias del Puerto Príncipe. Mando de los generales Cavada y Boza. Frases de Ramón Roa. Opinión de Zambrana sobre la designación por segunda vez de Agramonte para el mando. Los Judíos Errantes de nuestra Guerra Grande. Cita de Loynaz sobre la petición del Mayor para terminar la Guerra. Opinión del general Mella sobre las instrucciones que el Mayor hizo circular entre sus tropas. Palabras de Pimentel sobre el fanatismo de los camagüeyanos por el Mayor. El *Diario de la Marina* de 15 de mayo de 1873. La carta de Máximo Gómez a Amalia Simoni. Importancia de este documento para estudiar la vida del Mayor.

Hemos visto, al final del libro anterior, cómo el 4 de abril el gobierno nombraba a Agramonte jefe del Distrito del Camagüey. Días después el Mayor presentaba la renuncia de su cargo y le era aceptada, quedando él en situación de cuartel y asumiendo la jefatura el general Federico Cavada, que mandó el ejército hasta junio del 70, en que le entregó a Manuel Boza Agramonte. Este acontecimiento, nefasto para la Revolución que perdió un jefe del prestigio y de las altas dotes de Agramonte, amén de su conocimiento de la región camagüeyana, constituyó la fatal culminación del antagonismo inconciliable entre aquellos dos hombres que representaban diversas ideologías. Ya en octubre 17 de 1869 Agramonte dirigía a Miguel Betancourt la siguiente carta:

La Matilde, octubre 17 de 1869.

C. Miguel Betancourt.

Estimado Miguel: Acabo de recibir tu grata fecha 28 del próximo pasado y ella me confirma lo que hace tiempo vengo pensando, esto es, que nuestro presidente es la roca en que se estrellan todas las buenas ideas. Las noticias que me comunicas indican a las claras que dicho C. presidente cree de veras que lo es, que no considera válido lo que tiene en realidad valor, que es la ley, y que se permite alterarla cuando su magín se lo aconseja. Esta conducta me aconseja no solicitar ninguna clase de arreglo que nos lleve al buen camino, sino dejar que los acontecimientos se sucedan, que dé vuelta la rueda del Estado, con la esperanza de que pueda arrastrar y triturar a los que se oponen a toda idea de progreso, que no esté amoldada a las miras ambiciosas del que en su ilusión cree que todo lo puede. Dejo, pues, a la consideración la justicia que me asiste. Haga el presidente lo que quiera: si sus resoluciones de acuerdo con ustedes las creyera convenientes, las veré con gusto; si, por el contrario, no las estimare tales me retiraré en la convicción de que la Revolución marchará conmigo y sin mí, siempre que se conserve a su frente al invicto Carlos Manuel de Céspedes. Respecto al último párrafo de su carta acerca de Antonio Aguilera, permíteme que te diga no participo de tu opinión, a pesar de que como me dices, está fortalecida por la de Salvador y Moralito.

Yo tenía entendido que entre nosotros no había escalafón ninguno, que las circunstancias eran las que colocaban a nuestros hombres en los puestos en que debían estar, que el hecho de haber estado al frente de una partida desde el comienzo de la Revolución, es sin duda muy meritorio y la Patria lo tendrá siempre presente, pero no comprendo que esta sola circunstancia sea bastante a situar en puestos de una responsabilidad grande a hombres cuyas condiciones demostradas nos hacen ver claramente que sus resultados han de ser fatales. Obrando así, se habrá cumplido con los hombres, pero no con la Patria, que a nadie debe agradecimiento. Si Antonio Aguilera no reúne las dotes, que en mi concepto me hicieron indicarle para el puesto de Mayor general o de lugarteniente, no se le nombre en buena hora, pero no seré yo quien le aconseje que se ponga al frente de la partida del Caunao para que su nombre SUENE, según me dices, y se coloque en el puesto que debía ocupar, como también me agregas. Haré lo posible por verte en la Aurora, el domingo en la tarde, más por el placer de hablar contigo, que por tratar de estas cuestiones que tanto trabajo da abordarlas. Ignacio Agramonte y Loynaz.

En abril 26 del propio año de 1870 dirigía, a varios miembros de la Cámara de Representantes, el siguiente oficio:

P. y L. Troya, abril 26 de 1870.
C. Salvador Cisneros, Eduardo Agramonte, Antonio Zambrana, Miguel Betancourt y Luis Ayestarán.
Queridos amigos: Antes de que la explotación que está ejerciendo el Gobierno en el Camagüey concluya por reducir a la impotencia este Distrito, en los momentos precisamente en que el enemigo reconcentra sus fuerzas en él y opera con actividad, es mi deber llamar sobre ello la atención de los representantes, cuyo interés por el bien de la Patria me es conocido, a fin de que con energía contengan el mal, antes de que sea tarde para evitarlo. Mientras que aquí consume el Gobierno recursos necesarios al ejército en escoltas y en proporcionarles elementos de que carecen las fuerzas, que desnudas, descalzas y llenas de privaciones combaten con empeño y derraman su sangre en la pelea, no hay pretexto ni recurso alguno a que apele para extraer elementos de guerra con destino a Oriente y a las Villas, el presidente que las codicia para el primero de los estados últimamente citados a fin de evitar la oposición de algunos funcionarios que las desean para el segundo, consiente y autoriza la extracción de aquéllos para Vuelta Abajo y éstos le pagan con igual condescendencia respecto de Vuelta Abajo. Parece que distribuyen el

botín enterito conquistado. Son los judíos que se dividieron la túnica del Señor. IGNACIO AGRAMONTE Y LOYNAZ.

Estando el Mayor fuera de servicio celebra sesión el gobierno y en ella propone el presidente Céspedes que la Junta Cubana, de New York, no continúe abonando sueldos del Mayor general Agramonte a la familia de éste y que él, el presidente, de su peculio satisfaría la cantidad precisa para tal atención.

El temperamento del Mayor queda inscripto en la categoría de los coléricos,[28] al responder al jefe del Estado, en la siguiente forma:

Los Güiros, mayo 16 de 1870.

Señor Carlos M. de Céspedes: Ciudadano presidente. Acabo de enterarme de que en la sesión, de ese Gobierno, del día de hoy, protestando usted contra la continuación ahora de sueldo a mí, por haber cesado ya en el mando de la División del Camagüey, manifestó usted que escribiría a la «Junta Cubana de Nueva York» para que no abonara más sueldos de sus fondos y los diera del peculio de usted. Mi honor ofendido se alarma a la sola consideración de que usted alimente, por un instante siquiera, la ilusión de que el Mayor general Ignacio Agramonte y Loynaz, pueda recibir una limosna de nadie, ni un favor del presidente Carlos Manuel de Céspedes, y devuelvo a usted su oferta con el desprecio que ella merece por sí y por la persona de quien tiene origen. El ofrecimiento de parte de usted de abono a cargo de un peculio imaginario es una farsa miserable, que no es la primera vez que usted pone en juego; el ofrecimiento del presidente de la República al Mayor general Agramonte, que renunció al mando de la División del Camagüey, porque su opinión y conducta se halla en una oposición diametral a la de aquél, es ofender la dignidad del jefe, el ofrecimiento del presidente Carlos Manuel de Céspedes a Ignacio Agramonte y Loynaz, es el colmo de la injuria. El jefe y el caballero C. arrojan al rostro de usted el lodo con que ha querido mancharle, ofreciéndole su bolsillo. Como jefe estoy dispuesto a responder ante los tribunales competentes de la República y como caballero donde usted quiera.

Ignacio Agramonte y Loynaz.

---

28 Recuérdese el trágico incidente de Valera. Al provocar éste a Galán, de cuya novia estaba enamorado, Agramonte salta de su asiento, el hecho ocurría en un casino, y agrede al español, motivando el duelo que cuesta la vida al auditor-comandante.

De esta carta dijo Carlos Manuel de Céspedes, hijo, que «era imprudente, insultante, impropia de una razón serena y de la consideración que debía merecer la persona a quien iba dirigida». El presidente Céspedes contestó a la agresiva carta manifestando que su cargo, de jefe de la nación, le impedía ir al campo del honor; pero que una vez la República lo exonerase de tal deber pediría, en el terreno particular y como caballero, la reparación procedente a la ofensa proferida. Por fortuna, para la gloria de ambos y para la suerte de la Patria, esto no llegó a realizarse y sí la conjunción de los caudillos, en aras del único ideal que les unía y ante el cual depusieron todo antagonismo: la independencia de su tierra. Agramonte se dirigió, días después, a la Cámara de Representantes en la siguiente forma:

C. Representantes del Camagüey:
Conciudadanos: Después de mi carta anterior contra la explotación que se está ejerciendo en el Camagüey, y que no produjo otro efecto que algunas inútiles interpelaciones a los ministros en la Cámara de Representantes, ha continuado el mismo orden de cosas y entre los hechos que han llegado a mi conocimiento descuellan tres órdenes del jefe del Estado mayor general. Una de 4.000 pistones a cargo del C. Esteban Mola y a favor del comandante Marcos García, otra de 12.000 a cargo del coronel Antonio Aguilera, Cuartel Maestre general del Estado y a favor del coronel Torres, de la División de Remedios; y la otra a un comisionado concebida en los siguientes términos: «En vista de que el enemigo pretende recorrer en sus actuales operaciones todo el territorio del Estado y situar campamentos en los puntos más importantes, se servirá usted destruir con el fuego, sin pérdida de tiempo, las casas de las fincas mayores y las fábricas de ingenios que puedan ser utilizados por el enemigo durante la campaña de la primavera. Las autoridades civiles y militares se servirán prestar toda clase de auxilios al comisionado.
Federico Cavada, jefe del Estado mayor general en operaciones».
Con igual autorización hay otros comisionados. ¿Hasta dónde nos llevarán las contemplaciones y la falta de energía de la Cámara de Representantes? ¿Hasta cuándo aparecerá impasible ante tantos abusos? ¿Esperará que Carlos Manuel y sus secuaces arruinen el país, para proceder con energía? No parece sino que se quiere acabar con el Camagüey para poder decir luego neciamente, cuando

se le haya reducido a la impotencia, que no hace nada, que el enemigo se pasea impunemente en su territorio; y en tanto sus representantes, que conocen el mal, que lo palpan como yo y como todos, sufren y callan por contemplaciones que se avienen mal con la marcha firme y enérgica que exige toda revolución y la conciencia de todo buen patriota. Piensen, amigos míos, que contraen responsabilidades ante los hermanos cuya confianza tienen, ante su conciencia y ante la Historia, los representantes del Camagüey que permiten se le sacrifique en aras de celos mezquinos y de un encono injustificable; y de una vez pongan coto a esa explotación y a esa devastación inmotivada que amenaza hundir el país y la revolución. De ustedes, de corazón Ignacio Agramonte y Loynaz. Quemado de Cubitas. Mayo 21 de 1870.[29]

En esta carta parece oírse el grito de dolor de aquel gran corazón, que había dado a la Patria dos años de su vida, que había ganado las acciones más importantes de la contienda en este territorio y que, teniendo conciencia de la fuerza de su brazo y de sus excepcionales aptitudes, sentía en lo profundo de su ser los males de la Patria.[30] Censuramos la carta del Mayor a

---

29   La carta que se refiere es la siguiente:
     P. y L. Troya, abril 27 de 1870.
     C. Salvador Cisneros, Eduardo Agramonte, Antonio Zambrana, Miguel Betancourt y Luis Ayestarán.

     Queridos amigos: Antes de que a explotación que está ejerciendo el Gobierno en el Camagüey concluya por reducir a la impotencia este Distrito en los momentos precisamente en que el enemigo reconcentra sus fuerzas en él y opera con actividad, es mi deber llamar sobre ello la atención de los representantes, cuyo interés por el bien de la Patria me es conocido, a fin de que con energía contengan el mal antes de que sea tarde para evitarlo. Mientras que aquí consume el Gobierno recursos necesarios al ejército en escoltas y en proporcionarles elementos de que carecen las fuerzas, que desnudas, descalzas y llenas de privaciones combaten con empeño y derraman su sangre en la pelea, el presidente consiente y autoriza la extracción de aquéllos para Vuelta Abajo. Parece que distribuyen el botín enterito conquistado. Ignacio Agramonte.
30   Como hemos visto, la causa de la renuncia del Mayor fueron sus desavenencias con el Gobierno por cuestiones administrativas. Era su afán el dotar lo mejor posible a sus tropas. Ya en 1869, por idéntica causa, había renunciado y obtenido del Gobierno esta respuesta: «Contesto su comunicación del 26. Las armas llegadas por Nuevas Grandes no han sido distribuidas por el Ejecutivo. El ciudadano Cisneros sin conocimiento del Gobierno las distribuyó entre los que allí se hallaban. El presidente ha determinado admitir la dimisión que usted presenta, no obstante de quedar usted en su puesto hasta que vaya a relevarlo el que resulte nombrado. Asimismo signifíco a usted que el Ejecutivo tiene el derecho de

Céspedes, porque esta figura era digna del respeto de todos sus conciudadanos, y porque lo hecho por el presidente, auténtico padre de la Patria, no constituía injuria para el Mayor; pero hallamos justificación para todas las demás epístolas, en el noble sentimiento que las inspira.

Dice Eladio Aguilera, en su obra citada, que el gran patricio bayamés, de su apellido, era gran admirador de Agramonte y que existía entre ellos tal comunidad de ideas que no pudo por menos de profesarle la más calurosa simpatía, sentimiento con que a su vez correspondía Agramonte a juzgar por la deferencia, confianza y consideración con que lo trataba. Que muy apesarado por la separación de Agramonte del Ejército y ver cómo un hombre de sus méritos estaba relegado a la inacción trató de atraerlo a la vida activa para aprovechar sus relevantes dotes militares. A ese propósito le escribió, proponiéndole el mando de la división de Holguín y tratando de estimularle, para que lo aceptara y obtuvo del Mayor la siguiente respuesta:

C. general Francisco V. Aguilera.

Camagüey, enero 11 de 1871.

Distinguido compatriota y querido amigo: Hoy me ha sido entregada su grata fecha 16 del mes ppdo., que contesto. Sus conceptos, lisonjeros para mí, me complacen en sumo grado, porque son un testimonio del aprecio y buena amistad de usted. El mando de la división de Holguín, aparte de los atractivos que usted me expone, tendría para mí, sobre todo, el de aproximarme a usted y el de trabajar en su unión por el bien de Cuba; pero entiendo que ha sido confiado al general Inclán. El Gobierno me ha ofrecido en estos días el de la División del Camagüey; y aunque parece dispuesto a allanar los inconvenientes sustanciales que impedían nos entendiésemos, todavía hay pendiente dificultades de forma que no sé si se superarán. Seguramente estas relaciones sorprenderán a usted, que sabe cuán encontrados están la conducta de nuestro Gobierno en la marcha de los asuntos públicos y mis opiniones respecto de estos mismos; y sobre todo, cuán desagradables han sido nuestras relaciones de algún tiempo a esta parte. Pero es el caso que, mis compañeros de armas, invocando el interés de la Patria, piden con

---

distribuir las armas y usando de ese derecho dejó a cargo del general en jefe la distribución y le niega a usted el derecho de reconvenir al Ejecutivo ni intervenir en las armas». Quedó, no obstante, en su puesto, hasta el incidente del año 1870, a virtud de las hábiles gestiones conciliadoras de cubanos de buena voluntad.

insistencia al Gobierno mi vuelta al puesto que antes ocupé, y a mí que lo acepte, procurando obviar inconvenientes; a esas instancias no resistimos, aunque quizás no confiemos mucho el uno ni el otro en la felicidad de tan discordante consorcio. Reciba usted general, el testimonio de mi profundo respeto y de mi más alta consideración.

I. Agramonte Loynaz.

Por el texto de la carta anterior conocemos del nuevo nombramiento a favor de Agramonte, hecho por el Gobierno, restituyéndole en su antiguo cargo.

Ya el día 12, en carta a su Amalia, también le hablaba del ofrecimiento del Gobierno, que el día 13 constituyó una realidad. Tan pronto se hizo cargo del mando dictó la proclama siguiente:

CAMAGUEYANOS:

Estoy de nuevo al frente de las fuerzas libertadoras del distrito; espero vuestro enérgico apoyo. Ahora es cuando los verdaderos patriotas deben realizar los más entusiastas esfuerzos para romper de una vez las cadenas que todavía oprimen a Cuba. Poseemos todos los recursos necesarios para triunfar, pero es necesario ponerlos en ejercicio con aquel valor y aquella abnegación de que hizo alarde nuestro pueblo, aun en los primeros movimientos revolucionarios. El Camagüey se encuentra hoy hostigado por el enemigo. Seamos todos soldados de la libertad. Los que errantes en los bosques son inmolados sin venganza y sin gloria forman en el campamento la milicia sagrada e invencible del derecho. El enemigo, más que de buscar el combate, se ocupa de atormentar nuestras familias. Vamos a defenderlas con empeño, no permaneciendo a su lado,[31] para tener que abandonarlas en la hora del peligro, sino peleando valerosamente. Organizar y disciplinar el ejército es prepararlo para la victoria.

Convencido de esto, estoy dispuesto a conseguir las ventajas de la organización y disciplina y vosotros me ayudaréis sin duda en esta importante obra. CAMAGUEYANOS: vosotros habéis realizado inmensos sacrificios por la gloria y felicidad de Cuba y es imposible que retrocedáis por el camino que ya está teñido con vuestra sangre. Muy pronto vuestras indomables legiones asombrarán al

---

31   Véase de que modo, tan hábil, resuelve el ingente problema que atormentara a Jordan.

tirano y demostrarán una vez más que un pueblo amigo de la libertad y decidido a arrostrarlo todo para tenerla, alcanza siempre el laurel inmarchitable de la victoria.
Ignacio Agramonte y Loynaz.
Enero de 1871.

Pero es hora que volvamos atrás y examinemos los acontecimientos de este triste año de 1870, que conjugados determinaron se llamara al siguiente el Año trágico de la revolución.

Sin mando aquel jefe organizador, audaz y táctico de singular capacidad, permanece durante todo aquel período de 1870 en compañía tan solo de un grupo de valientes ayudantes, lo que no le impidió fusilar a una columna enemiga que operaba por los distritos del este y del sur, empleando en el tiroteo magníficos winchesters, con los que acababa de armar a su reducida falange. E incorporado a la fuerza de Maraguán libra los combates de «Socorro», «Rosario», «Ingenio Grande» y «Mucara». De la acción de «Ingenio Grande», realizada siendo el general Boza jefe del distrito, dice Sanguily:

fue un encuentro desastroso, donde corrió inminente peligro de muerte, de que escapó por la resolución de sus ayudantes y principalmente por el arrojo del entonces teniente José de la Cruz Delgado, que derribó de un machetazo al cabo Vela de la caballería enemiga a punto de estar alcanzando al general cubano, que se retiraba haciendo fuego con su revólver, aunque sin tino, a causa de llevarlo Juan de Castro Palomino a la grupa.

Loret de Mola, refiriéndose a este período dice:

Que cuando no andaban en operaciones y se retiraban a algún campamento donde reponer sus caballos, les hacía estudiar táctica, manejos de armas, ejercicios de batallón y escuadrón, ordenanzas y procedimiento militar.

Con anterioridad, y ya en este mismo año, siendo todavía jefe del distrito, había el Mayor librado la acción del «Cercado», el 28 del mes de marzo y el combate de Jimirú el 7 de abril; refiriéndose a la primera le dice a su mujer, en carta de 2 de abril, que había capturado veinticinco remingtons al enemigo, lo que le tenía muy contento con sus tropas; las que habían peleado durante cinco días con entusiasmo y valor.

Por esta época le dice a su madre, en carta de 3 de mayo, lo siguiente:

En cuanto a la guerra, ésta sigue con alguna actividad por parte del enemigo que casi ha abandonado a Oriente y ha disminuido mucho la guarnición de las Villas para concentrar fuerzas aquí; pero sin otro fruto que algunos campamentos que en nada disminuyen la importancia de nuestras operaciones limitadas a hacerles todo el daño posible en sus salidas. La cuestión es agotar sus recursos de hombres y dinero y a ese fin marchamos y llegaremos con el tiempo. El entusiasmo se sostiene en nuestras tropas que pelean cada día mejor y todos aquí están seguros del éxito, aunque no será muy pronto si los Estados Unidos nos dejan abandonados a nuestros propios recursos.

Se dice que se trata nuevamente en los Estados Unidos y en España la cuestión de la cesión de Cuba; pero no sabemos otra cosa. Estoy separado nuevamente del mando de las fuerzas del Camagüey, porque los abusos y la marcha tortuosa de Carlos Manuel de Céspedes me pusieron en la alternativa de tolerarlos con perjuicio del país y desprestigio mío o de renunciar. La elección no fue dudosa para mí y desde el 17 del mes próximo pasado fue admitida mi dimisión. Doy a Enrique más detalles en la carta adjunta. Cuídese mucho, Mamá mía, esté tranquila por mí y confíe en que pronto nos abrazaremos en Cuba libertada y feliz. Un abrazo a cada uno de mis hermanos y usted reciba el afecto y cariño de su más amante hijo que le pide la bendición.

IGNACIO.

En el último párrafo se advierte la seguridad que tenía Agramonte en el triunfo final, de los cubanos, y lo poseído que estaba de que volvería al puesto que de derecho le correspondía.

El día 26 de mayo del año de 1870, época en que la Revolución decaía, mientras los españoles aumentaban a diario sus contingentes, como hemos tenido oportunidad de ver, y en que la vida en la manigua se hacía cada vez más difícil para los cubanos, irrumpieron en el remanso donde vivía la familia de Agramonte tropas españolas al mando inmediato del capitán Arenas y mediato del general Fajardo, llevadas allí por un isleño traidor, según afirma Aurelia Castillo en su monógrafo citado. Era aquél un rancho construido en terrenos de la finca Angostura, ubicada en la región de Cubitas, con capacidad para tres matrimonios; el del doctor Simoni y los de sus dos hijas. Agramonte bautizó aquel lugar, puesto por la mano de Dios para que disfrutara de algunos meses de felicidad, con el nombre de «El Idilio».

Amalia Simoni, explicando aquel acontecimiento desgraciado, dijo:

El 26 de mayo de 1870, cumpleaños de mi hijo, nos despertamos alegres, preparándonos para celebrar el primer aniversario de nuestro primogénito. Estábamos en «El Idilio» mis padres, mi hermana y sus dos niños y mi Ignacio, que por no hallarse muy bien de salud, hacía cinco días que estaba con nosotros. Ese mismo día, y cuando más plácidos y felices estábamos, como a las ocho de la mañana, llegó un muchacho, diciendo que la columna española venía hacia «El Idilio»; aviso que nunca supimos quién lo enviaba. Ignacio no le dio crédito, y tranquilizándome, me dijo que no podía ser cierto, porque ningún aviso tenía de sus ayudantes y Estado mayor, que, como siempre que él venía a casa, dejaba como a un cuarto de legua de nosotros. Pero un poco más tarde volvió el mismo muchacho, diciendo: «La tropa española está ya cerca de "El Idilio"». Ignacio, que tenía en sus brazos al niño, y se reía, oyéndole pronunciar tan malamente las pocas palabras que sabía, se puso serio, y abrazando a su hijo y a mí, dijo con voz grave: «Esto parece una traición. No te aflijas; la esposa de un soldado debe ser valiente».

...Llamó a papá y le dijo: intérnese con la familia en el monte; que se preparen pronto con la indispensable ropa y salgan de aquí enseguida... Voy a ver qué es lo que pasa; de todos modos, estaré de vuelta dentro de dos o tres horas.

Pero no hubo tiempo para que la familia cumpliera las disposiciones del Mayor, pues los españoles se acercaban rápidamente. Entonces la esposa y las hijas del doctor Simoni, conocedoras del carácter sanguinario, propio de los españoles en aquella guerra sin cuartel, suplicáronle que se internara en el monte, hasta que aceptó, bajo la condición de quedarse cerca observando la conducta de los enemigos para con ellas. «Si les tocan un cabello, o les dicen una mala palabra, vengo a morir con ustedes», había prometido el heroico anciano. Pero tan pronto el capitán Arenas, que había sido prisionero del Mayor, y que, por tanto, le debía la vida, se enteró de quién era la familia aquella, dijo a Amalia:

Señora, no tema, su marido me tuvo prisionero y me salvó la vida. Está usted bajo mi salvaguardia y constituye gran dicha para mí poder manifestarle mi agradecimiento.

Horas después, cuando ya la columna había marchado, se encuentran allí, sobre los escombros humeantes de lo que había sido su hogar feliz, aquellos dos hombres, el padre, y el hijo, el sacerdote de Esculapio y el preferido de Marte, llorando el uno la desgracia de los dos, y desesperado el otro por no contar con un escuadrón de caballería con el que hubiera repetido la hazaña incomparable de Bembeta, en 1869, u ofrecido un glorioso anticipo del famoso rescate de Sanguily.

Presentada la prisionera familia al general Fajardo, describióle éste a la Artemisa de nuestro biografiado la próxima e inevitable derrota de los insurrectos, y, después de hablarle de la muerte segura de Agramonte, la invitó a que escribiera a su marido para hacerle abandonar sus temerarios propósitos de libertad e independencia. Y aquella heroína de Plutarco se puso rápidamente en pie y contestó:

General, primero me cortará usted la mano que yo escriba a mi marido que sea traidor. ¿Traidor? —preguntó Fajardo. Sí, traidor a su Patria —contestó Amalia.

Otro incidente de aquel día, que describe a esta mujer maravillosamente, es el siguiente:

Allí, en el Estado mayor español, encontró Amalia a un cubano que había sido amigo suyo y que al verla sorprendida le preguntó: «¿Usted se avergüenza de verme aquí? Sí —contestó Amalia— me avergüenzo y me da lástima por usted».

El Mayor, por su parte, relata la historia de ese día, en carta que dirigiera el 6 de junio a Amalia en la siguiente forma:

Sra. Amalia Simoni de Agramonte:

Idolatrado ángel mío: Once días han transcurrido después del 26 último, aciago cumpleaños de nuestro Ernesto, y todavía no encuentro alivio a mi tormento. Pienso incesantemente en todas tus amarguras, en todos tus sufrimientos. ¡Pobre ángel mío!

Nunca he estado más tranquilo por tu seguridad que en los momentos de salir de los Güiros en unión de Enrique Mola a explorar por el camino de San Juan de Dios que juzgaba más peligroso. Había enviado exploradores, en todas direcciones, que avisaran a Simoni con tiempo si encontraban al enemigo por otro camino y regresaban antes que yo, y a mayor abundamiento dejé encargado a Pompilio en la casa de los Güiros, para avisar tan pronto avistase de lejos al enemigo. No parecía posible una sorpresa; estaban tomadas todas las precauciones. Figúrate, Amalia mía, cuál sería mi sorpresa cuando convencido de que el enemigo marchaba a San Juan de Dios, regresaba a los Güiros y allí me encontraba de súbito con su caballería. Todavía abrigaba la esperanza de que los exploradores que envié por el camino que podía traer esa caballería hubieran avisado con tiempo para que escapara Simoni con la familia. Corrí al rancho, por senderos extraviados, y solo encontré despojos y efectos tuyos entre otros esparcidos: busqué en el monte y solo encontré la seguridad de que el enemigo me había llevado mis tesoros únicos, mis tesoros adorados: mi adorada compañera y mi hijo. Mis exploradores habían avisado lo que vieron: que el enemigo avanzaba hacia San Juan de Dios, dejando el camino de los Güiros. Parece que la caballería contramarchó y tras de ellos tomó éste. Qué desolación, amor mío, y sobre todo ¡cómo se han cebado en mí y cómo me han atormentado las consideraciones de tu marcha en medio de una columna de soldados brutos y groseros, de tu entrada de esa suerte en la población!...

¡Todos, todos tus sufrimientos los he saboreado y cómo me atormentan! Que me buscaran a mí y que me hicieran picadillo, si me cogieran, estaría bien: yo soy su enemigo; ¡pero a ti, a mi hijo! No puedo escribirte más ahora, Amalia mía. Esto es terrible. Simoni te escribirá lo demás. Él sale a ocuparse de la familia, y él también te dirá que quedo con salud y cumpliendo con mis deberes con más ardor y con multiplicado empeño. ¡Ah! yo te juro... vale más no jurarte nada. Cuídate mucho, yo te lo ruego, cielo mío; procura de todos modos tu bienestar y busca el contento y la alegría; un millón de besos a nuestro Ernesto; escríbeme siempre que puedas detalladamente, no temas hacerme sufrir; no tengas cuidado por mí; y siempre que pienses en mí ten la seguridad de que en esos momentos mismos mi pensamiento está fijado en ti, y que se desborda la pasión que me inspiras, en el corazón de tu Ignacio.

Para mayor fatalidad, Amalia mía, al día siguiente del 26 estuve gran parte de la mañana en observación a cien pasos de la casa de San Juan de Dios, y aunque vi a Juanita y a Paquita, y a la Cruz, y otras que se dirigían a la casa desde el frente de ella, y luego a Victoria y contemplaba el carruaje que estaba en la sabana, no te vi a ti. Pude haber matado los oficiales que se hallaban en el portal de la sabana o algunos de ellos impunemente. ¡Me daban tantas tentaciones de dispararles! Estaban tan al alcance de mis tiros; pero ni eso, ni procurar hacerme sentir quería, para evitar desmanes de esos bárbaros hacia ustedes. Cuídate, amor mío, y alma grande.

Tuyo; ardientemente tuyo. Ignacio.

Aquella noche trágica pasáronla Agramonte y Simoni al raso y al amanecer del siguiente día se dirige el Mayor a donde estaba su pequeña escolta y dice: «Necesito un hombre que esté dispuesto a todo; a morir». Inmediatamente se adelanta el valeroso comandante Enrique Mola, diciéndole: «Ordene usted lo que tengo que hacer». Replica el Mayor que quería ver a Amalia antes de que partiera la columna, a lo que contestó Mola: «Vamos, pues». Y describe Martí, con su estilo original esta heroica hazaña, expresa ya en la carta que dejamos transcripta, diciendo:

> Aquél que, cuando le profana el español su casa nupcial, se va solo, sin más ejército que Elpidio Mola, a rondar mano al cinto el campamento en que le tienen cautivo sus amores.

Amalia embarcó, después de corta estancia en Puerto Príncipe, para Nueva York y allí le dio a su esposo el segundo vástago, Herminia, hija que nunca conociera Agramonte y de la que le habla a su marido en la memorable epístola del 30 de abril que ya conocemos.

Al comienzo de la guerra, familias enteras del Camagüey salieron al campo a compartir, las mujeres con sus hombres, los peligros de la lucha. Así el brigadier Mena decía, en carta que copia Pirala:

Hasta las mujeres de esta ciudad han salido a fijarse en sus campamentos y por último están ya reuniendo todas las dotaciones de esclavos que de buena o mala gana se los llevan a la fuerza; es decir, que toda la jurisdicción está sublevada en masa, y sin que quede una sola columna que les persiga.

En este periodo crítico, sobre el que vamos a pasar, con el alma amargada por la más cruel decepción, volvían a la ciudad las familias del campo insurrecto; el éxodo no era como al principio, del campo a la ciudad, sino a la inversa, y dice Torres Lasquetti que el lamentable estado en que venían las familias del campo insurrecto determinó al Municipio a nombrar una comisión de su seno, para que arbitrara los medios de atender a tan perentoria necesidad. Se acordó dar una sopa económica a las personas que fueran por ella en las respectivas demarcaciones; repartir semillas, para que los hombres sembrasen en los terrenos inmediatos a la ciudad y organizar un hospital para atender a los enfermos.

En tanto esto ocurría en la ciudad, como índice desgraciado de los dolores de la manigua, veamos qué ocurría en ésta. El mando corto de los generales Cavada y Boza, muertos los dos en el año de 1871, había sido pródigo en desdichas para la Patria. Como dijera, en frase memorable, Ramón Roa parecía que el cielo se desmoronaba para caer sobre la Revolución en Camagüey. Manuel Sanguily describe el estado de miseria en nuestras filas en la siguiente forma:

Era común y tan profunda en los jefes y oficiales como en la tropa; Agramonte usaba un pantalón que solo le bajaba seis dedos de la rodilla. Recuerdo una familia que vivía encerrada en un bohío, pues las pobres mujeres estaban desnudas. Compañías enteras andaban del mismo modo. Y en diciembre de 1870 y enero de 1871 operaron de 10 a 12.000 soldados españoles contra un corto número de fugitivos desnudos. Nunca olvidaré la expresión de abatimiento de una pobre gente de las Villas que encontramos en marcha por Camagüey y que a la media legua de habernos separado de ella ya había sido macheteada por el enemigo. Así sucedía entonces. La muerte se cernía, en todas partes, sobre el combatiente, sobre el prisionero, sobre el herido, sobre el enfermo. La mujer no podía contar ni con la vida ni con la honra. El niño no contaba ni con la piedad ni con la misericordia.

En aquellas terribles circunstancias en que hasta el gobierno había tenido que pasar a Oriente, el presidente Céspedes viendo que el ejército del Camagüey se le desvanecía, salvó todos los obstáculos que su amor propio personal y su dignidad de hombre herido colocaran frente a Agramonte, e irguiéndose una vez más, para la gloria, probó que era el Padre de la Patria y, por orden del gobierno de la República, nombra en los primeros días de enero de aquel año de 1871 al general Agramonte jefe de la División de Camagüey. Tan pronto éste recibe el nombramiento lanza la proclama que hemos insertado al principio de este libro, y se dispone a la lucha, al triunfo y a la gloria.

Zambrana, hablando de este nombramiento, aunque errado en sus conclusiones, decía:

Nuevo nombramiento de Agramonte:
Habiendo venido un desacuerdo entre Agramonte y el gobierno Cavada, desde abril a junio, y Boza, desde junio a diciembre, desempeñaron la Jefatura del Distrito; sin intrepidez el primero y el segundo sin la energía y la inteligencia necesarias. Convencido Céspedes de que era necesario el nombramiento de Agramonte olvidó, con un magnífico esfuerzo, sus desacuerdos políticos y privados, confiriéndole de nuevo la jefatura del Distrito. El nombramiento vino demasiado tarde y aquella vigorosa legión camagüeyana que tan heroicamente había sabido arrostrar desde noviembre de 1868 las inclemencias y los peligros de la guerra estaba dispersa.

Asistiremos, en el libro siguiente, a un acontecimiento de excepcional importancia para el estudio biográfico de Agramonte. Este hombre encuentra el territorio de su mando atravesando la difícil situación que explicada queda, por lo que para triunfar en la contienda es necesario se opere una total transformación de todos los elementos que Cuba oponía a España en esta región; pero este avatar debe realizarse, además, en la persona del jefe del Camagüey. Y, por un milagro de la Providencia, así ocurre plenamente. Dos autores, de la indiscutible autoridad de Enrique Collazo y Pirala, afirman que el Mayor se transformó completamente:

> que al joven de carácter violento y apasionado sustituyó el general severo, justo, cuidadoso y amante de la tropa; que moralizó con la palabra y con el ejemplo, convirtiéndose en maestro y modelo de sus subordinados, formando en la desgracia y en el peligro la base de un ejército disciplinado y entusiasta.

Así del grupo de dispersos que encontrara cuando se hizo cargo del mando surgió una brillante división.[32] Así aquellos miles de soldados de las Villas, los judíos errantes de nuestra Guerra Grande, que peregrinaron, desde las llanuras de Santa Clara hasta las montañas de Oriente, en busca de jefes

---

32 Pirala dice en *Historia contemporánea*, tomando de Collazo y de otros: «El trabajo que tenía que emprenderse era inmenso y solo un hombre dotado de especialísimas condiciones podría llevarlo a cabo; por fortuna el que debía hacerlo era Agramonte. Empezó la transformación por sí mismo... Por la vida del rancho y la partida instituyose la del campamento, juzgó sumariamente a unos cuantos que sorprendió al irse a presentar y contuvo el pánico: restituyó la confianza a los que le rodeaban y triunfos como el de la carga llamada de los civiles y el rescate de Sanguily y el Carmen hicieron comprender a sus soldados que la victoria y el éxito eran sus compañeros. Aprovechó, asimismo, el valor y las aptitudes del general Sanguily, para que formara la base de la famosa caballería del Camagüey». «Del grupo ... Agramonte fue el salvador y el creador de la revolución en ese territorio: Solo su genio, valor, tenacidad y constancia hubieran realizado semejante empresa». Dice un biógrafo: «Ignacio Agramonte fue la vigorosa y austera personificación de un estado de la conciencia cubana, sintetizó todas las energías, todas las cóleras del derecho y de la justicia, conculcados por un ominoso régimen secular, maldecido de la historia y ahuyentado del continente por el Libertador. El genio de las reivindicaciones se encarnó en Agramonte, que de esta suerte se convirtió en un hombre idea, en un hombre símbolo. Lo que exaltó al gran camagüeyano, lo que le sublimó ante el ejército fue su carácter pontificio, al par que guerrero. La revolución y Agramonte se compenetraron, se confundieron. La primera fue para el segundo objeto de admiración; jamás causa alguna halló apóstol más entusiasta y fervoroso». Ramón Roa, en carta fechada en Sagua el 3 de agosto de 1878 dirigida a Juan M. Macías, en Matanzas, dice: «El año 71 nuestros recursos, nuestro número y nuestra práctica de la guerra eran infinitamente menores que en el año 77; entonces el enemigo era más poderoso moralmente, pues con frecuencia nos dispersaba estando desnudos, hambrientos y sin municiones.
»Entonces solo el que estuviera poseído de un fenomenal optimismo podría creer en que la victoria fuera nuestra; y sin embargo los que rodeaban a Agramonte, los mismos que ahora han capitulado eran los que desafiaban la muerte con las "frentes radiosas" como él decía y los que en aquella época hubieran rechazado toda transacción. Agramonte fue el salvador de una época».

y de armas, perseguidos por el enemigo, como alimañas miserables, de bosque a bosque y de llano en llano, fueron transformados por Agramonte en ejército respetable borrando el regionalismo, militarizando en un haz a camagüeyanos y villareños, quienes se confundían fraternalmente para quererle y admirarle. Así aquella magnífica frase, cuando un grupo de sus oficiales se expresaron, en su presencia, en términos severos del presidente Céspedes. Cuéntase que Agramonte los reprendió con energía y, elevándose a la majestad del auténtico caudillo, exclamó: «Nunca permitiré que se murmure en mi presencia del presidente de la República». Esta labor admirable, de reorganización militar, en la que mezcló los contingentes villareños y camagüeyanos, tal vez si le hizo ver la conveniencia estratégica de una invasión, por todo el territorio de Occidente, y así el primero de enero de 1873 propuso al gobierno la realización de tan acertado plan. Dice Loynaz del Castillo que solo pedía 400 fusiles para acabar y ganar la guerra, que él tenía ya la tropa necesaria. Efectivamente, con ello demostraba sus admirables dotes de organizador, que no daba de la mano el adiestramiento de sus hombres, a los que instruía siguiendo, no solo las inspiraciones naturales de su talento privilegiado, sino los cánones establecidos por el arte de la guerra al través de la experiencia de los siglos. Queremos preparar al lector para que asista con nosotros a ese tercer período militar de la vida del Mayor, que vamos a describir, íntegro, en el próximo libro; para ello oigamos a Ramón Roa. Dice este heroico soldado que la República había promulgado en 1872 una ley de organización militar deficiente y que Agramonte, al circularla entre sus tropas, la hizo preceder de unas instrucciones de las cuales el general español Mella dijo:

Hay que guardar este documento como un modelo de su clase. Ni lo presto, ni lo doy, ni lo vendo. Este papel he de guardarlo yo, porque es una prueba de que los mambises no son tontos y de que a ratos podríamos imitarlos. Este documento vale para la historia.

En el orden de la administración militar, que a menudo confunden con el de la dirección, los profanos en estas cuestiones, dio pruebas de relevantes méritos el Mayor. En toda la vasta región camagüeyana funcionaban talleres para la fabricación de zapatos, monturas, cananas y para la reparación de armas de todas clases, contando el citado Ramón Roa que se hacían balas de balaustradas de hierro, con un corta-fríos, en sustitución de las balas de plomo, lo que originó la anécdota que vamos a referir:

> Cargaba una tropa española sobre los mambises y uno de sus soldados, hermanando lo trágico con lo cómico, gritó: «Mambises, no seáis brutos; no tiréis con ventanas».

Del Mayor había dicho Pimentel, bravo soldado caído en los campos del Carmen, que los camagüeyanos no tenían más Dios que él y que su manera de adorarlo era lanzarse irreflexivamente hacia el enemigo, como legión de diablos. Y el *Diario de la Marina*, de La Habana, de 15 de mayo de 1873, decía que la pacificación del Camagüey era la pacificación de Cuba y que el alma de la revolución en ese distrito, el que le había infundido nuevas energías e impedido presentaciones numerosas, había sido Ignacio Agramonte.

Pero la mejor apología del Mayor, el documento que integra, sin disputa, la apoteosis de Ignacio Agramonte, constitúyelo la carta del general Máximo Gómez a Amalia Simoni, en la que le inserta párrafos de su *Diario de campaña*, describiendo el aspecto, el espíritu y la disciplina del Ejército del Mayor, y ofreciendo, por inducción, una admirable semblanza del héroe.[33]

---

33 El doctor Hortsmann, ilustre abogado camagüeyano, nos cuenta que allá por el año 88, en el domicilio del general Sanguily, sito en Alcalá esquina Cedaceros, en Madrid, oyó de labios del general la siguiente anécdota: «Agramonte había dictado un bando por el cual se castigaba con la muerte al militar que abandonara el campamento para ir en busca de mujeres. Dos sargentos muy valiosos y queridos de la tropa salen una noche con aquel propósito. A su regreso, Agramonte ordena formarles consejo de guerra, a pesar de la advertencia de algunos subordinados que le hablan de la simpatía de aquéllos entre la tropa. Se forma el tribunal que dicta fallo de muerte. Se ordena formar la fuerza y hacer el cuadro: allí está Agramonte con su Estado mayor; pero advierte que los miembros del piquete se muestran remisos a cumplir su misión y más con el semblante y con el gesto que con la palabra, los jefes se trasmiten el pensamiento. Entonces el Mayor saca su arma y diciendo: "Yo soy hombre y también tengo corazón; pero tengo que cumplir las leyes militares, porque debo hacer un ejército", espolea su caballo hasta donde están los ejecutores y la voz enronquecida de los fusiles sella el cúmplase de la sentencia».

Libro quinto

Por decreto inescrutable de la Providencia, del campo de «Jimaguayú» huyen, en direcciones opuestas, cubanos y españoles, mientras queda en él, solo, durante varias horas, el amado cuerpo del caudillo epónimo, que ganaba batallas después de muerto, como el Cid Campeador de la Leyenda, a ese enemigo que huía de su cadáver, tendido para la gloria entre la crecida yerba de aquel palenque inolvidable.

Se hace cargo Agramonte, el día 13 de enero, del mando camagüeyano. Órdenes de La Esperanza y del Jobo. Organización de sus tropas. Proclamas por la prensa. Juicio de Pirala. Táctica empleada por la caballería de Agramonte. Asalto a la Torre de Pinto. Derrota táctica de las tropas cubanas. Juicio nuestro sobre este combate. Extraordinaria actividad de Agramonte. Combate de Lauretánea. Parte de Fajardo. Asesinato de la familia Mora y Mola. Continúan las presentaciones. La trágica herencia del año 1870. Pronuncia Agramonte su frase «con la vergüenza». Órdenes dictadas en el campamento de Caridad Curana. Combate de Hato Potrero. Marchas de la División Camagüeyana. Embarca Quesada la expedición de venezolanos y les dirige patriótica proclama. Despacho del general Agramonte al secretario de la guerra, sobre operaciones del general Villamil y coronel Agramonte. Ataque por el Mayor, en 30 de septiembre, del poblado y fuerte del Mulato. Agramonte es la antorcha a cuya luz viste Cuba sus avíos de guerra. Cartas de Manuel Ramón. Silva, Melchor Bernal y Cornelio Porro. Proclamas de Valmaseda. Se organizan columnas volantes para la persecución de los insurrectos. Sale Sabas Marín. Campamento de Agramonte Porro. Captura a Sanguily. Antecedentes de la captura. Avisa el jefe español a Camagüey. Preparativos de esta ciudad para recibir al prisionero. Recibe Agramonte noticia de la captura. Rasgo que pinta el personaje. Sale con treinta y cinco hombres de a caballo a rescatarlo. Episodio del rescate, y destrucción de la guerrilla de Matos. Marcha de Sabas Marín sobre el lugar del encuentro. Partes oficiales cubanos y españoles. Juicio crítico de la acción; modelo de cargas de caballería. Relación de los héroes cubanos que tomaron parte en el combate. Homenaje a los mismos en febrero de 1925 (supervivientes). Termina la campaña de 1872 con las acciones siguientes: El Plátano, La Horqueta, San Ramón de Pacheco, La Matilde, Sitio Potrero y El Edén. Juicio de Collazo sobre la caballería camagüeyana. Bajas cubanas y españolas en «La Horqueta». Parte oficial español. Parte de Pocurull en *El Fanal*, de 15 de noviembre de 1871, referente al combate de Santa Marta. Asalta Pocurull el 26 de noviembre el campamento de Sebastopol de Najasa. Como explica Sanguily la causa que permitió a Agramonte levantar la revolución en Camagüey. Juicio de Leopoldo Barrios sobre el Mayor. Combates de Palmarito, El Destino, Casa Vieja y San Borge. Acción de San José del Chorrillo, donde muere el coronel Agramonte Piña. Nombramiento del general Agramonte para la Jefatura del Distrito de las Villas. Deposición del general Máximo Gómez en el mando de Oriente. Enérgica y admirable actitud del presidente. El 29 de junio ataca y destroza Agramonte la vanguardia de la columna del capitán Feliú. Combate del Salado y destrucción de la fuerza enemiga. Formidable macheteada de Jacinto y destrucción de la «Compañía Volante de Voluntarios Movilizados de Matanzas». Quedan sobre el campo y en las guásimas inmediatas cerca de 200 cadáveres enemigos. Valor incomparable de la caballería camagüeyana. Cómo la describe don Fernando Figueredo. Circular de Agramonte en toda la zona de su mando que abarca las provincias de Camagüey y Santa Clara. Termina la campaña de 1872. Ataque al poblado de las Yeguas, combate de la Matilde, acción del Carmen y combate de Loma de Vapor. En la brillante carga de «La Matilde» cae prisionero el hermano de uno de los asesinos de Augusto Arango. Lo ejecutan, después de juzgarle en consejo de guerra. Llega a La Habana el capitán general Pieltaín. Primeras disposiciones. Se prepara Agramonte para invadir a Occidente. Importancia de esta maniobra estratégica. Campaña de 1873. Combate de Buey Sabana, donde derrotan los cubanos al enemigo. Bajas cubanas y bajas españolas. Continúa marchando la división camagüeyana hasta el 21 en que se da el combate en el camino de Jobo a la Ceiba. Bajas cubanas y españolas. Asalto del campamento cubano en la Ceja de Lázaro. Derrota enemiga. Encuentros de Ciego de Najasa y de San Miguel. Orden de la plaza de Camagüey de 15 de febrero de 1873, anunciando la proclamación de la República Española. Combates del primero y del 3 de marzo. En éste dejan los españoles veintiocho cadáveres sobre el campo. Combate de Aguará. Versión de Ramón Roa. Acción de Molina. Bajas enemigas. El «Cocal del Olimpo». Quedan cuarenta y ocho cadáveres españoles sobre el campo. Llega el Mayor a Jimaguayú. Revista a sus tropas. Fiesta nocturna. Aviso de la presencia enemiga en Cachaza. La columna española. Las fuerzas cubanas. Posición que ocupaban. Principia el combate. Estudio del mismo por los planos. Muerte de Agramonte. Lugar donde cayó. Tropa que le mató. Descartada, por absurda, la versión de que murió a manos cubanas: de que cargó a los españoles: de que mató con su espada a un soldado enemigo. Juicio crítico militar de la acción de Jimaguayú. Agramonte es nuestro Marcelo. Retirada de las fuerzas cubanas y españolas. Serafín Sánchez explora el campo. La carta de Enrique Mola y los veteranos de Camagüey. Queda solo el cadáver del Mayor en Jimaguayú. El campamento de Guano Alto. Refutación de la tesis de Lagomasino. La lógica mística y la lógica racional. Los místicos buscan la explicación de la muerte en el asesinato. Queda probado plenamente que Agramonte murió en combate. Datos de la autopsia. Demora en conocer el jefe español la muerte del Mayor. Parte español de la acción. Alcance al *Fanal* de 12 de mayo de 1873. Incineración del cadáver. Lo que la explica y justifica. Relatos de la acción por el *Gorrión* de 18 de mayo de 1873; por el *Fanal* del día 13; por el del día 29, ambos de mayo: por el *Diario de la Marina* y la *Gaceta de La Habana* del día 15 del propio mes. Carta de Máximo Gómez a Amalia Simoni y nota de su *Diario de la guerra*. Carta de Amalia Simoni al director de *Patria*. Importancia de estos documentos. Paralelo entre el caso Agramonte-Gómez, Filipo-Alejandro, y el Rey sargento y Federico el Grande.

El corazón cubano se alza altivo frente al extranjero dominio; donde ayer había desaliento y cobardía hoy reina entusiasmo y coraje; las notas de la trompeta mambisa resuenan alegres en las interminables sabanas del Camagüey legendario y miles de soldados se aprestan a la lucha y se alinean bajo el pabellón cubano; es que ya, el ídolo de sus tropas, el caudillo epónimo de esta guerra; el libertador de Cuba, si una bala maldita y proditora no se interpone en su ruta luminosa, había vuelto al cargo que nadie pedía desempeñar mientras en su pecho latiérale el corazón. Y el día 13 de enero de 1871 se hace cargo del mando de su tropa y ese propio día dicta la orden general que tenemos estudiada y el 20 dicta, en el Cuartel general de La Esperanza, su orden de organización que completa en 30 por otra expedida en el campamento del Jobo.[34] Organizó su caballería prescribiendo las obligaciones que todos habían de observar y cuanto era necesario para el buen régimen que se proponía establecer, sin descuidar los menores detalles. Cada compañía constaba de un capitán, un teniente, dos subtenientes, un sargento primero, tres segundos, cinco cabos, uno de ellos furriel, un corneta y setenta y cinco soldados, de éstos ocho desarmados para reemplazar a los muertos, heridos y ausentes. Con esta medida satisfacía, dice Pirala, «una de las mayores necesidades de las fuerzas insurrectas, pues aun teniendo las armas necesarias había que poner a los que las necesitaban en aptitud de usarlas y apreciarlas».

En tanto, la prensa cubana llama a los hombres a la lucha, porque nada descuidaba este hombre extraordinario:

¡A combatir! Nadie está exento de pagar una deuda tan sagrada, y si en estos momentos solemnes, en que va a decidirse acaso de la felicidad o de la eterna desdicha de Cuba, hay alguno tan menguado que no corra al campo de batalla, ése, si mañana celebramos el triunfo, no podrá contemplar sin rubor sobre su frente, flotando al aire, la bandera de nuestra redención, y si morimos en la defensa de nuestro derecho, a donde quiera que dirija su mirada verá nuestras irritadas sombras, y al sentir de nuevo el hierro de la servidumbre sobre su frente,

---

34 Véase cómo reclama a Villamil hombres, armas y caballos para su división: «Don Ignacio Agramonte, dice Pirala, escribió a Villamil que sabía se encontraban en la división de su mando, con objeto de pasar a las Villas, los oficiales que nombraba, sin estar debidamente autorizados; que el citado Villamil poseía armas y caballos que no le pertenecían y sí a la división del Camagüey, de la que habían desertado algunos individuos para servir con aquél en las Villas, y habiendo resultado infructuosas las conferencias celebradas para un arreglo amistoso, formuló la debida reclamación con amenaza de proceder enérgicamente. Reflexione usted, le decía, en que los recursos de guerra del Camagüey que no le hayan sido asignados por el gobierno, no han podido ser legítimamente adquiridos por usted y se apresurará sin duda a hacerme entrega de ellos explicándome cómo llegaron a su poder. Tengo todos los datos necesarios para perseguir ante los tribunales a las personas que se los han proporcionado, y procederé a ello si no se verifica su entrega, dirigiéndome contra los que como autores, cómplices o encubridores hayan tenido alguna participación en los hechos de que se trata».

no tendrá para su consuelo la simpatía del mundo y la bendición de Dios, porque el mundo desprecia y Dios maldice a los que contemplan impasibles el asesinato de la Patria, por los inicuos verdugos del despotismo.

En este libro habremos de ver al Mayor empleando la mentada táctica de Viriato, en múltiples combates, según la cual amagaba al enemigo, con una pequeña fuerza exploradora, por lo que aquél, engañado y creyendo en la debilidad de su contrario, se lanzaba a la persecución, desalado y desprevenido; y a buena distancia, cuando ya su caballería iba rendida por la fatiga que el galope de carga produce prontamente en los caballos, era sorprendido, y vencido, y diezmado por la contracarga irresistible de aquellos escuadrones legendarios, de los que afirmó el propio Pirala que estaban a la altura de las mejores unidades españolas. Jiménez Castellanos, en su obra *Sistema para combatir las insurrecciones en Cuba*, decía:

> Siendo todos los insurrectos del Camagüey buenos jinetes, destinaron a la caballería los jefes, oficiales y soldados que habían demostrado más valor, audacia y conocimiento en el tiempo que llevaban de guerra, con lo cual y los buenos caballos de que podían disponer, a nadie extrañará que tuviesen una caballería ligera, capaz de competir con la mejor.

Ya el ilustre capitán de la milicia camagüeyana cuenta con un par de centenares de soldados disciplinados. Ya es otra la moral de la tropa, a la vista de aquel Ayax, que hoy se encuentra midiendo la arena, donde ha de vencer al enemigo; ya cesó el periodo de calma, la fuga diaria, la deserción continua y ahora se presentan los cubanos el 20 de febrero de 1871, frente a la torre óptica de Colón, dirigidos por el joven caudillo en la risueña mañana de aquel día de primavera, a disputarle a España la citada posición, situada a 20 kilómetros no más de la capital de la provincia y construida, por orden del capitán general Caballero de Rodas, en la célebre campaña de los cien días que, como dijera Sanguily, fue de los 103.

La posición, sólidamente construida, con maderas del país, tenía dos plantas, aspilleras y estaba rodeada de ancho foso, con el necesario puente levadizo. Defendíala un alférez de Chiclana con veintiséis hombres.

Agramonte sale el día 19 por la noche, desde Sabana-Nueva, dividiendo sus tropas para marchar y llevando, en consecuencia, él una parte de sus fuerzas y el coronel Agramonte la otra, esperando tomar por sorpresa la posición; per marró el golpe, porque el jefe de la misma tuvo conocimiento de los reconocimientos verificados, durante la tarde del día anterior por exploradores cubanos, lo que le hizo tomar medidas de vigilancia y defensa, para evitar la sorpresa, con lo que frustró los planes del audaz general cubano, derrotado por primera vez, en esta ocasión. El destacamento advertido, pasó sobre las armas la noche del 19 al 20 y, ya de día, alejado con la sombra de la noche el temor al ataque cubano, se dispuso la salida del ranchero que hacía el café, en cuyo momento se destacan del palmar inmediato las líneas cubanas que cargaron, acto seguido, sobre la torre, dando vivas a la libertad y a la patria. Envuelta la fortaleza por sus cuatro frentes, se aprestó inmediatamente a la defensa; formaron los insurrectos tres líneas de ataque, integradas: la primera por negros con fajinas y escalas, la segunda por infantería y la tercera por caballería. Entablado el fuego por ambas partes los cubanos colocaban las balas por las aberturas de las aspilleras, habiéndole causado a los sitiados cinco muertos, trece heridos graves y tres leves; pero luchaban a pecho descubierto y fueron severamente castigados por el fuego español. Los defensores hicieron derroche de heroísmo, reemplazando los pocos valientes que quedaban sus carabinas por las de los muertos cuando no admitían la bala en el cañón de tanto disparar. El jefe hizo prodigios de valor y cuando ya agotado casi todo el parque de la defensa, solo se defendían con el de los muertos, vio con alegría el valiente alférez la retirada cubana, que se verificó a Sabana-Nueva, donde se practicó la primera cura de los heridos, en número de treinta; los muertos fueron cinco.

Dice Juárez Cano que Agramonte obtuvo noticias, por el comandante Fidel Céspedes, de que una columna que la noche anterior había pernoctado en la finca «Las Parras», marchaba con rumbo a Pinto y que por ello ordenó tocar retirada. En tanto que Enrique Ubieta afirma cómo comprendiendo el general que no ameritaba más sacrificio de vidas conseguir el copo, puesto que parte de la torre había sido quemada y la mayor parte de sus defensores muertos o heridos, mandó a tocar alto al fuego y con sus heridos, después de enterrar sus muertos, se dirigió al «Pilar», donde pernoctó. Entre los heridos en esta desgraciada acción se contaban el ilustre marqués de Santa Lucía y Manuel Sanguily.

Nosotros estimamos acertada la versión de Juárez, por cuanto el hecho probado de las terribles bajas sufridas, por parte de la tropa española, acredita que el fuego de la defensa, al retirarse los cubanos, tenía que ser muy débil; y si uno de los fines de toda acción, en nuestra guerra de independencia, era apoderarse del armamento enemigo, no es concebible que cuando ya el Mayor tenía sus manos sobre la presa fuera a retirarse del lugar por el fundamento peregrino que invoca el citado Ubieta, máxime cuando ellos no querían la posición, sino lo que había en ella. Debe tenerse en cuenta, además, que se trataba de la primera acción sería empeñada por el Mayor, al hacerse cargo nuevamente del mando del Camagüey. Antes de retirarse los cubanos recogieron todos los efectos que había en la bodega-cantina y en los conucos del caserío inmediato, el que redujeron a cenizas.

En esta acción, que constituye un desastre táctico, cometió el Mayor un error muy grave, y ya sabemos que los errores en la guerra se pagan invariablemente con sangre. Consistió en asaltar, a pecho descubierto, una posición defendida por infantería bien armada, apostada tras un reducto que protegía, además, ancho y profundo foso, del asalto de la caballería. Este error, cometido por los españoles, en las acciones de Bonilla, Altagracia, Minas de Juan Rodríguez y el Clueco, en todas las que se destacó brillantemente nuestro biografiado, debía haber contenido su entusiasmo y su ímpetu que, unidos a la imprevisión, incalificable en él, condujéronle al apuntado fracaso. No se nos oculta que el factor suerte, que influye en la guerra, como en todo, se puso esta vez de parte del jefe español, ya que si éste no hubiese estado prevenido, y esperado el ataque, la sorpresa, puesta al servicio del Mayor, habría inscrito en su escudo un triunfo más. Pero tan pronto el jefe cubano advirtió las medidas de defensa del sitiado, las reglas más elementales de táctica le aconsejaban colocar sus tropas en posición defendida, desde la cual, merced a la extraordinaria superioridad numérica, y a la habilidad indiscutible de algunos de sus tiradores, hubiera podido rendir a los defensores del fuerte, sin la abundosa pérdida de sangre y de vidas que esta infausta acción produjera a nuestras fuerzas.

En este período de su vida militar despliega el Mayor extraordinaria actividad, como nos va a demostrar, en breve, el relato de sus marchas y hazañas, dignas de la fama. El 27 de marzo de 1871 sostiene dos combates contra gruesa columna española en «Lauretánea», resultando heridos el teniente coronel La Rosa, el comandante Golding, tres oficiales y varios soldados; entre éstos hubo también algunos muertos.

El parte dado por el general Fajardo, de la acción, decía:

A capitán general, La Habana. Príncipe 28 de febrero. En combate de ayer tropas de esta división en «Lauretánea», contra fuerzas insurrectas mando Agramonte, le causaron a éste muchas bajas y entre ellas muerto titulado teniente coronel La Rosa, siendo herido titulado comandante Golding y oficiales Delgado, Diago y Caballero, debiendo significar a Vuestra Excelencia buen comportamiento de toda la columna.
Fajardo.

En este año de 1871, el día 6 de enero, tuvo lugar la horrenda catástrofe de la familia Mora y Mola, que tanta ignominia vertiera sobre el Ejército español por la falta de condigno y ejemplar castigo para los infames asesinos, que, perteneciendo a sus filas, cometieron el desafuero vituperable y a los que tan fácil era descubrir.

Cuéntase que el coronel Chinchilla, a diario, prometía la punición; pero se dice que cuando Acosta y Albear se dirigió a Valmaseda, interesando el cumplimiento de la justicia, este jefe le contestó:

¿No querían Cuba Libre? Mostrarse riguroso con los soldados sería dar mucha importancia a esos bribones.

Aunque resulta innegable la poderosa influencia de Agramonte, en el campo revolucionario, su sola presencia no podía impedir que continuaran, aunque disminuyendo a diario, las presentaciones, ni tampoco que se verificaran sorpresas, por el enemigo, de aquellas huestes, hasta entonces disgregadas: De ahí que a manos de los feroces guerrilleros Tisón y Montané perecieran en aquellos días dolorosos muchos jefes y oficiales de valer y hombres civiles de mérito indiscutible. Era la herencia, trágica y espantosa, del 70 que recogía, cubierto de sangre, el 71.

Pero pronto veremos, mejor, ya hemos visto, al león recogiendo su cabellera y lanzándose a la lucha; por eso hemos calificado no más que de desastre táctico el fracaso del ataque a la Torre de Colón.

En el orden de la ética militar y de la organización, constituyó valioso exponente de lo que había y magnífica promesa para lo futuro. En la batalla de Ceriñola hubo un momento crítico, en que las tropas de España vieron volar su parque de artillería. Ante aquel desastre cualquier jefe se hubiera considerado perdido; pero Gonzalo Fernández de Córdoba, colocándose a la altura de los grandes capitanes de todos los tiempos, recorrió a caballo la línea toda de sus tropas, señalando para las columnas de fuego que se elevaban al cielo, como negros agoreros de la derrota cercana, gritándole a sus hombres: «Mirad las luminarias de la victoria». Con estas frases, propias del genio de la guerra, electrizó a sus huestes y Ceriñola constituyó una joya más que engarzar a la corona de triunfos de aquel gran general. El historiador de aquel período de nuestra Guerra Grande puede decir, sin temor a equivocarse, que la acción de Pinto, derrota cubana a principios del 71, son las luminarias de la victoria del Mayor, porque marcan la altura a que habían llegado otra vez las huestes mambisas y son, por ende, nuncio de las glorias que vamos a presenciar en breve. Por eso Agramonte, que sabía cómo sus fuerzas habían recuperado la perdida fuerza moral, cuando en aquellos meses le preguntaran sobre los recursos con que contaba para ganar la guerra respondió, con su frase que inmortalizara la historia, y que constituye una porción no más del acervo moral que ya guardaba en sus trojes: «Con la vergüenza».[35]

---

35 Dice Juárez que «por esta época algunos presentados, parientes y amigos del general Agramonte, para halagar a los españoles, tal vez, o con el deseo que tenían de que terminase la guerra, enviaron al Mayor recado solicitando una entrevista, en la que le harían proposiciones de paz, ventajosas a los cubanos. Aceptó el Mayor la entrevista y salió a recibir a los comisionados, a los que encontró en la sabana "La Redonda". El Mayor saludó, frío y ceremonioso, a los que integraban la comisión, cuyos miembros quisieron convencerlo de la inutilidad de sus esfuerzos, porque la guerra estaba perdida para Cuba, diciéndole que se presentara mediante una capitulación honrosa y conveniente, hasta que uno, para agotar los medios de convicción, después de decirle que era imposible continuar la guerra, preguntóle: "¿Qué elementos tienes para continuarla? ¿Con qué vas a seguir esta

El día 9 de mayo de 1871 se hallaba acampado el Mayor en la finca «La Caridad de Curana»; en esa fecha destinó al teniente coronel Beauvilliers al mando de la artillería del oeste; ese mismo día llega al campamento el general Julio Sanguily a cuyas órdenes pone el Mayor el segundo escuadrón y otras fuerzas; dispone que el comandante Mola salga a recoger hombres y caballos por «La Trinidad» y destina al coronel Suárez al este.

El día 28 del mismo mes y año, el *Diario de campaña* del Mayor anota un combate, de poca importancia, en «Hato Nuevo», donde hicieron un prisionero. Nosotros estimamos que se trata de un error, pues la acción debe haberse librado en «Hato Potrero». Ese día habían llegado, de madrugada, a la finca «Trinidad Al Ranuza», donde almorzaron y recogieron bestias, combatieron luego en el citado lugar y se dirigieron a San Juan de Dios, en donde cogieron bestias nuevamente, continuando a «Santa Clara», «La Luna», y durmiendo en «La Sabana de Congo».

Al día siguiente continúa marchando la división de Agramonte y recogiendo caballos por Castillo, Alazán, Jagüey, Rineón, Mala Vista y Sabanilla donde pernoctó. Este mismo día el general Manuel de Quesada, dando prueba de su amor a Cuba, dirige, a la expedición de venezolanos que embarcaba hacia la Patria, la siguiente proclama:

He conseguido el amor de los pueblos del mundo para la infeliz Cuba.[36] Cuba será libre. El momento de nuestra independencia ha llegado.

Los días 30 y 31 de mayo continuó marchando la división camagüeyana y el día 7 de junio se da el combate de «La Entrada» mandando las fuerzas cubanas directamente el Mayor.

En 24 de agosto el general Agramonte, como jefe de la División, cursaba al secretario de la guerra el siguiente despacho:

---

lucha sangrienta, tú solo, careciendo de armas y municiones?" "¡Con la vergüenza...!". Replicó con dignidad. Y volviendo grupas regresó con su escolta al campamento».

36 Véase en esta actitud de Quesada su innegable amor a Cuba y el mérito indiscutible de sus servicios a nuestra causa. Se comprueba con esta conducta del general la rara habilidad política de Agramonte luchando, en el momento en que aquél debía abandonar el mando, porque la Cámara le aceptase la renuncia, que presentada tenía, y no le depusiese. Agramonte, además, realizaba, defendiendo al general caído, un acto de pura justicia.

24 de agosto de 1871.

División de Camagüey.

El general Villamil me dice que el capitán Andrés Piedra con el escuadrón desmontado de su mando se dirigía a las inmediaciones de Ciego de Ávila, cuando supo el 11 de junio que el enemigo se hallaba en «Los Chorros», recogiendo ganado, y dirigiéndose a ese punto con objeto de batirlo, solo vio que salían huyendo cobardemente al divisar nuestras fuerzas, sin que se les pudiera dar alcance: que continuó su marcha sin fruto alguno hasta el 14 que supo que el enemigo estaba en «La Artemisa»; mandó a explorarlo y supo que eran cincuenta hombres. Dispuso la marcha para el citado lugar, llegando a las dos de la madrugada a los corrales de la finca. En dichos corrales se encontraba el enemigo que fue sorprendido bruscamente por una descarga de los nuestros, después cargaron al arma blanca; quedando en nuestro poder un rifle Winchester y dos Remington, gran número de hamacas, varias albardas y quince muertos; pero las bajas que lleva el enemigo pasan de treinta, a juzgar por los lamentos que se oían, no pudiendo hacer prisioneros por la oscuridad de la noche. Por nuestra parte tenemos que lamentar la muerte del alférez José Borella, que murió heroicamente, y heridos teniente Emilio Meneses, cabo Simón Quintero, soldados Pedro Vilahomar, Javier López, Emilio Jiménez, todos del escuadrón y dos soldados heridos de las fuerzas del C. José Gómez.

El coronel Agramonte dice:

El 14 del presente y habiendo oído tres tiros en el potrero «Guayabo» mandé explorar y supe que el enemigo se hallaba en la casa de dicha finca mancornando ganado. Inmediatamente mandé una sección del primero y otra del segundo escuadrón de cazadores, desmontados, al mando del capitán Fidel Céspedes. Situados en el carril frente a la casa se esperó la salida del enemigo y después de dejarlo entrar en la emboscada se le rompió el fuego, cargando enseguida al machete; pero el enemigo en número de treinta a cuarenta huyó vergonzosamente, sin disparar un tiro, abandonando el ganado, el convoy que llevaba las bestias, armas y hasta los machetes que tenían a la cintura. No puedo apreciar sus bajas; por nuestra parte no hubo novedad.

Han sido cogidos en este encuentro once caballos ensillados, una carabina Remington y una tercerola, todo del convoy de comestibles, calderos, ropa, hamacas, chaquetones, capas, machetes y otras menudencias, regresando nuestras fuerzas al campamento llenas de entusiasmo, después de haber quemado también los corrales que el enemigo había construido en la casa de «Guayabo». Lo que tengo el honor de poner en su conocimiento reiterándole, C. secretario, el testimonio de mi consideración y respeto.

I. Agramonte Loynaz.

Mayor general.

El 30 de septiembre de 1871 ataca el general Agramonte el fuerte y poblado de «El Mulato» y el 3 de octubre libra la acción de «La Redonda»; cinco días después asombra a Cuba con el combate que de seguida vamos a relatar.

Venimos diciendo que el año 1871 recogió, en sus primeros meses, el legado mortal que las controversias, el abatimiento y los errores del 70 le dejaron.

Así, en su primer semestre, vemos a rebeldes prestigiosos declarando la impotencia de Cuba para hacerse libre y repugnando la presentación al enemigo; mientras otros sostienen la necesidad de la guerra y prefieren la muerte a la presentación.

Entre ese tumulto de encontradas voces surge, como una clarinada de victoria, el nombre augusto del Mayor, dando ánimo y fe en el triunfo a los tenaces y aterrando a los versátiles o débiles. Agramonte es la antorcha a cuya luz viste Cuba sus avíos de guerra.

Manuel Ramón Silva y Melchor Bernal Varona escribían en aquellos meses:

La situación está completamente definida y cumple al deber de los hombres de conciencia, verdaderos amantes del país, contribuir a la pacificación, para evitar mayores catástrofes, ya infructuosas. Son muchos los padres de familia que parten conmigo mañana, y muchísimos más los que seguirán después. Para salvarse es indispensable presentarse al gobierno español; y no te quede duda ni oigas disparates de ilusos e ignorantes; la revolución ha fenecido. Espera a José Eugenio y con él reúnete a tu padre, y preséntense cualquier día, que ya yo he hablado por ustedes, y puedes estar seguro de que sus personas serán respetadas. Entrega la adjunta a tu papá, y guarda bajo escuadra el secreto de mi marcha hasta que sepas que estoy lejos del campamento insurrecto.

En tanto Centeno Porro decía:

hemos hecho mal en apoyar a los que levantaron el estandarte de la rebelión, contra el gobierno legítimo de esta Isla, pero como comprenderás, muchos fuimos arrastrados, unos engañados como niños y otros obligados por la persuasión de los pretendidos redentores de Cuba... Espero hagas presente al gobernador de Puerto Príncipe, que el no presentarme con la mayor parte de las fuerzas de Caunao es porque hacía ya tiempo que me separaron del mando de éstas por sospechas de que trataba de conspirar... Desde luego comprenderás que al dar yo este paso, gran número de mis antiguos soldados me seguirán de cerca, como asimismo la gente de la caballería que tenía al mando de Mendoza, quien tú sabes tiene muchas simpatías entre ellos. Espero hagas comprender al excelentísimo señor comandante general lo expuesto que es el seducir cierta clase de gente, pues Ignacio Agramonte tiene establecido tal espionaje, que nadie puede hacer nada sin correr un peligro inminentísimo... También debo advertirle que me seguirán varios padres de familia.

El conde de Valmaseda publicaba las siguientes proclamas, que se estrellaron contra el mando del Camagüey en poder, desde enero de este año, de quien, en lo adelante, será el Páez invicto de las llanuras camagüeyanas:

Camagüeyanos:
La resistencia armada que han opuesto las villas de Sancti Spíritus y Morón está terminada; sus habitantes se entregan con ardor a las labores del campo para evitar la miseria que tan de cerca os amenaza a vosotros si por un esfuerzo supremo no entráis pronto en la vida del arrepentimiento y del deber. Tened presente que el que os dirige esta alocución es vuestro antiguo gobernador, hoy capitán general, de la Isla de Cuba, el mismo que hace más de dos años os predijo la ruina de vuestro país y la de vuestras propiedades al ver la conducta que seguíais; el que enjugó las lágrimas de muchos desgraciados mientras fue vuestra autoridad local

y tuvo siempre abiertas las puertas de su morada para haceros recta justicia. Al volver de nuevo entre vosotros y recorrer vuestras arruinadas propiedades, un sentimiento solo agita mi pensamiento, el de devolveros la paz en el término más breve que me sea posible y para ello cuento con vuestro arrepentimiento. Si las malas pasiones que vuestros llamados jefes os han querido inculcar no están completamente arraigadas en vosotros, el perdón está abierto, para todos los que hayan peleado como SOLDADOS y los jefes del ejército os lo concederán al presentaros; pero si persistís en la idea de continuar haciendo el mal, las tropas que por todas partes os envío castigarán vuestra terquedad. Abandonad a esos jefes que se han erigido en dueños de vuestras vidas y hacienda; contribuid con vuestra conducta a su pronto y justo castigo, y apartaos de ellos para que su contacto no envenene por más tiempo la castidad de vuestras familias y la santidad de vuestro hogar. De vosotros depende el que en un término breve, renazca o no la paz y la confianza de este departamento. Ajustad vuestros deberes a lo que os enseña la religión de vuestros padres, y volved al respeto que os merecieron las autoridades legítimas; no tengáis un momento de vacilación para volver al buen camino, y tened entendido que, así como dicta el perdón para los arrepentidos, dicta también el castigo para los culpables, vuestro capitán general.

El conde de Valmaseda. La Habana 15 de junio de 1871.

CAMAGÜEYANOS:

Las fuerzas que he juzgado necesarias para devolveros la paz, están entrando por todas partes en vuestro Departamento, y las órdenes que llevan quiero haceroslas conocer para que ninguno de vosotros alegue ignorancia sobre la suerte que le está reservada. Tienen orden de no admitir a indulto a ningún individuo que forme o haya formado parte de la llamada Cámara, ni a los que han compuesto la Corte Marcial, ni tampoco a aquellos que fueron los trastornadores de la paz que antes disfrutabais, con sus doctrinas escritas habladas. Llevan instrucciones para perdonar a todos los que han peleado como SOLDADOS, siempre que se presenten arrepentidos y juren de nuevo su lealtad al gobierno de la nación. Admitirán a los jefes de partidas concediéndoles indulto de la ida, siempre que se presenten con sesenta hombres armados: me reservo el derecho de conceder a los jefes su permanencia en la isla o extrañarlos al extranjero, según sus antecedentes en la revolución y antes de ella. Quedan exceptuados en este indulto los jefes que conocidamente han figurado como crueles con nuestros prisioneros, y aquéllos que por sus fechorías merecen el dictado de malhechores. Antes de recibir y conceder el indulto a los jefes de partida, los comandantes de las columnas lo consultarán a los señores brigadieres de quienes dependan, al comandante general del Departamento, o a mí si estuviere más cerca.

Los desertores de nuestro ejército y los que, hechos prisioneros, hoy figuran en las filas rebeldes, serán perdonados de la última pena si presentan muertos o vivos a los que les están mandando; me reservo concederles mayor gracia si el servicio que prestasen fuese de mayor consideración. Los que dieren noticias de los campamentos enemigos, conduciendo nuestras tropas para sorprenderlos, serán gratificados. También lo serán con más largueza aquéllos que contribuyan a la captura de los principales corifeos de la revolución.

La Habana, 15 de junio de 1871.

El capitán general de la Isla. El conde de Valmaseda.

Al mismo tiempo que Valmaseda llama a los rebeldes a la cordialidad, que implicaba la ergástula y la infamia, prepara su plan de campaña para exterminar a los que continuaban peleando. Al efecto, se organizan, con base de operaciones la capital de la provincia, varias columnas volantes, fuertes, de cerca de 500 hombres cada una, que emprenden recorrido por todo el territorio en pos de las partidas mambisas. El coronel Sabas Marín al mando de una de estas columnas compuestas, según el parte español, de 220 hombres de Pizarro, setenta y dos de San Quintín, trece caballos de la Reina y un pelotón de artillería, con una pieza de montaña, operaba en la primera semana de octubre por las inmediaciones de Jimaguayú y el día 5 asaltaba el campamento de Agramonte y Porro, establecido en la finca «San Carlos de la Malograda». De labios del glorioso general Agüero, hemos oído el relato que de esta acción ofrece el historiador Juárez Cano, emocionándonos cuando refería, contrayéndose al Rescate: «Por mi lado, enfermo y casi baldado, pasaron al galope los caballos de Agramonte, cuando se dirigían al rescate de Julio». Sabido es que este acaeció tres días después.

Pero oigamos a Juárez:

Cuando la vanguardia española llegó al campamento cubano, el coronel Agramonte montó a caballo y corrió a la avanzada, compuesta de un pelotón de infantería, mandando que formaran en línea de combate para repeler la agresión del enemigo, envalentonado por la poca resistencia que había encontrado en días anteriores. El coronel personalmente dio la orden de fuego a los tiradores de la guardia, pero de la veintena de anticuados fusiles de chispa, a cargar por la boca, que manejaban, solamente salió un tiro, porque la pólvora que utilizaban para los mismos, de manufactura criolla, estaba mojada; entonces el coronel Agramonte, mandó a sus hombres a cargar al machete. La detonación del disparo, las voces de mando y los gritos de ¡Viva Cuba Libre! y al machete, que son pocos, detuvo a los asaltantes, sobrecogidos de pavor por la sorpresa, circunstancia que aprovechó la guardia para replegarse en buen orden por uno de los flancos, sin baja alguna, cubriendo a la vez la retirada del resto de la fuerza, entre la que se encontraban algunos enfermos, como el capitán Carlos Agüero García, hoy general.

Hasta aquí el relato de Juárez. Los dos días siguientes continuó sus operaciones por aquellos lugares y el día 8 capturó, en la forma que vamos a ver, al heroico inválido.

Pero es hora de que hablemos del campamento cubano. El 7 de octubre acampa Agramonte en el potrero Consuegra, con setenta hombres de caballería, después de incesantes y largas marchas por toda la región que habían durado un mes, según el testimonio de Manuel de la Cruz. Su ilustre subordinado, el general Julio Sanguily, que mandaba fuerzas de caballería, solicitó del Mayor autorización para marchar al cercano rancho de Cirila López, joven villareña, a la que también hemos entrevistado recientemente, que tenía una como enfermería, oasis de bendición en medio de la selva huraña, para que le lavaran y cosieran sus ropas, ensuciadas y deshechas, durante la bélica excursión.

Al día siguiente, ocho de la mañana, sale del campamento el brigadier en dirección al apuntado lugar, al mismo tiempo que parte de la columna de Sabas Marín, al mando del capitán César Matos, cien hombres de Pizarro a caballo, se dirigía al propio punto. El rancho de la joven Cirila, hoy rendida por el peso de los años, estaba internado en el monte; y, como toda la guerrilla no entró en él, fue una sección exploradora de la pequeña tropa la que reconociendo el monte cercano, y dirigida por dos presentados que conocían bien el lugar y sabían dónde estaba el rancho, llegó al recoleto asilo, sorprendiendo a Sanguily, que acababa de bajar de su caballo. Había salido el general con un ayudante, su ordenanza Luciano Caballero y tres enfermos que enviaba el Mayor para encomendarlos a los cuidados y atenciones de la patricia. El capitán ayudante habíase quedado rezagado y tal vez a este golpe de la fortuna debamos apuntar en nuestro calendario heroico el hecho del rescate.

Al llegar los españoles, los que rodean al general salen huyendo, pero Luciano, fiel a su deber, cual otro Eneas, ofrece las espaldas a su jefe inválido, para llevarlo al cercano bosque salvador. Sanguily, que huye ya sobre aquella improvisada cabalgadura, se agarra a la rama de un árbol de la que queda colgando y ordena a su asistente que se interne rápidamente en el bosque. Un sargento enemigo llega: ¡Mambí, date o te mato! El general, por toda respuesta, muestra su herida, profunda y abierta del tobillo. Minutos después ya saben los españoles a quién tienen prisionero y el comandante Matos ordena marchar inmediatamente a donde se halla el jefe de toda la columna, Sabas Marín, no sin antes enviarle parte urgente del afortunado sucedido y de mandar machetear a uno de los tres enfermos que cayó, por su desgracia, prisionero.

El coronel Marín, a su vez, tan pronto recibe el parte dispone que el práctico Llinás de la columna, con una escolta, saliera rápidamente para Puerto Príncipe, a comunicar al jefe del Departamento el fausto acontecido y aquí, en la capital, cuanto lo saben, se disponen a esperar al caudillo mambí para infligirle el martirio de la vejación y de la burla, antes de aplicarle el castigo reservado por España a los cubanos, que se alzaran frente a su tiranía.

Veremos, en tanto, qué ocurre en el campo insurrecto: no sabemos si fue el capitán Diago[37] o si el valiente Luciano quien llevó la noticia de la captura al Mayor; Collazo asegura que fue el primero:

Uno de los ayudantes del general, el capitán Diago, escapa de la ranchería y llega al campamento del Mayor Agramonte que estaba a poca distancia, avisándole de lo ocurrido.

---

37   Ubieta asegura, al igual que Collazo, que fue este oficial quien llevó la noticia al Mayor.

Conocer el Mayor el desgraciado suceso y disponerse a rescatar a Sanguily, todo fue uno; que él, como decían los lacedemonios, nunca preguntaba de los enemigos cuántos eran sino en qué lugar se encontraban. En el acto, escoge a treinta y cinco centauros, y parte, al galope, al encuentro del enemigo, disponiendo que el comandante Reeve marchara sobre el rastro y que tan pronto divisase a los contrarios, sin ser visto, viniese a incorporarse al centro.[38] Cuando se preparaban para salir, el capitán Palomino, ayudante del brigadier, se acerca al jefe y le dice:

> Creo, Mayor, que se intenta empeñar acción para rescatar a mi jefe, si esto es así, ruego me señale sitio en el lugar más peligroso.
> Así es en efecto, y ya esperaba yo esa actitud de los subalternos del brigadier; marche usted al lado del comandante Reeve.

En tanto la guerrilla de Matos, de la que dice Ramón Roa que era de infantería, había llegado a la finca «La Esperanza», y hecho alto, cuando la avistó Reeve, quien informó al Mayor que los españoles, sudorosos y cansados, se arremolinaban a beber alrededor del pozo situado en el potrero.

El general, a cuya tropa se había incorporado la vanguardia de Reeve, se hallaba oculto por una arboleda que sombreaba un recodo del camino, desde donde veía, a 3 cordeles de distancia no más, a los soldados de Pizarro en la forma que queda descrita. Allí, a la vista del enemigo, Agramonte desenvaina su tajante acero y dice con voz potente:

> Comandante Agüero, diga usted a sus soldados que su jefe, el brigadier Sanguily, está en poder de esos españoles, que es preciso rescatarlo vivo o muerto o perecer todos en la demanda.

Y volviéndose a la izquierda, adonde tenía el corneta, grita a éste: «Corneta, toque usted a degüello». Al oír el agudo sonar del clarín cubano el impremeditado y sorprendido comandante Matos grita: «Guerrilla, pie a tierra,

---

38 Dice Aurelia Castillo que al dirigirse a sus hombres, para llevarlos a la pelea lo hizo con estas palabras: «Los que tengan buenos caballos y estén dispuestos a morir que avancen un paso».

atrincherarse». En el acto los soldados que había a caballo descabalgaron, con rapidez, y comenzaron a hacer fuego sobre los jinetes cubanos, que avanzaban al galope de carga; pero aquella fuerza, sorprendida y aterrada, se desbandó al instante, huyendo del campo el mismo jefe, seguido de algunos guerrilleros. Grave error el de Matos, pues ningún oficial de caballería espera una carga, a corta distancia, en otra forma que montado para contracargar al enemigo, que si es inferior en número, como en este caso, no solo encuentra fuerte resistencia, sino que tratándose de caballería igualmente poderosa, queda invariablemente vencido. Así lo demostraron los jinetes de Agramonte, más de una vez, al ser sorprendidos por el enemigo.

Palomino, que dio pruebas de extraordinaria acometividad y de valor heroico, rompió de los primeros la línea española; el brigadier Sanguily recibió a los cubanos dando vivas y el sargento Fernández, que le llevaba atado el caballo, quedó muerto en el campo, de donde se recogieron nueve armas de precisión; dos cajas de cápsulas, tres revólveres, dos espadas, un sable, una tienda de campaña, sesenta caballos y cuarenta monturas. Allí quedaron once cadáveres enemigos. Los cubanos tuvieron un riflero muerto y un alférez y cinco individuos de tropa heridos.

El coronel Marín esperaba ansioso la tropa de Matos para emprender la marcha hacia Puerto Príncipe, con su glorioso prisionero; tan pronto llegaron a Jimaguayú los primeros fugitivos, acudió a la finca «La Esperanza» donde vivaqueó y en la que se le incorporaron algunos dispersos de la vencida guerrilla. Ya los cubanos habían abandonado el campo de su homérica hazaña.

La noticia del rescate causó decepción profunda entre los parciales de España en esta capital. El parte oficial cubano de esta acción es el siguiente:

En la mañana del 8 de octubre salió del campamento el brigadier Julio Sanguily, cayendo en poder del enemigo dos horas después. Este se componía de cien hombres montados del batallón de Pizarro, a las órdenes del comandante don César Matos. Una hora más tarde, al mediodía, se me presentó en el campamento uno de los hombres que había salido con el brigadier Sanguily, manifestándome lo ocurrido. Solo con treinta y cinco jinetes bien montados podía contar en esos momentos, para darle alcance al enemigo, y no había tiempo que perder, para hacer esfuerzos desesperados en favor de un jefe distinguido y un buen compañero. Salí con ellos, logrando alcanzar al enemigo en la finca de Antonio Torres, cargué por la retaguardia al arma blanca, y a la invocación del nombre y a la salvación del brigadier prisionero, los nuestros, sin vacilar ante el número ni ante la perspectiva del enemigo, se arrojaron impetuosamente sobre él, le derrotaron y recuperamos al brigadier Sanguily, herido en un brazo, y cinco prisioneros más, que llevaba, y habían recogido en nuestros campos.

Nuestra persecución le siguió a larga distancia, hasta dispersarle por completo. Tuvimos un riflero de mi escolta muerto, y heridos el alférez Manuel Arango Tan y cinco individuos más de tropa.

El enemigo dejó sobre el campo once cadáveres, entre ellos un teniente, según confesión de los prisioneros, nueve armas de precisión, dos cajas de cápsulas, tres revólveres, dos espadas, un sable, una tienda de campaña, sesenta caballos, cuarenta monturas y todo el bagaje. El brigadier Sanguily, todavía entre el enemigo, con el valor que le distingue, nos recibió con vítores a Cuba.

El parte español dice como sigue:

Comandancia general del Departamento del Centro.

Según parte personal que me da el señor coronel don Sabas Marín, llegado hoy a esta plaza, ha practicado las operaciones siguientes, con la columna compuesta de 220 hombres de Pizarro, setenta y dos de San Quintín, una pieza de artillería y trece caballos de la Reina. El día 19 del actual salió de «Jimaguayú» sobre «Guanausí». El 2 encontró la partida de Manuel Agramonte en «Santa Lucía» que la fue batiendo hasta que la dispersó por completo en «Guano Alto», quemándoles los bohíos, así como los que tenían en «Consuegra». El 5 se le cogió el rastro al enemigo y se le batió en «San Carlos», cogiéndose dieciocho caballos, varias armas de fuego y papeles correspondientes a las partidas de Eduardo Agramonte y Fidel Céspedes, lo que prueba que la partida batida era la de Eduardo Agramonte. El 7 cayó la columna sobre Yamaqueyes. En «Ojitos de Agua de Yamaqueyes» encontraron un gran campamento abandonado y rastros frescos de partidas insurrectas. El 8 dispuso que la guerrilla reconociera los montes de «Matehuelo», mientras que la infantería reconocía otros por otro lado y venía a buscar raciones a «Jimaguayú».

El sargento Mont, con diez guerrilleros de Pizarro, dio con el bohío en que estaba el cabecilla Sanguily y, al hacerlo prisionero, dio muerte a uno de los cuatro negros que se lo llevaban. El sargento y los guerrilleros con Sanguily y un negro que pasaba por oficial se incorporaron a los sesenta hombres de la guerrilla y, una legua antes de reunirse ésta con la columna, fue rodeada por partidas insurrectas de Sanguily e Ignacio Agramonte. La guerrilla se defendió con valor, pero tuvo que entrar en el monte. El sargento aprehensor de Sanguily, viéndose rodeado por un grupo de insurrectos, derribó al primero del caballo y le disparó a quemarropa rompiéndole una muñeca y atravesándole el pecho. El cabo Andrés Camacho dio muerte al otro prisionero que llevaba y murió heroicamente defendiéndose contra un gran número que lo rodeaba. El coronel Marín, que tuvo noticias de lo que pasaba a la guerrilla, con la infantería que tenía a sus órdenes voló al encuentro, tardando solo media hora en recorrer una legua. Distribuyó sus fuerzas por los montes, persiguiendo a los que huían y apoyando a la guerrilla que seguía todavía batiéndose, no logrando ya dar alcance al enemigo, ni descubrir rastros marcados. Reunida toda la fuerza regresó el 9 a Jimaguayú. El resultado de las operaciones ha sido causar al enemigo veinticinco muertos, sin contar con el titulado brigadier Sanguily. No fue posible saber el número de heridos. Se cogieron diez armas de fuego, algunas de Remington, Peabody y Spencer, varias bolsas de municiones, muchos caballos, que algunos murieron o se dispersaron en el último encuentro. Se destruyó un taller de talabartería con lo que contenía. Se presentaron a la columna setenta y nueve personas. Por nuestra parte seis muertos y cinco heridos. Lo que de orden del señor comandante general se publica para conocimiento.
Puerto Príncipe, octubre 11 de 1871.
El general jefe del E. M.
Luis de Cubas.

La anterior acción de guerra tiene como causa un deficiente informe rendido por el servicio de exploración cubano, al comunicar el día 8 por la mañana, que la columna de Marín había acampado en Jimaguayú; y no observar a los jinetes de Pizarro, que andaban por Matehuelo. Prevalido de ese informe omiso el Mayor autorizó a Sanguily para abandonar el campamento. El combate, modelo de cargas de caballería, ofrece las siguientes enseñanzas y prueba la capacidad del jefe cubano, como táctico y organizador; primera, demuestra el valor de una carga de caballería cuando se reúnen los elementos del ímpetu y la cohesión; segunda, la importancia de la sorpresa en estos episodios de la guerra; tercera, el error de resistir caballería desmontada, a corta distancia, y con las armas de la época, una carga de caballería y cuarta, reveló a los cubanos el alto grado de eficiencia que había alcanzado su caballería.

Como resultado, en primer lugar, hizo variar fundamentalmente la estrategia española que, en lo adelante, organizó columnas fuertes ante el temor de ser destrozadas las pequeñas por el machete mambí; y en segundo lugar, levantó la moral del ejército cubano, porque acreditó cumplidamente el alto grado de su poder ofensivo. Así Ramón Roa, decía:

> El rescate de Sanguily si no salvó, por lo menos alivió efectivamente en aquella época, la difícil situación, no ya del Camagüey, que era poco menos que desesperada, sino de la Revolución en su conjunto, puesto que trastornó los planes del enemigo, poniéndole en cuidado, y produjo una reacción en el elemento cubano, que se retorcía en las poblaciones y zonas militares enemigas; porque, a favor de estos chispazos de victoria sintió redivivo su espíritu patriótico.

El 24 de febrero de 1925, los supervivientes de este glorioso episodio, Elpidio Loret de Mola y Boza, Aniceto Recio Pedroso, Eugenio Barceló y José Antonio Remigio Avilés, fueron objeto de patriótico homenaje y recibieron a las cuatro de la tarde, en el parque de Agramonte, frente a la estatua de este glorioso prócer, una medalla y diploma cada uno, en recuerdo de la hazaña inmortal.

Como en todo hecho histórico, hay diversas opiniones acerca del número de jinetes que tomaron parte en la acción, así como en los nombres de los héroes. Insertaremos la lista que estimamos más adecuada a la verdad: Mayor general Ignacio Agramonte y Loynaz. Coronel Antonio Luaces Iraola. Teniente coronel Emilio L. Luaces Iraola. Comandante Enrique Mola Boza. Comandante Manuel Emiliano Agüero. Capitán Andrés Díaz. Capitán Henry E. Reeve. Capitán Francisco Palomino Mora. Capitán Manuel de la Cruz Delgado. Capitán Federico Diago. Capitán José Urioste. Teniente Elpidio Mola. Teniente Antonio Arango Tan. Teniente Fructuoso Lanieta. Teniente

Ignacio Fernández. Alférez Manuel Arango Tan. Sargento primero Ramón Bueno. Sargento segundo Benjamín Estrada. Cabo Regino Avilés Marín. Cabo Diego Borrero. Cabo Francisco Montejo. Soldado Gabino Quesada. Soldado Victoriano Sánchez. Soldado Ángel Bueno. Soldado Andrés Camacho Baryola. Soldados: Ramón Agüero, Antonio Abad, Plutarco Estrada, Eugenio Barceló, Aniceto Recio Pedroso, Lorenzo Varona, Mario Zunzunegui, Mateo Varona, Pedro Betancourt, Carlos Martell[39] y Eusebio Montejo.

Termina este año el Mayor con las siguientes acciones: en 31 de octubre, «El Plátano»; en 2 de noviembre «La Horqueta», en 19 «San Ramón de Pacheco» y «La Matilde», en 27 «Sitio Potrero» y en 28 «El Edén». Ya en esta época la incomparable acción, cuyo relato acabamos de verificar, que prestigia los anales de nuestra caballería, revelaba el grado de eficiencia a que aquella arma había llegado, en pocos meses, en las diestras manos del Mayor, de cuyos soldados pudo decir Collazo, años después, lo siguiente:

---

39 El 25 de abril de 1905, el general Bernabé Boza escribía al coronel Manuel María Corona-do, director de *La Discusión,* una carta, acompañándole relación de treinta y siete jinetes que dice fueron los hombres del rescate; en esa relación figuran, además de los nombres citados, los de Escipión de Varona, Alejo Caballero, Carlos Díaz y Rafael Basulto; faltando en ella Manuel de la Cruz, Federico Diego y Mateo Varona. A la lista referida, publicada en *La Discusión,* hicieron rectificaciones los veteranos Gaspar Rosales Socarrás y Tomás Basulto. El primero, que dice haber tomado parte en la acción, apuntó lo siguiente: «El cor-neta que tomó parte en el combate se nombra Juan Antonio Avilés, tenía el grado de cabo. Andrés Díaz era comandante. Emiliano Agüero, se quedó con el resto de la caballería en "Consuegra". Faltan en la lista Mateo Varona, Eusebio Martínez y el que suscribe, Gaspar Rosales Socarrás». Tomás Basulto dijo lo siguiente: «Con el propósito de aclarar concep-tos que deben servir para la Historia, es mi deseo hacer público que habiendo visto en el número de *La Discusión,* en un suelto, la relación de cubanos que tomaron parte en el rescate del general Sanguily, y habiendo notado que de ella se omiten los nombres de los compañeros José de la Cruz Delgado, Federico Diago, Luis Montalvo, Mateo Varona y el nombre del que suscribe, que era cabo primero del escuadrón de caballería del Regimien-to Agramonte, con el fin de que la verdad quede en su lugar, envío a usted las presentes líneas: Vicente Estrada es confundido con Benjamín Estrada; Alejo Caballero no estuvo en la acción, pues ese día estaba en el campamento del coronel Eduardo Agramonte; Rafael Basulto, lo confunden con Tomás, pues aquél quedó en la impedimenta y Carlos Díaz, sargento primero, no estuvo en la acción, pues el sargento primero que estuvo en ella fue el segundo Carlos Martell. Camagüey, junio 19 de 1906. Tomás Basulto». Este documento obra en poder de los familiares de Enrique y Elpidio Mola, quienes conservan como pre-ciada reliquia, y entre múltiples recuerdos históricos, la gloriosa bandera cubana que fue lábaro de victoria en la sangrienta acción de «El Jíbaro».

Con una pequeña fuerza de caballería había entrado el Mayor en la zona de Camagüey, dispersando en las primeras horas de la mañana un grupo de quince a veinte civiles, que encontró al paso. Noticioso el jefe enemigo, teniente coronel Abril, sale en su persecución con civiles y fuerzas de caballería.

Al avistarse ambas fuerzas los españoles cargan con brío emprendiendo los cubanos la retirada, tiroteando al contrario que enardecido en la persecución pierde su cohesión. En ese momento manda Agramonte volver grupas y cargar, iniciando el movimiento su ayudante Villegas; los hasta entonces fugitivos cargan al contrario que se desconcierta y vuelve grupas, al primer choque, y los primeros fugitivos van desconcertando a los que encuentran a su paso, y haciendo cundir el pánico en sus filas, asombrados de aquel cambio, tan rápido como inesperado. En desorden espantoso huye la tropa, buscando en Puerto Príncipe puerto de amparo; mientras que en el camino dejan informe montón en que, agrupados por el azar, yacen casi todos sus jefes y oficiales, como pirámide que simbolizara a sus contrarios su decisión heroica y como pueden salvar los jefes el honor militar de su fuerza. Este combate muestra claramente el ascendiente inmenso que sobre sus soldados ejercía el Mayor y el buen espíritu creado en el naciente cuerpo por él resucitado.[40]

Veamos la acción del 2 de noviembre: fuerzas cubanas al mando del general Agramonte sorprenden a un destacamento español de catorce guerrilleros, recogiendo ganado en el demolido ingenio «La Horqueta», a 7 leguas de esta ciudad. Los referidos se refugiaron incontinenti en la casa de dicha finca donde había un retén. Parapetados tras los muros de la improvisada fortaleza se entabló un intenso tiroteo, entre las dos fuerzas,

---

40 El autor ha tenido oportunidad de comprobar personalmente ese grandísimo ascendiente del Mayor sobre sus tropas interrogando a veteranos de la Guerra Grande en esta misma semana en que escribe, oyó de los labios trémulos del sargento Luis García Ramírez, que peleara a las órdenes del Mayor, en la acción del «Cocal», cómo se inició ese combate y cómo el Mayor al sentir los tiros en su retaguardia, estando él a caballo, rodeado de sus soldados, se dirigió a los mismos con las siguientes palabras, que al ser repetidas despiertan coraje insospechado, energía sublime y ponen fulgor de gloria en los ojos del anciano García: «¡A caballo, muchachos!». De esta acción cuenta el mismo veterano que todos sus compañeros se maravillaron del dominio del Mayor, pues cuando cargaba sobre el enemigo al cruzar, al aire de carga, por el lugar donde yacía, retorciéndose en los estertores de la agonía el jefe español, acertó a verle las insignias y gritó: «¡Comandante Mola, quítele los papeles a ese coronel español!».

llegando a perder los guerrilleros hasta la mitad de sus hombres; pero, ya al agotárseles las municiones, hizo su aparición en el palenque un alférez de Chiclana, con cuarenta hombres, que a su puesto, situado a legua y media de distancia, había ido a buscar el oficial que mandaba a los voluntarios, acudiendo en auxilio de los sitiados. La llegada de esta nueva fuerza evitó el copo, retirándose los cubanos con tres muertos y dos heridos. Las bajas españolas consistieron en dos muertos, siete heridos y cinco contusos, de los guerrilleros, y cuatro muertos y tres heridos de los hombres de Chiclana.

El parte oficial, rendido por España, de esta acción, es el siguiente:

> Comandancia general del Departamento del Centro. E. M. Orden general del 6 de noviembre de 1871, en Puerto Príncipe. Hallándose el día 2 del actual en la finca la «Horqueta» cogiendo ganado el alférez de caballería, voluntarios de Puerto Príncipe, don Facundo Gutiérrez y Castillo con treinta y cinco hombres de dicho escuadrón y del batallón de voluntarios, dejó en la casa de la finca dieciocho hombres dedicados al cuidado de las reses recogidas, mientras él con el resto de la fuerza se dirigió a una legua de distancia a hacer corrales.
>
> Cuando los de la casa quedaron solos, fueron atacados por la partida de Ignacio Agramonte. Oído el fuego por Gutiérrez, marchó a buscar auxilio al destacamento de Chiclana de la Caridad de Arteaga. Mientras éste llegó, los voluntarios de la casa se defendieron tenazmente, y sin embargo de ver muertos tres de sus compañeros y seis heridos y que los insurrectos habían prendido fuego a la casa por los cuatro costados, se resistían a entregarse a pesar de que ofrecían perdonarles la vida. En esta situación apurada, llegaron cuarenta hombres de Chiclana con el alférez don Luis García y voluntarios que acompañaban a Gutiérrez. Esta fuerza atacó al enemigo de frente y de flanco, poniéndoles en completa dispersión. Reunidos a los que defendían la casa, regresaron a «La Caridad».
>
> La sencilla relación de los hechos es el mejor elogio del bizarro comportamiento de los voluntarios que tomaron parte en este combate y de la fuerza de Chiclana que llegó a su auxilio.

Según cuenta Eugenio Betancourt, en estos días batía Agramonte a la guerrilla del Rayo y peleaba con la primera columna de la Reina. El 17 de noviembre vencía al capitán Setien, en San Ramón de Pacheco, acción que dice Ubieta se libró el día 19. Aquí empleó el Mayor la conocida táctica de Viriato, amagando con exploradores que atrajeran el grueso enemigo al lugar en donde emboscada esperaba la caballería mambisa, que macheteó despiadadamente a la guerrilla española, pereciendo su jefe. Ese mismo día se daba la acción de «La Matilde», lugar en el cual peleó con los oficiales Vergel el 19 y Pocurull, el 22, a quien esperó, perfectamente protegido por un barranco, desde el que causó considerables bajas al enemigo, retirándose cuando se le hubieron agotado las municiones.

Este coronel Pocurull asaltó el 26 de noviembre, de aquel año, el campamento de Sebastopol de Najasa donde fue gravemente herido Rafael Morales y González quien decía, refiriéndose al Calvario que, en tal estado, dispuso el destino recorriera, lo siguiente:

Me custodiaba una buena escolta camagüeyana lo que debo a la solicitud de mi queridísimo Ignacio Agramonte, el hombre superior de esta guerra.

El parte oficial español de estos combates reza así:

El coronel Pocurull, desde Juan Gómez, fecha 23 de noviembre próximo pasado, participa al excelentísimo señor brigadier comandante general, que después de la batida que el 21 dio en la Matilde, a la partida de Ignacio Agramonte, reconoció los montes de la Yaya, San Agustín, Santa Marta, Juico y fincas inmediatas, se dirigió luego a Loma Alta y Verraco Gordo, donde la vanguardia hizo dos muertos, encontrando más adelante dos campamentos recién abandonados que destruyó, y un rancho con un individuo gravemente enfermo que, según dijo una negra, cogida, procedía de la expedición del vapor «Virginius», quien falleció pocos momentos después.

En los reconocimientos que se hicieron en aquellas inmediaciones dio muerte a dos exploradores, uno blanco y otro de color, cogiéndoles dos armas de fuego.

Recogieron en aquel punto diecisiete personas, entre mujeres y niños. A las tres de la madrugada del 24 se dirigió a 2 leguas de San José del Chorrillo a destruir una gran estancia de donde se proveían de viandas los insurrectos, dando muerte a dos exploradores de una pequeña partida que, según unas mujeres que encontraron en el campo, no se ocupaban de otra cosa que de robar hasta los trapos con que las familias abrigaban a las criaturas de pecho. El 26 se dirigió a la finca de Sebastopol en que la avanzada de una partida, que no supo cuál era, hizo fuego sin causar daño, cayendo enseguida sobre el campamento que encontró abandonado, con la comida puesta a la lumbre, veinte caballos y dos mulos cargados con provisiones. Siguió la pista, y los encontró en el fondo del potrero de «San José de Najasa», poniéndoles en completa fuga, dejando en el campo cuatro muertos, cinco armas de fuego Spencer y Remington, doce caballos y dos mulos cargados con enseres de cocina. El 27 se dirigió a San Tadeo y Damagal para ver si daba con la partida del nombrado «Jiguaní», recogiendo varias jóvenes y niños. Hecho un escrupuloso reconocimiento se dirigió al «Horcón», sin encontrar rastro de partida. El 28 marchó a Juan Gómez, y en los montes camino del «Plátano» sorprendió una avanzada de una partida de sesenta u ochenta hombres, que atacó y dispersó causándoles seis muertos, llegando a Juan Gómez, sin que el enemigo haya hecho a la columna baja alguna. El resultado total de esta expedición ha sido causar veintidós muertos al enemigo, coger doce armas buenas de fuego; diecinueve blancas, treinta y dos caballos, nueve mulos cargados, destruir tres campamentos, una grande estancia, trece ranchos y recoger veintisiete personas; teniendo por nuestra parte únicamente siete caballos muertos y heridos.

Lo que de orden del excelentísimo señor comandante general se publica para conocimiento.

Puerto Príncipe 3 de diciembre de 1871. El coronel jefe de Estado mayor. Luis de Cubas.

Ya el periódico *El Fanal*, de Puerto Príncipe, en su edición de 15 de noviembre de aquel año, cuyo ejemplar obra en el Museo Provincial de Camagüey, decía, refiriéndose a las operaciones de Pocurull lo siguiente:

Comandancia general del Departamento del Centro.
Estado mayor.
El coronel Juan Pocurull jefe de la columna de Juan Gómez compuesta del Primero de La Reina, da cuenta desde el potrero Santa Marta, fecha 10 del actual, al excelentísimo señor comandante general de la operación practicada sobre aquél punto en la forma siguiente:

«Serían las dos de la tarde del mismo día 10 cuando fueron descubiertas en los montes de Santa Marta, inmediatos a la finca de este nombre, partidas insurrectas, en los momentos en que se disponían a matar las reses que tenían amarradas. Acometidos instantáneamente y sin más tiempo que para hacer dos o tres descargas, pues ya la avanzada había disparado, corrieron a posesionarse de la parte opuesta del río, que está a corta distancia, pero tan desconcertados debieron quedar al tenderles cinco hombres en el acto que, débilmente sostenido el fuego, fueron desalojados a la bayoneta, poniéndolos en completa dispersión y abandonando en su huida los heridos. El enemigo dejó seis muertos y el titulado oficial Delgado, que falleció a las pocas horas de ser cogido. Momentos antes de expirar, y preguntado qué fue, expresó que era Ignacio Agramonte, con 300 hombres. Por nuestra parte un soldado muerto y un contuso. Puerto Príncipe, 14 de noviembre de 1871. El coronel jefe de Estado mayor Luis de Cubas».

* * *

Al lado o a las órdenes de Ignacio Agramonte había un grupo de hombres, sin desencanto ni cansancio, vírgenes entonces de ese intenso malestar que vino luego, libres de ese escepticismo profundo, ante el cual se marchitó toda esperanza y que a ellos mismos tan nobles, tan resueltos, tan heroicos los convirtió de compañeros sufridos y alegres de Agramonte, de auxiliares suyos diligentes y esforzados en haz disuelto de gente experimentada ya, demasiado gastada, marchita, falta de fe y aliento que llegaron a contemplar, sin conmoverse, el desastre, que luego lo creyeron indefectible y a la postre llegaron a ser pasivos espectadores de la derrota final, agentes impasibles de la anulación y la ruina.

Así contesta Sanguily la pregunta que, a sí mismo se hace sobre lo que permitió a Ignacio Agramonte salvar la revolución en el Camagüey, en 1871. Efectivamente, ardor propio de la juventud, fe profunda en el triunfo de su ideal y nobleza, resolución y valor en las legiones camagüeyanas permitieron al Mayor la formación de aquel ejército que, como Filipo a Alejandro, legara, a su muerte, al general Gómez, no sin antes haber conquistado sobre el campo, estremecido por el galope de guerra de su caballería, los gloriosos e inmarcesibles lauros que coronan, para la eternidad, su frente de elegido.

Las hazañas que acabamos de relatar, acaecidas a fines de 1871, demuestran al Ejército español el temple de la caballería camagüeyana y le obligan, como hemos visto, a modificar su estrategia.

Veamos qué ocurre en este año de 1872, cuya historia vamos a describir, no sin antes conceder la palabra al historiador Leopoldo Barrios, quien en su trabajo intitulado *Algunas consideraciones sobre la Historia de la Guerra de Cuba*, dice:

> En el Centro el talento organizador de Ignacio Agramonte, quizá el único hombre de verdadero valor que había surgido, llegó a conseguir y mantener hasta 800 hombres, amén de otras partidas.

En el mes de enero de 1872 combatieron las fuerzas del Mayor con Sabas Marín en Palmarito y en las extensas sabanas que hay cerca del Río Muñoz, por el paso de Casa Vieja. Confiesan los españoles que aunque los enemigos no llevaron la mejor parte, en estas acciones, «no cejaban en oponer diaria resistencia en las posiciones que escogían, las cuales por su naturaleza se prestaban a fácil y empeñada resistencia».

Durante estas operaciones asaltó Sabas Marín el Hospital ambulante que dirigía el doctor Emilio Luaces, quien tenía a su cargo al general Julio Sanguily, herido en la acción del Rescate, a Manuel Arango, también herido allí, a Rafael Morales y González, herido en Sebastopol y a Baldomero Rodríguez, el Aquiles de Palo Seco, con otros enfermos. Tanto el comandante Luaces como Moralitos, Baldomero Rodríguez, Sanguily y otros enfermos lograron escapar, no así Arango que, por un verdadero milagro, no fue muerto por los soldados de Pocurull, y, prisionero en Camagüey, logró escapar, incorporándose más tarde a sus hermanos de lucha.

Durante el mes de febrero, de este año, combate el Mayor los días 3, 5, 11 y 22 en «Palmarito de Curana», «El Destino», «Casa Vieja» y «San Borges», habiendo estado realizando constantes marchas por toda la región.

El 8 de marzo de 1872, libra el Mayor la infausta acción de «San José del Chorrillo», en la que perdió al coronel de sus rifleros, Eduardo Agramonte, el compañero de muchos años y el hermano de su Amalia, pues el coronel era casado con Matilde Simoni. Hagamos el relato de este hecho de guerra. En el período crítico de la revolución en Camagüey, Eduardo, que era ministro del Interior, comprendiendo que el Mayor necesitaba de sus servicios, renunció su cartera y con el cargo de coronel vino a ponerse a las órdenes de su primo. El día citado, yendo en marcha Agramonte, con su Estado mayor y cuarenta rifleros de la brigada que mandaba Eduardo, es informado por sus exploradores que una columna enemiga se hallaba acampada en la finca «San José del Chorrillo». Acto seguido el general se decide a batirla y ordena al coronel que embosque sus rifleros, a lo largo de una cerca, paralela al camino, por donde él debía retirarse. Hecho lo cual avanza en dirección a la posición enemiga, desde la cual se le hizo fuego; y una vez que la caballería contraria cargó puso sus tropas en retirada. Este era el momento que el jefe de la brigada sur esperaba, emboscado, para fusilar al enemigo; por lo que rompió inmediatamente fuego contra aquél, que hizo alto en su carga y entabló un duelo de fusilería en tanto lanzaba un flanco de infantería sobre la posición cubana. El Mayor, viendo la maniobra enemiga, ordena la retirada nuestra, que se verifica en perfecto orden; pero el arrojo de un comandante, deteniéndose más de lo necesario, sobre el terreno, permitió a los contrarios herirle, por lo que el coronel Agramonte con el capitán Miranda retrocedieron para llevarlo cargado. Herido Miranda, el coronel no quiere huir, teniendo el enemigo a diez pasos y recibe en medio del pecho, como dijera Ubieta, el sello de los héroes; un balazo que le privó de la vida.

Este fue el final desgraciado de la acción de San José en que empleara el Mayor su táctica acostumbrada.

La Brigada sur, con la muerte de Agramonte, había perdido a su creador y los soldados de su regimiento dedicáronle a él, que tantas piezas militares compuso, una canción, de cuya letra fue autor el coronel Ramón Roa y de cuya música Silvestre Montejo; a sus sones atacaron los mambises la plaza de Puerto Padre.

* * *

El día 10 de mayo de 1872 el Gobierno de la República nombra al Mayor comandante en jefe del Distrito de las Villas, con lo que extiende su jurisdicción a dos provincias; el segundo jefe de las Villas lo era el general Villamil.

El presidente Céspedes dirigía la siguiente carta, con la misma fecha, al coronel González Guerra:

Número 86.

Corojo de Caoba, mayo 10 de 1872.

C. coronel José González Guerra.Mi estimado amigo: Cuento con que al recibo de ésta se hallará usted ya en buena salud y listo para partir con el resto de las fuerzas de las Villas, a fin de penetrar en este Estado inmediatamente, conforme a las órdenes expedidas por este Gobierno, las que llevan por objeto favorecer a Carlos García, que parece ha desembarcado y opera entre Guanajay y San Antonio.

El general Agramonte, que tanto se está distinguiendo en Camagüey, ha sido nombrado para el mando superior del Estado de las Villas, sin dejar el de Camagüey. El general Villamil es su segundo.

El brigadier Peña no se presentó; fue aprehendido y fusilado. Sin otro particular, me repito su afectísimo amigo y hermano.

Carlos M. de Céspedes.

* * *

El día 8 de junio de 1872 el Gobierno de la República depuso al general en jefe de Oriente, Máximo Gómez. El hecho fue altamente lamentable para la causa de la guerra, porque este glorioso adalid había alcanzado éxitos señalados al frente de sus fuerzas, para las que constituía un verdadero ídolo el hombre que las condujo a la victoria en «Pinos de Baire», «Sainó», «Bijarú», «Ti Arriba», «Cafetal Indiana» y en la invasión de Guantánamo; el hombre que les había enseñado cuál era el arma predilecta de la victoria, en el célebre macheteo de «Baire». Pero el general Gómez, por lo altivo de su carácter, llegó a desconocer la autoridad del jefe de la Revolución; del presidente de la República, Carlos Manuel de Céspedes.

Con anterioridad, ya se había negado a facilitar medios de embarque a varios individuos que, con orden del Ejecutivo, iban a salir al extranjero y en ocasión de manifestarle el secretario de la Guerra los propósitos del gobierno, de pasar al exterior, para desde allí dirigir la Revolución, desaprobó la idea, de manera un tanto brusca, diciendo: «Aquí muere Sansón con todos los filisteos».

En este día de junio, el presidente había pedido asistentes para sus ayudantes y secretarios, obteniendo del general la respuesta de que él también carecía de ellos y que los buscase el Ejecutivo si los necesitaba. Céspedes, dictó inmediatamente una orden general, que leyó a la fuerza, por la que deponía a Gómez y nombraba, interinamente, para el mando al coronel Maceo. Dice Collazo que como Maceo titubease, o se excusase, el presidente airado le dijo: «Vaya usted a cumplir inmediatamente la orden o yo sabré hacerla cumplimentar».

Esta actitud del caudillo bayamés, restableciendo el principio de autoridad y manteniendo los fueros de la Constitución y la Ley, constituye el exponente más auténtico de las excepcionales condiciones que exornaban a aquel hombre para el cargo de presidente de la República, cargo que tantos homúnculos han desempeñado después, para vilipendio de la Patria, ludibrio de las instituciones democráticas y grave quebranto de esa ley de gravedad del mundo espiritual: la libertad. El general Gómez, entregado el mando, se presentó al presidente de la República, con el sombrero en la mano, saludó militarmente, le manifestó que su orden estaba cumplida, y se retiró, con una pequeña escolta. Ese fue el momento más grande en la vida del insigne hijo de la gentil Quisqueya.

Cuando, el 30 de mayo del año siguiente, fue llamado para el servicio, dícese que al encontrarse con Carlos Manuel éste lo abrazó conmovido, contestándole el ilustre dominicano de todos los tiempos: «Aquí tiene otra vez a su viejo soldado». Entonces se le dio orden de hacerse cargo del Departamento de Bayamo y Las Tunas y que, caso de confirmarse la muerte del Mayor, pasara a Camagüey a ocupar este mando.

Hablando de este doloroso incidente, dice el general Gómez, que los intrigantes de siempre habían hecho creer a Céspedes en un plan tramado por el propio Gómez, para colocar en la Presidencia al Mayor.[41] Pero oigamos

---

41 Dice el general Gómez: «Acampaba muy tranquilo en "Peladeros" y al día siguiente noté, con inexplicable sorpresa, que por orden de la Secretaría de Guerra se presentan en formación las tropas acampadas se les lee la orden de mi deposición. Fundábase aquélla en un acto de desobediencia de mi parte, por el hecho de no haber proveído a un número de asistentes que se me había pedido para la comitiva del Gobierno, y a mí no me era

párrafos de la carta que en junio de 1893 dirigiera a don Tomás Estrada Palma:

¿Podrá creerse, dada mi conducta humilde, en aquellos días aciagos, de amarguras y sinsabores, y de las muestras ostensibles que tengo dadas, entre los que me conocen, del espíritu de disciplina, a pesar de mi carácter violento, que predomina en mí; que fuese yo capaz de darle al presidente la contestación que Collazo pone en mis labios, y la cual presupone como causa para mi deposición? La cosa pasó así. Hombres intrigantes y miedosos unos, y desafectos a mí, quién sabe por qué, otros, pusieron en el ánimo de Céspedes la duda, o la creencia, mejor dicho, que el movimiento que yo iniciaba (tan estupendo lo consideraban), llevaba en sí miras o tendencias ambiciosas, de mala índole, que podían llevar las cosas a peor terreno, puesto que en el plan solicitaba darme las manos con Agramonte (su desafecto personal), que una vez unido con aquél y con un cuerpo de ejército triunfante, claro está que sería proclamado jefe militar de la revolución, con cuanta más razón, cuando contábamos con lo más selecto del elemento militar y con algunos miembros de la Cámara, amigos y admiradores del general Agramonte.

Hay que convenir en que la invectiva se prestaba a crédito, máxime cuando yo, sin que jamás cruzara por mi mente semejante pensamiento de ayudar a procedimientos de esa índole, hablaba con cándida franqueza de la candidatura del general Agramonte como el futuro gobernante de Cuba Libre. He aquí la causa secreta de mi deposición.

El presidente ilustre, por su parte, explica su actitud en la siguiente carta:

Ciudadano Ramón Sánchez Betancourt.

---

posible conseguirlos sino aprovechando una concentración, para poderlos sacar de modo conveniente, pues en el estado de entusiasmo a que habían llegado nuestros hombres no era muy fácil encontrar ya, en las filas del ejército, soldados que quisieran prestar esta clase de servicios voluntariamente, y la gente de color, que habíamos arrancado a sangre y fuego de las garras de la esclavitud, era necesario que fueran libertos muy inútiles para que prefiriesen al rifle la servidumbre, cualquiera que ella fuese: No importa que la prestaran al presidente o a un general. Yo quedé aturdido con aquel inesperado procedimiento y se me hacía difícil creer en la causa que se invocó para ejecutarla. El ayudante que leyó la orden la terminó con un ¡Viva Cuba Libre! y otro al gobierno, que las tropas inconscientes respondieron. Esto último, aunque por instantes, me impresionó tristemente».

El Gobierno, que se ha querido reducir casi a la impotencia, a pesar de su buen deseo, tropieza con tantos obstáculos, se halla erizado de tantos escollos su camino, se le presentan tantas dificultades para las cosas, que no puede hacer todo lo que quisiera; sin embargo, trabajando poco a poco, pero incesantemente, logrará salir adelante. Efecto de esto el que últimamente haya tenido que tomar una medida que le ha sido muy sensible, porque es el primero en reconocer las dotes militares del general Máximo Gómez. Efecto de especialidad de carácter, de malos consejos, de falta de apreciaciones o de miras de otra naturaleza, es lo cierto que hacía tiempo se venían observando en el general tendencias a sustituir su voluntad y acción a las del Gobierno; éste toleró con paciencia faltas y abusos, hasta que últimamente algunos actos de notoria y pública desobediencia hicieron necesaria su separación. El Gobierno espera que este castigo obrará de tal modo en su ánimo que puedan volverse a utilizar en breve sus servicios militares...

El 29 de junio de 1872 se movía desde Jimaguayú a Santa Ana de Guanausí la columna mandada por el capitán Feliú, compuesta de 200 hombres, cuando se vio atacada rápidamente por fuerzas de infantería y caballería mandadas por el Mayor, que le destrozaron la vanguardia, lo que testifica el mismo parte español, cuando dice:

Agramonte tuvo la suerte de que la vanguardia española, mandada por el teniente Corbeira, no le contuviera, como pudo hacerlo, el cual con algunos soldados llegó solo al campamento. El resto de la columna acudió inmediatamente a proteger los enfermos y acémilas que quedaban.

Lo que dice, en buena lógica, que ante la embestida cubana centro y retaguardia se concentraron dejando abandonada, a su suerte, a la fuerza de vanguardia.

El 21 de julio de 1872 Agramonte escribía a su mujer: «Ya sé que algunas veces te alarmarán con sus falsedades; pero no debes creerlas», se refería a los periódicos españoles, que desde luego publicaban victorias de su parte. Y continúa el Mayor:

Desde San Ramón uso una espada que quitamos a los valientes de Pizarro en el rescate de Julio Sanguily. En cuanto a sus balas, me han muerto y herido caballos, me atravesaron una vez la manga de la chamarreta y otra me hicieron una pequeña contusión en una pierna, pero hasta ahora ni una sola herida.

Esto era a los cuatro años de guerra y cuando aquel campeón de nuestra milicia había entrado infinidad de veces en combate. Pero dos días después, en el combate del Salado, recibía, como un aviso de la Providencia, un balazo que le atravesó ambos omoplatos.

El día 23 de julio de aquel año recorría el Mayor, con su escolta y una pequeña fuerza de caballería, la jurisdicción de Guáimaro, cuando tuvo conocimiento de que un fuerte destacamento español, compuesto de cerca de cien hombres, mitad voluntarios de Guáimaro y mitad tropa de línea, había salido con propósito de recoger ganado en la finca «El Salado», próxima a las «Minas de Juan Rodríguez», donde ya habían peleado cubanos y españoles, por rara coincidencia del destino, a las órdenes de generales extranjeros; un americano, mandando a los cubanos y un negro dominicano, a los españoles.

El combate, breve y al arma blanca, terminó con la destrucción total de la fuerza española, cayendo herido y prisionero su jefe el teniente don Luis González y Estévez, a quien el Mayor envió con una escolta al poblado de Cascorro, impidiendo que sus subordinados, enfervorizados al verle herido, y en represalia con lo que España hacía, dieran muerte al jefe contrario. Algunos guerrilleros escaparon a la macheteada y lograron refugiarse en los vecinos pueblos de Guáimaro, Cascorro y Sibanicú, merced a la ligereza de sus caballos y al conocimiento que aquellos mercenarios tenían del terreno donde operaban.

El botín de guerra fue cuantioso, a tal extremo que parte del material ocupado, en este combate, fue remitido al gobierno de la República, para dotar a otras unidades, después de haberse equipado suficientemente las fuerzas del Mayor.

* * *

Al día siguiente, por la tarde, entraba en Cascorro la «Compañía Volante de Voluntarios Movilizados de Matanzas», integrada por elementos extraídos de la escoria social, compuesta de cerca de 200 hombres y mandada por un capitán, natural de Santo Domingo, que había militado allí, en la reserva, de donde nos vinieran Máximo Gómez, Luis Marcano y Modesto Díaz. Esta tropa operaba de ordinario como fuerza independiente y sus integrantes al par que saciaban, en toda vandálica excursión, su abominable sed de sangre, satisfacían sus insaciables apetitos de codicia cargando con cuanta cosa de valor se pusiera en su camino.

Refiere Juárez Cano que Agramonte tuvo conocimiento de la llegada de aquellos hombres a Cascorro y envió mensajeros para que informaran al comandante militar de que las prefecturas insurrectas en el cuartón de Jacinto estaban desguarnecidas. Tan pronto Alfaro, que este era el nombre del capitán de la Compañía Volante, tuvo conocimiento de aquel informe falso, se preparó para asolar la comarca. Y efectivamente, al día siguiente, cuarenta y ocho horas después de la victoriosa y sangrienta acción del «Salado», sale la Columna Volante en dirección a Jacinto. En este lugar el Mayor había preparado corrales simulados, para atraer al enemigo, que de seguro se dirigiría a ellos, tan pronto los columbrase, con el avieso intento de robarles todo el ganado. Agramonte, cuando recibe por sus patrullas exploradoras la noticia de enemigo a la vista, se dispone a la acción, colocándose sobre el rastro de la tropa española.

A las diez de la mañana, aproximadamente, de aquel día 25 de julio de 1872, la vanguardia de la Columna Volante llegó junto a los corrales de Jacinto. Agramonte, que marchaba sobre el rastro, a corta distancia del enemigo, casi todo de infantería, tan pronto observa que está llegando a Jacinto ordena el toque de degüello y aquellos hombres, que dos días atrás habían destrozado el centenar de soldados de González Estévez, envalentonados por el éxito, se lanzan en carga a fondo, insuperable e incontenible, sobre la célebre Compañía de Movilizados que rueda deshecha minutos después, bajo el filo de los aceros de aquella caballería solo comparable a los llaneros de Páez o a los escogidos escuadrones del glorioso Seidlitz. De la macheteada escapar pudieron solamente algunos exploradores y los prácticos, por ir montados y por su conocimiento del terreno, sobre el que había quedado la flamante compañía que llevara en su marcha hacia Bayamo el general Valmaseda a fines de 1869.

Cuando la trompeta mambisa tocó alto a la carga, había por el suelo 180 enemigos muertos y heridos: Las bajas cubanas consistieron en tres muertos y siete heridos y entre las enemigas se encontraban los cadáveres del capitán Alfaro y de todos sus oficiales. Los prisioneros fueron juzgados inmediatamente y, condenados a muerte, se ejecutó el fallo en los árboles inmediatos.

El botín cubano consistió en diez acémilas, 2.000 cartuchos, víveres, efectos de la oficialidad y de la tropa, seis caballos equipados, 192 fusiles y carabinas, machetes, revólveres, equipos, archivo, botiquín, etc. De labios del general Agüero hemos oído la anécdota que consigna Juárez: él, capitán entonces, que entró casi desnudo en combate, pudo vestirse y equiparse completamente, al igual que muchos cubanos, que carecían de vestuario y de zapatos.

Para conmemorar esta sangrienta jornada organizaron los cubanos el regimiento de infantería «Jacinto», que fue modelo de eficiencia y disciplina, hasta la Paz del Zanjón. Y en la guerra del 95 volvió a organizarse un regimiento, con el mismo nombre y de la propia arma.

Las dos acciones que quedan relatadas, son índice elocuente de la labor egregia realizada por el Mayor, quien había dotado a Cuba de tropas de caballería superiores, sin lugar a duda, a la propia caballería de línea española; y digo superiores porque lo eran la calidad de los caballos y la habilidad de los jinetes, cuyas cualidades somáticas les permitían formar con sus monturas una sola pieza, ideal acariciado, como un sueño, por los grandes jefes de caballería en la historia de esta arma, que aquí se ofrecía con todos los caracteres de la realidad, en virtud de la serie de circunstancias coincidentes en el hombre de Camagüey, de que hemos hablado, en el primer libro de esta obra.

Así pudo decir Fernando Figueredo:

Ese hijo de la intemperie, nacido en las ricas haciendas de crianza, acostumbrado desde niño a jugar con el caballo, enlazando y colocando las reses en las dilatadas sabanas de Camagüey, imaginaos un nuevo animal, un centauro, mitad hombre, mitad caballo, inteligente, ágil, atrevido, valiente, armado de un rifle corto, un machete y una espuela que maneja a discreción, con soltura y facilidad, pendiente el rifle de una bandolera, que lleva terciada, y el machete que sujeta un cordón, cuando desnudo, que se enreda a la muñeca la espuela, el eslabón que une al hombre con el bruto y por ella se identifican y el uno obedece al otro; formaos una idea de lo que será un grupo de estos centauros, cuando embriagados por el combate, animados por el jefe, guiados por el más puro de los sentimientos, el amor a la tierra que le vio nacer, y exaltados por el odio al tirano, que lo oprime y lo veja, cae como una avalancha sobre su contrario, y arma al brazo, libre de la brida que abandona, afirmado en el estribo, despreciando los fuegos de la fusilería y el espantoso estrago de la artillería, salta por encima de la triple fila de aceradas bayonetas, y arrollándolo todo, atropellándolo todo, todo cuanto a su paso encuentra, entrando por este lado del cuadro, sale por el otro, acuchilleando, matando, destrozando..., y os habréis formado una idea pobre de lo que es la caballería camagüeyana y de lo poderoso de su empuje.

Hemos visto que el 10 de mayo de 1872 el gobierno de la República había nombrado al Mayor jefe del departamento de Santa Clara. Meses después hacía circular Agramonte, en toda la amplia zona de su mando, las siguientes instrucciones:

Orden general de la Jefatura del Distrito de Occidente de 28 de julio de 1872.
Con el fin de evitar entorpecimientos en las marchas y las graves consecuencias que en los combates suelen originar las voces desautorizadas, que se dan y se repiten, con perjuicio de las miras e intenciones del jefe de la fuerza, comprometiendo el éxito de la acción, y a veces la moral misma del ejército, así como de las que provienen de la demora, por entretenimiento del soldado, mientras despoja al vencido u ocupa efectos de cualquier clase, dando lugar así a que el enemigo se rehaga, en vez de impedirle que forme un centro de resistencia, lo cual puede a menudo convertir en desastre un triunfo ya consumado, el Cuartel general ha dictado las prescripciones siguientes:
Primero: no se obedecerá en las marchas ninguna voz de mando trasmitida por las filas, sino las que lo sean por el conducto regular.

Segundo: Los soldados se abstendrán, durante el combate, de dar y repetir voz ninguna de mando para practicar o efectuar movimiento alguno por más que les parezca seguro o inmediato su buen resultado, debiendo por el contrario dejar que los oficiales transmitan sin dificultad las del jefe respectivo, siendo deber del soldado obedecer estrictamente las órdenes superiores.

Tercero: Ningún individuo del ejército, cuando se va cargando al enemigo, se demorará por ningún motivo a recoger efectos, ni a despojar a los contrarios derribados, pues esto es de la incumbencia de los que vienen detrás; debiendo los más avanzados ocuparse exclusivamente de derrotar al enemigo, evitando que forme núcleo alguno de resistencia y de lo cual deberán cuidarse los oficiales.

Cuarto: Esta orden general se leerá a la tropa dos veces por semana, hasta tanto quede bien instruida de sus disposiciones y poseída de su espíritu sea superflua su lectura. Ignacio Agramonte Loynaz.

Termina este año la vida militar de nuestro biografiado con las siguientes acciones: ataque por sus fuerzas al poblado de «Las Yeguas», el 9 de octubre; combate de «La Matilde» el 22; acción del «Carmen» el 29 de noviembre y combate de «Loma de Vapor» el 21 de diciembre. Refiriéndose a la primera de las mentadas acciones de guerra, dice Pirala:

Que procedían activamente los insurrectos sus agresiones, y así acometieron al poblado y destacamento de «Las Yeguas», en el camino de Puerto Príncipe a San Jerónimo, sin tener apenas tiempo los vecinos para acogerse al fuerte, por lo imprevisto de la acometida, rechazada por la pequeña guarnición, imposibilitada en los primeros instantes de emplear todos los fuegos, como lo verificó desde las torres y trincheras del hospital, que algunos enfermos contribuyeron a defender, sin poder impedir que los insurrectos penetraran en el poblado.

Las fuerzas cubanas se aprovisionaron abundantemente de lo que necesitaban y quemaron las casas del pueblecito, a la vista de los españoles, que se mantenían a la defensiva. La segunda de las acciones citadas la empeñó el Mayor solamente con su Estado mayor y escolta. Iba de marcha el insigne capitán de la milicia cubana cuando se entera que en la zona donde operaba se encontraba una fuerza española.

Acto seguido busca contacto y la carga al machete, derrotándola, haciéndole numerosas bajas al arma blanca y varios prisioneros. Entre las fuerzas de Agramonte marchaba el joven Augusto Arango quien hizo prisionero al alférez de voluntarios de Puerto Príncipe don Miguel Ibargaray, hermano de uno de los que asesinaran, a principios de la guerra, en el Casino Campestre de esta ciudad, al glorioso veterano del 51 Augusto Arango, padre de aquel joven, quien no quiso matar en la carga al oficial español, capturándolo y entregándolo al Mayor. Sometido a consejo de guerra sumarísimo, en el que actuó de defensor Ramón Roa, fue sentenciado a muerte y ejecutado el mismo día sobre el campo de batalla.

La tercera acción costó la vida a Manolo Pimentel. Oigamos el relato que de la misma hace Ramón Roa:

Mi hermano, díjome Manuel, acentuando su acostumbrado cariñoso vocativo, tengo el presentimiento de que en la primera de cambio voy a morir por la Patria... Tú sabes que mi antecesor, jefe de la escolta, valiente hasta la temeridad, fue J. de la Cruz, que con riesgo de la suya salvó una vez la vida al Mayor, que estos doce hombres que él mandaba, y yo mando ahora, no tienen más Dios que el Mayor, y que su forma de adorarlo es lanzarse entre el enemigo irreflexivamente, como una legión de diablos. Para imponérmeles tendré que sobrepujarlos, buscando que los españoles me hieran, porque no consentiré que ninguno de sus subalternos mejore la plana a un habanero... Así iba diciendo cuando el fuego de la avanzada interrumpió nuestro diálogo, momentos después el Mayor, con su escolta, salía a galope a encontrar al enemigo. Nuestra fuerza montada se había desplegado en tiradores, en un pequeño declive del terreno atisbando la ocasión de lanzarse a la carga. Mientras los exploradores y escolta les fogueaban en guerrilla, por el frente, y nuestra infantería a buena distancia, a retaguardia, ocupaba una posición favorable para el caso de que los realistas los obligasen a retroceder.

Los infantes enemigos, a pie firme, nos dirigían descargas repetidas, que fallaban las más por elevación, aventando la hojarasca de la arboleda que de trecho en trecho salpicaba el campo. Una de tantas balas de fusil así disparadas, hubo de tronchar el tallo de una verde y lustrosa güira, que pesaba de 3 a 4 libras, por lo menos, en el instante preciso en que rápidamente pasaba nuestro buen capitán Federico Diago, de La Habana, debajo del árbol cuyo era el mencionado fruto; el que desprendido, a plomo le cayó sobre la espalda, a tiempo que hendía los aires la detonación de una pieza de montaña. ¡Qué cañonazo me han dado! exclamó Diago, contrayéndose de dolor por la contusión, pero sin detenerse en el tropel del galope; y al dirigirnos a él los más inmediatos, vimos rodar hecha pedazos la derribada güira, que exhibía sus blancas tripas desparramadas entre las hierbas, por los furores de la guerra.

Lentamente renovó el enemigo su movimiento de avance; hasta hacer alto enfrente de nuestros tiradores, quienes a fuego graneado se fueron replegando con dos heridos de consideración, el comandante H. M. Reeves, que lo fue gravemente en el abdomen y el capitán Tomás Rodríguez, en un pie. Una sección de exploradores quedó cubriendo nuestra retirada.

Entre tanto, el general Agramonte colocó sus fuerzas de infantería en actitud de defender el campamento, pasando la caballería a formar la reserva.

Sobre el portillo de una cerca de «mayas» puso al teniente Escipión de Varona, con algunos números, y detrás de éste, escalonado al teniente Manuel Pimentel, con la Escolta; por allí se esperaba el grueso del enemigo, que no tardó en iniciar el ataque con fuego de fusilería; Varona, «el niño del campamento y el hombre del combate», le recibió como acostumbraba el incomparable doncel, oponiéndole temeraria resistencia bajo una lluvia de plomo, hasta que cayó mortalmente atravesado por el pecho. Avanzó Pimentel con la Escolta, y a poco ¡maldito presentimiento! cayó también, con una herida en el cuello, y, al desplomarse exánime, otra bala le penetró en la región occipital.

Se reforzó la línea y se aguardó el avance general, pero de improviso cesó el fuego del enemigo y un silencio incomprensible sucedió al estrépito de las armas. ¿Se le había acaso rechazado, siendo sus fuerzas superiores, sin que mediara grande empeño ni porfía? ¿O era aquélla una estratagema, para encubrir un movimiento combinado? De nuestra parte se adoptaron todas las medidas de precaución que el caso requería y nos quedamos en expectación con natural incertidumbre y no disimulada impaciencia, que las pausas en la guerra saben mal cuando se está oliendo la pólvora. Demasiado próxima la noche, no parecía lógico esperar ya nuevas acometidas de un enemigo, a quien no era dable sorprendernos; pero ¿qué motivaría aquel espantable silencio? ¿Aquella cesación de hostilidades apenas rota la primera lanza?

¡Se fueron! dijo. ¡Van huyendo en diferentes grupos y en donde no hay vereda van arrollando esos maniguazos que da lástima! Ello es que se marcharon fraccionados. Ni el «Mayor», ni nadie pudo explicarse semejante retirada, la que a todos nos dejó estupefactos. Tendrían órdenes terminantes de vivaquear en otro sitio estratégicamente fijado.

En medio del mayor recogimiento se dio sepultura a los cadáveres de Pimentel y de Varona, modelos de disciplina y de amor patrio, y se despacharon los heridos con el doctor Luaces, un practicante y una pequeña escolta para dejarlos en el lugar menos expuesto a las irrupciones del enemigo, que era el máximo de seguridad entre nosotros.

La última acción, con la que se cierra la campaña de este año, la dio el Mayor contra una columna compuesta por el batallón del Rayo al mando del teniente coronel Camps y Feliú. Los españoles eran 450 hombres de infantería y ochenta de caballería y los cubanos 250 jinetes del Camagüey, apoyados por un centenar de infantes. La acción fue reñida. El caballo del coronel Camps recibió un balazo, a 2 pulgadas del ojo derecho, teniendo que descabalgar dicho jefe, a quien también le mataron el próximo caballo que utilizó.

El Mayor dirigió admirablemente la acción, causando muchas bajas a la columna, que sostuvo sus posiciones, mientras los cubanos se retiraban ordenadamente por falta de cartuchos.

* * *

El 18 de abril de 1873 llega a La Habana el capitán general Pieltaín y una de sus primeras disposiciones fue ordenar que se acudiera prontamente a batir a Agramonte, lo que debía de ejecutarse antes de que principiara la época de las aguas. Esto marca, por sí solo, la importancia que para el gobierno español tenía la figura guerrera de nuestro caudillo que ya, en el año que vamos a historiar, había propuesto con fecha primero de enero, un plan de invasión a occidente pidiendo, como hemos dicho más arriba, solamente 400 armamentos de precisión; él tenía los soldados y ansiaba, confiado en sus altas dotes, que en las llanuras de las Villas sintiera el español tirano el trote de su corcel de guerra, nuncio seguro del éxito por toda Cuba acariciado. Pero el Gobierno, que ya había aplazado la petición de Gómez, menos optimista que el Mayor, aprueba y aplaza nuevamente el sabio plan de estrategia notable. Concedamos otra vez la palabra al glorioso veterano Ramón Roa:

Sin duda, propúsose Agramonte redoblar sus empeños militares, cuando el día primero de enero de 1873 dirigió al presidente de la República una carta semioficial, en la que excitaba el ánimo del Gobierno a la realización inmediata del pensamiento salvador de nuestra causa, que era nada menos que invadir el territorio de las Villas, abandonado en definitiva desde el desastre de las Varas y muerte de Diego Dorado, para cuya reconquista, por decirlo así, solamente exigía, en su concepto, que se le enviasen 400 armamentos de precisión, provistos de una cantidad regular de municiones, sin que por el pronto fuese necesario acudir a un esfuerzo de tropas para llevar a cabo operación de tanta trascendencia.

Anticipándose, con buen razonamiento, a la aprobación del Gobierno, pocos días después despachó al comandante Francisco Jiménez a fin de que, allende la trocha de Jácaro a Morón, preparase el terreno para la mejor ejecución de sus proyectos.

Agramonte confiaba mayormente en las fuerzas villareñas que tenía a sus órdenes, bajo las inmediatas de jefe tan heroico como el brigadier José González Guerra, quien además le era muy adicto; por lo que en él tenía un celoso cumplidor de todas sus disposiciones y medidas, encaminadas a mejorar los servicios.

Contaba aquel general, a mayor abundamiento, con la disciplina proverbial de su tropa camagüeyana, ya para dejar cubierta su base de operaciones a retaguardia, ya para rodearse de un escogido contingente de caballería, arma que gozaba de merecido prestigio por su intrepidez y arrojo, de los cuales los españoles mismos se hacían lenguas, especialmente después del caballeroso rescate del brigadier Julio Sanguily.

El general Agramonte, a favor de su espíritu, recto y justiciero, de su tacto en el manejo de la cosa pública y de su conocimiento de los hombres, que le permitía ser inflexible, sin dejar de ser bienquisto, merced al buen ejemplo, que en todo y para todo, a todos daba, había logrado lo que, medida la intensidad del mal, hubiera sido para todos obra de romanos, que no era un punto menos la de obtener que el villareño, algo así como peregrino displicente, olvidase las ofensas y el despojo de que fueron objeto sus coterráneos, por parte del camagüeyano general Manuel de Quesada, con el especioso pretexto de organizar las distintas armas del Ejército en los comienzos de su mando.

Agramonte, en efecto, había logrado destruir de cuajo todo sentimiento de regionalismo, entre villareños y camagüeyanos, por lo que aquéllos llegaron a sentirse como en casa en la tierra del «Lugareño», en donde formaban una valiente división del Ejército; y los camagüeyanos, a su vez, gustaban de alardear de esa hospitalidad que en pueblo tan viril fue característica, cuando el infortunio llenó de huéspedes su territorio, bravamente por éstos defendido, como campeones de la libertad.

Si se considera que los párrafos anteriores salieron de la pluma de un villaclareño, podrá ponderarse la admiración y simpatía de que gozaba el Mayor entre aquella gente y si se estudia, con ojo de estratega, el plan de Agramonte se descubre en el acto su bondad.

Es un hecho indiscutible que el acontecimiento más importante de la guerra de 1895 a 1898, lo constituyó la invasión, que llevó el fuego de la Revolución a las provincias occidentales, recogiendo elementos importantes de guerra, en la larga ruta recorrida, y alzando a toda Cuba en armas contra la nación opresora; y nadie puede dudar que el arma que realizó ese milagro bélico fue la caballería. Así la célebre frase del general Gómez que compendia, con nitidez y precisión admirable, toda su estrategia: «Nada importa flanco y retaguardia sucios, frente limpio».

Imagínese lo que hubiera resultado de la invasión en 1873, cuando los fusiles enemigos eran muy inferiores en precisión y rapidez de tiro al Máuser, que empleó el Ejército español en aquella segunda campaña, y cuando la caballería camagüeyana había llegado al grado de perfección y eficiencia qué le hemos podido apreciar, en el estudio de los múltiples combates librados por el Mayor. Aquí, en Camagüey, había solo los puntos fuertes de la línea Camagüey-Guáimaro, y las dos ciudades costeñas, que se mantenían en poder del enemigo; en tanto en Santa Clara decenas y decenas de pequeñas guarniciones se ofrecían, pródigas de armas y pertrechos y fáciles a la captura, al ejército cubano; guarniciones que hubieran ido cayendo, como lo fueran en La Habana y Pinar, durante la invasión del 95 y que hubiesen ido repletando las cananas de nuestros soldados, con cada éxito más enardecidos, y cada día más seguros de vencer. Pero todo se frustró, porque la Providencia habíalo dispuesto de otro modo; que no es falsa la frase formidable de Bossuet: «El hombre se mueve y Dios lo conduce».

El día 5 de enero inauguran las tropas del Mayor la campaña de este año 1873 con el combate de Buey Sabana, quedando dueñas del campo y obligando al enemigo a retirarse, con bastantes bajas.

Principia el combate lanzando el jefe cubano una punta de caballería sobre el enemigo, que contesta con fuego de artillería y avanza hacia el campamento nuestro, en donde se le recibe con fuego graneado, por aquella admirable infantería de las Villas, en tanto que la caballería y tropas de infantería del Camagüey, cargan sobre él, obligándole *incontinenti* a retroceder.

Reforzados los españoles intentan un segundo asalto, en el que son rechazados nuevamente, retirándose a la casa de «Curana», lugar de donde les sacaron los cubanos, con su punta provocadora. Las bajas nuestras en esta acción consistieron en dos muertos y diez heridos. Se recogieron rifles, un caballo equipado machetes y parque.

Al día siguiente se ordena un asalto al campamento enemigo, por exploradores e infantería de las Villas, retirándose los cubanos hacia «Limpio Grande», después de haber llenado su misión.

Durante los días sucesivos continúan las fuerzas del Mayor marchando constantemente, hasta el 21 de enero, en que da la acción en el camino del Jobo a la Ceiba, que dura una hora y de cuyo campo los españoles tuvieron que retirarse.

El combate tiene el mismo matiz que el anterior, pues a las cuatro de la tarde se advierte en el campamento cubano que un grupo de caballería enemiga persigue a los exploradores, por lo que sale al encuentro de la contraria tropa la primera compañía del primer batallón de las Villas que le carga, rechazando al enemigo. Bajas cubanas: dos muertos y tres heridos. Bajas españolas: seis muertos y diecinueve heridos, que llevaron al siguiente día a Magarabomba; mandaba la columna española el coronel Macías, que demostró su tenacidad y valor peleando tres días después con la propia fuerza de Agramonte, en la Sabana de Lázaro. Veremos cómo se desarrolla esta acción: A las cuatro de la tarde del día 24 de enero de 1873, asaltan, bajo abundoso aguacero, el campamento del Mayor, establecido en la «Ceja de Lázaro», tropas españolas al mando del citado coronel Macías. Lo imprevisto y violento de la acometida, que constituyó una sorpresa para el mando cubano, hace que sus jinetes entren en acción sin haber puesto las monturas a sus corceles; pero la excelencia de su caballería les permitió repeler el ataque y después de reñida brega hubo que dejar el campo al enemigo, que confesó cuatro muertos y once heridos. Las bajas cubanas consistieron en tres muertos y seis heridos, habiéndose ocupado algunas armas y pertrechos; pero perdido al capitán José Moreira y teniendo herido gravemente, a un teniente. El *Diario* del Mayor, llevado por su secretario Ramón Roa, dice de esta acción:

1873. Enero 24.

«Boca Potrero», «Babiney Amarillo», «Laguna del Descanso» y «Sao de Lázaro».

Por el camino de Magarabomba hizo fuego nuestra avanzada, confundiéndose los disparos, bajo un recio aguacero, con golpes de guano al caer. El enemigo, fuerte de 300 jinetes, se presentó de súbito a la entrada del campamento. Nuestra fuerza montada hizo frente y cargó, siguiéndola gran parte de la infantería. Los enemigos, pie a tierra, se defienden; muchos mueren al machete y la mayor parte, en desorden, se repliega; nos apoderamos de muchos caballos; nuestra fuerza carga al convoy enemigo y éste se rehace y carga; los nuestros se retiran, abandonando la mayor parte de los caballos recogidos. La lucha fue tenaz, cuerpo a cuerpo, y se hicieron alardes de valor, tomando prisioneros. El enemigo sufrió considerable número de bajas. Las nuestras: Actiagno, herido, Villas, primer batallón; muertos, el capitán José María Moreira, un cabo y un soldado, herido un cabo del segundo batallón; heridos, un sargento, un cabo y dos soldados. Total: tres muertos y seis heridos. Ocupó el primer escuadrón, una carabina Remington y dos caballos. Ocupó el segundo escuadrón dos armas de precisión, con cápsulas, y tres caballos con montura. Ocupó la escolta del Cuartel general ocho caballos y treinta y seis cápsulas, ropa y otros efectos.

Los españoles confesaron haber perdido en este combate un sargento y tres guerrilleros muertos, y once heridos.

Durante los primeros cinco días de febrero realiza constantes marchas la columna de Agramonte y el día sexto sostiene un encuentro con el enemigo en el «Ciego de Najasa», habiendo durado el fuego cuarenta minutos. En esta acción recibió una herida en el cuello el doctor Antonio Luaces. El día 9 sostuvo el Mayor otro encuentro en «San Miguel», resultando heridos el teniente coronel Antonio Rodríguez y el capitán de Sanidad José Miguel Párraga. Antes de romperse el fuego habían llegado al campamento los heroicos comandante Reeve y capitán Diago. Veamos el *Diario de operaciones* del Mayor, refiriéndose a la mentada acción:

9 de febrero de 1873. Domingo.
Como a las siete y media se presentó el enemigo en «San Miguel» y trabóse combate durante cuarenta minutos, siendo herido el teniente coronel Antonio Rodríguez, del oeste, y dos individuos de tropa, el doctor Párraga, del sur, y cuatro sargentos, un cabo y seis soldados de las Villas. Antes de romper el fuego habían llegado el comandante Reeve y capitán Diago; marchamos todos a «Rincón-Arriba», «Sabanitas» y «Genoveva Pacheco». Al rancho de Jesús Mendoza, llevados por Agustín Carmenates, sargento Jesús Socarrás, enfermo y Patrocinio Mancebo. Heridos, todos, enviados al oeste.

En tanto en la manigua cubana se continuaba bregando fieramente, por la libertad, en España se había proclamado la República y el día 15 de febrero, de aquel año, se publicaba en Camagüey la siguiente orden:

Orden de la Plaza del 15 de febrero de 1873. Según telegrama recibido del excelentísimo señor capitán general ha sido proclamada la República en la Península, por abdicación del rey Amadeo, habiendo quedado constituido el Gobierno en la siguiente forma: Presidencia: Figueras. Guerra: general Córdoba, Marina: Berenguer, Fomento: Becerra, Hacienda: Echegaray, Gobernación: Pi y Margall, Estado: Castelar, Gracia y Justicia: Nicolás Salmerón. Ultramar: Francisco Salmerón.
Lo que de orden excelentísimo señor general en jefe se hace saber para conocimiento del Ejército. Puerto Príncipe, 15 de febrero de 1873.

El 1.º de marzo de aquel año dispersan las fuerzas de Agramonte una guerrilla que conducía ganado, y le ocupan armas y municiones.

El 3 de marzo Agramonte, al frente de su escolta, estado mayor y el segundo escuadrón de cazadores montados, derrota a una fuerza de caballería a las órdenes del capitán Manuel Olega, de la Guardia civil. Recorría el Mayor los talleres de montura, de serones, soga, sudaderos, fábrica de cal, depósito de azufre y armería, ocupación que entreteníale buena parte de su tiempo y que evidencia sus cualidades de general, pues ese aspecto de la milicia, que constituye la administración, no debe descuidarse nunca; cuando, hallándose acampado, los tiros de la guardia anuncian la presencia del enemigo. Inmediatamente se oye en el vasto escenario del campamento el agudo toque del clarín llamando a las armas, y formada rápidamente la tropa veterana, parte a encontrar al enemigo. Mandan las fuerzas contrarias, además del citado capitán, el teniente de caballería del Príncipe Enrique Muñiz. Y como ocurre siempre, cuando dos fuerzas de caballería se encuentran al arma blanca, la más débil cedió el campo a la más fuerte, convirtiéndose la fuga en espantosa derrota, con ensangrentada secuela de cadáveres y heridos. Así, cuando la trompeta cubana llamó a sus fieles, para el pase de lista, había sobre el terreno veintiocho cadáveres españoles. Se hicieron dos prisioneros, se ocuparon caballos, carabinas, sables, revólveres y parque.

Sobre el campo de la acción fue ascendido a teniente coronel, el comandante Henry Reeve facultad que, dice Roa, tenía el general quien propuso, además, el ascenso a coronel del referido valiente americano diciendo:

Y no extrañe al gobierno que se sucedan casi sin interrupción las propuestas de este digno jefe para coronel y para brigadier. Necesito un segundo en Camagüey y desgraciadamente entre los muchos jefes superiores en el Departamento de mi mando, no encuentro uno que reúna las aptitudes indispensables que concurren en este jefe para secundarme. El comandante Reeve, con sus relevantes cualidades, se hace acreedor a toda mi confianza, y creo de mi deber prevenir al Gobierno de la República favorablemente hacia este joven extranjero.

* * *

El 8 de marzo de 1873, libra el general Agramonte el combate de Aguará, contra una fuerza española superior, la que salió derrotada.

Como a las dos de la tarde de este día una columna española al mando del comandante Sánchez del Campo, en número de 300 hombres, de infantería de la Reina y contraguerrillas de Puerto Príncipe, se encontró con el campamento donde se hallaba el Mayor general Ignacio Agramonte con el primero y segundo escuadrón, su estado mayor y escolta.

Tan pronto la guardia cubana anunció enemigo a la vista, se colocó sobre las armas el campamento, saliendo las tropas al encuentro del español, a quien cargaron, arrollándolo y obligándolo a replegarse, perseguido, hasta las márgenes del río, repasado el cual se parapetó su infantería en la barranca opuesta, desde la cual abrió nutrido fuego de fusilería. Sobre el campo quedaron diez cadáveres enemigos y, según propia confesión de los españoles, por sus partes oficiales, tuvieron veinte muertos y gran cantidad de heridos, entre éstos el propio comandante Sánchez del Campo, quien lo fue de tal gravedad que murió poco después.

En la propia sabana, frente al enemigo, y a tiro de fusil, desplegó el Mayor sus escuadrones haciéndoles maniobrar y provocándolo a fin de que empeñara combate nuevamente, lo que no pudo lograr.

Las pérdidas cubanas consistieron en un muerto y cuatro heridos, habiéndose apoderado nuestras tropas de un buen número de caballos, fusiles, cápsulas, monturas, machetes, etc.

Ramón Roa, hablando de la acción de «Aguará» y en palabras liminares a su descripción, dice que el Mayor dirigió una carta a Vicente García, jefe de operaciones del Distrito de Las Tunas, dándole conocimiento de ciertos planes del enemigo e invitándole a ponerse de acuerdo, con la mira de destruir aquéllos. Que la aludida carta mereció pronta y honrosa contestación del caudillo de Las Tunas, el que ofreció sus servicios, al frente de sus tropas, al general Agramonte. Tal era, dice Roa, la consideración que Agramonte merecía a sus conmilitones de la Revolución armada.

El día 7 de mayo de 1873 recorría el general Agramonte la zona de cultivo de Puerto Príncipe, que se había extendido a unas 3 leguas por el Tínima, hacia el sur, y donde se encontraba enclavado el fuerte «Molina», que custodiaban fuerzas de la Guardia civil.

El Mayor tocó la trompeta y provocó al enemigo que, en número de cincuenta a sesenta hombres de infantería y caballería de la Guardia civil, salió a pelear. Esta fuerza, en combate con la tropa de Agramonte, fue rápidamente derrotada, habiendo dejado sobre el campo diez cadáveres y llevádose algunos heridos. Los derrotados se ampararon en el fuerte, abandonando muertos, armas, caballos y pertrechos, que ocuparon los cubanos, quienes destruyeron por el fuego la casa de vivienda contigua al fortín, de la que extrajeron cuantos efectos útiles había.

Cuando estos hechos sucedían, recorría la zona de cultivo, ya dicha, el teniente coronel Abril con tropas de Guardia civil y del Regimiento de la Reina quien, desde luego, acudió al lugar de la acción; llegando después de terminada y cuando los cubanos se habían movido hacia la finca «El Rosal». Abril persigue a la tropa mambisa y tan pronto la encuentra se lanza a la carga. La caballería nuestra contesta con una descarga de fusilería, lanzándose inmediatamente en terrible contracarga a fondo con tal ímpetu que el enemigo, perdida la cohesión y resquebrajada la fuerza moral, vuelve grupas precipitadamente, resultando vanos los esfuerzos de la oficialidad por mantenerlo firme, y convirtiéndose la acción en una macheteada formidable, la que en vano impedir intentaron los heroicos oficiales españoles, quedando sobre el campo de la acción cuarenta y siete cadáveres; entre ellos los del teniente coronel citado, un capitán graduado, un capitán efectivo, un alférez y cuarenta y tres alistados.

Se ocuparon cuarenta y ocho rifles, 2.600 cápsulas, cuarenta y siete armas blancas, cuarenta caballos, monturas, equipos, ropas, etc. Las bajas cubanas consistieron solamente en un capitán herido. Se repetía el fenómeno, frecuente y conocido, en los anales de la caballería de todos los tiempos, a que hace rato venimos aludiendo.

Este éxito de Agramonte lo produjo la incontrastable superioridad de su caballería y la veneración y fanatismo que por él sentían sus subordinados. Muy pocos días hace que oímos de los labios del sargento Luis García Ramírez, ya citado, el relato de esta gloriosa acción en la que el Mayor electrizó a sus hombres al darles el grito de ¡A caballo, muchachos![42] Es conocida en la historia con el nombre del «Cocal del Olimpo». Veamos el parte oficial que aparece en el *Diario de campaña* del Mayor Agramonte.

Mayo 7.
Olimpo, Rosario y fundo de Santa Cruz.

Se capturaron algunos paisanos; se recogieron armas blancas, ropas y vinieron voluntariamente a nuestras filas Salvador Betancourt y Rafael Zaldívar; aquél con un rifle. Al frente de la finca se capturaron cinco trabajadores con machetes y ropa; al ingenio de Zaldívar, y se detuvieron a algunos trabajadores. A Miranda; se recogieron dos bestias, comestibles y ropa; y a Molina, donde se cogió a unos carreteros y seguimos a un potrerito inmediato al fuerte, en el cual se trancaron, a tiro de rifle del enemigo, ocho bestias y se tomó un prisionero, de la Guardia civil. Se tocó la trompeta y provocó al enemigo. Se ejecutó al prisionero. De regreso a Santa Rosa, y cerca de la casa, enemigo por la retaguardia, como cincuenta hombres de infantería y caballería de la Guardia civil. Fueron derrotados completamente, obligándolos a ampararse en el fuerte, dejando diez cadáveres en el campo, arma y caballos. Se llegó a la casa de vivienda del fuerte; fue incendiada y se extrajeron efectos. Heridos el trompeta de caballería Manuel, el caballo del teniente coronel Reeve («Tigre»), y muerto uno del primer escuadrón. Regreso a «Santa Rosa», «San Fernando» y el «Rosario»; alto para despachar los prisioneros; fuego por retaguardia. Nuestra fuerza retrocede 8 o 10 cordeles, a tomar posición: al presentarse el enemigo (más de cien hombres de la Reina y Guardia civil), que venía cargando, sable en mano, se le hace una descarga y nuestra gente se lanza sobre ellos con tal ímpetu, machete en mano, que aquéllos vuelven grupa con precipitación, y aunque dos veces trataron de hacerse, firmes y oponer resistencia, el empuje de los nuestros lo impidió, matándole cuarenta y siete hombres, entre ellos el teniente coronel Abril, un capitán graduado, un capitán efectivo, un alférez, etc.

---

42 El sargento Luis García Ramírez, hoy octogenario, peleó en la caballería cubana, con el Mayor Agramonte, en diversas acciones, encontrándose en el macheteo del «Cocal» y en la acción de Jimaguayú. Este glorioso veterano terminó la guerra con el grado de sargento, concedido por el general Máximo Gómez, quien también le dio el ascenso a cabo. En Jimaguayú tenía diecisiete años de edad. Vive actualmente en la Sierra de Najasa, dedicado a la agricultura y a la crianza.

persiguiéndolos vivamente, hasta su campo atrincherado, donde se refugiaron. Por nuestra parte fue herido el capitán R. López, herido los caballos del teniente coronel Reeve y comandante Rafael Rodríguez. El comportamiento de los nuestros fue brillante, habiendo sobresalido el teniente coronel Reeve, por su denuedo, el alférez Tomás Rodríguez y el soldado J. de la C. Sánchez, ocupándose por las distintas fuerzas cuarenta y ocho rifles, 2.600 cápsulas cuarenta y siete armas blancas, cuarenta caballos, monturas, equipos, ropa, etc. Por el «Rosario» a «San Pablo». Distribución del botín.

* * *

Al día siguiente se dirige el Mayor general Agramonte, según consta de su *Diario de campaña*, al campo de Jimaguayú, donde se había dispuesto una concentración de tropas de las Villas y oeste, llegando allí el 9, al mediodía, entre las delirantes aclamaciones del ejército acampado. Su entrada en aquel campo revistió caracteres de apoteosis, pues frescos todavía los laureles alcanzados en brillantes combates contra el enemigo de la Patria, presentábase ahora cargado con las palmas que el hada de la victoria entregárale en los llanos del Cocal. Por ello, reconociendo sus méritos egregios, las tropas de las Villas y Caunao, que allí se encontraban acampadas, al presentar sus armas al paso de aquel hombre, que venía al frente de sus marciales huestes y encarnaba la persona misma del Dios de la Guerra, del héroe invicto que las habría de llevar, por caminos de victoria, al través de las bayonetas enemigas, al capitolio de los libres, prorrumpieron en entusiastas y atronadores vivas al general y a su ejército.

En ese campo, donde tanta gloria se conquistara para Cuba, esperaban al Mayor el brigadier José González, los tenientes coroneles Lino Pérez y N. Moral y los comandantes Cecilio González y Manuel Sánchez, oficiales superiores todos del ramo de infantería, de los citados regimientos. Como oficial subalterno, de mucha nota y que desempeñara importante papel en la acción de Jimaguayú, debemos citar a Serafín Sánchez.

Tan pronto el Mayor saludó a las tropas acampadas, se instaló sobre el flanco derecho del campamento, en lugar próximo a una de las márgenes del arroyo, que le atravesaba, y enseguida principió a ocuparse del estado de todas las fuerzas que allí se hallaban, de su organización, instrucción militar, equipos, etc.

Al punto se principiaron a realizar ejercicios en el campamento funcionando sin cesar la escuela militar: era práctica de aquél ilustre jefe en cada lugar en que acampaba para pasar más de dos días.[43]

El 10 de mayo fue de jácara y de júbilo en aquel lugar; la oficialidad de Caunao daba un banquete a la de las Villas, al que asistieron el general Agramonte, con todo su Estado mayor, y el valiente coronel Reeve, con su oficialidad de caballería.

A las ocho y media de la noche había terminado la fiesta y entonces, bien por un ranchero que vivía cerca de Cachaza, según cuenta Serafín Sánchez, bien por uno de los monteros de las tropas cubanas, Esquivel, cabo camagüeyano, que había violado la prohibición del Mayor de que saliesen en busca de ganado en la dirección de Puerto Príncipe, supo Agramonte que a Cachaza había llegado y acababa de acampar una fuerte columna española, de las tres armas. Minutos después el cornetín de órdenes tocó retreta y repetido el toque por las trompetas de los demás cuerpos se escuchó, de seguida, y, con sorpresa, por todo el campamento, el agudo y prolongado de silencio.

El Mayor dio las instrucciones pertinentes a los jefes de cuerpos y avanzadas y luego, con aquella calma serena, de los grandes guerreros, como Condé la víspera de la batalla de Rocroi, se tendió a dormir profundamente; pero como Argos, siempre con los ojos abiertos, ya a las dos de la mañana estaba en pie y preparaba la patrulla exploradora que salía, momentos después, para Cachaza, a buscar al enemigo.

Dejemos a Agramonte preparando sus huestes y trasladémonos al campo español. Pocos días antes se había hecho cargo, aunque interinamente, del mando del Departamento central el brigadier Valeriano Weyler y Nicolau a quien, por una ironía del destino, había tocado reproducir la proclama que el capitán Cándido Pieltaín dirigiera, en nombre del Gobierno de la República Española, a los habitantes de la siempre fiel Isla de Cuba. Weyler ordenó que saliera inmediatamente a operaciones, en la dirección donde debía

---

43 En los exámenes verificados la víspera de la acción de Jimaguayú, los que fueron presenciados por Agramonte, obtuvo su premio, consistente en un revólver, donado por el Mayor, el capitán Francisco Carrillo.

estar el enemigo, que había destrozado a las huestes del infortunado Abril, una columna al mando del teniente coronel Rodríguez de León, integrada por 250 hombres del batallón de León, 240 de la columna volante, sesenta y cuatro de guerrillas a caballo y una pieza de artillería, servida por sesenta hombres. Esta columna llegó el día 8 al fuerte Molina, desde allí a «Buey de Oro» y «San Fernando» enterró cuarenta y cinco muertos que encontró desperdigados por la ruta y sobre el campo del «Cocal del Olimpo»; entre ellos dos capitanes y un coronel del ejército de España abatidos por el filo de los machetes cubanos y abandonados, para pasto de las aves de rapiña, por los soldados que vencieran en Pavía y en San Quintín, que saquearan a Roma y que hicieran morder el polvo a los primeros generales de Napoleón el Grande.

Realizada su fúnebre tarea, siguió la columna española por «Yareyes», «Santa Agueda» y «Cachaza» hasta «Jimaguayú», en busca de su enemigo.

Se halla situado el campo de batalla de Jimaguayú a 30 kilómetros al sur, en línea recta, de la ciudad de Camagüey; constituye un paralelogramo con tres lados limitados, en la fecha del infausto suceso, por el bosque, mientras por el otro lado se extiende amplia la sabana, por donde avanzaba, entrando por el camino de Cachaza, la tropa española.

Cruzan el campo dos brazos de un arroyo, que confluyen en un punto del potrero, situado al sur y casi coincidiendo con el eje norte-sur del cuadrilátero. Las fuerzas cubanas esperaban al enemigo en las siguientes posiciones: Su centro, en el fondo del potrero, ocupando el lado sur del paralelogramo, y dando la espalda al monte inmediato; estas fuerzas estaban formadas por el regimiento Caunao y la infantería de Serafín Sánchez; el flanco izquierdo ocupaba la línea oeste del paralelogramo, colocado perpendicularmente sobre la izquierda del centro, dando el frente al potrero, y teniendo su espalda apoyada en la faja de monte que cubre ese lado, constituía el clásico martillo de los mambises; el flanco derecho, por último, formábalo la caballería camagüeyana, situada al otro extremo de la posición; es decir, al este del vasto cuadrilátero, a distancia de sobre 800 metros del ala derecha de la infantería, que cubre el fondo, ala que mandaba, como se ha dicho, Serafín Sánchez.

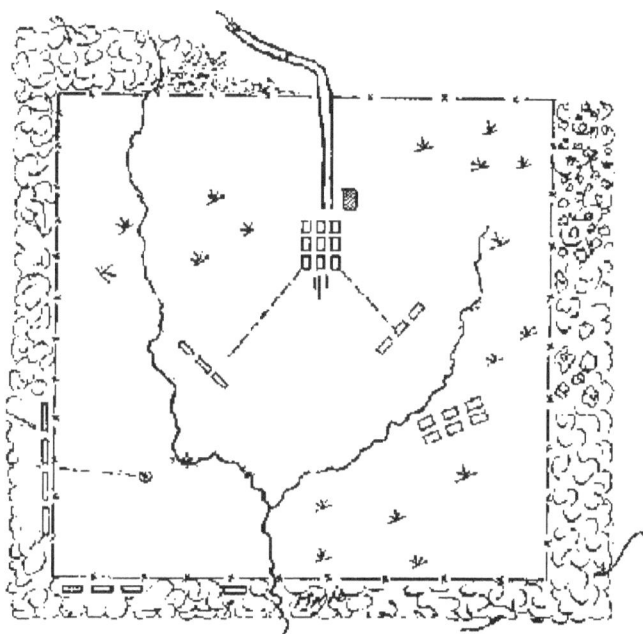

Croquis del combate de Jimaguayú-11 de mayo, 1873. Levantado en 1.º de mayo, 1935.

Esta situación de las fuerzas cubanas la ofrecen al historiador los planos y versiones siguientes:

Primero: el que aparece en la obra de Ubieta, hecho por los veteranos del Camagüey y que publicara el periódico *La Discusión* del lunes 4 de julio de 1910;[44]

Segundo: el que publicó el *Diario de la Marina* de La Habana, en su edición de 11 de mayo de 1921;

Tercero: el que publicó el *Boletín del Ejército*, colección de 1930 y

Cuarto: los relatos de Serafín Sánchez, Carlos Pérez Díaz, los veteranos citados y el sargento Luis García Ramírez.[45] Difiere de esa colocación el plano que presenta Lagomasino, para quien las fuerzas cubanas ocupaban posición al norte, al oeste y al sur del cuadrilátero.

Muchos historiadores y veteranos, al hablar de la presencia enemiga en Cachaza, de lo que tuvo conocimiento el Mayor a las ocho de la noche, se refieren a las disposiciones que tomó para el siguiente día y a la orden de entregarse al descanso inmediatamente, implicada en el toque de silencio; pero el historiador reflexivo tiene que presumir, y casi aseverar, como a la pericia y experiencia del Mayor no podía ocultarse el peligro que próximo tenía, ya que Cachaza está aproximadamente a 4 kilómetros de Jimaguayú, y la posibilidad de que el enemigo, con conocimiento de su campamento, se decidiese a atacarlo por sorpresa. Serafín Sánchez afirma que Agramonte despachó exploradores sobre el enemigo; de seguro que estos exploradores constituían fuerte destacamento, colocado en la ruta obligada de aquél, y de seguro también que el Mayor aquella noche reforzó las guardias de su campamento, para ponerse a cubierto de sorpresa.

A las cinco de la mañana del día 11 resuenan en los ámbitos del campamento cubano las notas alegres de la Diana y momentos después nuestro

---

tanta la impresión que causó a nuestro espíritu tan horrible desgracia en ese día funesto, que creo que aun cuando transcurriera doble número de años, si fuera posible que lo escribiéramos, no se borraría jamás de nuestra imaginación. Como no soy ni pintor ni nada que valga la pena, a pesar de mi insuficiencia, he tratado de hacer allí unos garabatos; pero están claros y precisos, para que cualquiera pueda, por lo menos, formarse una idea del objeto que nos ocupa. Hubiera querido mandar el croquis con mi anterior, que te escribí, donde protestamos del parecer de algunos mal intencionados; pero no me fue posible, por la premura con que traté de contestarte, y por eso lo hago ahora, con el propósito de que los cubanos se den cuenta de la verdad de lo ocurrido, o por lo menos que nos dejen tranquilos, pues nuestra única aspiración en nuestra Revolución del 68 fue el deber cumplido para con la Patria. Soy modesto y de corto alcance, y, por lo consiguiente, no entraré en polémica de periódicos, pues lo que decimos es con toda sinceridad y ajustándonos a la verdad de nuestra conciencia. Concluyo enviándote un abrazo y recuerdos, etc. Enrique Loret de Mola».

45   Este sargento peleó en la caballería camagüeyana en esta acción. Ha visto nuestro croquis y se muestra conforme con la colocación dada a las fuerzas cubanas.

gallardo general adopta las disposiciones procedentes para el combate. A las seis lo hallamos dando órdenes a los jefes de infantería, mientras ya la caballería de Reeve, en el otro extremo del campamento, y que mira desde su posición Serafín Sánchez, realiza movimientos tácticos.

No podemos entrar en la descripción del combate de Jimaguayú sin llamar la atención del lector hacia los cuatro planos que teníamos para su estudio. Entre ellos se advierten contradicciones notables acerca del lugar donde murió el Mayor, y de cuál fue la fuerza que hubo de matarlo.

Guardando el respeto que estos estudios, la probidad intelectual y la cortesía imponen a toda persona bien nacida, debemos declarar que los cuatro planos referidos, levantados tal vez fuera del terreno, contenían tales y tan substanciales diferencias que a nosotros, acostumbrados a estudiar en la escuela de la guerra las acciones militares sobre el mapa, nos impidió, tanta incongruencia, realizar ese estudio, para presentar la acción con la precisión y claridad con que debía ofrecerse en una obra de esta naturaleza.

Para obviar ese grave inconveniente fue que nos dirigimos al lugar del combate, y allí sobre el campo memorable, tomando como base tres puntos de situación precisos, levantamos el plano que ofrecemos al lector, en el cual se cumplen los requisitos esenciales de la cartografía militar.

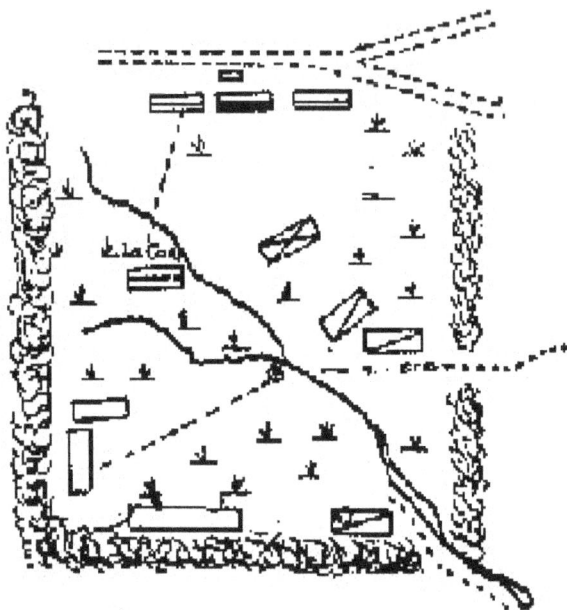

Copia del croquis que aparece en el *Boletín del Ejercito*, año 1930.

Recomendamos, pues, que se estudie el combate por nuestro croquis para, posteriormente, y con conocimiento del mismo, enjuiciar los errores cometidos por quienes llevados de un noble afán levantaron obras de esta naturaleza fuera del terreno, a donde precisa constituirse, para tomar orientación, puntos y medidas que nos permitan levantar, con precisión y seguridad, el croquis, trabajo sencillo; pero delicado.

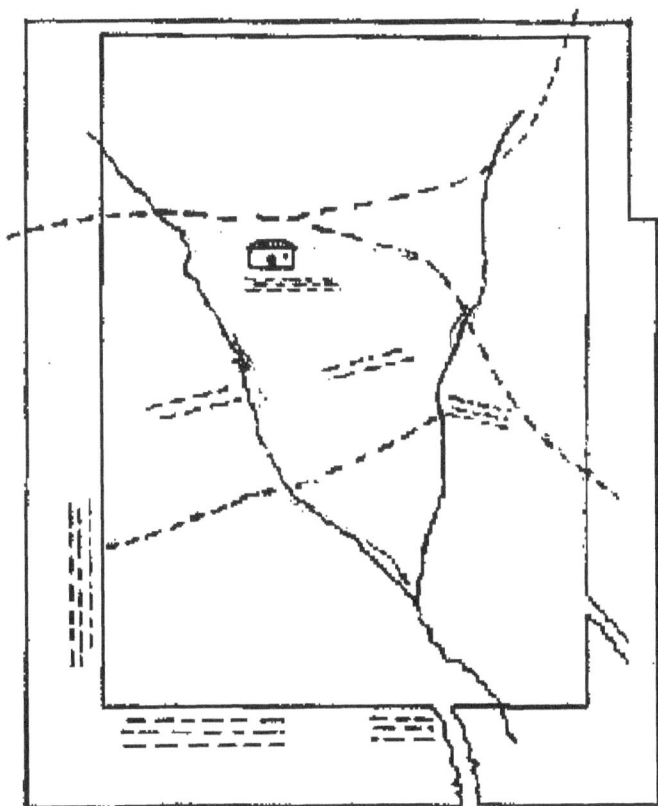

Este plano apareció en la edición del *Diario de la Marina* del 11 de mayo de 1921.

A su pie dice: «Hecho por varios veteranos». Difiere del remitido por Enrique Loret de Mola.

Los croquis citados, con la sola excepción del de Lagomasino, carecen tanto de escala como de orientación y el presentado por éste, atribuido al comandante Ramírez, además de carecer de escala, viola las reglas de la cartografía, al situar los puntos cardinales; esto, por sí solo, constituye serio obstáculo para el estudio de la acción sobre el citado croquis.

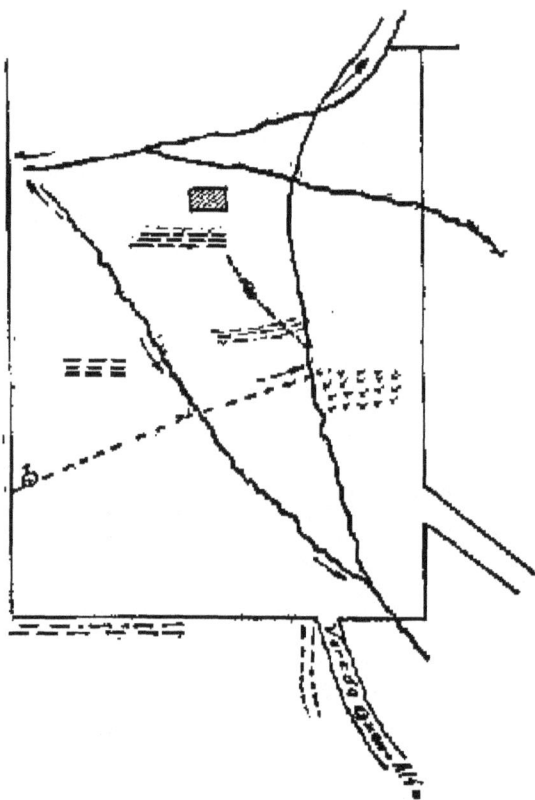

Copia del plano que presenta a la historia Enrique Ubieta, sin explicar el nombre del autor.

El enemigo, de seguro que muy temprano estaba sobre las armas, porque ya a las siete de la mañana se escuchaba en el campamento cubano el tiroteo, entre nuestras patrullas y la tropa española, que avanzaba, en pos de aquéllas, razón por la cual se va sintiendo más cerca el fuego, hasta que irrumpe, con grandes precauciones, aunque parezca paradoja, en el campo de Jimaguayú. De su centro entonces parten, hacia los flancos derecho e izquierdo, fuertes destacamentos de infantería y caballería, que chocaron con los respectivos flancos cubanos, choques que constituyeron en sí la acción; siendo rechazado el flanco de caballería española por la camagüeyana; en tanto la infantería se mantuvo a distancia, haciendo fuego de fusil.

Ramón Roa dice que el Mayor no pensaba entablar acción formal con el enemigo, porque para el 24 de ese mes de mayo había convocada una junta de jefes militares en Las Tunas, en que se iba a proponer su nombramiento para el cargo de general en jefe del Ejército Libertador, que hacía tiempo se encontraba vacante; este criterio de Ramón Roa lo comparte el nieto del Mayor: pero las disposiciones que adoptó para el combate, el orden de colocación de los distintos elementos que el mando tenía y su actitud posterior, revelan lo contrario. Corrobora esta tesis nuestra Loynaz del Castillo, quien dice que Serafín Sánchez le manifestó en la guerra que el Mayor, desde el principio del combate, decidió sostenerlo hasta la destrucción del enemigo, lo que le parecía posible, por la poderosa infantería y la situación en que la colocó. El enemigo, fusilado de frente y de flanco, recibiría al retroceder la carga de aquella caballería incontrastable.

De seguro que si el Mayor no cae en la emboscada artera, que le costó la vida, Jimaguayú hubiera contemplado un macheteo como el de «Jacinto» o una carga demoledora, como la del «Cocal», en proporciones superiores. Según la propia versión de Roa, antes de comenzar la acción el Mayor se hallaba en la derecha cubana y allí, volviéndose a los hombres de su estado mayor, les dijo: «Mis amigos, yo no voy a pelear, quédense ustedes con el doctor a las órdenes del jefe de la caballería».[46] Que dio instrucciones a ésta

---

46 El doctor Hortsmann, abogado ilustre del foro camagüeyano, nos refiere que Sanguily, allá en Madrid, le habló de la muerte del Mayor en los siguientes términos: «El Mayor no quería pelear ese día, porque preparaba sus huestes para la consabida entrevista de Victoria de Las Tunas, a la cual las quería llevar en inmejorables condiciones. Que sus amigos y compañeros de armas habían obtenido de él, a fuerza de ruegos incesantes y reiterados, la promesa de no llevar arma blanca, pues, dado lo impetuoso de su carácter, y su amor apasionado a la causa que defendía, tan pronto se hallaba frente al enemigo se lanzaba el primero a la carga, con inminente exposición riesgosa de su preciada existencia. Que momentos antes de su muerte inspeccionaba el campo, con un grupo de hombres;

de encontrarse con él en la finca «El Guayabo» y se fue a inspeccionar toda la línea, dirigiéndose hacia el centro, donde estaba la infantería de Serafín Sánchez, cubriendo la vereda de Guano Alto, y llevando de acompañantes a Rafael y Baldomero Rodríguez, Diego Borrero, Ramón Agüero y cuatro números de la escolta. Que momentos después los oficiales superiores Rafael y Baldomero Rodríguez, respectiva y sucesivamente, trajeron la ratificación de la orden; de retirarse hacia «El Guayabo». Pero dejemos a Ramón Roa y vayamos al relato de Serafín Sánchez, ya que hacia éste venía el Mayor. Dice Sánchez, que Agramonte vino a situarse en el lugar que él cubría cuando ya la infantería de las Villas, izquierda cubana, peleaba con las fuerzas españolas; que le preguntó qué órdenes había recibido del coronel González y al contestarle que la de mantenerse en aquel flanco, hasta recibir las del Mayor general, Agramonte le dijo: «pues bien, aguárdelas usted, y avance, después de recibirlas, en apoyo de mi escolta».

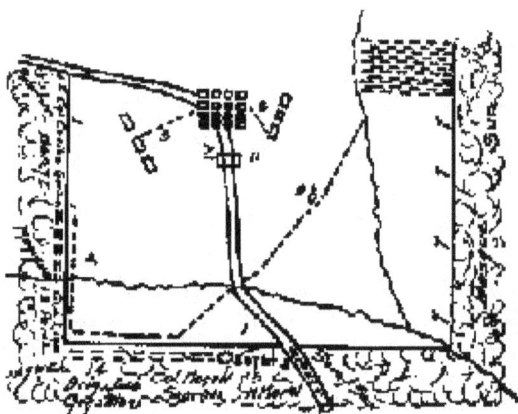

cuando se halló, de repente, cerca de la tropa hispana, y, que en ese momento, al ver a los soldados, alguien, detrás de él, gritó: "Mayor, al machete". Que entonces Agramonte desenvainó la tajante hoja de Toledo y se lanzó al arma blanca sobre el enemigo». El lector juzgará de la certeza del relato al estudiar con nosotros la acción. No obstante, tiene el mérito de ofrecer valiosos elementos para el estudio integral del personaje, que no puede desdeñar el biógrafo. Por ello, y por venir de Sanguily, se inserta en el trabajo.

Croquis de la acción de 11 de mayo de 1873.

Hasta aquí los relatos concordes; a partir de aquí la discordancia y la contradicción llegan hasta poner una nota de ignominia en la acción de Jimaguayú. Ceda el paso, pues, la historia inmediata a la historia reflexiva y veamos cómo ocurrió la muerte del Mayor.

No hay duda que mientras Agramonte recorría su extensa línea de infantería ya la izquierda cubana sostenía fuego con el enemigo y habíase dado principio al combate. Parece lo más probable que el general, después de hablar con Sánchez, recorrió todo el centro de la infantería y el flanco izquierdo, hasta la altura que ocupaba el centro de las Villas, según aparece en el plano nuestro, lo que corroboran los planos de Ubieta, del *Boletín* y del *Diario de la Marina*, a que nos hemos referido, de donde salió en dirección a la caballería, que estaba en el extremo este del potrero, «porque allí se peleaba bravamente». Los planos a que venimos aludiendo aceptan esta marcha de Agramonte, desde la línea de infantería, en dirección a la caballería; no obstante la diferencia de punto de partida, que señala Ubieta. No hay duda, por ser casi unánimes los informes cubanos, que su muerte ocurrió yendo en compañía de cuatro hombres: dos asistentes, el teniente Díaz de Villegas y el sargento Lorenzo Varona. Muerte gloriosa, pero sombría, que llega en el momento en que el general abandona su puesto para ocupar el de soldado; en el momento en que sale de la línea cubana unos centenares de metros dirigiéndose, imprudentemente, hacia su caballería, situada en el lado opuesto del potrero. Y en su recorrido; a 200 metros de sus líneas, a cien del arroyo, y ya a la misma altura, donde 800 metros más al este se hallaba la caballería, recibe el disparo que le priva de la vida, procedente del flanco derecho, lanzado por la columna española. Flanco situado a 100 metros de distancia del Mayor. Aseguramos esto, después de un prolijo y profundo estudio alrededor de la acción de Jimaguayú, afirmamos que Agramonte no llegó al cuerpo a cuerpo con la infantería enemiga, porque no hay un testigo presencial de nuestra parte que lo asevere, porque la versión de que mató a un soldado con la espada que el capitán Chucho Correa arrancó de las manos crispadas por la muerte del coronel Abril,[47] como dijera Ramón Roa, en un arranque de romántico entusiasmo, procede del campo contrario y porque lo niega un testigo mudo al que nadie, sin embargo, puede desmentir; me refiero al campo de Jimaguayú. Veamos: la versión del choque la rechaza el buen sentido, porque habiendo muerto Agramonte a 100 metros al suroeste de una de las márgenes del arroyo, y a 200 metros de las líneas de infantería cubana, era necesario que el flanco español, que lo mató, hubiese cruzado el arroyo, de orilla escarpada y crecido por la época del año en que ocurrió el combate, tropa que necesitaba para ello introducirse prácticamente dentro de la línea cubana. Ese avance lo niegan todos los historiadores y supervivientes del combate, de modo implícito, cuando afirman que la columna se condujo con extraordinarias precauciones. Lo niega también el estudio crítico de la acción, pues el temor español lo corrobora la actitud durante el combate del jefe enemigo y la posterior, abandonando el campo y no iniciando la persecución de los insurrectos en retirada. Lo niega, por último, la posición de las fuerzas contendientes, que aparece ahí, en el plano nuestro, de lo que no puede dudarse, por la coincidencia de respetables testimonios. Para que ese flanco español pasase el arroyo era necesario que perdiese el contacto con su centro, y se colocase en la difícil posición que se advierte allí, para una fuerza, con el arroyo a sus espaldas y al frente, a 200 metros, una tan poderosa infantería como la de las Villas, mientras por el flanco izquierdo, a 350 metros de distancia, desplegados en batalla, cientos de infantes del Camagüey la hubieran fusilado sin piedad.

Agramonte cayó a 100 metros de la margen suroeste del brazo derecho del arroyo, en un lugar elevado, de su vertiente derecha, por lo que se comprende que la infantería enemiga, en la margen opuesta, cubierta por la alta yerba, pudo verle fácilmente, al destacarse sobre su caballo, ya que se

---

47 Por los años 75 a 80 ocupaba el Casino Español de Camagüey el edificio que antes tuvo la «Sociedad Filarmónica» y que hoy tiene «El Liceo». En un ángulo interior del mismo tenían los españoles, en una urna, de cristal y cedro, como preciada reliquia, esa espada, tomada por Correa en la Rota del Olimpo y recuperada por los hombres de España en el campo terrible de Jimaguayú. Este dato lo debemos a la memoria privilegiada del eminente cama-güeyano Enrique Hortsmann.

hallaba en plano superior al ocupado por ella; pero el fuego se le hizo, y este documento irrefutable lo acredita, a distancia aproximada de 100 metros.

En cuanto a su ayudante, si bien es verdad, que cayó cerca de 200 metros del lugar donde pereciera el Mayor, también es cierto que sus heridas permitiéronle correr hasta allí.[48]

Las otras dos heridas, «al parecer de instrumento cortante», situadas en cuello y cabeza, de que nos habla el dictamen pericial, pudo haberlas recibido el cadáver durante el largo trayecto que, a través de monte y manigua, recorriera en la marcha hacia esta ciudad, pues que nos guardamos mucho de hacer la más ligera imputación al adversario, sin la prueba evidente de la profanación.[49]

La caída del Mayor, como la de Maceo veintitrés años después, puso en fuga a sus acompañantes, que buscaron refugio, unos en la caballería, otros en la infantería, y otro en los brazos helados y acogedores de la muerte; este último fue el heroico teniente Jacobo Díaz de Villegas; el valiente que conquista siempre la inmortalidad, inmolándose al lado de un caudillo. Rechazamos, por absurda, la versión recogida en los centros españoles de que el jefe de la sexta compañía pidiera refuerzos, para rechazar al Mayor, con sus cuatro acompañantes, pues la descripción precedente de su muerte destruye ese infundio; pero trasladándonos al propio relato hispano se advierte que si la fusilada fue a quemarropa y el gran caudillo cayó en una emboscada, dada la enorme superioridad numérica de sus enemigos, toda una compañía contra cinco hombres, y el elemento imponderable de la sorpresa, queda destruida por la lógica tal afirmación. Por otra parte, el hecho de que el parte español afirme falsamente que Agramonte quiso introducirse en el campo enemigo, por el centro, al frente de caballería e infantería, resulta plenamente negado por el concorde testimonio de todos los militares cubanos que han hablado de esta acción. Pero necesitaba la prosa bélica de aquellos días hacer constar, en el parte, cómo la compañía

---

48   Al valiente Jacobo Díaz de Villegas le recogieron los españoles gravemente herido y cuando le iban a curar, como español, se irguió altivo y heroico diciendo que era un oficial del Ejército Cubano; por lo que le remataron, en el acto, a machetazos.

49   El padre Martínez, que lavó el cadáver de Agramonte, afirma: «que no presentaba más que una herida, de arma de fuego, en la cabeza».

de refuerzo, unida a la otra, a los gritos de ¡Viva España! y ¡A la bayoneta! destrozó, completamente, al enemigo.

El sargento Varona dice que al ver caer al Mayor pretendió cargarlo; pero al perder su caballo, y no pudiendo arrastrar el cadáver de su jefe, debido a su peso, huyó refugiándose en la infantería, donde dio la desagradable noticia.

Por otra parte, Diego Borrero, se apareció en el lugar de la caballería diciendo que había visto caer al Mayor; y cuando ya esta unidad se hallaba en camino de la finca «El Guayabo», llegó el último compañero, Ramón Agüero, confirmando el hecho de la muerte.

La noticia de la caída de Agramonte se mantuvo en secreto por los jefes, para evitar la pérdida de los valores éticos, entre la tropa, que ya se retiraba del campo, obedeciendo precisamente las órdenes del caudillo, perdido para siempre. Dice Serafín Sánchez que, cuando las fuerzas abandonaban el trágico palenque, pidió órdenes al coronel Reeve, quien le mandó mantenerse en el lugar, observar los movimientos enemigos, registrar el terreno, una vez que aquél se hubiera marchado, y luego, siguiendo el rastro, incorporársele con la infantería. Que permaneció sobre el campo desde las once de la mañana, en que lo abandonaron los españoles, hasta las dos de la tarde, en que se retiró, siguiendo las huellas de la columna, habiéndolo registrado cuidadosamente, comprobado que los cadáveres enterrados por los españoles pertenecían a miembros de su milicia, y enterrado, con los honores de su grado, el del valeroso teniente Jacobo Díaz de Villegas, sin encontrar el cadáver del Mayor, que suponía en poder del enemigo, razón por la cual confiesa que no se tomó empeño en buscarlo.

Ante juicios tan diversos y contradictorios, como alrededor de la caída de Agramonte y de Jimaguayú nos ofrece la historia, debe el estudioso someter este episodio de nuestras luchas a las reglas infrangibles de la lógica, ponderando ese criterio de autoridad humana, por el cual conocemos el triste sucedido, con arreglo a sus condiciones esenciales: que el testigo no sea engañado; que no nos engañe; debemos limitar el testimonio a medida que el número de intermediarios aumenta e investigar los medios de conocimiento de cada testigo.

Ha llegado la hora de negar la repetida y errónea afirmación de que Jimaguayú fue una escaramuza, ya que este vocablo tiene su significado en la terminología guerrera y allí no pelearon «solo y ligeramente las avanzadas enemigas». Allí entraron en acción varias compañías de la columna española, toda su caballería y la sección de artillería, mientras por nuestra parte pelearon el contingente de caballería del Camagüey y la infantería de las Villas. El combate, en síntesis, es un choque entre esos poderosos flancos destacados por el centro español, y la patrulla fuerte de las Villas, con la infantería que ocupaba el martillo izquierdo y la caballería que formaba el ala derecha. La acción, como dice Serafín Sánchez, se empeñó con brío, con ardor, a fondo, sin que en un cuarto de hora cesara el estruendo de los rifles y del cañón que el enemigo traía.

Corrobora nuestra afirmación el número de bajas experimentadas por los contendientes: cinco muertos y diecinueve heridos los cubanos, que ocupaban magníficas posiciones, mientras los españoles confesaron treinta y cinco, seis muertos y veintinueve heridos, lo que hace pensar, dada la costumbre de aquel ejército, que sus bajas fueron superiores. El enemigo no se atrevió a intentar desalojar a los cubanos de sus posiciones, en lucha cuerpo a cuerpo, y al ser rechazados sus ataques a la formidable caballería que tenía a su izquierda tal vez pensó, empavorecido por el recuerdo, en el medio centenar de muertos que recogiera sobre el campo de la «Rota del Olimpo» y no queriendo darle el flanco, al lanzarse al ataque, sobre las posiciones de la infantería, se mantuvo quieto en su terreno, hasta que vio, inexplicablemente para él, abandonar el campo a aquellas fuerzas vencedoras. Ocurrido lo cual no persigue a la tropa contraria, sino emprende la retirada, por el propio camino que trajera. Era el miedo a encontrarse con la caballería mambisa, era una paladina confesión de su impotencia; era el triunfo de las huestes revolucionarias, dueñas de la campiña cubana. Jimaguayú es un combate entre dos enemigos igualmente fuertes, que no termina en la derrota completa del español, por la muerte desgraciada del Mayor. ¿Quién puede conjeturar el propósito que llevaba nuestro general, ya adelantada la pelea, al dirigirse hacia sus fuerzas de caballería? De seguro que convencido de que el enemigo no avanzaría, no obstante sus manifestaciones al Estado mayor, de no pelear, iba a preparar la caballería para repetir una de sus homéricas hazañas, porque si no ¿a qué virar? ¿No había dicho que no pelearía; que se le incorporaran en Guayabo? Misterios que la Providencia hace inescrutables a los miserables esfuerzos de los hombres.

El juicio crítico, imparcial de la historia debe aprobar el dispositivo tomado por Agramonte para la acción. La situación de sus fuerzas era admirablemente ventajosa, con relación a la tropa contraria, desde el punto de vista del volumen y dirección del fuego, que tenía que abrirse en la línea española, para contestar al cubano que, parapetadas en el monte mismo, concentraban sobre el núcleo enemigo, en el centro del potrero, las infanterías de las Villas y Camagüey.

De alto valor estratégico debe calificarse el lugar ocupado por la caballería, porque esta posición resultaba inexpugnable, dado el talud natural que el arroyo a su frente le ofrecía; porque completaba la extensa línea, por ese otro motivo favorable del Ejército cubano, a los efectos de la concentración del fuego; porque amenazaba constantemente el flanco y la retaguardia enemigas y porque estaba en admirable situación para cargar y destrozar a la tropa contraria, tan pronto el fuego de la infantería la hubiese quebrantado. Así ese flanco enemigo que, oculto entre la alta yerba, sorprendió al Mayor pudo haber sido destruido fácilmente, bien por la formidable infantería que cerca de él había, bien por un escuadrón de caballería nuestra, protegido por la misma yerba, y escudado en la distancia que había al centro español. Pero al gran guerrero hay que apuntarle un error, grave error que tan caro costara a Cuba. El mejor general de su época, el mejor oficial de caballería que han tenido los cuadros de nuestro ejército, el Mayor general, jefe de nuestras huestes en dos provincias, actuó en aquel momento, en que se separaba de la infantería para dirigirse a su caballería, como un simple soldado, y puso a los pies del ejército enemigo de su patria cuatro años de incesantes triunfos, su brazo, su talento, el alma de la guerra en estas dos provincias, y la esperanza más pura de la República.

Agramonte es nuestro Marcelo, de quien decía Plutarco que murió como un batidor, ofreciendo a Númidas e Iberos sus triunfos y su gloria.

Después de muerto Agramonte, bien un soldado de García Pastor, bien un guerrillero rezagado, como afirmara Camps y Feliú,[50] raqueando, como dice Juárez, sobre el campo, sustrajo al cadáver la cartera, donde guardaba documentos que permitían su identificación.

Retiradas las tropas españolas del lugar, hicieron campamento en Ingenio Grande donde, a las cuatro de la tarde, descubrieron que habían matado al ilustre cubano. En el acto destacó Rodríguez de León, no un piquete, como dice Betancourt, que el reciente descalabro del «Cocal» lo prohibía, sino fuerte destacamento, medio batallón, que puso al mando del comandante José Ceballos, quien volviendo al sitio de la acción, y explo-

---

50   Campa y Feliú, págs. 87 y siguientes, dice: «Fue encontrado su cadáver por un guerrillero rezagado, atravesado en un mulo y enterrado en Puerto Príncipe». Relata el episodio de la cartera que entregó el guerrillero rezagado. Dice Juárez: «Un guerrillero al servicio de España, de aquellos que se dedicaban con mayor fruición a los despojos de los muertos, registraba los caídos y recogió, entre otras cosas, una cartera y una fotografía, que mostrara más tarde al teniente coronel Rodríguez de León quien, tratándose de un retrato del Mayor, ordenó, desde Ingenio Grande, al comandante Ceballos que volviera a Jimaguayú a recoger el cadáver». El propio Juárez, en trabajo publicado en el periódico *El Camagüeyano* de esta ciudad, fecha 11 de mayo de 1935, dice: «Un mestizo asistente de Agramonte, que durante el combate se había mantenido agregado a la impedimenta, cuando supo la novedad (la muerte del Mayor), acompañado de otro soldado blanco y cuyos nombres no hemos podido averiguar, ambos montados, se dirigieron al lugar de la acción, cuando ya la compañía de Sánchez se replegaba al campamento cubano; la retaguardia de esta unidad explicó al mulato detalles del suceso y le indicó la tumba del bravo Díaz de Villegas, que acababa de ser inhumado. Los dos soldados llegaron hasta este lugar y de allí partieron directamente al punto donde encontraron el cadáver del Mayor, sin sombrero y sin arma. Cuando el asistente mestizo se cercioró de la muerte de su amo se bajó del caballo, despojó al cadáver de la culebra, o sea, el cinto de cuero forrado de monedas de oro que llevara en la cintura, la cartera de bolsillo, con algunos objetos y cartas, y la bandolera, de la cual pendía un bulto repleto de correspondencia oficial. Terminado este acto de pillaje, montó nuevamente a caballo y ambos tomaron a Cachaza, en el trayecto echaron la bandolera con su contenido en el pozo de un batey abandonado, y continuaron marcha, para caer más adelante en una avanzada o guardia del campamento español. El jefe de la patrulla envió los prisioneros a presencia de Rodríguez de León y éste, buscando información sobre el enemigo, interrogó al mulato para saber el número de las fuerzas cubanas, su armamento, bajas durante el combate y demás; el astuto mulato declaró al teniente coronel que Agramonte había caído en el combate. El jefe español le prometió perdonarles la vida, si guiaban sus tropas al lugar donde yacía el general, y mandó al comandante Ceballos a verificar tal servicio. Ceballos, guiado por el mulato mambí, que era práctico del terreno que pisaba, volvió a Jimaguayú, recogió el cadáver del prócer y retornando enseguida a Cachaza, se unió al grueso de las fuerzas e inmediatamente emprendió el regreso a esta ciudad, Así fue cómo los españoles ocuparon el cadáver de Agramonte».

rando el campo, ya abandonado por los cubanos, encontró el cadáver, a las cinco de la tarde, llevándolo a su jefe Rodríguez de León, a quien lo entregó, a las nueve de la noche.

La infantería de Serafín Sánchez, abandonó, como hemos visto, a Jimaguayú a las dos de la tarde, sin llevar los despojos del jefe ilustre, y ya de noche, contrita y silenciosa, entraba en aquel campamento lúgubre y desolado de Guano Alto, donde sollozaba sin consuelo, el alma abatida por el más acerbo de todos los dolores, la Niobe de la República, a quien las crueles flechas de esa Latona, de la tiranía española, habíanle arrebatado su hijo predilecto. Todo era silencio, dice Serafín, «todo era aflicción y tristeza, los que hablaban, hacíanlo en voz baja y de duelo, como hacen las familias numerosas cuando han perdido a uno de sus deudos». Y es que la intuición, esa intuición que rige la conducta de las masas, les decía, que allí, en el campo cercano de Jimaguayú, se había perdido la República.[51]

Se ha cuestionado alrededor de la pérdida del cadáver; por parte de los cubanos, y algún jefe ha llegado a hacer imputaciones a los oficiales nuestros, por no haber cargado inmediatamente a los españoles, arrebatándoles el fúnebre trofeo, si lo tenían, destruyéndoles y ocupando nosotros el campo, para enterrar al Mayor, con toda solemnidad y guardar sus restos en el panteón único de la República irredenta: los campos que no hollara sin riesgo y sin miedo el enemigo. Pero, aparte de no resultar probado que los jefes de la caballería, arma que pudo dar la carga, tuvieran conocimiento exacto de la muerte del Mayor, había la orden de retirada, de él emanada y por los Rodríguez reiterada, orden que fue cumplida, sin que pueda tampoco pasarse por alto ese fenómeno, que ocurre con frecuencia, y, que presenciamos en la caída de Maceo: los adoradores de estos grandes jefes reciben con la caída del ídolo un golpe psíquico de tal naturaleza que les exonera de toda imputación. Así Miró, el guapo general que veneraba a Maceo, hablando de su muerte, dice: «Salimos aterrados del lugar». Es decir, aquellos hombres que jugaban con la muerte, que habían atacado múltiples

---

51 Y que con Agramonte se perdiera la República es un dolor que llevamos muy hondo y una realidad que a diario constatamos. Perdida aquella aristocracia espiritual del 68 no hemos vuelto a tener los cubanos, ni aun en los campos de febrero del 95, la República de Guáimaro, obra inmortal que desapareciera con aquel titán iluminado de la democracia y la civilidad, que se llevara también el siglo de oro de la dignidad cubana.

veces los cuadros enemigos, al machete, al ver caer a su jefe, paralizadas todas sus energías espirituales, sintiendo miedo, miedo ante la muerte del hombre que consideraron invulnerable, llevados de su admiración, su cariño y su fanatismo, abandonan aterrados el lugar.[52]

Una vez más se comprueba que el hombre es solo un niño grande. Rechacemos toda imputación y atribuyamos al destino la caída del cadáver en manos enemigas.

Aquí en Jimaguayú, como allá en Punta Brava, paralizado aquel corazón que no animara a un hombre, sino a todo un pueblo, al que infundía confianza en su potencia y fe ciega en la victoria, el ejército cubano se apresura a abandonar el campo, dejando en él, perdido entre la alta yerba, e ignorado del enemigo, que también se retira del lugar, temeroso al coraje del Mayor, el cuerpo que sirviera de morada terrenal a uno de los más fuertes caracteres que ha tenido Cuba, al espíritu superior de Ignacio Agramonte y Loynaz. Y así, por decreto inescrutable de la Providencia, del campo de Jimaguayú huyen en direcciones opuestas cubanos y españoles, mientras queda en él, solo, durante varias horas, el amado cuerpo del caudillo epónimo, que ganaba batallas después de muerto, como el Cid Campeador de la Leyenda, a ese enemigo que huía de su cadáver, tendido entre la crecida yerba de aquel palenque inolvidable.[53]

Se ha querido también atribuir la muerte del Mayor a los propios cubanos; unos dicen que fue la caballería nuestra que le hizo fuego confundiéndole con los contrarios, mientras otros aseguran que lo asesinaron

---

52 El año 1881 hizo la hoy venerable matrona Olema de Miranda Varona un retrato del Mayor, reliquia que conserva todavía. Ese retrato se custodiaba en el Liceo de aquellos tiempos, oculto del público, descubriéndose solo los días de sesión, en que la efigie augusta y venerada del caudillo insigne, con los atributos de su elevada jerarquía, presidía los conciliábulos de sus compatriotas. Años después estalla la guerra del 95, vuelve el retrato a la casa de Olema, verdadero templo de la Cuba heroica, y ante él, ara sagrada, venían cientos de atridas, que ya no existen, a jurarle al «Mayor» no retornar del palenque heroico sin haber conquistado la plena soberanía.

53 Cuenta Ramón Roa que siete días después de muerto Agramonte fueron atacados en el Majagual, cerca de «Vista Hermosa» los cubanos, en su propio campamento, y solo unos cuantos se arrojaron, montando sus caballos en pelo, sobre el enemigo al grito de ¡A vengar al Mayor! lanzado por el valiente Enrique Mola, rechazando a los españoles con su carga.

aquellos patriotas de dos días: Rafael Zaldívar y Rafael Betancourt, que hemos visto incorporados a nuestras fuerzas el día 7 de mayo.

Rechazo la primera tesis, porque Agramonte cayó a gran distancia de su caballería, cerca de 800 metros, y no puede dejarse de tomar en cuenta que la crecida yerba en aquel campo, impedía ver a 200 metros. Pero estudiemos esa hipótesis, imposible, y ya destruida con los elementos nuevos que hemos traído al debate. Se ve que la dirección que el Mayor llevaba era opuesta a la que debía llevar la caballería enemiga, en su ataque a la cubana, y no es presumible que sus hombres, los que durante años anduvieron con él, por la manigua, no le distinguieran, aún a la distancia de 4 o 600 metros, que era la máxima en que en aquella época se podía hacer fuego directo con eficiencia. Por otra parte, ninguno de sus acompañantes ha afirmado ni admitido ese hecho; pero el testimonio del comandante, que invoca Lagomasino, nos obliga a destruir el error, sobre su propio plano.

Obsérvese el croquis citado. Se verá que la distancia del flanco de la caballería española al lugar donde cayera Agramonte es casi la mitad de la distancia que hay del flanco cubano al propio punto de la caída. Se verá que la dirección que traía el Mayor, por el plano, varía fundamentalmente de la dirección que debía traer la caballería española en su carga. No es conjeturable que los cubanos fueran a hacer fuego sobre quién salía de su propio campo, sin haberle reconocido previamente, máxime cuando el Mayor había marchado en aquella dirección. Y véase lo errada de la tesis que ofrece como punto donde cae Villegas uno, situado ya, en la misma línea cubana.

Otro error, la afirmación de que Agramonte murió llegando al arroyo de lajas. Del arroyo citado a donde cae el Mayor, en el plano, la distancia es notable, aparte de que si llega al arroyo sus tropas le hubieran reconocido. Pero por esta vía de los errores llega a afirmar que murió de una bala de revólver, disparada directamente para rechazarlo en la creencia de que eran, él y su ayudante Villegas, pues no admite otros acompañantes, exploradores enemigos. Aquí sí que el error alcanza la categoría del absurdo; todo hombre que conozca la teoría del tiro y el alcance efectivo y virtualidad del fuego de revólver a caballo sabe que más allá de los 50 metros todo disparo que se haga es nulo. Aunque el plano no tiene escala, de las dimensiones del campo se infiere la magnitud de la distancia entre Agramonte y la caballería, lo que rechaza la hipótesis del fuego de revólver; si se admite que la distancia es corta entonces surge lo evidente del reconocimiento. Aun ese autor va más lejos y dice que caído Agramonte su ayudante clavó las espuelas a su corcel en dirección hacia su caballería, muriendo del mismo modo; ¿y tampoco le reconocen, preguntamos nosotros, cuando Lagomasino afirma que cayó al pie mismo del arroyo estrecho que los separaba? Hemos querido destruir la tesis contraria, presentando todas las hipótesis posibles con el propio plano de Lagomasino; esto, parece ergotismo de escolásticos, pues que huelga toda polémica ante la prueba definitiva y total que ofrece nuestro croquis, con el cual estimamos haber dejado resuelto, de una vez y para siempre, este problema de la muerte del Mayor.

La tesis de que le mataron los citados cubanos, con la cooperación de Lázaro Vega, quienes se pasaron al enemigo después de Jimaguayú, es infantil también y tiene la explicación que más adelante le daremos. El hecho de la presentación, subsiguiente al infortunado encuentro, constituye un acaecimiento corriente y propio de aquella contienda; es lógico que si aquellos dos jóvenes se habían incorporado a la caballería camagüeyana, atraídos por la fama del Mayor, muerto éste abandonaran las filas cubanas. Pero examinando la prueba observamos que no hay ningún cubano que les viera juntos, durante la pelea y que, como dice con sabiduría el nieto del Mayor, este jefe no iba a incidir en la ligereza de internarse en la sabana con sujetos recién llegados a su campo; aparte de que teniendo sus ayudantes y ordenanzas, él, el primero en observar los reglamentos militares no iba a violarlos innecesariamente. Y si no fue acompañándole en aquel trágico recorrido, ¿dónde le pudieron haber dado muerte? Además, hay informes precisos e innegables de testigos de mayor excepción que afirman cómo ese sujeto, tildado de asesino, se encontraba entre las tropas de caballería.[54]

54 Veamos la siguiente carta que varios veteranos de Camagüey remitieron en 3 de junio de 1910 a Francisco de Arredondo y Miranda: «Mi querido amigo: Con sorpresa inaudita me he enterado del contenido de tu carta e indignación me ha producido lo que ha publicado en el periódico *La Prensa* el señor Luis Lagomasino, referente a la desgraciada muerte en el combate de Jimaguayú de nuestro inolvidable Mayor general Ignacio Agramonte. Suponer que de las fuerzas de caballería del Camagüey, arma favorita de Ignacio, partiera la bala que debía acabar su preciosa existencia, es un crimen horrendo, pues con solo fijarse en el croquis que él mismo presenta, que con pequeñas modificaciones lo creo

Tampoco puede olvidarse que al lado del Mayor cayó Villegas y que con él iban Diego Borrero, Ramón Agüero y Lorenzo Varona, que hubieran inmediatamente ejecutado sobre el propio terreno a su infame asesino.

Los argumentos acerca de que la herida tenía orificio de entrada por la sien derecha, de que no era de fusil, que usaban los españoles, sino de revólver y de que el caballo cayó en poder de los enemigos, son tan deleznables que nada prueban. El Mayor marchaba en dirección este acercándose al río cuyo curso seguía, para continuar hacia la caballería camagüeyana. Si la línea contraria, que le sorprendió, la formaba una compañía, colocada a su frente, necesariamente habría tiradores que ocuparan

---

bastante exacto y ver la posición que tenía la caballería y en la que por última vez se vio en dónde Ignacio estaba, al iniciarse la carga que dimos a la caballería española, que venía a la vanguardia, se comprende que antes que Ignacio pudiera incorporársenos, como era su propósito, tenía irremisiblemente que chocar con la infantería española, que en sus descargas le ocasionó la muerte indudablemente. Viene bien explicar ahora el porqué ninguno de los ayudantes de nuestro querido e inolvidable Ignacio estuvimos con él en el momento de su muerte. Poco antes de empezar la acción nos dio orden a todo su Estado mayor que nos incorporáramos a las fuerzas de caballería, cuyo jefe era el bravo brigadier Enrique Reeve, que él, Ignacio, después de dar órdenes al brigadier José González, jefe de las fuerzas de las Villas y al coronel Manuel Suárez, jefe de las fuerzas de Caunao, ambas de infantería, se reuniría a nosotros; lo que trató de hacer él solo impremeditadamente, sin duda, en un arranque de entusiasmo despreciando el peligro, iniciado ya el combate. Se dice en el citado artículo que Villegas fuera ayudante del general Agramonte y que andaba con él. Ni Villegas era ayudante de Agramonte, ni estaba con él. El capitán Villegas, como el Estado mayor de Agramonte, estaba incorporado al cuerpo de caballería, como el mismo general nos había ordenado antes de empezar la acción y fue uno de los que murió valientemente en la carga que le dimos a la caballería española. También dice el articulista que tuvo en la Administración de Hacienda de esta ciudad, una conversación con el doctor Emilio Luaces, sobre este particular, y que éste convino en la misma idea. A la verdad ni comprender podemos que Luaces pudiera estar de acuerdo con la creencia del señor Lagomasino, y creo que si él viviera habría de pedir al articulista una rectificación de lo que ha dicho. Es falso suponer que el señor Rafael Zaldívar pudiera cometer ese crimen, pues este señor estaba en las fuerzas de caballería. En fin, amigo Pancho, creo que con esta carta quedará desvirtuado lo que dice en su artículo el señor Lagomasino y si así no fuese, ten tú la plena seguridad de lo que te dejo dicho, que es la verdad de todo lo que pasó y que varios compañeros que se encontraban en esa acción lo justificamos con nuestras firmas. Estos amigos han querido hacerse solidarios de esta carta al enterarse de ella. Soy enemigo de las exhibiciones personales, vivo retraído y desde mi retiro te envía un abrazo tu consecuente y decepcionado amigo y compañero, Enrique Loret de Mola, coronel ayudante. General Maximiliano Ramos. Mayor general Javier de la Vega. Elpidio Loret de Mola, comandante. Capitán Antonio Arango. Mayor general Manuel Suárez y Manuel Barreto.

lugares a su derecha, con lo que queda explicado el tiro por este lugar. En cuanto a que hubiera sido de revólver, el certificado médico, que constituye en este caso la prueba total, afirma que la herida era de fusil; pero en este terreno de las hipótesis diremos que, así como el tiro de revólver a caballo es muy difícil, no es imposible que un buen tirador a pie, con revólver, desde 100 metros haga blanco. Por último, en cuanto al caballo pudo haberse quedado al lado de su jefe muerto, siendo capturado por los contrarios, como botín; aparte de que si quedó corriendo por el inmenso palenque, como los españoles quedaron sobre él, hasta las once de la mañana, no es extraño que lo hubieran apresado. Este argumento se revuelve contra la tesis de Lagomasino, pues muerto el Mayor por los cubanos y cerca de su línea era lógico que los caballos, el de él o el de su ayudante, hubiesen corrido hacia los caballos del Camagüey, allí próximos.

Desvirtuadas quedan todas las versiones que no afirmen la muerte del Mayor por parte del enemigo. Los datos serios, lógicos y matemáticos, que ofrecemos al lector lo prueban de modo definitivo. Hemos hecho nuestro estudio sobre bases firmes, trayendo a él la versión innegable de un grupo numeroso de testigos presenciales; los planos levantados por esos propios testigos, o sus informes; y por último, la propia inspección realizada por nosotros del campo de la acción, situando en el lugar en que sin duda estaba colocada cada fuerza y midiendo las distancias de estos lugares al lugar preciso, inconfundible donde cayó el Mayor, y donde hoy se alza el obelisco que venera su memoria.

Pero es que hay una lógica mística, como hay una lógica racional y el adorador que no admite que a su ídolo, ya consagrado como invulnerable, se lo maten las balas enemigas, busca un mito o construye una leyenda para justificar lo que a sus ojos intelectuales constituye un imposible. Por eso el mito del asesinato de Maceo y por eso el mito del asesinato de Agramonte. El autor ha interrogado a aquella Cirila López, que recogiera fusiles enemigos sobre el campo legendario del Rescate, y esta viejecita, ya decrépita, solo repite, como un autómata, que a Ignacio lo mató el «Buey de Oro»: Es el mito que sobrenada en su conciencia. Y este mito fue el que recogiera el señor Lagomasino.

Ese «Buey de Oro» a quien se refiere doña Cirila es Zaldívar, cuya salida, una semana antes, de Camagüey y regreso, tan pronto cae el ídolo cubano, dio pábulo para que se construyera el monumento de la acusación, que más que acusar al aludido buscaba explicación, según la lógica de estos místicos, a la muerte del hombre que consideraban invulnerable.

El nieto de Agramonte habla de un documento, que ofrece insertar en el apéndice, y que su muerte de seguro se lo impidiera, en el cual siete militares cubanos, de alta graduación, negaron la versión de que al Mayor lo matara una bala cubana. Ese documento es el que hemos insertado nosotros en la nota precedente. Además de estos militares cubanos ahí están los españoles Pirala, Camps y Feliú, Leopoldo Barrios, Enrique Ubieta; los partes oficiales cubanos y españoles y los escritores nuestros Máximo Gómez, Boza, Miró, Serafín Sánchez, Loynaz del Castillo, Santovenia, Juárez Cano, Betancourt, Vidal Morales, Collazo y Armando Prats, entre otros 1.000, que afirman como el Mayor murió a manos enemigas; testimonios doctrinales que robustecen y confirman los elementos irrefragables ofrecidos en este trabajo.

Pero hay, por último, en el estudio de los partes españoles de aquella acción, otro testimonio concluyente que ha escapado a la sagacidad de polemistas y escritores. En el parte del comandante general de Puerto Príncipe a la Capitanía general se dice que fuerzas españolas sostuvieron combates con los insurrectos y que cogieron el caballo, el sombrero y el impermeable de Agramonte. Este parte fue tomado del mensaje que Ruiz de León, después del combate, envió a la Comandancia; quizás desde Ingenio Grande cuando, horas después del desplome, ignoraba todavía hecho de tanta trascendencia.

Es claro que si Zaldívar le asesina, y se les incorpora de inmediato, lo primero que hubiera hecho era descubrir su criminal trabajo y llevarlos al lugar donde reposaba, para no levantarse ya, el cuerpo inanimado del Mayor.

No hubiera habido ese parte, sino otro, afirmando la muerte del Mayor. Léase el parte:

Ejército de Cuba. Estado mayor general. El comandante general de Puerto Príncipe en telegrama de esta fecha, manifiesta al excelentísimo señor general en jefe de este Ejército que, según parte recibido por el jefe del Batallón de León, éste, con el cuerpo de su mando, encontró y batió al enemigo, fuerte de unos 800 hombres, en el sitio denominado Jimaguayú, haciéndole ochenta muertos y varios heridos, entre los cuales supone hallarse el cabecilla Sanguily, exponiendo también que cree haber muerto el titulado general insurrecto Ignacio Agramonte, puesto que se ha cogido su sombrero, atravesado de un balazo y lleno de sangre, apoderándose también de su caballo e impermeable. En telegrama posterior de la misma fecha hacía presente que el cadáver del citado Agramonte era conducido a Puerto Príncipe; y, por último, en otro recibido a las cuatro de la tarde manifiesta que la columna de León entró en dicha ciudad conduciendo el precitado cadáver, recibiendo a la columna un gentío inmenso; y expuesto al público el cadáver, se levantó acta de reconocimiento, quedando probada su identidad por toda la población.

La Habana, 12 de mayo de 1873.

El general en jefe del E. M. general J. Monte.

Tan pronto como el jefe español tuvo a su disposición el cadáver de nuestro caudillo dispuso inmediatamente la marcha hacia esta plaza; y habiendo salido a las nueve de la noche del día 11 llegó a Camagüey a las nueve de la mañana del día 12. En doce horas habían recorrido aquellas fuerzas los 32 kilómetros que le separaban, de la ciudad, marchando de noche y trayendo su convoy de heridos, por lo que siendo casi toda de infantería, la marcha puede reputarse de forzada. Como el mensaje previo, tan pronto llegó el cadáver a Ingenio Grande, debió haberlo despachado con un correo de caballería, al hacer su entrada en esta ciudad la columna española, era esperada con su trofeo. Oigamos el relato de un testigo anónimo:

Circulaba la noticia de haberse extinguido la insurrección, y era de creerse por el bullicio de los españoles y sus insultos a las familias cubanas, que anhelantes esperaban el resultado de aquella popular y militar manifestación. Pronto y en una misma dirección acudían las tropas en marcial orden, y en tropel el pueblo. Iban a esperar la llegada de una columna, que según las últimas noticias había hecho la captura de un general insurrecto. Las calles del Comercio, de la Plaza de Armas y el Casino Español estaban adornadas con colgaduras de colores nacionales. Por la noche había retreta doble, iluminaciones en Palacio, fuegos artificiales por todas partes. Llegó la columna esperada. En su centro, atado sobre un mal aparejo, que tenía una acémila, venía el cadáver del insigne y nunca bien ponderado mártir de Cuba, Ignacio Agramonte. Un hurra unánime, un viva a España, saltó de los labios de aquella turba miserable. Las bandas militares rompieron con himnos de victoria. Ignacio, con la severidad de la muerte, rígido, imponente, movíase a cada pisada de la bestia. No recuerdo que jamás mi corazón se oprimiera como aquel día. Mujeres hubo que en su patriótica desesperación proferían palabras más propias del obsceno soldado español, que de una dama, contra los guerrilleros, y éstos, cuando no con hechos, con palabras castigaban aquella santa insolencia.

Llevado el cadáver al Hospital de San Juan de Dios, para su identificación, allí fue colocado a la pública expectación, no sin que antes manos piadosas, las del padre Manuel Martínez Saltage, entonces capellán del referido centro, y fray Olallo Valdés, les lavaran el rostro y la herida. En ese edificio hay hoy una inscripción:

En este lugar fue expuesto el cadáver del Mayor general Ignacio Agramonte y Loynaz. Mayo 12 de 1873. El Centro Escolar Ignacio Agramonte le dedica este recuerdo. 1921.

El periódico *El Fanal* de este día decía:

Alcance al Fanal. Puerto Príncipe, 12 de mayo de 1873. ¡Viva España! El titulado Mayor general Ignacio Agramonte y Loynaz ha muerto en el rudo combate que contra numerosas fuerzas enemigas sostuvo en el potrero de Jimaguayú el teniente coronel primer jefe del Batallón de León don José Rodríguez de León, al frente de su batallón, columna volante, artillería y guerrilla. Las bajas causadas a los insurrectos son considerables y la pérdida de su primer cabecilla los ha puesto en completa dispersión. El cadáver de Agramonte ha sido identificado por un acta formal y se halla expuesto a la vista pública en el Hospital de San Juan de Dios. Las tropas victoriosas de Jimaguayú han conseguido un triunfo de notoria trascendencia para la pacificación de este distrito. Loor a los valientes; y por ello felicitamos también al excelentísimo señor comandante general don Ramón Fajardo, que con tan gloriosa fortuna, empieza la época segunda de su mando. La falta de tiempo no nos permite dar más extensión a tan fausto suceso, pero nuestro colega «El Gorrión», que se publicará en esta imprenta, consagrará mañana el primer número a historiar todos los detalles de este acontecimiento.

El acta de identificación, a que se refiere el alcance que transcrito dejamos, dice así:

Acta de inhumación de Agramonte.
12 de mayo de 1873.
Acta.
En la ciudad de Puerto Príncipe a 12 de mayo de 1873, y acto continuo, el inspector instructor para identificar el cadáver a que se refiere la anterior acta, hizo comparecer en este Hospital de San Juan de Dios a los individuos que han asistido al campo insurrecto y que deben conocer al titulado Mayor general don Ignacio Agramonte Loynaz y lo son don Cornelio Porro y Muñoz, don Manuel Agramonte y Porro, don José Antonio Ronquillo y Agramonte, don José Llauger y Beltrán, don Tomás Barrio y González y don Agustín de Varona y Miranda, a cuyos individuos, y con el fin que queda indicado, se les puso de manifiesto el cadáver de que antes se ha hecho referencia, y después de haberle examinado detenidamente, expusieron que por su edad, figura, estatura y demás que observan en dicho cadáver, pueden asegurar que pertenece a la persona del indicado Mayor general insurrecto don Ignacio Agramonte y Loynaz, a quien los exponentes conocían perfectamente, antes de la insurrección y después de ella en el campo insurrecto, y, además, don Manuel Agramonte y don José Llauger. En este estado el inspector hizo además comparecer a don José García Acebal, celador de Policía, don Pedro Recio Betancourt, don José Tomás de Socarrás y don Diego de Varona y Zaldívar, personas que conocían en esta ciudad a don Ignacio Agramonte y Loynaz, para que asimismo reconozcan el cadáver, que se encuentra en este Hospital, y manifiesten si es efectivamente el de la persona de don Ignacio Agramonte y Loynaz y después de examinarlo, expusieron que por su fisonomía, figura y demás que observan en el cadáver, están en completa inteligencia que pertenece a Agramonte y Loynaz, a quien efectivamente conocían de vista, trato y comunicación en esta ciudad, como persona visible antes de la

insurrección. Con lo que el inspector dio por terminada esta acta, que leída a todos los exponentes la hallaron conforme, en descargo del juramento que previamente prestaron, y firmaron todos después del mismo inspector, por ante mí, de que doy fe. Antonio Olarte, Manuel Agramonte, José Llauger, Agustín Varona, Tomás Barrios y González, José Antonio Ronquillo, Cornelio Porro, José García Acebal, Diego de Varona y Zaldívar, José Tomás de Socarrás, Pedro Recio Betancourt y Francisco de Arredondo.

El acta de reconocimiento médico, dictamen pericial, que tanta importancia tiene en el estudio de la muerte de Agramonte, es del siguiente tenor:

En la ciudad de Puerto Príncipe, a 12 de mayo de 1873, el inspector don Antonio Olarte, por ante mí el escribano público de Gobierno y Guerra, dijo: Que habiendo conducido a esta ciudad, la «columna» en operaciones del Batallón de León, el cadáver de un individuo que se asegura ser el del titulado Mayor general insurrecto don Ignacio Agramonte Loynaz, a quien se dio muerte por dicha columna, en un encuentro tenido el día de ayer con los insurrectos, y recibido órdenes del señor jefe principal de policía, a quien se las ha trasmitido el excelentísimo señor comandante general gobernador civil de este Departamento, para que se identifique convenientemente la persona del repetido Mayor general insurrecto Agramonte Loynaz, con ese objeto se trasladó el mencionado inspector Olarte, con mi asistencia, al Hospital de San Juan de Dios, de esta propia ciudad, donde se halla depositado el cadáver a la expectación pública, encontrándole colocado en unas andas de madera, teñida de negro, boca arriba, con las piernas y los brazos extendidos y apoyada la cabeza en una almohada, vestido con camisa blanca, ensangrentada y sucia, recogida su delantera hacia el pecho, teniendo el vientre al descubierto, pantalón de dril crudo, también sucio, zapatones de vaqueta de medio uso y botas negras de búfalo; de estatura alta, delgado, al parecer de treinta años de edad, cabello castaño y con patillas, sin poderse precisar sus demás facciones por abotagamiento que ya ha ocurrido en la cara. En este estado y habiendo comparecido los facultativos médicos licenciados don Pedro Nolasco Marín y don José Salvador Areu, a quienes se hicieron llamar para el reconocimiento del cadáver, en forma legal, después de manifestar que son naturales y vecinos de esta ciudad, mayores de edad, casados y ejercitados en su profesión, y de prestar juramento con arreglo a derecho, procedieron al indicado reconocimiento, con la detención conveniente, y verificado expusieron: Que el cadáver que tienen de manifiesto se halla en estado de putrefacción bastante adelantada, encontrándole una herida de forma circular en la parte lateral derecha, causada al parecer por una de las cápsulas Remington, cuya herida se halla situada en el frontal del lado que antes han manifestado, teniendo salida por la parte superior del parietal izquierdo, que ésta debió haberla recibido de costado y caso de hallarse al frente el que disparó el arma, fue herido en el punto que dejan dicho al volver la cabeza.

Seguidamente reconocieron una herida de 3 pulgadas de longitud y profundidad de la de los tegumentos comunes y vasos gruesos en la parte anterior y media del cuello, hacia el lado derecho. También se le notó otra herida de pulgada y media de longitud y profundidad de los tegumentos comunes, situada en la parte superior del hueso coronal, ambas causadas al parecer con instrumento cortante; que la herida de la cabeza es mortal por necesidad, por haber atravesado toda la substancia cerebral, y que debió haber fallecido instantáneamente. Con lo que dio el inspector de policía del primer distrito de esta dicha ciudad que instruye esta diligencia, por terminados los actos del reconocimiento judicial y pericial que comprende esta acta; leída que les fue a los facultativos lo que les concierne, la hallaron conforme y firmaron después del referido inspector por ante mí de que doy fe. Antonio Olarte. José Salvador Areu. Pedro Nolasco Marín. Francisco de Arredondo.

A las cuatro de la tarde de ese día sacaban su cadáver unos negros para el Cementerio donde no se le inhumó, sino incineró, argumentando los españoles que con el propósito de impedir que los voluntarios y guerrilleros, en cuyas filas tanta brecha sangrienta había abierto la espada noble y valerosa del Mayor, lo arrastraran por las calles de la ciudad, para lo que se dice habían solicitado permiso del coronel Rodríguez de León y del general Fajardo, jefe de la Plaza. De esta incineración protestó la prensa española, habiendo dicho en su defensa el capitán general Pieltaín:

Una vez, sin mi consentimiento, tuvo lugar en Puerto Príncipe un acto que reprobé altamente cuando llegó a mi noticia de una manera extraoficial, porque en efecto podía merecer la acusación de ensañamiento contra un cadáver. La autoridad que lo mandó a ejecutar en secreto obró a mi juicio con indiscreto celo, aunque no sin fundamento, pues se anunciaban y se preparaban manifestaciones inconvenientes que, por tal medio, pudo evitar y evitó; sin esta consideración que atenuaba la gravedad del hecho, no me habría conformado con reprobarlo.

Se dice que entregaron la leña y el petróleo para el acto objetivamente profanatorio, pues violaba la costumbre del lugar, y hacía desaparecer los restos del caudillo tan amado, un comerciante español, nombrado Antonio Mujica y un oficial de voluntarios Pedro Recio Betancourt.

Sin embargo, si la expresada causa fue la que determinó a Fajardo ordenar la incineración queda exculpado, ante la historia, porque ya la experiencia tristemente demostraba el ascendiente de aquellas turbas incontenibles de voluntarios, tan cobardes y pasivos en la manigua, como arrojados e impetuosos en la ciudad.

El hecho de que fuera o no quemado íntegramente carece de importancia para la historia, pero la versión que estimo más acertada, después de leer el testimonio del padre Martínez, y de varios cubanos que salieron a una encendido polémica, alrededor de este asunto, datos que nos ha facilitado, con generosidad, y llevado por su amor a estos estudios, el señor Jorge Juárez Cano, académico de la historia, es la que afirma que el cadáver fue totalmente incinerado.

Por último, traemos aquí el parte con el que se cierra el *Diario de operaciones* del general Agramonte, llevado por su ayudante el capitán Ramón Roa:

Gran combate en Jimaguayú.
Muere sobre el campo de batalla el Mayor general Ignacio Agramonte y Loynaz. 11 de mayo de 1873. A las siete de la mañana enemigo de las tres armas, en número considerable. Combate; el Mayor general, al avanzar la caballería sobre el enemigo y hallándose él a vanguardia con solo algunos jinetes, dirigiendo la acción, antes que aquélla pasase el río, cargó sobre el enemigo valerosamente, sin contar el número; matando un contrario con su espada, mas la infantería enemiga, escondida en la yerba, le hace fuego a quemarropa, derribándole del caballo,

cuando solamente había cerca de él tres o cuatro hombres, a quienes fue imposible recogerle. Mientras tanto, el resto de la fuerza montada, que nada sabía de lo ocurrido, cargaba al enemigo, matando a muchos al machete. Cumpliendo con las órdenes que pocos momentos antes había trasmitido el ilustre jefe, la caballería emprendió su retirada haciendo fuego, y ya cuando había andado buena distancia vinieron a saber sus jefes y oficiales que nuestro gran Agramonte había sucumbido. Ya el enemigo había formado un «cuadro», colocando el cadáver en el centro, y a nuestra escasa fuerza le era imposible rescatarlo. Muerto, además, el bravo teniente Leopoldo Villegas, uno de los más brillantes oficiales del Ejército, y herido el alférez I. Fernández y cuatro individuos de tropa de la caballería y dos del primer escuadrón y seis caballos muertos. Nuestras fuerzas se batieron con denuedo en el limpio del potrero, rechazando varias veces al enemigo, que no llegó a posesionarse del campamento. Bajas, además de las enumeradas: heridos, el comandante M. Sánchez y el capitán Carrillo, de las Villas; muertos: un soldado de las Villas, dos del oeste y diez heridos. Total: muertos, un general, un oficial y tres individuos de tropa. Heridos, un jefe, dos oficiales y dieciséis de tropa. El comandante Rafael Rodríguez, el de mayor graduación en el Estado mayor, se encargó de comunicar la noticia a las distintas fuerzas y de combinar el modo de reunirlas a la llegada del mayor general Julio Sanguily, que debe tomar el mando. De esta manera cierra el *Diario de operaciones* del Mayor general Ignacio Agramonte y Loynaz su ayudante el capitán Ramón Roa.

Llamamos la atención al lector hacia las diversas versiones que se han publicado del combate de Jimaguayú, y que insertamos en el Apéndice. Para dar un relieve objetivo de la importancia excepcional que el Mayor tenía, para los españoles, vamos a transcribir aquí las informaciones de prensa, españolas, tanto de esta ciudad como de la capital de la República. *El Gorrión*, de Puerto Príncipe, de 16 de mayo de 1873, decía:

LA ACCIÓN DE JIMAGUAYÚ:
Cumplía referir a la ligera los asuntos que dejamos apuntados, para poder apreciar, en su verdadero valor, la victoria alcanzada en los llanos de Jimaguayú, y las consecuencias que han de suceder, para la pacificación de este territorio, azotado por una continua lucha de más de cuatro años.

El día 7 del corriente, a las siete y media de la mañana, las fuerzas indicadas en la general, al mando del modesto; pero bizarro teniente coronel don José Rodríguez de León, rompían el fuego contra las partidas reunidas, del titulado Mayor general, Inglesito, Sanguily y Pepillo Moreno González, ascendientes a unos 800 hombres de ambas armas. El fuego enemigo era intensísimo y su resistencia tenaz, para poder retirar según costumbre sus muertos y heridos. Hubo momentos en que intentaron arrollar con brío el centro de nuestra columna, pero reforzado éste y hecho fuego con la pieza de montaña con el mayor acierto, el enemigo se pronunció en vergonzosa fuga, después de un nutrido fuego de cinco cuartos de hora.

La caballería mambisa en número de más de 200 emboscados sobre la izquierda trató de atacar la retaguardia, mas la cuarta compañía de León y dos de la Volante, que la protegieron muy oportunamente, no solamente resistieron al enemigo sino que le hicieron retroceder por la derecha, distinguiéndose en este hecho el teniente don Ángel Blazaques.

Las guerrillas tercera y cuarta al mando del capitán don Rafael Vasallo y teniente don Pedro González, efectuaron, con el mayor acierto la orden de amagar una carga a la caballería enemiga y replegarse a la línea de la infantería; consiguiendo con ello atraerla a tiro de fusil y metralla, donde tuvieron considerables bajas, mediante combates personales de arma blanca.

Las pérdidas del enemigo no bajarán de ochenta; entre ellos el titulado Mayor general Ignacio Agramonte y el teniente de su escolta Jacobo Villegas. Es de presumir que hayan tenido igual suerte otros cabecillas, debiéndose este honor más principalmente a la sexta compañía del Batallón de León. El enemigo dejó en nuestro poder armas y caballos, y se le destruyó un vastísimo campamento, en el que tenían una glorieta con arcadas y asientos en forma de estrella solitaria.

Nuestras bajas siempre sensibles, consisten en seis muertos, quince heridos y trece contusos. Además tres caballos, entre ellos el del comandante don José Ceballos y el del alférez de la tercera contraguerrilla don José Alcaina. Todas las tropas que han tomado parte en este brillante hecho de armas, se han portado como buenos bizarros; se han hecho dignos de alabanza y premio.

Reciban los vencedores de Jimaguayú, nuestra más cordial enhorabuena.

El Fanal, de Puerto Príncipe, de 13 de mayo de 1873, decía:

Un acontecimiento de gran trascendencia para la pacificación del Departamento central, según el común sentir de los que han seguido paso a paso el desarrollo, progreso y decadencia de la insurrección en el Camagüey, y para los que conocen los elementos materiales y morales de los enemigos de la integridad nacional, tan decantados en los órganos del filibusterismo, y de los que han pretendido y pretenden todavía sacar partido para mantener en Cuba la inquietud, el desasosiego y la perturbación, ha venido ayer a ocupar la atención general de la capital del Centro.

La figura más prominente, el jefe más caracterizado, el caudillo más tenaz y animoso de la insurrección, que desde el principio de la fratricida lucha se pronunció tan acentuadamente en favor del principio separatista, el que más ascendiente tuvo siempre en las filas enemigas y que pretendía a toda costa mantener el entusiasmo y conservar viva la llama de la insurrección, porque, quizás en sus aspiraciones, su adhesión a la causa que defendía y sus servicios, de todos sus parciales reconocidos, pudieran más tarde colocarle en el puesto más elevado de la soñada República de Cuba, acaba de pagar con la vida su temerario error, que lo indujo a empuñar las armas como a otros muchos que han tenido el mismo fin, contra la madre patria que le había dado el ser.[55]

Como a las ocho de la noche del día 11 circuló, con la rapidez del rayo, la noticia del brillante hecho de armas que a las ocho de la mañana del mismo día había tenido lugar en Jimaguayú, entre las tropas que, al mando del señor teniente coronel del Batallón de León, Rodríguez de León, habían salido de esta ciudad el

---

55 Proclama que el general Fajardo dirigió a la guarnición de Camagüey: «Soldados: La columna compuesta de parte del batallón de León, columna volante, fuerzas de las guerrillas tercera y cuarta, y una pieza de artillería de montaña al mando del teniente coronel del primer cuerpo, acaba de cubrirse de gloria derrotando y dispersando en Jimaguayú a numerosas fuerzas insurrectas. La insurrección ha sufrido un rudo golpe, no solo por las considerables bajas que se le han causado, sino más principalmente por la pérdida del cabecilla de más importancia, que ha dejado de existir. Ignacio Agramonte Loynaz ha muerto y quedan vengados el teniente coronel Abril y sus compañeros, así como las víctimas de Máximo y Palmarito y todas las inmoladas a la crueldad de aquel cabecilla. El excelentísimo señor capitán general, a quien anima el firme propósito de terminar esta lucha, y yo, que tengo el deber y deseo de secundarle con todas mis fuerzas, confiamos en que, imitada por todos la conducta de los vencedores de Jimaguayú, restituiremos a esta tierra la tranquilidad tan deseada. Puerto Príncipe, 11 de mayo de 1873. —Vuestro comandante general, Fajardo».

7 del corriente por disposición del brigadier Valeriano Weyler y las partidas enemigas reunidas mandadas por el titulado Mayor general Ignacio Agramonte, que formaban un total de 800 hombres, lo más granado y escogido de la insurrección y que más confianza inspiraba al caudillo rebelde, habiendo tomado parte en la función el bizarro batallón de León, algunas contraguerrillas y artillería; pero faltaban detalles y a las doce de la noche súpose ya con certeza la muerte de Agramonte, cuyo cadáver había sido encontrado, transcurridas algunas horas del combate, que fue rudo y sostenido con empeño por ambas partes por espacio de hora y media, y glorioso para nuestras armas.

Cuatro años de lucha, tan estériles en resultados para los que la provocaron, y tan fecundos en males de todo linaje para la joven Cuba, tiempo es ya que no tengan nuevos sucesores; venga la paz y desengáñense de una vez los temerarios y los ilusos, que aún conservan las armas en la mano, no para triunfar, porque Cuba será siempre española, sino para arrancar las entrañas a la más preciada de las Antillas, a la hija mimada de la noble y generosa España...

Cuando a raíz del natural sentimiento que habíamos experimentado los leales por la muerte del valiente y pundonoroso coronel Abril y de los no menos bizarros capitanes Larrumbe y Torres que con fuerzas infinitamente menores acometieron denodadamente el 7 de este mes a las de Ignacio Agramonte en Ingenio Molina, cuando unos cuantos soldados acababan de sacrificar heroicamente su vida en aras de la Patria y cuando nuestros enemigos, por uno de esos acontecimientos tan frecuentes en la suerte de las armas, pudieran soñar futuros triunfos, ha venido a derribar en el corto período de cuatro días este hecho providencial sus efímeras y deleznables esperanzas.

La facción ha sido desbaratada en cinco cuartos de hora y ha perdido con su principal caudillo el elemento más poderoso que le daba vida, forma, organización y valor.

La aparición del periódico dominical *El Gorrión*, en el estadio de la prensa de esta localidad, que consagrará parte de sus columnas a la reseña de la acción de Jimaguayú, y la premura del tiempo con que escribimos estas líneas, nos relevan del cargo para nosotros muy grato de hacerlo en este lugar.

El periódico *El Fanal*, de Puerto Príncipe, de 29 de mayo de 1873, decía:

A la serie de victorias alcanzadas por nuestro Ejército, tenemos que añadir la que ha obtenido la columna del teniente coronel Rodríguez de León, en el potrero de Jimaguayú. Victoria de trascendencia, pues que ha venido a privar a la insurrección de su principal caudillo, así en el terreno militar como en el político.

Por disposición del comandante general salió de esta plaza el día 8 el referido jefe con cinco compañías de su aguerrido batallón, la columna volante compuesta de 250 hombres al mando del comandante don Juan Godoy, fuerzas de las guerrillas tercera y cuarta al mando del capitán Rafael Vasallo y una pieza de montaña con su correspondiente dotación. Después de tres días sobre el rastro enemigo se encontró a éste en el punto denominado Cachaza, en cuyo sitio, vista la huella en dirección a Jimaguayú, y siendo ya muy tarde para continuar la marcha, acampó la columna en aquel punto y salió al siguiente día, al romper el alba, en dirección a Jimaguayú. Una legua llevaría andada la columna cuando se encontró un corral falso para recoger ganado, lo que indujo a creer al coronel León que el enemigo se hallase acampado en aquel punto. Un cuarto de hora no había transcurrido cuando se oyeron dos disparos de exploradores enemigos.

Con arreglo a las instrucciones que llevaba hizo alto la cabeza y ordenó a dos compañías de León que marcharan por sus flancos una por la derecha y otra por la izquierda a la altura de la guerrilla y por el pie del monte que servía de límite a la llanura de la antigua casa de Jimaguayú. A los pocos minutos de marchar entraron flanqueando las dos compañías de vanguardia, y a los breves instantes rompió el fuego, sobre ésta, una avanzada enemiga de dieciséis a veinte hombres montados, cuya vanguardia se lanzó a la carrera sobre el enemigo, haciéndole huir.

El bravo coronel comprendió que el enemigo esperaba nuestras tropas, en ventajosa posición, y ordenó al capitán ayudante José Gutiérrez que con dos compañías marchase flanqueando el callejón que conduce desde aquel punto al potrero del llano de Jimaguayú y al comandante Ceballos que con tres compañías continuase por el camino real en dirección al punto donde estuvo el fuerte de Jimaguayú, esperando con el resto de la columna a que se rompiese el fuego, para proteger a la fuerza que más lo necesitase. Pocos minutos habían transcurrido cuando la mandada por el comandante Ceballos empezó un nutrido fuego sobre fuerzas enemigas que esperaban emboscadas en el camino con intento de atacar por retaguardia a la columna. El teniente coronel marchó a escape con las guerrillas montadas a la línea de fuego y mandó al capitán Gutiérrez que flanqueara sobre la derecha del enemigo, cayendo sobre él por retaguardia. Con el mayor acierto ejecutó esta orden dicho capitán, haciendo un completo cambio de frente bajo el nutrido fuego enemigo mientras que el comandante Ceballos la batía de frente. En aquel momento estableció el jefe la pieza de montaña, dispuso la reconcentración de las acémilas en un punto resguardado del fuego y escoltadas por una compañía de la columna volante, ordenó al comandante Godoy que se emboscara con las otras dos sobre la izquierda de nuestra línea, consiguiendo atacar al enemigo por su flanco derecho. Un fuego nutrido se sostenía por ambas partes, el bizarro jefe recorría la línea de fuego. En esta situación observó la posición de la caballería enemiga que en número de más de 200 se hallaba formada sobre nuestra izquierda. Ordenó a nuestras guerrillas que amagasen una carga por la izquierda y centro, seguro de que aquélla, envalentonada con sus últimos hechos, había de salir en su persecución, proporcionando a nuestras tropas el escarmentarla y destruirla. El capitán Vasallo emprendió la carga y al llegar a la inmediación de la caballería enemiga rompió ésta nutrido fuego sobre nuestras guerrillas, las que desplegadas en línea de batalla contestaron con fuego tan eficaz como violento, ocasionándole gran número de bajas; se estrecharon las distancias y se cruzaron multitud de cuchilladas. En esta disposición ordenó el capitán Vasallo la retirada de sus fuerzas con objeto de que la caballería enemiga cayese sobre la cuarta compañía de León, que protegía la carga, y se trabase un nuevo y terrible combate, a quemarropa. Así sucedió, se emprendió la retirada con tanto acierto que se trajo al enemigo hasta las bocas de fuego de la citada compañía. El combate se hizo de nuevo más terrible, las descargas de nuestra fusilería abrían brecha entre la masa inmediata de la caballería enemiga. Las dos compañías de la columna volante, mandadas por Godoy, que estaban a la izquierda de la cuarta de León, rompieron sobre la caballería enemiga con descargas tan nutridas como certeras, al propio tiempo que las guerrillas rompían de nuevo el fuego sobre el costado derecho.

La pieza de artillería de montaña hizo dos disparos de metralla tan eficaces, que destrozaron aquella hueste, cuyos restos huyeron a refugiarse a una masa enemiga de 500 a 600 Infantes que estaban haciendo fuego sobre nuestro centro. El coronel ordenó entonces fuego de granada sobre aquella gente y dos proyectiles les hicieron dispersar completamente.

El fuego continuaba en toda la línea. El titulado Mayor general Agramonte organizó los restos de su caballería y alguna infantería, al frente de la cual quiso introducirse en nuestro campo por el centro que creyó descubierto por estar la sexta compañía de León rodilla en tierra, y oculta entre la yerba guinea. Dicha compañía no disparó sobre Agramonte y su gente hasta que no los tuvo a boca de jarro; las guerrillas apoyando los flancos de esta compañía rompieron nutrido fuego, verificándose un combate desesperado de resultas del cual murió atravesado de un balazo entre otros muchos que le acompañaban el titulado Mayor general Ignacio Agramonte y se cree fuese también herido el titulado brigadier Sanguily. El enemigo hizo entonces un terrible esfuerzo en aquel sitio; su ira se revelaba por sus voces; pero el bizarro coronel ordenó reforzar aquella parte de la línea, con otra compañía, la que a su oportuna llegada y al grito de ¡Viva España! ¡a la bayoneta, a la carga! en medio del más ardoroso entusiasmo, cayeron al arma blanca sobre el enemigo arrollándole y precipitándole en vergonzosa fuga al monte inmediato.

La acción empezó a las siete y media y terminó a las ocho y media, después de la cual y de reconocido el campo, se recogieron nuestros muertos y heridos que no lo habían sido antes, dando sepultura a los primeros y curando a los segundos; mientras tanto se destruyó el vastísimo campamento que ocupaba el enemigo, construido hasta con lujo, pues tenía en su centro una espaciosa glorieta con arcos y asientos y en medio de ella una estrella de cinco puntas en figura de mesa de grandes dimensiones.

Nuestras bajas corroboran las acertadas disposiciones del coronel; seis muertos, quince heridos, trece contusos de tropa y un oficial contuso.

Las del enemigo de consideración, excediendo de ochenta las que se vieron en la refriega, sabiéndose que lleva un convoy de 210 heridos, entre ellos el titulado brigadier Sanguily.

La Gaceta de La Habana, del día 15 de mayo de 1873, decía:

El día 12 la columna de León encontró al enemigo en Jimaguayú, 8 leguas al suroeste de Puerto Príncipe, al que consiguió batir y derrotar después de un reñido combate. Las fuerzas enemigas se calculan en 800 hombres de infantería y caballería.

Los nuestros 400 hombres de León, 250 de la columna volante, una pieza y sesenta guerrilleros. Las bajas del enemigo han consistido en ochenta muertos vistos y muchos heridos que retiraron, entre los cuales se cree iba el cabecilla

Sanguily, a quien se vio caer de su caballo. En esta acción ha muerto el titulado general insurrecto Ignacio Agramonte, cuyo cadáver fue recogido y conducido a Puerto Príncipe y expuesto en público fue reconocido levantándose acta, después de que se comprobó su identidad por toda la población en masa.

La muerte del cabecilla ha sido de gran importancia, no solo por su valor y conocimiento sino por la influencia que ejercía sobre sus secuaces.

Se cogieron armas al enemigo y caballos, entre los que estaba el de Agramonte. Nuestras bajas han consistido en seis muertos, quince heridos y catorce contusos.

El *Diario de la Marina*, de La Habana, de 15 de mayo de 1873, dice:

Un acontecimiento importante del cual puede depender la pronta terminación de la guerra ha tenido lugar durante el período quincenal que hoy reseñamos. La muerte de un hombre cuya alma pertenece a Dios y cuya memoria a la Historia, como dijimos al ocuparnos particularmente de este suceso, ha venido a llevar la dispersión y el pánico a los rebeldes del Departamento central. Ignacio Agramonte, titulado generalísimo de los insurrectos del Camagüey, ha muerto en un reñido encuentro con nuestras tropas. He aquí cómo oficialmente se publicó el hecho en la tarde del 12 que produjo en esta capital profunda sensación. El comandante general de Puerto Príncipe, dice el general jefe de Estado mayor, en telegrama de esta fecha manifiesta al general en jefe de este ejército que según parte recibido, por el jefe del batallón de León, éste con el cuerpo de su mando encontró y batió al enemigo, fuerte de unos 800 hombres, en Jimaguayú, haciéndole ochenta muertos y varios heridos, entre los cuales supone hallarse el cabecilla Sanguily, exponiendo también que cree haber muerto al titulado general insurrecto Ignacio Agramonte, puesto que se ha cogido su sombrero atravesado de un balazo y lleno de sangre, apoderándose también de su caballo e impermeable.

La pacificación del Camagüey, hemos dicho una vez más, es la pacificación de la Isla de Cuba. En el Camagüey ha tenido la insurrección sus mejores elementos de fuerza; en el Camagüey se constituyó esa parodia de gobierno rebelde que fijó en Guáimaro sus reales; en el Camagüey se lanzaron al campo casi todas las familias que residían en Puerto Príncipe, dándole al movimiento separatista cierto prestigio moral de que ha carecido en otros departamentos; en Camagüey se levantaron reductos y trincheras que tenían por fortalezas inexpugnables los partidarios de

Cuba Libre y del Camagüey, por fin, se han surtido y surten de carne los insurgentes del resto de la Isla. Y el alma de la Revolución en ese distrito, el que ha impedido numerosas presentaciones con la energía y el terror, el que pronunció la tristemente célebre frase, «africanos antes que españoles», cuando en «Las Minas», a principios del 69, la mayoría de los cubanos quería abandonar la lucha, era Ignacio Agramonte.[56]

A más de uno de nuestros bizarros jefes, que se ha distinguido en nuestra campaña, hemos oído decir: «Preferiría en bien de la paz de Cuba coger a Ignacio Agramonte que al mismo Céspedes». Comprendan, pues, nuestros lectores con esta frase la importancia del suceso que reseñamos.

Ignacio Agramonte era la personificación en la actualidad del movimiento separatista y muerto él no queda en la insurrección cabecilla alguno de suficiente prestigio que pueda reemplazarlo.

Y ya expuesto lo que la prensa española de las capitales de la Provincia y de la Isla dijo, sobre la muerte de Ignacio Agramonte, que constituye exponente preciado de la importancia que el personaje tenía para la nación progenitora, vamos a traer aquí el documento más importante, a nuestro juicio, que se ha escrito sobre Ignacio Agramonte; no solo por llevar al calce la firma de Máximo Gómez, que recogiera el legado militar del Mayor, sino por los hechos singulares que revela.

En 1891 la ilustre esposa de nuestro biografiado, que como hemos dicho no desperdiciaba oportunidad para ocuparse del prócer fenecido, se dirigió al general Gómez pidiéndole la copia de una carta, escrita[57] por él

---

56 *El Fanal*, de 14 de noviembre de 1873, dice: «En recompensa al buen comportamiento que observara en la acción sostenida con los insurrectos en 11 de mayo último, en Jimaguayú, se ha concedido el grado de teniente coronel al comandante José Ceballos Urrutia, el empleo de médico mayor al graduado primer ayudante del mismo batallón Genaro Rodríguez, la cruz de la clase al capitán del Regimiento de Infantería n.º 2 Francisco Sabondo, el grado de comandante a los capitanes Constantino Hernández y Rafael Vasallo».

57 Corrobora la anterior afirmación, que ya ha sido hecha en otras partes de esta obra, la siguiente carta: «Nueva York, junio 15 de 1893: señor director de *Patria*. Muy señor mío y estimado amigo: Al llegar a esta ciudad el 7 del corriente, he visto con tanta sorpresa como indignación, porque injustamente se ataca a mi decoro político, que se le haya dado una interpretación torcida y maliciosa a mi entrada ocasional que hice al jardín de la quinta de "Los Molinos" en compañía de mi hija, el 12 del pasado en La Habana, en ocasión en que allí celebraban una fiesta en obsequio de la infanta doña Eulalia. Mis amigos, mis co-

a Figueredo, en que aquél se refería a Ignacio Agramonte. Entonces, el general le contestó en la forma que vamos a ver y le acompañó párrafos de su *Diario de campaña*. Estos documentos, originales, los hemos leído con unción patriótica y fervor religioso en la valiosa biblioteca que la Sociedad Económica de Amigos del País tiene en su casa de la calle de Dragones en la ciudad de La Habana.

Montecristi, 30 de septiembre de 1891.

Señora Amalia Simoni de Agramonte.

Señora mía: Siento muy mucho que no me sea posible complacer a usted remitiéndole la carta que desde Camagüey dirigí a Félix Figueredo a Oriente.

Recuerdo que le decía, lleno de entusiasmo, hechos y cosas de Camagüey y finalmente del general Agramonte; pero apenas recuerdo confusos conceptos.

Sin embargo, para llenar en parte los deseos de usted, le adjunto copia de algunas páginas de mi *Diario de la guerra*, donde están expresadas mis primeras impresiones al llegar al Camagüey y mis juicios respecto al heroico soldado de la Libertad, su digno esposo de usted. S. S. que besa sus pies.

Máximo Gómez.

Apéndice:

No obstante que quizá usted pueda saberlo, por sus muchos amigos que acompañaron al acto, un día se levantó un acta fúnebre con la fecha y los detalles del

---

nocidos, la sociedad entera, nos llenó de invitaciones para las fiestas de aquellos días en la capital de la Isla, a ninguna asistí, porque no debía, porque no quería asistir. La primera tarde de referencia paseaba en compañía de mi hija por los alrededores de dicha quinta despreocupada por completo de la celebración que allí se verificaba. Encontramos a nuestros distinguidos amigos don Federico Mora y don José Jerez y sin intención seguramente por su parte, y muy ajena de la nuestra, penetramos en el jardín como continuación del paseo que teníamos emprendido, porque ese jardín es del dominio público. Pronto hube de comprender, por las insinuaciones que se nos hicieron para que pasáramos al cuarto de recepción, que aquello tenía un carácter que hacía allí penosa mi presencia. Salimos inmediatamente y por tanto, no saludé a los infantes, ni siquiera vi a la infanta. Eso es cuanto ha pasado, que dejo al juicio del público. Inútil es toda otra explicación. Los que aman la memoria del que yo tanto amé, cuyo recuerdo venero, son los llamados a hacerme justicia. A ésta apelo en situación tan penosa como ha estado mi ánimo al ver comentar cruel y despiadadamente un mero incidente ocasional. —Soy de usted segura servidora y amiga. —Amalia Simoni viuda de Agramonte».

fatal suceso y puesta en una botella, bien tapada, la enterraron en el lugar, que según sus compañeros en el combate, cayó el general.

Después, para que quedara bien marcado aquel lugar, levantaron un panteón a tierra viva. Todo debe estar allí, Jimaguayú. Para los fines que convenga. Gómez. Copiado de mi diario.

Año 1873. Julio primero.

He llegado a San Diego, primer punto de Camagüey donde acampo después de una marcha tan larga y fatigosa. Francisco Sánchez Betancourt es el primer camagüeyano que he visto, y con éste tomo informes de la zona donde actualmente puede encontrarse el general Sanguily, jefe que de interino sujeta el mando de este Departamento.

Día 3 de julio. Me dirijo al campamento de Reeve, donde llego el 5. He sido recibido por este jefe y su pequeña escolta de caballería con una atención y cortesía admirables. He quedado admirado del espíritu y buen orden de esta gente. Veo reflejarse en ellos el carácter del jefe muerto. A la vista de la escolta de Sanguily y de la que fue del Mayor me conmuevo profundamente, pues aquellos hombres visten luto en el alma.

Al dirigirse a las tropas formadas les dice:

Jefes, oficiales y soldados. Designado por el gobierno para ponerme al frente de vosotros, vengo lleno de confianza en mis aptitudes a cumplir este mandato y con más razón cuando es muy difícil sustituir bien al Mayor general Ignacio Agramonte. Día 10. Ya han concentrado todas las tropas. Hoy a las ocho de la mañana he pasado revista a 500 jinetes y 800 infantes. Son anexas las tropas de las Villas que el general Agramonte había organizado e incorporado.

A la vista de este pequeño ejército, pero bien ordenado y organizado, no era por menos que sentirse vivamente preocupado con el vivo recuerdo del general Agramonte. Su presencia se refleja en todo esto. Lamento no haberle conocido. Pocos podrán cual yo, apreciar la pérdida que ha sufrido la revolución con la muerte del general Agramonte. Es regla general que en el soldado se han de ver, como de relieve, marcadas las condiciones morales de su jefe, y en estas tropas se notan el hábito de disciplina, moralidad y orden, que eran sin duda una de las primeras cualidades de aquel carácter.

Los españoles no saben una cosa, y es que Agramonte, inspirado en un puro patriotismo, dejó asegurada la Revolución en este punto. Agramonte les hará tanto daño muerto como vivo. Por mi parte, he encontrado el instrumento templado, y mi fortuna estriba en arrancarle buenas notas.

¡Ah! ¡Cómo no nos unió el destino en el campo de batalla! ¡Yo le hubiera hecho vivir para la Patria antes que morir para la gloria! Céspedes no tuvo buen ojo, como Napoleón I; si no no se malquista con Agramonte, o como Bolívar, hubiera podido ver a un futuro Sucre cubano. Consigno estos pensamientos bajo las más sensibles impresiones. Ocupada toda el día mi tienda por jefes y oficiales que han venido a visitarme (saludarme), el tema de las conversaciones ha sido la muerte de este hombre tan sentido. Un oficial de limitados alcances, ha dicho: «¡Qué desgracia que el Mayor tuviera que morir, para saber nosotros que le queríamos tanto!». Nadie es capaz de saber los grados de egoísmo que guarda el corazón humano. Yo me he sentido a la vista de todo esto casi envidioso del general en su tumba.

Sin duda estos hombres se habían batido siempre por un sentimiento, en lo adelante se batirán por un recuerdo también.

Aquel hombre, hijo de esta tierra, que solo a sus propios recursos atenido y sin nociones militares de ningún género, juzgo, por lo que he encontrado hecho, que se había colocado en primera línea de todos los generales que combatimos, pues los conozco a todos. Estaba llamado, en lo porvenir, a ejercer grandes y altos destinos en su Patria.

Máximo Gómez.

Este hermoso documento, hecho y firmado por quien es sin disputa el primero de nuestros generales, constituye el más certero y valioso juicio que se haya pronunciado sobre Ignacio Agramonte como hombre de guerra. Leyéndolo nos parece ver aquella figura, gallarda e imponente del Mayor, dirigiendo los trabajos de organización militar, presente luego en los campos de ejercicio, hablando a sus hombres para marcarles la ruta del honor e infiltrarles en el alma el patriotismo y llevándoles, por último, al combate, en donde se destacaba el primero, siempre dando con el ejemplo la ley del valor y del sacrificio.[58] Por eso pudo formar el cuerpo formidable de tropa que legara a Gómez y que permitieron a este otro guerrero excepcional deslumbrar al mundo americano con el rosario interminable de victorias que muestran esas campañas de los años 1873 y 1874.[59]

Alejandro Magno no hubiese podido conquistar a Grecia y Asia si no hubiese habido un Filipo que creó y organizó la invencible falange macedónica, con la que aquél llegó a dominar al mundo. De igual modo si a Federico «El Grande» no hubiese precedido un rey sargento, que formó el ejército prusiano, la Europa del siglo XVIII no habría contemplado, asombrada por la audacia, la técnica y el valor, el fenómeno militar de la guerra de siete años, en la que una pequeña nación pelea airosamente con el resto de todo el continente. De igual manera el general Máximo Gómez no hubiera dejado para la historia un «Palo Seco», ni Cuba anotaría en el calendario de sus hechos de guerra ese tríptico que forman el «Naranjo», «Moja Casabe» y «Las Guásimas de Machado», si el destino no llega a poner al frente de las tropas camagüeyanas durante aquel trienio 71 a 73 el carácter, el corazón y la inteligencia singulares que levantaron muchos codos por cima de las cumbres gloriosas de su tiempo la personalidad insigne de Ignacio Agramonte y Loynaz.

---

58 Trujillo, hablando de Agramonte, decía que era un hombre símbolo; que lo que lo exaltó, lo que le sublimó ante el ejército fue su carácter pontificio al par que guerrero. Recuérdese la cita que hace Sanguily del americano que vio a Agramonte en el campo insurrecto y dijo que el caudillo le había parecido a lo que se imaginaba del Apóstol San Juan.

59 En pos de otros documentos sobre Agramonte hemos acudido al erudito historiógrafo cubano doctor Benigno Souza, quien en amable carta de 9 de febrero de 1936, nos dice lo siguiente: «Aún cuando he examinado el archivo del general Gómez, no he encontrado documento ninguno, con excepción de las notas de su *Diario* a que usted hace referencia».

Libro sexto

Como una advertencia a los espíritus descreídos, como una llamada que viene de lo alto, allí, en los campos de «Jimaguayú», donde el 11 de mayo de 1873 cayera a tierra para alzarse al cielo el fundador de la República, se dieron cita los cubanos de 1895 y promulgaron la constitución que se llamó de «Jimaguayú», superestructura de la segunda República, allí, en el propio lugar donde había caído, entre resplandores de gloria, veintitrés años antes, el Catón de nuestras instituciones políticas, el fundador primero de la República de 1869.

Función del héroe y del caudillo en la historia. Doctrinas de Hegel y Carlyle. Condiciones esenciales de todo caudillo. La patria es la encarnación de la justicia. Los grandes justos en la historia. Junio Bruto. Timoleón. Agramonte. Agramonte un personaje kantiano enraizado en la metafísica platónica. La axiología y los valores espirituales. La tragedia escisoria de que habla Goethe. Paralelo entre Martí y Agramonte. Descripción del personaje. El temperamento del Mayor. Queda probado que la milicia no constituía el medio donde debía desarrollarse su vocación vital. Lo constituía la política. Estudio de siete momentos en la vida política del Mayor. Agramonte en la Asamblea de Minas. Como Miembro del Comité Revolucionario del Camagüey. En su primera entrevista con Céspedes. Como Miembro de la Asamblea de Representantes del Centro. En la formidable proclama del 17 de marzo de 1869. Como Miembro de la Cámara de Guáimaro. En el Horcón de Najasa. Juicio final.

El héroe y el caudillo representan y encarnan los ideales y sentimientos de la época histórica que viven y que llenan de contenido, con su lucha, sirviéndose del material humano, dócil y maleable, que pone en sus manos la Providencia, para que se realicen sus altos destinos. Las masas y el héroe siguen un curso fatal, decretado por Dios. Ambos cumplen la Voluntad Divina llenando cada uno su misión.

Las doctrinas coincidentes de Hegel y Carlyle, afincada la primera en el idealismo absoluto del maestro, lo que le separa un tanto del estudio de los individuos, y le acerca al de los pueblos, hallando en ellos, al través de la

Historia, en los elegidos, el espíritu del mundo y descansando, la segunda, en la exploración de los sujetos, hombres providenciales a quienes corresponde el derecho de gobernar las sociedades, se orientan hacia este concepto histórico-teleológico.

Hegel, no obstante, viene a los hombres históricos y dice de éstos, que hacen del contenido de la historia su fin, hallan éste en el espíritu oculto que llama a la puerta del presente, espíritu subterráneo que no ha llegado aún a la existencia actual, a la cual ellos lo traen, porque son los clarividentes, los que saben lo que debe hacerse, los que hacen lo justo.

Nosotros pensamos que ese espíritu que está a la puerta del presente, desde el momento en que éste ha llegado; pero necesita quien lo infiltre a las masas y el que cumple esa misión providencial es el hombre superior.

Como toda mutación histórica no se verifica sino dolorosamente, por los medios de la lucha, ese conductor providente de las fuerzas sociales las ha de llevar al palenque de la pugna; por eso el caudillo ha de reunir condiciones excepcionales de talento y probidad, con las cuales penetra en el alma de la masa, la que con intuición maravillosa, propia de la multitud, pronto lo descubre y lo sigue, como elegido, en pos de la justicia.

Ese hombre que sigue la fórmula de Fabio Máximo: «Los padres y los hijos están en segundo lugar; las leyes y el bien de la patria en el primero» y lo deja todo por la patria y por la libertad, no es más que un apóstol de la justicia.

La patria es la justicia; por eso el hecho histórico prueba que cuando un pueblo se ve tiranizado los ciudadanos según pierden las posibilidades de vencer al déspota claman por la intromisión extraña, aun a costa de la misma pérdida de la soberanía, ya que lo característico de ésta es la libertad de los individuos que constituyen las células del estado.

Y la historia pródiga nos ofrece ejemplos de estos hombres superiores; de estos justos, en aquel Lucio Junio Bruto, que por la justicia condena a muerte a sus hijos y va luego a presidir su ejecución; en aquel Timoleón que concurre a la muerte de su hermano, cuando se erige en tirano de la patria y en aquel, cubano que se llamara Agramonte cuando, recién casado, abandona a la mujer que adora con la ternura que Petrarca tuvo para su Laura, «a quien en los veintiséis años que sobrevivió no dejó de recordar un solo día», y marcha al campo revolucionario en el cumplimiento de su destino histórico.

Agramonte eligió entre la dicha, que se le ofrecía de un lado, y el sacrificio, que se le mostraba de otro, éste, que le imponía la lucha y el martirio. Hemos dicho que eligió la lucha ciertamente cumpliendo su destino, porque nada hay sobre la tierra que no haya sido previsto y dispuesto por el Ordenador Omnisciente y Todopoderoso de la creación, causa primera de todo ser y de todo hecho.

Aquel hombre subordinaba el tener que ser de su vocación vital, que le armaba para la arena encendida de la tribuna pública, al deber de ser de la regla moral; era un personaje kantiano; enraizado en la metafísica platónica; como kantiano seguía la ley moral, dada para los hombres racionales, obedecía al imperativo categórico de su conciencia, sentía la grandiosidad de su destino y vencía a las fuerzas de la naturaleza a cuya gravitación, como hombre empírico, no podía sustraerse; como platónico, veía el orbe de objetos ideales, existentes en sí y por sí, y a ellos, mónadas de justicia, se sacrificaba, con lo que revelaba los elevados valores de su espíritu, los cuales según la axiología, Kerler, reposan en el desprendimiento: «La vida no encierra valor porque la gastemos y gocemos sino porque nos damos, servimos y nos sacrificamos». Agramonte es un tipo digno de la axiología; a él hay que comprenderle y no entenderle, en el sentido filosófico de estas frases: comprende el sentimiento, órgano cognoscente del valor, solo por sus vías se puede llegar a la majestad del insigne personaje camagüeyano.[60]

Tenemos afirmado, desde el principio de este trabajo, que Agramonte no encontró ese su destino íntimo, que debemos separar del otro, del destino histórico, u objetivo, pues aquél lo realiza el ser cuando desarrolla su vocación, cuando goza, y en toda la vida de nuestro biografiado en la manigua, se advierte ese dolor de la tragedia escisoria, del hombre escindido, de que nos habla Goethe. No hay más que una carta de Agramonte, desde el campo, en que se muestra jubiloso. Toda su correspondencia acusa angustia, dolor; el dolor que se sufre cuando el alma se escinde.

---

60   Esto explica la extraordinaria, subyugadora simpatía que por el gran caudillo experimenta la mujer cubana, superior, sin discusión, a la ejercida por ningún otro prócer, ni aún siquiera por el Apóstol mismo; es porque en la mujer, de las tres potencias del espíritu: sentimiento, inteligencia y voluntad, predomina la primera.

Si comparamos a Agramonte con Martí, veremos cómo el Apóstol marcha alegre al sacrificio, va a la Revolución como a un paseo y se inmola, en aras de su ideal, con la fe y la santa alegría de los apóstoles; su máximo deseo consistía en «pegarse al último tronco, al último peleador, morir callado».

Así le vemos en sus cartas de la manigua:

Hasta hoy no me he sentido hombre, he vivido avergonzado y arrastrando la cadena de mi patria toda mi vida. La divina claridad del alma aligera mi cuerpo.

Y luego, hablando de la marcha, dice:

La dicha era el único sentimiento que nos poseía y embargaba. Nos echamos las cargas arriba, y cubiertos de ellas, empapados, en sigilo, subimos los espinares y pasamos las ciénagas... Ya estaba el rancho de yaguas en pie, veo saltar hombres por la vereda de la guardia, ¡Hermanos!, oigo decir y nos vemos en brazos de la guerrilla baracoana de Félix Ruenes. Los ojos echaban luz y el corazón se les salía.

El crítico advierte cómo al apóstol le bañaba el júbilo y cómo aquella alma entregada al sacrificio realizaba plenamente su vida íntima, porque el gozo se le sale por las palabras del discurso; en este caso singular de Martí su destino íntimo se identifica plenamente con su destino histórico.

Agramonte, en cambio, sufre en la campaña y esto agiganta más su figura de virtuoso kantiano, no hallándose un personaje de la antigüedad que le sobresalga. Para él, como para Arístides, no había oro que igualara la libertad y el decoro; él sacrificaba el néctar de su felicidad, por la causa de la justicia. Pero no se le confunda con el personaje estoico, porque para éste la virtud ética es lo primero; el sabio es el virtuoso en sí y la posesión de esta virtud lo hace feliz; «todos mis bienes están conmigo», dice el estoico, al perder sus propiedades, su familia y su patria.

Ignacio Agramonte fue dotado admirablemente por la Providencia, en él se hallaban hermanadas la dulzura con la energía más indomable, realizando el ideal de Domingo de Soto, «amable por la dulzura de tus palabras y terrible por el celo de tu justicia». Amaba la justicia como Arístides, por ella lo abandonó todo y marchó a la manigua irredenta;[61] pasional tenía de Petrarca y de Leopardi; su carácter le emparejaba con el de Utica, él también se hubiese atravesado con la espada por no caer prisionero de César; pero por encima de todo encarnaba el ideal romántico del caballero de leyenda, generoso, magnánimo y audaz, dispuesto a ofrecer la vida ante los altares de esa religión del pundonor y la hidalguía que llevaba inscriptos en su escudo inmaculado.[62]

Su temperamento ni colérico ni sanguíneo tenía, más del primero que del segundo, ese afán tenso de dominio que le vemos desde sus primeros pasos en la vida, cuando marcha al campo de ejecución de Agüero, cuando le dice a su novia que su amor es superior al de ella y cuando le sale al encuentro al presidente Céspedes; esa violencia en la reacción a la actitud de éste matizan el carácter colérico del temperamento, que tiene del sanguíneo menos el placer de vivir que el criterio normal para ponderar las cosas de la vida. Convencidos de que no es posible estudiar el carácter de una persona sino oteando en todas las facetas de su vida, captando sus múltiples actitudes en el escenario de la existencia, multiplicando los puntos de referencia, hemos traído a la biografía del Mayor todos los detalles de su vida que nos ha sido posible acopiar para afirmar que este hombre singular cumplió su destino histórico; pero frustró su destino íntimo. Se nos antoja otro Goethe

---

61 Dice Manuel L. de Miranda en carta a Coronado de *La Discusión*, de 21 de febrero de 1912, lo siguiente: «Durante su vida de estudiante y permanencia en La Habana, frecuentaba Agramonte el gimnasio, y tomó lecciones de esgrima de un maestro afamado, llegando a ser magnífico tirador de florete, temible en el manejo de la espada y certero en el del rifle; llamaba la atención por su agilidad y fuerza. Levantaba pesos que pocos hombres de su edad podían levantar, sin que se notara en él agitación ni esfuerzo alguno».

62 Dice Aurelia Castillo de González que la noche en que Agramonte llega a su casa de Arroyo Hondo, a ver a su mujer recién parida, se tiende al pie de la liberta, porque el cuarto de la enferma estaba lleno de mujeres que descansaban. Al llegar el día se acerca al lecho de Amalia, Ana Betancourt, esposa de Ignacio Mora y la enferma le dice: «Me encuentro muy bien y me parece haber sentido llegar a Ignacio». Ana abre la puerta y lo encuentra en un estado de extraña agitación. «¡Levántense pronto —grita a las otras— y salgan, que aquí está un hombre desesperado por abrazar a su mujer y conocer a su hijo!» Refiere Rodríguez García en su trabajo *De la revolución y de las cubanas en la época revolucionaria* que cuando Marta Abreu, desde París, o desde Bayona, giraba gruesas cantidades a Tomás Estrada Palma, la firma que usaba era «Ignacio Agramonte». Era la simpatía de la mujer cubana hacia aquel caballero de leyenda.

buscando, «ya en el noveno lustro, los caminos de su vida, cuando había llegado a superiores grados de excelsitud literaria y filosófica».[63]

Que Agramonte no tenía vocación para la milicia y que detestaba la guerra y los soldados es cosa no solo implícita en sus aptitudes, sino explícita en sus declaraciones. Así se lo dice a su mujer en la carta que ya conocemos: «Qué pesados me están pareciendo la guerra y los fusiles». Así lo repite constantemente a ella, quejándose amargamente de la separación, que la guerra les impone. Así lo refiere Martí:

> Jamás, Amalia, jamás seré militar cuando acabe la guerra. Mira, Amalia: Aquí colgaré mi rifle y allí, en aquel rincón, donde le di mi primer beso a mi hijo, colgaré mi sable.

Que la vocación del Mayor estaba en la tribuna y en la política lo prueban esa tesis de grado con que se conquistó en el acto la simpatía de sus jóvenes oyentes; aquellos sus éxitos tribunicios en el Liceo de La Habana donde se aplaudió su verbo fluente, severo y enérgico. Reunía las condiciones físicas del tribuno y llevaba de compañera inseparable la primera cualidad para vencer: La verdad. Con la verdad y la justicia de la mano triunfó en la Asamblea de Minas, de la que se retiró maltrecho y desilusionado Napoleón Arango; con ellas llevó a Céspedes a la asamblea de Guáimaro e impuso aquí el noble ideario que albergaba su pecho, un tanto romántico, un poco irreal; pero noble y puro, como los principios que orientaban su vida.

Allí en la tribuna política realizaba el Mayor su vocación para la que tenía, además, dotes excepcionales; pero el destino histórico le salió al paso y frustró su destino íntimo, su vida íntima. Por eso le vemos escindirse, quebrado por la angustia, durante esos cinco años de guerra, impedido de realizar su vocación y separado de la mujer que amaba, con la ternura y la pasión que manaban de su corazón grande, hasta que la muerte, madre amorosa de los héroes, le extendiera sus brazos acogedores y graves y se

---

63 Vida frustrada no significa en este caso esterilidad; al contrario, su vida fue útil, lo que prueba su obra; pero, a la luz de la psicología de Goethe, si bien excepcionalmente útil, en el orden objetivo o histórico en el orden subjetivo, o íntimo, fue una vida frustrada, ya que se pasó de ordinario en la agonía.

lo llevara, sin sufrimiento y sin martirio, al trono de gloria que ya le habían conquistado sus virtudes ejemplares.

Conocidas la vocación y las dotes del Mayor le vamos a estudiar como político, en siete momentos culminantes de su vida: En la Asamblea de Minas; como miembro del Comité Revolucionario del Camagüey; en su primera entrevista con Céspedes; como Miembro de la Asamblea de Representantes del Centro; en la formidable proclama de 17 de marzo de 1869; como miembro de la Cámara de Guáimaro y en el Horcón de Najasa.

Allí en Minas, la palabra elocuente, virtuosa y persuasiva de Ignacio Agramonte frustró los planes pacifistas de Napoleón Arango y arrastró al Camagüey a la guerra, con aquel su apóstrofe formidable:

> Acaben de una vez los cabildeos, las torpes dilaciones, las demandas que humillan: Cuba no tiene más camino que conquistar su redención, arrancándosela a España por la fuerza de las armas.

La historia probó luego, con los hechos, que hablan el más elocuente de los lenguajes, la clara visión de aquel joven abogado y la certeza de sus palabras. Y un argumento de probabilidad extrínseca o testimonio doctrinal corroboró su afirmación, pues todos los cubanos de valer se declaraban partidarios en aquel período de nuestra historia de la lucha armada contra España.

Una vez que los camagüeyanos acordaron la guerra se constituyó el Comité Revolucionario de Camagüey, designándose para él a Ignacio Agramonte con Salvador Cisneros y Eduardo Agramonte. La labor de este Comité Triunviral, en el orden administrativo, la hemos expuesto ya en los primeros libros de esta obra. Pero su labor política, esencialmente política, es más importante todavía. La vida de este Comité marca la entrevista en diciembre, y en el pueblecito de Guáimaro, de las dos figuras cumbres de la Revolución en Oriente y Camagüey; de Céspedes y Agramonte. Allí quedó de relieve el sentido político de cada uno de los dos caudillos. Céspedes propugnaba la dictadura y la instauración de un gobierno militar, hasta obtener la independencia. Agramonte, en cambio, exigía la constitución de una República sobre base democrática.

De ahí que la reunión de ambos no diera otra cosa que el conocimiento de los puntos de vista respectivos, separándose los personajes hasta que acontecimientos posteriores, dirigidos con fortuna para Cuba, determinaron la unión de todos los insurgentes en Guáimaro, sobre la plataforma de una Carta Constitucional como pedían los camagüeyanos, dirigidos principalmente por Agramonte.

En 27 de enero de 1869 el Comité Revolucionario de Camagüey se eleva al Empíreo de la generosidad y la nobleza ordenando a los comisionados de Dulce regresen a Nuevitas, «pues ni aun en justa represalia olvidan los cubanos su fe empeñada», cuando aquellos sicarios de España en Camagüey habían asesinado al malogrado Augusto Arango.

Como miembro del Comité Revolucionario, vemos a nuestro biografiado, de seguro, redactando la respuesta a una comunicación de la Junta Revolucionaria de La Habana, cual respuesta que pasamos a insertar lleva el espíritu recto y el estilo inconfundible de Ignacio Agramonte y Loynaz:

A la Junta Revolucionaria de La Habana.

Esta Corporación ha recibido la comunicación de ustedes fecha 17 de enero que trajo nuestro comisionado y se congratula y regocija porque los hermanos que en La Habana trabajan se hallan animados de los mismos deseos y experimentan el mismo ardor por el bien de Cuba de los patriotas de Camagüey.

Concluye su comunicación diciendo que al dirigirse esa Junta a la del Camagüey es en el concepto de que ésta depende del Gobierno Provisional de Bayamo, a cuya cabeza está el ciudadano Carlos Manuel de Céspedes.

No hemos leído esas palabras sin un profundo sentimiento porque no dependemos del ciudadano Céspedes y tanto mayor es ese sentimiento cuanto que estamos resueltos los camagüeyanos a no depender jamás de dictadura alguna ni a marchar por el sendero que ha trazado la primera autoridad del Departamento Oriental. Amamos la unión estrecha de todos los cubanos y sin ella no concebimos el bien de Cuba, pero esa unión no puede tener otra base que la de las instituciones democráticas y no podemos ni debemos cimentarlas sobre el capricho o la voluntad de un hombre, porque tanto valiera el régimen que condenamos en los opresores de Cuba y que nos lanzó a la revolución.

En el orden racional podríamos demostrar lo absurdo de la dictadura y los males que acarrea a un pueblo renunciar a su derecho y hasta el pensamiento para entregarse a un hombre por bueno que éste sea. En el orden histórico podríamos comprobar cómo jamás produjo otro fruto para los pueblos que la tiranía y el imperio del capricho. Pero no es eso solo; la dirección dada por el jefe del Departamento Oriental a los negocios públicos no puede satisfacer las elevadas satisfacciones de los habitantes del Centro. El ciudadano Céspedes ha establecido en un todo la administración española que con su desmedida descentralización corta el libre ejercicio de la acción individual y que con su párrafo de empleados da pábulo a la desmoralización y consume el tesoro público.

El Departamento del Centro quiere que al propio tiempo que los cubanos derroquen al caduco despotismo el poder civil y las bases del orden democrático vayan levantándose firmes y sólidas para que a medida que triunfemos reemplace el bien al mal, la libertad a la opresión y como nuestra convicción profunda no nos señala otra marcha racional y acertada, infatigables hemos insistido e insistimos con Carlos Manuel de Céspedes para que, renunciando a las prerrogativas y facultades omnímodas con que se ha revestido, constituyamos el Gobierno Provisional Republicano, acatando y reconociendo todos los derechos del Pueblo. El Comité Revolucionario del Camagüey.

Terminaremos la admirable labor política del Comité Revolucionario del Camagüey, que marca un momento en la vida política de nuestro biografiado, transcribiendo un juicio acertadísimo de Vidal Morales y haciendo mención a aquel acto de humanidad singularísima por el cual se opuso el Comité al Decreto del general Quesada de 13 de febrero de 1869; por el que éste mandaba a fusilar 135 prisioneros españoles a fin de evitar la fuga de los mismos, lo que venía acaeciendo. Aquí se destacaron egregiamente aquellas dos personalidades, Salvador Cisneros e Ignacio Agramonte, y desautorizando al general en jefe desaprobaron la ejecución de tan sangrienta como estúpida medida, reivindicando los fueros de humanidad y levantando el prestigio moral de la Revolución.

Vidal Morales, por su parte, dijo:

El Comité Revolucionario del Camagüey prestó grandes servicios a la patria naciente, consagrándose a velar para que los hombres que aceptaron la revolución respetaran recíprocamente sus derechos. Uno de los abusos más grandes que reprimió fue la facultad de formar partidas, lo que si bien podía considerarse como patriótico cuando no había ejército organizado, desde el momento que ese ejército existió, dispuso dicho Comité que todo el que abrigase el noble deseo de servir a la Independencia de la Patria, se afiliase al Ejército Libertador.

El Comité entendía que la revolución de Cuba no significaba solo la separación material de España, sino un cambio completo de instituciones.

Desacreditadas las antiguas, decían, por la moral, la ciencia y la observación, las nuevas serán el reflejo de los elevados principios que constituyen hoy el hermoso credo de la Democracia.

Estos hombres del Camagüey, dotados de pureza y probidad insuperables, no sabían detentar los cargos públicos, lo que tan admirablemente conocen los embaidores y ramplones que nacieron con este siglo XX, y así cuando los Miembros del Comité vieron que la Revolución crecía en su distrito, estimaron necesario que el mandato a ellos conferido, por los legionarios de noviembre del 68, fuera ratificado por los crecidos núcleos rebeldes que ya había en la manigua, o encomendados a otros compatriotas. De aquí las elecciones de fines de febrero de 1869 en las que resultaron electos para la Asamblea de Representantes del Centro, que así se llamó la nueva corporación, Salvador Cisneros, Ignacio Agramonte, Eduardo Agramonte, Antonio Zambrana y Francisco Sánchez Betancourt.

El primer Decreto de esta Asamblea fue el de abolición de la esclavitud. De él dijo Manuel Sanguily que constituía la más decisiva conquista de aquella década olímpica.

Siguiendo las corrientes políticas de la época, la Asamblea no pudo sustraerse al estudio del problema anexionista. Así en 6 de abril dirigía al general Banks la siguiente comunicación:

Ha llegado a nuestro conocimiento que en una de las últimas sesiones del Senado se autorizó por excitación de usted al presidente de los Estados Unidos para que reconociera la Independencia de Cuba. La Asamblea de Representantes del Centro tiene un gran placer en manifestar a usted que sus nobles esfuerzos en favor de nuestra redención han producido en el pecho de los cubanos un vivo y profundo sentimiento de gratitud.

El nombre de usted era antes de ahora para nosotros el de un verdadero liberal y de un patriota distinguido; pero de aquí en adelante será un nombre especialmente respetado por los cubanos.

Cuba desea, después de conseguir su libertad, figurar entre los estados de la Gran República; así nos atrevemos a asegurarlo interpretando el sentimiento general. Puede usted estar seguro que, si los Estados Unidos no se apresuran a proporcionarnos sus valiosos auxilios, una larga guerra mantenida con un enemigo que conociendo su impotencia tala y destruye los campos que ya no volverá a poseer, ha de cubrir de ruinas nuestro hermoso país. A la gran República, como defensora de la libertad, como nación a cuyos brazos nos lanzaremos terminada la guerra, y como protectora de los destinos de la América, le corresponde en rigor, dar con su influjo un término inmediato a esta horrible contienda.

Cualquiera, sin embargo, que sea su futuro proceder, conservaremos con agradecimiento el recuerdo de lo que usted ha hecho en pro de nuestra Independencia. Camagüey, abril 6 de 1869.

Salvador Cisneros. Francisco Sánchez. Miguel Betancourt. Ignacio Agramonte. Antonio Zambrana.

Evidentemente Agramonte, en este momento histórico, no hizo otra cosa que incorporarse a la corriente de opinión reinante en aquella época en nuestro país. Pero habiendo estudiado, prolija y profundamente, su vida, no le hemos encontrado otro momento en que ratifique este ideario anexionista, cuya, explicación encontrará el lector en el primer libro de esta obra.

Inscribe la Asamblea como primer hecho glorioso en sus anales el haberse acercado a Céspedes, para convencerle de lo conveniente que era a los comunes intereses organizar la República y unir los gobiernos revolucionarios. En la entrevista que celebraron en Oriente, Agramonte insistió, defendiendo los derechos fundamentales del ser humano, en la abolición de la esclavitud, propugnó la separación de los poderes civil y militar, y sobre todo se empeñó en la promulgación de una Carta Constitucional. De esa entrevista dijo Manuel de la Cruz que en ella

> se reconocieron y recíprocamente se midieron los dos más ilustres adalides de la Independencia, iniciándose el desacuerdo, el antagonismo de aquellos caracteres, que más tarde habrá de tomar las proporciones de un duelo entre dos voluntades de hierro.

Ligada a la vida de la Asamblea la actitud de Napoleón Arango, llega el momento de estudiar la conducta de nuestro biografiado en relación con aquel incidente. Conocido el propósito, decidido y tenaz, por parte de Napoleón Arango, de terminar la lucha armada, fue acusado del delito de alta traición ante el Comité Revolucionario del Camagüey, quien dispuso que la Corte Marcial hiciese una investigación, de la que salió procesado y en la que se decretó su detención. Por estos hechos Agramonte dirigió a los camagüeyanos aquel manifiesto comparable a las filípicas formidables de Demóstenes o a las catilinarias de Marco Tulio. En él pone en descubierto a Napoleón Arango, defiende las instituciones democráticas y entre ellas la independencia de los tribunales, cuyo fuero estima sagrado: «Para la debida separación de los poderes se nombró una corte marcial compuesta de tres jóvenes distinguidos de La Habana conocedores de la Ciencia del Derecho», dice en aquel documento, destacándose aquí el político puro, a lo romano, y grande como los griegos de los tiempos de Temístocles. Llama a las armas libertadoras «conquistadoras de la honra», con lo que nos explica su sacrificio y promulga su ideario de igualdad cuando, emparejándose a Dante, «doquiera hay virtud existe nobleza, mas no a la inversa», dice: «a un lado los insensatos fueros de familias; no se trata de los allegados de Napoleón Arango, se trata de éste».

El 7 de febrero de 1869 millares de villareños lanzan el grito de guerra contra España y envían de inmediato sus delegados a Céspedes; pero al ponerse en contacto con los hermanos de Camagüey aceptan las bases políticas de la Asamblea de Representantes del Centro; así, cuando Céspedes llega a Guáimaro, ya convencido por Ignacio Mora, de que debía ceder en sus empeños dictatoriales y constituir la República que Camagüey le pedía, es escoltado por el glorioso polaco Carlos Roloff con sus fuerzas villareñas, desde el río inmediato al pueblo hasta el propio Guáimaro. Y allí, a la primera entrevista, nacía la gloriosa República del 69, alentada e inspirada por el genio político de Ignacio Agramonte, cuyo triunfo revistió los caracteres de la apoteosis.

Allí, el 10 de abril, reunidos los representantes de Camagüey, Las Villas y Oriente, bajo la presidencia de Céspedes, se constituyó el gobierno de Cuba Libre habiéndose acordado:

que los representantes reunidos en dicho lugar para establecer un Gobierno general democrático en virtud de las circunstancias porque atravesaba la Isla, se consideraban autorizados para asumir su representación total y acordar lo que fuera conducente al indicado objeto, con la reserva de que sus acuerdos serían sometidos, para su ratificación o enmienda, a los representantes de los diversos pueblos pronunciados, y de que más tarde, cuando fuera posible, y el país se encontrara legal y completamente representado, estableciera en uso de su soberanía la Constitución política que entonces hubiera de regir. Que la Isla de Cuba se considerara dividida en cuatro estados: Occidente, Las Villas, Camagüey y Oriente, y se encomendó a los secretarios un proyecto de ley político, concluyendo el acto después de otros acuerdos.

Antonio Zambrana e Ignacio Agramonte cumplieron en el día la eminente y trascendental misión, ya que eran los secretarios de la asamblea, y a las cuatro de la tarde presentaban su proyecto de Constitución que aprobado, en conjunto, sufrió ligeras modificaciones. Veámosle la esencia: Soberanía del pueblo, división tripartita de los poderes del Estado, reconocimiento de la hegemonía del Legislativo, sumisión del Ejecutivo a los Tribunales de Justicia, independencia del Poder Judicial, promulgación de los derechos fundamentales de igualdad y libertad y sumisión de los militares al Poder Ejecutivo.

«Artículo 7. La Cámara de Representantes nombrará al presidente encargado del Poder Ejecutivo, al general en jefe, al presidente de las sesiones y demás empleados suyos. El general en jefe está subordinado al Ejecutivo y debe darle cuenta de sus operaciones.

»Artículo 8. Ante la Cámara de Representantes deben ser acusados cuando hubiere lugar, el presidente de la República, el general en jefe y los Miembros de la Cámara. Esta acusación puede hacerse por cualquier ciudadano. Si la Cámara la encuentra atendible, someterá al acusado al Poder Judicial.

»Artículo 22. El Poder Judicial es independiente. Su organización será objeto de una Ley especial.

»Artículo 24. Todos los habitantes de la República son enteramente libres. »Artículo 26. La República no conoce dignidades, honores especiales ni privilegio alguno.»

En esta Constitución vive el alma de Ignacio Agramonte. Defendiendo el más importante de los artículos atacados, demostró aquel hombre su devoción a la Justicia, cuando propuso el presidente su enmienda al artículo 22, pidiendo se diesen facultades al Ejecutivo para indultar a los delincuentes políticos; y al ver rechazada la misma solicitó se atribuyesen esas facultades al Poder Legislativo. Los autores expusieron:

que pudiendo ejercerse un gobierno tiránico lo mismo por una corporación que por un hombre, la principal garantía de las libertades públicas estribaba en la independencia de los Poderes, que esta independencia no era completa si las sentencias dictadas por los tribunales podían alterarse en algún sentido y que si bien la Cámara tenía el derecho de declarar amnistías generales, lo que por cierto no era necesario consignar detenidamente, semejantes amnistías no debían alcanzar a los condenados por los tribunales.

Con esta tesis admirable de Derecho Político se anticiparon los gloriosos autores del proyecto imperecedero a los criminalistas de la época y a los más esclarecidos filósofos de este siglo que intentan rescatar el ejercicio del derecho de indulto, para los tribunales de justicia, de las manos del Poder Ejecutivo.

Y cuando el marqués propuso, llevado por un mimetismo que tan funesto nos ha sido siempre, que cada Estado se hiciera sus propias leyes, como en los Estados Unidos, fue rechazada también la proposición por aquellos dos jóvenes juristas, que la juzgaron inaplicable a Cuba por la comunidad de intereses y de costumbre de todos los habitantes de la Isla.

De aquella Constitución decía Enrique Piñeiro «que cada sílaba era una chispa, cada artículo una llama y el todo un Sol de libertad que iluminaba con sus rayos la Isla entera y el Mar Caribe». Otros dos instantes debe el historiador crítico de subrayar en la actitud del Mayor en relación con el ideario de Guáimaro; cuando defendiendo la bandera de López y Agüero, que fue la tremolada por los patriotas de Camagüey, rebatió la tesis de Lorda, el que invocaba las leyes de la heráldica diciendo:

> no deben tenerse en cuenta en este caso, porque ellas arreglan los blasones y los timbres de los reyes y de los nobles, y la República puede gloriarse en desatenderlas intencionalmente.

Y luego, cuando luchaba por impedir que entre sus soldados se entronizara el sistema de saqueo en los asaltos a poblados indefensos diciendo:

> No hay que olvidar que estos soldados de hoy serán el pueblo de mañana, porque el desorden consiguiente a tales operaciones, quebranta la disciplina, desnaturaliza el carácter de la Revolución y desmorona la jerarquía militar tan imprescindible para formar un ejército; prefiero educar mis soldados desnudos y descalzos para la gloria, a vestirlos y calzarlos a costa de la respetabilidad de nuestra causa.

Veamos, por último, al Mayor Agramonte en el Horcón de Najasa, en los dos momentos del 15 y 16 de diciembre. En el primero, sensato y elocuente, defiende la tesis comedida y razonable de Quesada pidiendo más independencia y mayor iniciativa para el poder militar, que ahogaba con sus excesos la Cámara de Representantes; allí obtuvo Agramonte un triunfo decisivo. En el segundo momento, cuando Quesada, prevalido de su auxilio, y envalentonado con el triunfo del día anterior, pide las facultades del dictador, y al encontrarse enconada y ardiente oposición, por aquella asamblea de idealistas, vuelve sus ojos a Agramonte y le ofrece la lugartenencia del Camagüey si ponía sus extraordinarias dotes a su servicio, ayudándole en la discusión. Agramonte le vuelve la espalda, indignado y magnífico, y prorrumpe luego en la reunión de Representantes que él mismo convocara de inmediato: «Es necesario la deposición de ese miserable». Aquí contemplamos al desnudo aquel carácter que luego, generoso y magnánimo, pide a la Cámara le acepte la renuncia, para evitar el espectáculo lamentable de la deposición. Sabia medida política que tenía además la ventaja de no disgustar a Quesada, cuyas magníficas dotes de organizador de tanto sirvieran a la Revolución después.

Hemos estudiado en siete momentos de su vida política a Ignacio Agramonte; en esas siete cumbres de la montaña de su vida que confundía su cima con las nubes le hemos advertido aquella clarísima visión de los problemas políticos, sus facultades egregias para resolverlos, la pasión con que los acomete y el goce que experimenta en su labor. En todos la Diosa bien amada de la victoria coloca sobre sus sienes de elegido la corona envidiable del triunfador.

Ahora, vista su obra política, en la que se destaca Guáimaro como un Sol, donde alcanzó relieve pragmático el dogma que Agramonte acariciaba, queda probado lo que venimos afirmando desde el principio; la vocación del Mayor se hallaba en la arena política, para cuyas luchas estaba excepcionalmente dotado y en la que hubiera realizado su destino íntimo. Estúdiese esa Constitución de Guáimaro, redactada por él y por Zambrana, bajo el imperio de la urgencia, y se le descubrirá como ha dicho Sanguily; un romano de los gloriosos tiempos de la República. Todas las conquistas de treinta siglos estaban vaciadas en aquel Código, que será imperecedero porque se fraguó en el molde mismo de la más pura justicia.

Como una advertencia a los espíritus descreídos, como una llamada que viene de lo alto, allí, en los campos de Jimaguayú, donde el 11 de mayo de 1873 cayera a tierra para alzarse al cielo el fundador de la República, se dieron cita los cubanos de 1895 representando los cinco departamentos en guerra y en septiembre de este año promulgaron la Constitución que se llamó de Jimaguayú, superestructura de la segunda República, allí donde había caído, entre resplandores de gloria, veintitrés años antes, el Catón de nuestras instituciones políticas, el fundador primero de la República de 1869.

Fin

Apéndice

Homenajes tributados al Mayor

El día primero de abril de 1874 decretó el Gobierno de la República erigir un monumento al Mayor general Ignacio Agramonte: para cumplir esta disposición, en una botella se colocó el acta que lo dispuso, siendo enterrada en el lugar en que había caído el jefe muerto, a indicación de los prácticos Ramón y Pascual Agüero. En ese mismo lugar, por disposición del general Máximo Gómez, al cruzar en marcha hacia Occidente las fuerzas invasoras, cada soldado libertador arrojó una piedra, para que quedase marcado por luengo tiempo el sitio fatal.

El 24 de febrero de 1912 se inauguró, en el parque de su nombre, en esta ciudad de Camagüey, la estatua que la devoción de los camagüeyanos erigía, por suscripción pública, y a iniciativa de la «Sociedad Popular de Santa Cecilia», al héroe insigne. Fue propulsor de tan noble propósito el presidente de dicha Institución RAÚL LAMAR SALOMÓN.

El día 25 de febrero de 1912 se inauguró el busto que se yergue en el Cementerio de esta ciudad, por suscripción popular, a iniciativa del tesorero del Centro de Veteranos, capitán Eduardo de la Vega Basulto; a esta obra contribuyeron el Estado y la Provincia.

El 26 de febrero de 1912, a las nueve de la mañana, se descubrió la lápida que el Comité de La Habana «Homenaje a Ignacio Agramonte» acordó colocar en la casa Estrada Palma número 5, en que naciera el héroe el día 23 de diciembre de 1841. La lápida tiene la siguiente inscripción:

En esta casa nació el «Mayor» Ignacio Agramonte el 23 de diciembre de 1841. Murió combatiendo por la Independencia patria en Jimaguayú el 11 de mayo de 1873.

En el Hospital de San Juan de Dios, donde fue expuesto el cadáver del Mayor el día 12 de mayo de 1873, se colocó, en el año 1921, una lápida con la siguiente inscripción:

En este lugar fue expuesto el cadáver del Mayor general Ignacio Agramonte. Mayo 12 de 1873. El Centro Escolar Ignacio Agramonte le dedica este recuerdo. 1921.

Por último, en el histórico campo de Jimaguayú quedó inaugurado, en 11 de mayo de 1928, el obelisco que la devoción y el fervor patriótico de los camagüeyanos levantaron allí, donde cayera cincuenta y cinco años antes, atravesada la cabeza apolínea por una bala española, el primero de los hijos de esta provincia.

Documentos

Parroquia de la Soledad. Libro 21 de Bautismos de Blancos. Folio 60 vuelto. Inscripción número 455. Ignacio Eduardo Francisco de la Merced. En la Ciudad de Santa María de Puerto Príncipe en 6 de enero de 1842. Yo el infrascripto como teniente de cura de esta Parroquia de Nuestra Señora de la Soledad, bauticé solemnemente, puse óleo y crisma, nombrando Ignacio Eduardo Francisco de la Merced a un niño que nació el día 23 del mes anterior, hijo legítimo del caballero regidor, fiel ejecutor Br. don Ignacio de Agramonte, y doña María Filomena Loynaz y Caballero. Abuelos paternos, el licenciado don Francisco Agramonte y Recio, regidor fiel ejecutor que fue del M. I. Ayuntamiento de esta ciudad, y doña Francisca Sánchez y Agramonte, maternos, don Mariano Loynaz y doña María de la Merced Agramonte y Sánchez, a quienes advertí lo necesario y firmé entre renglones: Eduardo, Joaquín de Cisneros.

(Obtenido este documento por el diligente y caro amigo Eugenio Sarduy Palomares.)

Número 41

Agramonte, licenciado don Ignacio con doña Margarita Simoni-Ambo soluti C. y V. Agosto.

En primero de agosto del año del Señor de 1868.

Yo el Pbro. don Pedro Francisco Almanza, de *concensi Parochi* y asistencia del Pbro. don Esteban de la Torre, teniente de cura interino de esta Parroquia de término de Nuestra Señora de la Soledad, hecha la información extrajudicial de estilo, practicado el correspondiente informativo de cristiandad y soltería, previo despacho del señor previsor, vicario general del Arzobispado, dado en Cuba en 10 del corriente, proclamados en los días 19, 25 y 26 del mismo sin haber resultado impedimento alguno canónigo ni civil confesados y comulgados, constándome el mutuo consentimiento de las partes, por palabras de presente casé y velé *infacie Ecce* al licenciado don Ignacio de Agramonte, soltero, natural de esta ciudad, hijo legítimo del licenciado don Ignacio Agramonte y Sánchez y de doña Filomena Loynaz y Caballero con doña Margarita Amalia Simoni, soltera, de la misma naturaleza, e hija legítima del licenciado don José Ramón Simoni y de doña Manuela Argilagos: fueron padrinos el licenciado don Ignacio de Agramonte y Sánchez y doña Manuela Argilagos de Simoni y testigos don León Primelles y don Dionisio de Betancourt. Y para que conste lo firmo en otro día, mes y año.

Pedro Francisco Almanza. Esteban de la Torre. (Obtenido este documento por el diligente y caro amigo Eugenio Sarduy Palomares.)

Pbro. Pablo Gonfaus Palomares, cura ecónomo de la Parroquia del Santo Cristo del Buen Viaje y capellán del Cementerio general de la ciudad de Camagüey en la República de Cuba: CERTIFICO: que al folio 175 vuelto del tomo 9.º de entierros de personas blancas de este cementerio general a mi cargo se encuentra la anotación que copiada dice: Mes de mayo en 12 de 1873. Por orden del excelentísimo señor gobernador político: En dice Ignacio Agramonte y Loynaz, se dio entrada a su cadáver en este cementerio general. Esteban de la Torre. Concuerda con su original. Pablo Gonfaus. (Tomado el documento que antecede de la obra de Eugenio Betancourt Agramonte, titulada *Ignacio Agramonte y la Revolución cubana*, pág. 535.)

Expediente académico de Agramonte

Agustín Puebla Tolete, licenciado en jurisprudencia, secretario general de la Universidad de Barcelona. Certifico: Que Ignacio Eduardo Agramonte tiene cursados y aprobados los tres años de latinidad y humanidades y dos de Filosofía elemental en los académicos 1852-57 con sobresaliente en los tres de latinidad y primero de filosofía y de notablemente aprobado en el segundo, cursado este último en esta universidad, el anterior en el colegio dirigido por don José Figueras en esta ciudad y los tres de latinidad y humanidades en el dirigido por don Isidro Prats, ambos colegios incorporados a esta universidad.

Barcelona 15 de junio de 1857.

(firmados) Francisco de Paula Tolete. Agustín Puebla Tolete.

Francisco Just notario público de Barcelona certifica la autenticidad de las firmas precedentes.

SOLICITUD señor Rector de la Universidad de La Habana.

Ignacio Eduardo de Agramonte natural de Puerto Príncipe. Ante usted con el debido respeto expone: Que habiendo cursado dos años de filosofía y obtenido la correspondiente aprobación en la Universidad de Barcelona, según consta en la certificación debidamente legalizada que acompaño, desea incorporarlos en esta universidad como lo permite el artículo 99 del plan y el 100 del reglamento de la misma para que se le matricule en el tercero a fin de seguir la carrera de jurisprudencia.

En esta virtud y exhibiendo su fe de bautismo desde luego promueve el informativo de limpieza de sangre. Por tanto y acompañando el recibo de haber satisfecho los derechos de información e incorporación. A usted suplico se sirva mandar se reciban las declaraciones a los testigos, dar por incorporados dos años de filosofía y disponer se le matricule en el tercero y sin perjuicio se libre la correspondiente acordada a la Universidad de Barcelona, para la confrontación de la certificación presentada.

La Habana, agosto 21 de 1857.

En fecha 24 de agosto hay un informe señor rector. Puede usted servirse decretar la incorporación de estudios interesada a condición de practicar una información de limpieza de sangre, buena vida y costumbres y pagarse los derechos de reglamento, entendiéndose todo a reserva de lo que resulte de la acordada, que habrá de pedirse a la Universidad de Barcelona. Tal es la opinión de la Secretaría.

En 9 septiembre-57. Comparecen Miguel de Céspedes, Fernando Armende y José María Mirelles los que interrogados por legitimidad, limpieza de sangre, buena vida y costumbres declaran que saben que es hijo legítimo de personas blancas, sin mezcla de mala raza, que es aplicado y de las mejores costumbres.

En 12 de septiembre-57. Se aprueba, con el mérito de las declaraciones, cuanto ha lugar en derecho el informativo de legitimidad, limpieza de sangre, buena vida y costumbres. Antonio Zambrana.

Hay unas notas marginales en el expediente, impuestas a los oficios que le fueron librados a la Universidad de Barcelona por la de La Habana, firmadas por Agustín Puebla Tolete por las que se acredita haber aprobado en aquella universidad Agramonte tres años de latinidad y dos de filosofía.

En 14 de septiembre-57 matricula primer semestre de filosofía; en primero febrero-58 matricula el segundo semestre.

En 24 septiembre-58 matricula el primer semestre del cuarto año de filosofía y en primero febrero-59 matricula el segundo semestre del cuarto año.

En 8 de julio de 1858 examina todas las asignaturas de tercer año de filosofía y obtiene nota de sobresaliente.

En 16 de mayo-58 consta que asistió al repaso extraordinario de filosofía que explicó el catedrático supernumerario Joaquín García Lebredo durante el primer semestre de aquel año.

Consta, certificado primero julio-59, que asistió a todas las asignaturas correspondientes al cuarto año de filosofía. El primero de julio-59 solicita el grado de bachiller por haber cursado los cuatro años de filosofía, y asistido a la clase de extraordinario. En 6 de julio sufre examen y obtiene el título de bachiller en artes con nota de sobresaliente.

Matricula jurisprudencia en 2 de septiembre-59. En 4 de julio-60 examina todas las asignaturas de primer año de jurisprudencia con notas de sobresaliente, lo que certifica Laureano Fernández Cuevas.

En 2 de julio-61 examina todas las asignaturas del segundo año de jurisprudencia, obteniendo nota de sobresaliente.

En 2 de julio-62 examina tercer año de jurisprudencia: sobresaliente; todas las asignaturas.

Asistió a todas las asignaturas del cuarto de jurisprudencia.

En 17 de junio de 1863 «habiendo cursado los cuatro primeros años de jurisprudencia y asistido al curso extraordinario» pide el grado de bachiller en jurisprudencia, teniendo lugar en primero de julio el examen, en el que obtuvo sobresaliente.

En 2 de noviembre de 1863 se matricula en procedimiento judicial, derecho político y derecho penal, asignaturas del período de la licenciatura la primera, y del bachillerato la segunda.

Ramón de Armas certifica en 31 de octubre de 1863 que le ha admitido en su estudio, en calidad de practicante al bachillerato en jurisprudencia.

Solicita, en 25 de noviembre de 1864, que se agreguen al expediente certificaciones de asistencia al estudio de Ramón de Armas.

En 3 y 4 de junio de 1864 obtiene sobresaliente en Derecho Penal y Teoría de los Procedimientos.

Le señalan el examen de grado de Licenciado para el 8 de junio de 1865 en que obtiene sobresaliente.

Solicita en 20 de agosto de 1867 examen de grado para el doctorado, exponiendo que cursó las asignaturas correspondientes en la facultad de Derecho Civil y Canónico, señalándose para dicho examen las ocho de la mañana del 24 de agosto de 1867. No consta que asistiera al mismo.

Toma de razón del título de licenciado en leyes de Ignacio Agramonte y Loynaz

«M. I. Ayuntamiento de Puerto Príncipe. Secretaría Contaduría.

»Habiéndose presentado por don Ignacio Agramonte y Loynaz el título de licenciado en Derecho Civil y Canónico que con fecha 13 de junio último se sirvió despacharle el excelentísimo señor gobernador superior civil de la Isla, por haber hecho constar su suficiencia ante la Universidad de La Habana, la M. I. Corporación acordó en sesión ordinaria celebrada en 12 del corriente su toma de razón, y que se publique por este medio para general inteligencia.

»Puerto Príncipe. Agosto 16 de 1865. El secretario contador Juan Lavastida.» (Tomado este documento de un ejemplar original del periódico *El Fanal*, de Puerto Príncipe, de fecha domingo 20 de agosto de 1865, del archivo del historiador Jorge Juárez Cano.)

Proclama que desde su cuartel general, situado en Cauto del Embarcadero, dirigió el 14 de mayo de 1872 el general conde de Valmaseda a los cubanos en armas:

«Artículo 1.º Quedan completamente perdonados los que hayan peleado en la insurrección como soldados, sean blancos o de color, que se presenten con armas blancas o de fuego.

»Artículo 2.º Los jefes de familia que se presenten solos o con las suyas respectivas.

»Artículo 3.º Los jefes de partidas que lo hagan con la fuerza que están mandando.

»Artículo 4.º Quedan exceptuados de este indulto general el titulado presidente, los que se nombran ministros de la República, los individuos de la Cámara y aquéllos que por la importancia que les dieron sus secuaces se convirtieron en azote del país, causando las desgracias que todos deploramos: los que no deben ser acogidos de ningún modo sin que la ley les exija cuenta de su criminal conducta, son los siguientes: Ignacio Agramonte, Sanguily, Villamil, Vicente García, Modesto Díaz, Luis y Félix Figueredo, Inclán, Garrido, padre e hijos, Calixto García Iñiguez, Máximo Gómez, Paco Borrero y Jesús Pérez.»

Tomado este documento de la obra de Antonio Pirala titulada *Anales de la Guerra de Cuba*, págs. 437 y 438, tomo II.

Sobre la muerte del Mayor

Relato de Luis Lagomasino debe estudiarse con el plano a la vista

El día 10 de mayo se hallaba acampado el general Agramonte en el potrero «Jimaguayú», para hacer que descansara su caballería y dicha tarde llegaron algunos rancheros, dando la noticia de que una columna española estaba acampada en la finca «Cachaza», colindante con aquella en que se encontraban acampadas las fuerzas al mando de dicho general. Inmediatamente ordenó el general tomar posiciones a sus fuerzas, pues comprendió el propósito del enemigo, que era batirse, quizás con el objeto de castigar su última hazaña, y hacerles gastar parque. Proponíase, en virtud de ello, el general trabar combate, y dio las órdenes oportunas.

La infantería de las Villas y Camagüey, al mando de los jefes, brigadier J. González, comandante Cecino González, tenientes coroneles Lino Pérez y N. Morel, comandantes Serafín Sánchez y Manuel Sánchez, ocupó toda la línea de las antiguas cercas y fondo del potrero «Jimaguayú» por el oeste, y parte de las norte y sur; guardando la vereda que se dirige a «Guano Alto» el comandante Serafín Sánchez; para defender la retirada de la fuerza en caso de necesidad, durmiendo aquella noche las fuerzas en sus posiciones, la caballería apoyada en la cabeza de la infantería en la parte sur, defendida por delante con la barrera natural que presentaban las márgenes escabrosas y de grandes lajas del arroyo «Jimaguayú»; el potrero estaba sellado de guinea alta, que subía a mayor altura que la de un caballo.

El general, en las primeras horas de la mañana, se dispuso a reconocer toda la línea acompañado de su ayudante y después de haber recorrido la sur y oeste, estando a mitad de la línea norte sintió el fuego de un flanco español con su caballería; retrocedió inmediatamente siguiendo la misma línea que había traído, pero momentos después, estando ya en el primer tercio de la línea del fondo —oeste— precisamente delante de las fuerzas del teniente coronel Morel, para no perder más tiempo, cortó donde se encontraba su caballería, pues el fuego era cada vez más rudo, el cual disminuyó después. Le acompañaba su ayudante de campo el joven villareño Jacobo Villegas en toda la operación, y según algunos, otros de sus ayudantes.

Aquí realmente es donde se pierden las noticias del general Agramonte, pues el último que recibió sus órdenes fue el teniente coronel Morel, al cortar la tangente delante de sus fuerzas, las demás noticias que se tienen son resultado de las observaciones y estudio de la situación de las fuerzas enemigas y del lugar donde también cayera para siempre su denodado ayudante.

El flanco español que se batía con la «caballería camagüeyana», ante la resistencia de ésta, se replegó hacia el centro de la columna, si bien destacó algunos exploradores, que fueron nuevamente tiroteados por la caballería.

En aquellos momentos llegaba el general Agramonte, ya inmediato al arroyo de lajas, cuando la caballería que había cargado sobre los exploradores españoles que se habían presentado delante de ella, confundiendo aquellos dos jinetes —que se presentaban por en medio del potrero casi cubiertos por la alta guinea—, con otros exploradores, hicieron fuego sobre ellos, tan inmediato casi, que una bala de revólver penetró en la sien derecha del Mayor —como generalmente era llamado Agramonte—, que se desplomó en tierra —quizás él volviera la cabeza en aquel momento para ver el campo y conocer a quien se dirigía aquel fuego—. Ante aquel cuadro aparece su ayudante Villegas, clavó los ijares de su corcel llegando hasta la margen del invadeable arroyo y la caballería rompiendo sobre él nuevamente fuego le dio muerte también.

En aquel momento no sabían aquellas fuerzas quienes eran los que habían muerto, los creían del enemigo, y se replegaron al puesto donde se les había designado, mientras tanto otro flanco corría hacia la línea norte ocupada por las fuerzas de Cecilio González y Lino Pérez.

La fuerza de caballería al mando de su jefe, que al decir del señor C. Luaces tenía instrucciones del general de emprender marcha en dirección de «Guano Alto», dejando el combate empeñado con la infantería y donde debían reunirse las fuerzas todas después del combate, cometió la falta imperdonable de no retirarse por el lugar designado o sea la vereda que guardaba el comandante Serafín Sánchez, sino por otra vereda, a espaldas de donde se encontraba en la línea de fuego.

Como a las doce se retiraron las fuerzas de infantería, toda vez que no recibían órdenes y haberlo efectuado la caballería sin saberlo el resto de la fuerza, como a la una el comandante Serafín Sánchez vio algunos exploradores del lado allá del arroyo, a los que no hizo fuego, por no llamar la atención, esperando la retirada de la caballería, y porque aquéllos no habían cruzado el vado único del arroyo precisamente así enfrente de la posición guardada por él.

A las tres de la tarde viendo que la caballería no se retiraba y tampoco recibía instrucciones resolvió retirarse a «Guano Alto», lugar designado para reunirse el resto de la fuerza, y allí esperar al general; pero a su llegada estaban allí reunidas todas las fuerzas, y faltaban el general y su ayudante y entonces empezaron a inquirir. Morel dijo: «Que el general había partido de la línea donde él se encontraba en dirección de la caballería, acompañado de su ayudante Villegas». La caballería dijo: «Que a ella no había llegado». Se resolvió esperar algo más, para en caso de no llegar ir a efectuar un reconocimiento; pero como a las cinco llegaron algunos «rancheros», dando la noticia que el general había muerto en el combate de ese día y la columna española lo llevaba atravesado en un caballo por el camino de «Cachaza a Puerto Príncipe». Ordenóse entonces un reconocimiento y se encontró el cadáver del ayudante «Villeguita» en la margen opuesta de la posición que ocupaba la caballería.

Así queda a nuestro juicio comprobada la forma en que murió el denodado general Agramonte. El general Agramonte murió de manos de los suyos, sin que éstos lo supieran y si alguno lo supo lo calló. El general Agramonte no tenía enemigos.

No se ha logrado saber con órdenes de quién se retiró la caballería del campo de acción, y cómo no lo hizo por la vereda de «Guano Alto», como se había dispuesto, que la guardaba el comandante Serafín Sánchez, para defender la retirada. En el plano y datos que de puño y letra del comandante doctor Manuel Pina Ramírez —que tengo al alcance de la mano— dice: que cuando la infantería llegó al Guano, encontró allí la caballería y ésta no sabía ni del general ni de su ayudante, y la infantería dijo: que cuando la caballería sostenía el fuego, él partió por el potrero hacia la caballería; y de allí las dudas que se presentaban en aquella tragedia oscura.

¿Quién mandó retirar la caballería del campo de acción, sin estar presente el general que iba a dar una batalla y sin que ningún ayudante comunicara aquella orden? El general llegó hasta el lugar A, pasando el arroyo en que se apoyaba la cabeza de la fuerza mandada por el coronel Lino Pérez (n.º 13), allí sentía el fuego de su caballería y retrocedió por la línea, cruzando por delante de las fuerzas del brigadier José González y coronel Manuel Sánchez (n.º 14), al llegar a las del comandante Morel (n.º 15) el fuego recrudeció y partió la tangente, 8 al 9, donde cayó el general y del 9 al 10, donde cayó, a su vez, a orillas del arroyo, su ayudante Villegas.

El comandante Morel dijo: que a poco de partir cesó el fuego, y poco después se sintió nuevamente fuego hacia la caballería; de allí donde parten nuestras dudas, de allí donde creemos que Agramonte, en medio del potrero donde apenas si se vería el busto de los dos jinetes, confundidos acaso con exploradores de la fuerza rechazada, pudiera, víctima de ese fuego, haber caído el valiente e idolatrado general: que ante aquella desgracia, horrenda en grado sumo, su ayudante, loco, volara en su corcel sobre las fuerzas inmediatas para hacerles conocer la magnitud de lo ocurrido, y, víctima del mortífero fuego, sucumbiera también el valiente y pundonoroso ayudante.

No se inflige, ni lastima, la memoria del más grande de los camagüeyanos, si se hace historia y se investiga la verdad para la historia. Hay quien asegura que Villegas estaba allí con la caballería, y que en una de las cargas que se dio con tal ímpetu sobrepasó aquel arroyo invadeable y allí alcanzó la muerte de los españoles. Así sabe usted que no fue luego; ya hay otro que asegura también que Villegas cayó al pie del arroyo.

El capitán José Aurelio Pérez y Díaz, secretario que fue del brigadier José González, está también de conformidad con el plano; un día reunidos en Unión de Reyes, tratamos de él, y convino en muchas cosas.

Relato de Ramón Roa debe estudiarse con el plano a la vista

Esperábanle en Jimaguayú, para celebrar el triunfo, las brigadas de Caonao y de las Villas. Su entrada en el campamento dio lugar, como era justo, a esas grandes manifestaciones de júbilo que por necesidad en una guerra de independencia, se convierten en finos alambres conductores de los más gratos optimismos. Agramonte debía ser invulnerable, pensaban unos, porque lo abonaban su marcial figura y apuesto continente; ¡Agramonte es inmortal!, exclamaban otros que mentalmente recorrían las vicisitudes de su vida revolucionaria, al contrastar la realidad de un presente tan halagüeño, por el pronto, con las escaseces y fatigas de la víspera.

Allí nos quedamos vivaqueando, en medio de las mayores alegrías, de convite, de ilusión en ilusión patriótica, hasta la noche del día 10 de mayo.

La oficialidad de las Villas había obsequiado con una comida, tan espléndida en cordialidad y afecto entre compañeros de armas y de causa, como paupérrima de los manjares que ofrecía.

Agramonte, que había ya sigilosamente dispuesto cuanto era necesario y procedente para acudir a Las Tunas el día 25, a una reunión sin precedente, invitado por los generales de Oriente para tratar de planes de organización general del Ejército, y de operaciones combinadas, había accedido a dirigir su palabra correcta, enérgica y elocuente a sus ansiosos compatriotas, y acababa de cerrar su discurso con estas palabras: «Nuestra misión se va cumpliendo; vuestra disciplina y vuestra abnegación hacen de todos nosotros el núcleo fundamental de la futura República»... y esperando a que concluyera, se le acercó su secretario, que pidióle la venia para comunicarle nuevas de carácter reservado.

Medida de precaución que «El Mayor», como cariñosamente le llamábamos, había tomado aquel día, fue la de que nuestros «monteros» no saliesen en busca de ganado vacuno para el abastecimiento de carnes, con rumbo a Puerto Príncipe, esperando con muy buen acuerdo que el próximo ataque viniera de ese lado.

Pero he aquí que cómo el hambre suele ser mala consejera, el cabo Esquivel, camagüeyano, contrariando la orden, se había deslizado subrepticiamente hacia Cachaza. Allí, apenas anochecido, acampaba el enemigo.

Esquivel, entre confesar su falta exponiéndose a consecuencias, que desagradables habían de serle, y callar, exponiendo tal vez a nuestras fuerzas a otras de más bulto, optó por decir al secretario la verdad de lo que ocurría. Este, al disiparse el tronido de aplausos que siguió al discurso del Mayor, le comunicó la noticia.

Las ocho de la noche serían cuando el corneta de órdenes tocó retreta y apenas repitieron el toque los de los cuerpos, no dejó de llamar la atención que de seguida se escuchara la nota prolongada de silencio...

El Mayor dio sus instrucciones a los jefes, y después de sus abluciones nocturnas de costumbre, ocupó su hamaca para dormir, como solía, despreocupada y profundamente.

¡Ayudante de guardia! —dijo llamando a las dos de la mañana—. ¡Un sargento y dos parejas de escolta, pronto para marchar!...

Eran exploradores que salían para Cachaza, a «traernos» el enemigo, escaramuzándole sin cesar.

La cita para el día 25 hizo que el Mayor, entre empeñar una acción formal y causar bajas al enemigo, bastantes a obligarle a contramarchar con sus ambulancias, se decidió por lo último, lo que a la vez era el medio más seguro de concurrir a la cita con su arrogante caballería.

El campo de Jimaguayú afectaba la forma común de los potreros en Cuba; un paralelogramo cubierto de pastos, con tres de sus lados rayanos con el bosque, formando la línea del frente una sabana.

Ya próximo el enemigo, la infantería villareña y la de Caonao, cubrieron un «martillo» hacia la izquierda, mientras a cierta distancia, a la derecha, formó la caballería, como medida de precaución, teniendo a retaguardia la «vereda» que conduce a Guayabo.

Empeñado el combate, el Mayor, caballero en «Ballestilla», dirigiéndose a su Estado mayor, nos dijo: «Mes amis», yo no voy a pelear; quédense ustedes con «el doctor» (Antonio de Luaces) a las órdenes del jefe de la caballería (coronel H. M. Reeve, Enrique, «El Americano»).

Aquello, de juro, que nos contrarió, porque no era usual que se separase de nosotros, y aún menos en frente del enemigo; pero nadie fue osado a protestar, sino sumiso a obedecer, porque sus órdenes jamás eran discutidas. Llevó consigo, sin embargo, dos ayudantes, Rafael y Baldomero Rodríguez, su ordenanza «Dieguito» (Diego Borrero) y su asistente «Ramón» (Ramón Agüero, que después fue alférez de caballería) con cuatro números de la Escolta, y por última vez se dirigió a nosotros, agregando, a guisa de satisfacción, a nuestra muda contrariedad: «Yo no voy a pelear; voy a dejar que se entable la acción con los infantes, y pronto nos veremos en Guayabo». Y así diciendo, partió al galope, hasta perderse de vista entre la viciosa hierba de Guinea, que completamente los cubría. Muchas de las balas perdidas llegaban a nosotros, que, según órdenes, nos manteníamos en firme, sin disparar. De allí se desprendió el teniente Leopoldo Villegas, y fuese a reunir con el Mayor, como si le impeliera una fuerza sobrehumana. Contemplábamos la humareda y oíamos las descargas, observando que el enemigo, tras un avance demorado y cauteloso, retrocedió de pronto.

En esos momentos, el comandante Baldomero Rodríguez nos trae la orden de marchar hacia Guayabo, noticiándonos que el enemigo era pobre de acometividad, incorporándose conforme las instrucciones que recibió del Mayor; y ya entrando la vanguardia en la vereda, las mismas órdenes nos fueron reiteradas por el teniente coronel Rafael Rodríguez, que por el mismo motivo se incorporó a nuestra fuerza, diciéndonos que el Mayor iría por otro camino, que estaba cubriendo la infantería, a reunirse en Guayabo.

Habíamos podido observar que de nuestros batallones, solo una parte le fue dable entrar en acción, y salíamos penetrados de que el enemigo, sin tomar el campamento, había emprendido la retirada, según lo indicaba el fuego.

En estos momentos se apareció, pálido, excitado, mancebo tan valiente como «Dieguito», diciéndonos que al venir a incorporarse a nosotros, y ya a alguna distancia, le parecía haber visto caer al Mayor. Ya habíamos desfilado y estábamos camino de Guayabo, obedeciendo órdenes, cuando llegó «Ramón», avisándonos que la noticia era cierta: el enemigo había emplazado su artillería y cañoneaba el campo. Pero nadie podía asegurar dónde estaba el sitio de la catástrofe, porque la crecida yerba cubría el campo y no era el caso de desplegarse, debido a lo intrincado y recio de la vegetación.

Se optó por enviar órdenes a la fuerza de infantería que mandaba el capitán Serafín Sánchez, quien avanzó hacia el frente, siendo inútiles sus pesquisas, que ya el enemigo se había marchado, y otro piquete de infantería fue el que encontró el cadáver del teniente Villegas, nada más.

El enemigo retrocedió, acampando en Lorenzo. Un soldado aragonés se entretenía en enseñar a sus compañeros la fotografía de una señora y una cartera que había recogido de un cadáver. Estos objetos impelieron al jefe español a mandar un reconocimiento sobre el campo, y destacó una fuerza ligera, a la cual correspondió, jugada suerte a cara o cruz, ir a recoger el cadáver.

Así cayó el Mayor en poder del enemigo, después de habérsele ido encima con sus cuatro hombres y de haber derribado a más de uno con su espada... ¡Misterioso destino el de los generales cubanos! Casi todos cayeron en acciones que han sido poco más que escaramuzas. El duelo fue indescriptible, y aún hoy, al pensar en ello y en Cuba, necesitamos dominarnos para que no nos tiemblen las carnes. Su muerte, tras un recogimiento religioso, magnificó su grandeza; y su espíritu que a todos dominaba, despertó a los dormidos, y nuestras filas se engrosaron y nutrieron; se recibió dignamente el honroso legado, y nuestros jefes, oficiales y tropa redoblaron su valor, su abnegación y sus esfuerzos patrióticos, al extremo que la primera reconcentración de fuerzas, después del nefasto día, fue la verdadera y sorprendente revelación de una gran obra que nadie mejor que el sucesor del esclarecido Agramonte —el bravo general Máximo Gómez— pudo apreciar desde el primer momento, colmando su memoria de alabanzas, en medio del humo de la pólvora, luego que llevó sus huestes al combate, como en su día lo referirá la Historia.

De Francisco Arredondo
La Habana, junio 7 de 1910.
Señor Salvador de Cisneros y Betancourt. Presente.
Querido marqués: Tengo el gusto de remitirle las dos cartas que he recibido de nuestro comprovinciano y consecuente compañero el coronel Enrique Loret de Mola y Boza, contestando la que le envié, con fecha primero del actual, a nombre de usted y mío, solicitando nos informara con todos sus detalles de cuanto supiera sobre el combate que sostuvo en el memorable potrero de Jimaguayú, nuestro siempre recordado Mayor general, Ignacio Agramonte, así como de la manera que aconteciera su muerte; toda vez que en el periódico *La Prensa* habíamos leído en «Las fechas históricas» que viene publicando mi amigo el señor Lagomasino, que se ponía en duda que aquella gran figura militar hubiera sucumbido por el plomo enemigo.

Como los datos y croquis recibidos de nuestro amigo el coronel Mola, y los que usted obtenga de nuestros viejos compañeros y militantes en la magna guerra, coroneles Ramón Roa, Manuel Sanguily, Fernando Figueredo Socarrás, el Representante Federico Betancourt y Benjamín Sánchez Agramonte y Rafael López (a) «Jiguaní», que tomaron parte en el fatal combate, podremos afirmar: ser completamente erróneo el contenido de la efeméride publicada en *La Prensa*.

Siempre es de usted y le quiere su viejo compañero y comprovinciano.

Firmado Francisco de Arredondo Miranda

De los veteranos de Camagüey

El señor Lagomasino, en el periódico *La Prensa* —«Fechas Históricas»— que publicó anteanoche, insiste en que contestemos sobre la muerte del Mayor. Para hacerlo publicamos hoy la interesante descripción del combate de Jimaguayú, que suscriben los señores: marqués de Santa Lucía. Mayor general Javier de la Vega. Mayor general Manuel Suárez. General Maximiliano Ramos. Coronel Enrique Loret de Mola. Comandante Elpidio Loret de Mola. Capitán Antonio Arango. Capitán Manuel Barreto.

El combate de Jimaguayú (1873)
Muerte del Mayor Ignacio Agramonte y Loynaz

Con motivo de haber publicado el periódico *La Prensa*, en «Las fechas históricas» que viene editando el señor Lagomasino, una que se relaciona con la muerte del Mayor general Ignacio Agramonte y Loynaz, en el memorable combate tenido con una columna enemiga en el potrero «Jimaguayú» el 11 de mayo de 1873; y como en la narración que se hace, se pone en duda lo que ya se había publicado anteriormente por uno de los ayudantes de dicho general, el coronel Ramón Roa, y se da versión muy distinta; ¡y hasta se indica que la Malhadada bala que puso fin a la vida de aquel gigante Patricio había partido de los mismos que formaban sus fuerzas...! No es posible que los camagüeyanos permitamos que ni siquiera se piense en que esta aserción tenga cabida en ningún cerebro humano. Ignacio Agramonte y Loynaz, el 11 de mayo de 1873, era querido, idolatrado y venerado, no solamente de los camagüeyanos, sino de todo el Ejército Libertador; así, que es una aberración inaudita el estampar en letras de molde que haya podido haber un individuo tan infame en el Ejército Libertador que fuese quien le diera muerte.

Con objeto de desvirtuar este hecho, es que molestamos la atención del público, para que un acontecimiento de la importancia del narrado quede en su verdadero lugar y que la historia en esta parte sea una verdad.

No conforme con lo manifestado en años anteriores en el semanario *El Fígaro*, por el coronel del Ejército Libertador Ramón Roa, ayudante y secretario de nuestro inolvidable Mayor; ni tampoco con lo expuesto por los individuos que se encuentran aquí, en La Habana, que estuvieron en dicha acción; hemos apelado al coronel Enrique Loret de Mola, ayudante que fue del Mayor y persona intachable bajo todos conceptos, para que en unión de sus compañeros camagüeyanos esclareciese los hechos; éstos, interesados, tanto como nosotros, no han hecho esperar su contestación, enviándonos las dos cartas que más adelante se leerán, las que no solo autorizan con sus firmas, sino que se hacían solidarios de cuanto en ella se expresaba, firmándolas también, los jefes supervivientes que residen en aquella ciudad, y adjuntando, además, el plano detallado de la mencionada acción. Con el plano de manifiesto se ve, desde luego, lo infundado de lo expuesto en «Las fechas históricas», publicadas por el señor Lagomasino. Al principiar la acción, el Mayor con su escolta y Estado mayor, se encontraba con las fuerzas de caballería del Camagüey; éstas hacen retroceder el flanco de la caballería española, cubriéndose con su Infantería; ya el Mayor con anterioridad había dado órdenes a su Escolta y Estado mayor, para que se incorporasen a la caballería, cuyo jefe era el bravo brigadier Henry Reeve, marchando enseguida a donde estaba nuestra infantería, para lo cual tuvo que pasar el arroyo y el potrero de guinea, y a su vuelta para volverse a reunir con la caballería (como se ve de manifiesto en el croquis), el flanco de la infantería española le dio muerte, antes de llegar al arroyo, marchándose después de la acción, tanto la caballería camagüeyana, como los dos cuerpos de infantería, al lugar de reunión señalado por el Mayor.

La caballería cubana creía al Mayor con la infantería, y la infantería lo consideraba con la caballería; así que el asombro, fue muy extraño y alarmante por ambas fuerzas, al no presentarse aquel jefe en ninguna de éstas.

Inmediatamente se mandó un piquete de caballería en su busca, pero fue en vano; los españoles se habían llevado el valioso tesoro.

¡Considérese cual sería la situación de sus queridos soldados! Si la bala que hirió y mató al general Agramonte hubiera sido de un infame traidor, la caída de nuestro Mayor hubiera sido cerca del lugar que ocupaba la caballería camagüeyana y no después del segundo arroyo.

No cabe duda que Agramonte debió su muerte a una bala disparada por un soldado enemigo, pues si hubiese sido por uno de los suyos, hubiera resultado inmediato a las fuerzas cubanas, y alguien se habría enterado de ello; y antes de encontrarlo un soldado enemigo, sería visto por alguno de los libertadores.

Es de suponerse pues, que al regresar el Mayor de donde estaba la infantería de las Villas, para reunirse con el Estado mayor y la caballería, el flanco de la infantería española le hizo fuego y una de las balas fue la que lo mató, y al retirarse este flanco, sin duda se encontró con el cadáver del Mayor, despojándolo (uno de los soldados) de cuanto llevaba, entre ellos, del portapliegos (a) «Bandolera», en la que aquél guardaba su correspondencia y papeles, los que presentados al jefe español, le hizo comprender, al momento, que el despojado era el cadáver del invicto Mayor general Ignacio Agramonte, ordenando enseguida que saliera, a marcha forzada, una fuerza, llevando como práctico al soldado que había hecho el despojo, y llevaran el cadáver al campamento; no pasando mucho tiempo sin que aquélla regresara, conduciendo el inestimable tesoro caído en poder del enemigo.

Cuando las fuerzas cubanas llegaron al lugar que el general Agramonte les había ordenado se reunieran, fueron sorprendidos los jefes al no ver en ninguna de ellas al jefe amado; saliendo enseguida, como se ha dicho antes, una fuerza de caballería a hacer un recorrido por el campo de Jimaguayú y el lugar en que se había efectuado el combate... ¡nada encontraron! ¡ya era tarde! El cadáver del Mayor Agramonte estaba en poder de los españoles.

Salvador Cisneros Betancourt, Francisco de Arredondo y Miranda.

Los suscriptos se adhieren a todo lo escrito, por haber asistido al mencionado combate.

Coronel Benjamín Sánchez Agramonte, en 1873, sargento primero.

Comandante Rafael López (a) «Jiguaní».

Del comandante Armando Prats-Lerma
La entrada de los supervivientes del Rosario, en Puerto Príncipe, causó el pánico consiguiente entre los defensores de la monarquía, a extremo tal, que no se dio el parte y se llegó a prohibir, con dura amenaza, el relato de la acción.

Weyler, que no había de faltar en esta escena, terminaba de organizar una fuerte columna compuesta de 600 hombres de infantería, guerrillas montadas y artillería, que quedó al mando del teniente coronel José Rodríguez de León.

Era la hora propicia de estrenarla, pues había imprescindiblemente que salir en persecución de los insurrectos. Decaído el ánimo, había que restablecerlo.

Y al siguiente día, al «aclarar», se dirigió Rodríguez de León al sitio donde se había empeñado el desafío el día anterior, encontrando que había muchos cadáveres insepultos en aquel campo. Los prácticos, que eran criollos, se seguían por las huellas y la columna rindió su jornada en San Pablo. Los españoles pasaron por Yareyes, Santa Agueda y Cachaza; y por noticias de un soldado cubano que se había alejado un tanto de su campamento, se supo que una fuerte columna se hallaba acampada en Cachaza, por lo cual se suspendió la orden de partida que tenía dada, pues Agramonte se dirigía al siguiente día hacia Las Tunas, donde estaba citado para el 25 con el Mayor Vicente García.

Se estaba, pues, sobre aviso.

Los cipayos, que conocían perfectamente el terreno, comprendieron al instante el lugar donde estaban situados los cubanos al llegar ellos a Jimaguayú, la mañana del 11. Serían próximamente las siete de la mañana cuando los hispanos avanzan desplegados en son de acometer.

La yerba de guinea estaba en retoño crecido, menos un «cayo» extenso que en la seca se había librado de la incineración.

Se escucha la primera descarga de fusilería. La vocinglería es estridente y continuada.

Una de las compañías de la infantería española, la mandada por el teniente Saturnino García Pastor, se agazapa en el «cayo» mencionado.

Trata la caballería realista de pasar el arroyo que media, pero la caballería patriota, al arma blanca, la obliga a volver grupas, siendo muchos los jinetes derribados al golpe contundente del afilado acero. Y en esta persecución, pensando tal vez el Mayor cortar la retirada a los que huían a la desbandada, fue cuando se lanzó por la yerba de guinea y recibió de los soldados agazapados la descarga «a boca de jarro». El que fue su ayudante muy estimado, Enrique Loret de Mola, que se hallaba presente en la refriega de Jimaguayú, nos ha dicho que «el general después de ordenar a su Estado mayor que se uniera a la caballería, fue él personalmente a dar órdenes a la infantería que se encontraba al otro lado del arroyo; y al regresar donde estaba la caballería, y ver que ésta ya cargaba al machete contra los españoles, trató de incorporársele, recibiendo el fuego de un grupo de infantería que estaba emboscado dentro de la alta yerba de guinea, en el potrero, recibiendo la muerte sin que de ello pudieran percibirse los suyos». Los hispanos en su retirada ignoraban que había muerto Ignacio Agramonte. Se enteraron más tarde por los objetos que le había rapiñado al cadáver un soldado aragonés. El jefe de la columna, teniente coronel Rodríguez de León, dispuso entonces que retrocediera con fuerza suficiente el comandante José Ceballos en su busca, llevando de práctico al soldado rapiñador, quien lo llevó directamente a la yerba de guinea donde se hallaba agazapada la compañía del teniente Saturnino Pastor, a la cual él pertenecía. Y a las nueve de la noche, el comandante Ceballos alcanzó al jefe de la Columna haciéndole entrega del «trofeo» por el cual, según decían, habían alcanzado la victoria; el cadáver del hombre magistral que hasta entonces había sido el brazo poderoso de la guerra en Camagüey.

De Juárez Cano
Dos de los documentos que conocemos sobre el combate de Jimaguayú o sean, el parte oficial español y la anotación que hiciera en el *Diario de campaña*, de la División de Camagüey, el teniente coronel Ramón Roa, a la sazón ayudante y secretario de Agramonte, presentan a simple vista exageraciones e inexactitudes de tal magnitud, que algunos extremos del

contenido de ambos instrumentos no pueden tomarse en consideración, porque desfiguran, desnaturalizan por completo los hechos sucedidos y acusan hasta falsedades que los vician de nulidad, si cabe decirlo.

En efecto: el parte español publicado por *Diario de la Marina*, de La Habana, el 13 de mayo de 1873, dice que los cubanos tuvieron ochenta muertos y varios heridos; otro parte oficial que inserta Pirala en su obra *Anales de la Guerra de Cuba*, afirma que Agramonte, con su caballería y alguna infantería, quiso introducirse en el campo español, y que los soldados del batallón de León, en brillante carga a la bayoneta, arrollaron a los cubanos, que huyeron vergonzosamente a la desbandada; lo que es completamente falso, pues nada de ello ocurrió allí, registrando los cubanos veinticuatro bajas entre muertos y heridos solamente. La anotación de Roa, por su parte, también exagera y afirma que el cadáver del Mayor cayó en poder del enemigo, que lo colocó en el centro de un cuadro para defenderlo de los mambises, quienes, por su escaso número, no pudieron rescatarlo. Años después, el mismo Roa, escribe cómo llegó a conocimiento de los suyos la caída del general y cómo los españoles ocuparon el cadáver, muy distinto a lo que hizo constar en su célebre anotación.

Sin embargo de tales divergencias y contradicciones, tanto el parte como la anotación mencionada están conformes en que Agramonte cayó herido mortalmente por una bala española; el entonces coronel Serafín Sánchez, desde Key West, en 1893, escribió de acuerdo con ello; otros escritores entre los que figura el doctor Eugenio Betancourt Agramonte, nieto del general, también aseveran que éste murió frente a la línea de fuego de tiradores de León, a resulta de una descarga de éstos, hecha a la mansalva, a quemarropa. Mas, la fantasía de algunos echó a volar fábulas y consejas, inverosímiles y hasta ridículas, para desvirtuar la verdad de los hechos; leyendas que el vulgo siempre repudió, afortunadamente y que, al fin, el tiempo se encargó de desvanecer, cuando ya estaban desacreditadas por ilógicas e inadmisibles. El caso que nos ocupa sucedió así: Ya formalizado el combate de Jimaguayú, el Mayor Agramonte, sobre su brioso «Ballestilla», acompañado de su ayudante, el teniente villareño Jacobo Díaz de Villegas, y sus ordenanzas montados Diego Borrero y Ramón Agüero, trató de atravesar el potrero donde se libraba la batalla en momentos que disminuyó visiblemente el volumen de fuego de ambos bandos contendientes. En el trayecto a recorrer tropezó de improviso con un flanco enemigo, integrado por la Sexta Compañía del batallón de infantería León, que entonces mandaba el teniente don Saturnino Díaz Pastor y que se mantenía en observación, desplegada en guerrilla, oculta entre la alta hierba de guinea que sellaba el fértil potrero. Los tiradores hispanos dejaron que el grupo mambí se acercase a la línea, y entonces, a boca de jarro, hicieron una descarga, a resultas de la cual cayó el prócer, herido mortalmente en la cabeza por una bala de plomo endurecida, de fino calibre, de fusil sistema «Remington Mod. 1873», de que estaba armada dicha unidad. Seguidamente la compañía continuó ¡fuego a discreción!, entonces fue herido el teniente Díaz de Villegas, más tarde rematado al machete por los guerrilleros criollos al servicio de España que marchaban con la columna de León.

El ordenanza, sargento Varona, cuando vio al Mayor caer del caballo, corrió en su auxilio, descabalgó y trató de echárselo a cuestas para sacarlo de allí, protegido por la hierba que lo cubría, pero no pudo con el cuerpo inanimado de su general y buscó el caballo para llevar a cabo su propósito, notando entonces que ambas cabalgaduras, la de su jefe y la suya, espantadas por los disparos de León, habían desaparecido de aquellos alrededores. Entonces Varona regresó a pie a sus líneas y se refugió en la compañía de infantería que mandaba el entonces capitán Serafín Sánchez, apostada en la entrada de la vereda de «Guano Alto», y dio a éste oficial cuenta de lo ocurrido. Mientras tanto Borrero, que vio caer al Mayor y al teniente, se retiraba precipitadamente al Estado mayor, donde a su vez dio la fatal noticia. Como ya los españoles habían tocado ¡alto el fuego! y retirada, y contramarchaban a Cachaza, los cubanos, que se replegaban a Guayabo, acordaron que el capitán Sánchez continuara con su unidad sobre el campo, buscando los muertos y heridos caídos en el fragor de la pelea, y luego, sobre el «rastro», se retirara al vivac insurrecto.

De Carlos Pérez Díaz

Nos encontrábamos acampados en Jimaguayú con las fuerzas de las Villas cuando llegó a aquel lugar el general Agramonte después de su triunfo en los Dolores de Medina contra la Guardia civil mandada por el coronel Abril.

Llevaba el general Agramonte en su cinto el machete del capitán Larrumbe de la Guardia civil. Era un machete especial y bonito. Yo no voy a hacer una descripción del combate de Jimaguayú que tuvo lugar el 11 de mayo de 1873, en que cayó para siempre el más grande, para mí, de todos los hombres que por la libertad e independencia de nuestra Patria han luchado en Cuba; pero quiero decir lo que yo vi con mis propios ojos y que difiere algo de lo que sobre esa acción tan desgraciada se ha escrito por individuos que estuvieron y que no estuvieron en ella.

Como he dicho anteriormente, teníamos academias donde se aprendía táctica militar y recuerdo que, la víspera de la acción, tuvieron lugar unos exámenes que presenció el general Agramonte, quien premió con un revólver al entonces capitán Francisco Carrillo, por sus adelantos. Por la noche se dio una comida a la que concurrimos todos los jefes y oficiales de todos los cuerpos. Se recitaron composiciones poéticas y se cantó. Uno de los cantadores fue el coronel negro, Cecilio González, acompañado de bandurria.

Vino la noticia del enemigo en Cachaza y el general ordenó tocar silencio y todos a sus respectivos cuerpos.

Serían como las ocho a.m. cuando se oyeron los primeros disparos. Jimaguayú era un potrero cuya yerba de guinea, en toda su extensión, cubría a un hombre a caballo. Formaba un rectángulo rodeado de monte. Nuestras fuerzas se hallaban situadas en la línea del sur; es decir, la mayor parte compuesta de infantería de las Villas y de la Brigada del oeste desplegadas en orden de batalla con frente al norte por donde venía el enemigo. Del vértice del ángulo S. O. del potrero hacia el norte se hallaba también en orden de batalla otra infantería del Camagüey. Atravesaba el potrero de norte a sur, un arroyo cuyo paso principal se encontraba junto al monte en la misma línea de nuestras fuerzas de infantería.

El coronel Manuel Suárez y yo, a caballo, nos encontrábamos en el flanco derecho de las Villas, junto al paso del arroyo. La caballería, mandada por el coronel Enrique Reeve, se hallaba del otro lado del arroyo, algo distante sobre nuestra derecha. No se encontraba la caballería en la línea recta de los pabellones de la infantería, sino algo separada del monte, dentro del potrero, por la necesidad de los caballos. Por razón de la yerba tan alta, aunque estropeada por los caballos, no se distinguían los movimientos de la caballería desde el lugar en que yo estaba. En todo el frente de batalla había una faja de terreno, como de 8 o más metros de ancho, del monte a la yerba, en toda su extensión de este a oeste, completamente limpio. Al empezar los disparos vimos al general Agramonte acompañado únicamente de su jefe de Estado mayor, coronel Rafael Rodríguez y de dos soldados de su Escolta, el sargento Lorenzo y Ramón; pasaron por nuestro frente recorriendo la línea de infantería hacia el oeste. Los disparos se sentían más cerca y con más frecuencia, y vimos que el general volvía por la misma línea hacia nosotros. Al llegar junto al paso del arroyo, casi frente a nosotros, se detuvo, dio órdenes al coronel Rodríguez, que no pudimos oír. El coronel Rodríguez partió al galope, pasó el arroyo, hacia donde se hallaba la caballería, y vimos al general dirigirse al paso, con sus dos soldados detrás, hacia el norte, por donde se sentía el fuego mayor, por dentro de la yerba de guinea que lo cubría y se nos perdió de vista para no volverlo a ver más. No transcurrieron ocho o diez minutos cuando sentimos gritos hacia la caballería. Pasé el arroyo a escape y me uní a ella y vi que, en desorden, gritaban: «Han matado al Mayor, ¡arriba la caballería!». Pero en eso vi al coronel Reeve, en medio del arroyo, en otro paso, que se hallaba más al norte, con el machete en la mano, gritando: «¡Atrás, atrás!», y ordenaba a los oficiales contener la tropa. Yo no vi al coronel Rodríguez en aquellos momentos, pero debo suponer que él y los otros jefes y oficiales de caballería obedecieron las órdenes de Reeve, porque nuestra caballería no cargó y permaneció en su puesto, hasta que se ordenó la retirada, que fue bien pronto, por una vereda que se hallaba junto al arroyo hacia el sur. Oí cuando dieron órdenes al capitán Serafín Sánchez para que con su compañía de las Villas quedara allí en observación y reconociera el campo. El enemigo, ya por nuestros gritos o por la difícil situación en que se hallaba, no avanzó; es decir, no llegó a nuestro campamento y tuvo a bien retirarse, sin saber que habían matado al primer hombre de la Revolución. Rodríguez de León, que era el jefe de aquella fuerza enemiga, supo la muerte del general Agramonte cuando iba en retirada a más de una legua del campo de la acción.

La situación que se presentó a nuestra vista fue en extremo triste y negra.

Cada uno hacía sus comentarios. Yo decía: ¿Cómo es que el coronel Reeve, tan valiente siempre, viendo que nuestro general está en poder de aquel enemigo, en vez de lanzarse sobre él detiene el impulso de nuestros soldados? ¿Cómo no se acordó del rescate del general Sanguily, en el que tomó parte principal el mismo Reeve? Algún tiempo después, en el ataque de Sibanicú, dirigido por el mismo Reeve, me convencí que no tenía disposiciones para la guerra. Era un valiente, pero nada más. Yo tengo el convencimiento de que si Reeve ordena la carga, nosotros derrotamos a Rodríguez de León. Ignacio Agramonte era grande por su carácter recto y justiciero; por la corrección y decencia en todos sus actos; por su inteligencia, perspicacia e Ilustración; por su valor incomparable y hasta por su arrogante figura.

Se ordenó por nuestro Gobierno que el general Sanguily tomara el mando provisionalmente de nuestras fuerzas. Cogimos un práctico que iba del Camagüey al fuerte de las Yeguas, y en la correspondencia ocupada había una comunicación del comandante general para el jefe del Destacamento, en la que decía, entre otras cosas: «Deme cuenta de las presentaciones que es lógico esperar». Todos los jefes de Destacamento fuera de la población debieron recibir la misma orden, a juzgar por el hecho siguiente: Estábamos en la finca «Contramaestre», camino de Santa Cruz, y salimos con el general Sanguily unos cuarenta hombres de caballería hacia el fuerte «Caridad de Arteaga». Llegamos a éste y nos pusimos tan cerca que si hubieran hecho fuego, con toda seguridad matan unos cuantos de nosotros. Recuerdo que el doctor Antonio Luaces, que iba también, me miró y se sonrió como diciendo: «¿Para qué es esto?». Volvimos nuestros caballos y ni un disparo nos hicieron. El general Sanguily, que conocía la comunicación del comandante general de Camagüey, al jefe del Destacamento de Las Yeguas, parece que quiso hacerle creer al de «Caridad de Arteaga» que íbamos a presentarnos. En la acción de Jimaguayú, por más que otra cosa se haya dicho, yo no supe de más bajas que la del general Agramonte, teniente Villegas y un soldado de las Villas, muertos; heridos no vi ninguno.

Algunos días después de esta acción llegó a Camagüey el general Máximo Gómez y se hizo cargo del mando de todas nuestras fuerzas, que se hallaban en muy buenas condiciones, relativamente, por su organización y disciplina. A la organización y disciplina de estas fuerzas debió el general Gómez sus triunfos en el Camagüey.

Tomado estos documentos de la obra de Eugenio Betancourt Agramonte titulada: *Ignacio Agramonte y la Revolución cubana*, páginas 522, 523, 524 y 525.

De Serafín Sánchez

Dos o tres días después del combate glorioso que dio el general Agramonte en las inmediaciones de la ciudad de Puerto Príncipe contra la fuerza de caballería que mandaba el teniente coronel Abril, apareció al frente de su brava y arrogante caballería dicho general. Tan pronto como las avanzadas del campamento anunciaron la presencia del caudillo en ellas, todas las fuerzas de infantería del mismo se colocaron en correcta formación para saludarlo militarmente. Apareció la vanguardia y enseguida el resto de la caballería, en formación de marcha, dos en fondo, con bandera desplegada y a toque de clarín. La infantería al divisar al Héroe en el centro de su columna, prorrumpió en estrepitosos y entusiastas vivas a Cuba, al general y a su fuerza, terciándole marcialmente sus armas. El general al desfilar frente a las fuerzas de infantería en formación se descubrió, y con sombrero en mano y al galope de su caballo Matiabo, saludó cortés y afablemente a las fuerzas que lo vitoreaban, mandando los oficiales de caballería a terciar armas y con sus machetes-espadas en la mano. Así hizo su entrada triunfal en Jimaguayú el héroe cubano que tan pronto debía caer y glorificar con su nombre aquel campo fatal de triste recuerdo. Cuando desfilaba de la manera que se ha dicho, por el frente de nuestros cuerpos de infantería, parecía uno de esos guerreros fantásticos que las leyendas y los poetas antiguos nos enseñan; alto, esbelto, gran jinete y en gran caballo, con el sombrero en la mano, el rostro radiante de alegría y su cabello espeso, sedoso y largo, formando melena, y mecido al viento a causa de la media carrera de su caballo, he ahí el aspecto verdadero y grandioso del héroe. Yo no puedo olvidar, ni ninguno de los que allí estaban habrán olvidado seguramente todavía, aquella magnífica figura del caudillo inmortal; aun me parece, después de veinte años transcurridos, que llevo plegada a mi pupila y a mi mente la estampa ecuestre y viviente del Bayardo Cubano en el momento de saludar alegremente a nuestra fuerza. Fuese a acampar con su caballería sobre el flanco derecho nuestro, próximo al arroyo que atravesaba el Campamento, y desde que se desmontó de su caballo empezó a ocuparse minuciosamente de las fuerzas de infantería allí presentes, de su instrucción militar, organización, estados de fuerzas, etc., etc. Toda la oficialidad perteneciente a la infantería le había saludado y felicitado por la acción que acababa de dar con tan brillante éxito, y él a todos correspondía cortés y afablemente. Los días siguientes a su llegada a Jimaguayú los empleó en los mil detalles que el servicio militar requiere para llenarlo completamente, pero sobre todo se ocupó de la instrucción de las fuerzas de las Villas, exigiendo que mañana y tarde hicieran ejercicios y que jefes y oficiales, sargentos y cabos, no perdieran ni un solo día en sus clases; pues ésos asistían algunas horas diariamente a una Academia militar establecida en el Campamento. Eso se hizo durante nuestra permanencia en Jimaguayú, y en todos los lugares donde acampamos más de dos días; pues hay que advertir que los jefes de infantería de las Villas y Camagüey eran muy constantes en la instrucción y disciplina de sus tropas, sobre todo, los coroneles Manuel Suárez, primer jefe de la brigada del Caunao y José González Guerra que mandaba la de las Villas. Llegó por fin el 10 de mayo por la noche; y nos hallábamos en una reunión con motivo de una cena mambí que la oficialidad de Caunao daba a la de las Villas en pago de otra que dos o tres días antes diera ésta a aquélla. Consistía esa cena en carnes asadas, viandas, arroz, palmito y Cuba Libre en lugar de café (agua y miel de abejas hervida). A ese rústico banquete asistió el general Agramonte con su Estado mayor, y el entonces teniente coronel Henry Reeve con toda su oficialidad de caballería, por haber sido ambos, con los suyos, invitados desde aquel día por la tarde. Estando todos los invitados en la enramada (Glorieta Rústica), y siendo como las seis y media de la tarde, llegaron al Campamento las parejas de caballería que el general mandaba diariamente sobre los caminos y fincas vecinas en exploración del enemigo, que se sospechaba vendría en son de ataque a nuestro campamento, y con mayor razón después de la derrota de Abril y su fuerza, cinco o seis días antes. Los exploradores citados dieron cuenta al general que no había novedad de enemigos por aquellas zonas, y se retiraron a sus respectivas tiendas. Enseguida se habló de la guerra, se contaron por algunos chistosos episodios tan comunes en los malos tiempos de la Revolución, entre otros por el coronel Manuel Suárez; se cantaron canciones por el doctor Manuel Pina y algunos más; el comandante Heriberto Duque, hijo de Colombia, recitó poesías, y también cantó guarachas de Campamento, escritas por él y de las cuales el general Agramonte y los presentes gustaron y rieron mucho, por lo oportunas y graciosas. Así se pasó como una hora y ya servida la cena todos los circunstantes se arrimaron a la improvisada y espaciosa mesa de cujes, rodeada de asientos de igual clase, ocupando el general su sitio de honor, y así cada cual según el orden establecido. La cena abundante, aunque poco variada, duró como tres cuartos de hora, al cabo de los cuales nos separamos de la mesa, la diversión y los cantos.

Serían ya de ocho a ocho y media de la noche cuando apareció un ranchero, de los que tenían su oculta vivienda en los montes que rodeaban la finca «Cachaza», informando al general que a esa finca había llegado ya de noche una columna del enemigo, procedente de la ciudad de Puerto Príncipe, según el rumbo que traía. Enseguida el general hizo llamar a los exploradores y los envió de nuevo al lugar indicado del enemigo, y a otras fincas de los alrededores en previsión de que pudiera haber otras columnas españolas combinadas para caer sobre nuestras fuerzas. El general requirió a los exploradores que habían informado no haber tropas enemigas en los lugares inmediatos, rectificando ellos, que efectivamente no las había en «Cachaza», ni en otra finca de los alrededores hasta su salida de ahí; y así era en efecto, porque entonces el ranchero participante de la tropa le dijo al general que aquélla había llegado a la finca «Cachaza» mucho después de oscurecer, esto es, como a las siete de la noche. Ya despachados los exploradores sobre el enemigo, como queda dicho, y siendo como las nueve de la noche, el general se puso de pie, y dirigió una corta arenga, en la cual refiriéndose a la aproximación del enemigo, recomendó a los jefes y oficiales presentes que se retiraran a sus respectivos cuerpos, y que esperaba que cada cual en su puesto de honor, supiera cumplir como de costumbre con su deber, agregando que él por su parte haría cuanto le fuera posible por poner en gran aprieto al enemigo que se anunciaba cercano, y del que estaba seguro vendría en persecución de nuestras fuerzas, concluyendo por reiterar a los presentes que se retiraran a tomar descanso, de manera de estar listos con sus respectivas fuerzas para la mañana siguiente. Nos retiramos y pasamos la noche sin novedad, despertándonos al «toque de Diana», a las cinco de la mañana del día 11, y empezando desde aquel momento los arreglos y preparativos para esperar al enemigo. Ya como a las seis, empezó el general a comunicar sus órdenes a los jefes de infantería, y éstos a su vez a sus subalternos de los Batallones y Compañías. Respecto a Reeve y su caballería, que estaba junto al general, un poco afuera o distante de la infantería, dio principio a sus movimientos según se veía desde lejos; pues el potrero «Jimaguayú» estaba limpio entonces de malezas aunque sellado de alterosa yerba de guinea. Todo se preparó según lo dispuesto por el general, apareciendo él mismo como a las siete, para examinar si se habían cumplido exactamente sus órdenes en los Cuerpos de infantería. Estos se extendían a lo largo del Campamento, que era de E. a O., como en una extensión de 600 a 700 metros, cerrando su flanco izquierdo con una o dos compañías de las fuerzas de las Villas; el flanco derecho nuestro sobre el arroyo al E. lo cubría el que escribe estas líneas (que era capitán entonces) con su Compañía compuesta de sesenta veteranos. La caballería allá, distante media milla, aguardaba desplegada en batalla la hora de combatir. Ese cuerpo selecto de caballería, compuesto como de ciento veinticinco hombres estaba dispuesto de tal modo por el general, que venía a caer, calculada la masa y distancia que ocupara el enemigo, sobre el extremo del flanco izquierdo del mismo, y su retaguardia, una vez empeñada la acción por nuestra infantería, por el frente. Ya en tal disposición de combate las fuerzas todas, el general aguardaba el fuego que debía principiar entre unos veinte, hombres de caballería de las Villas, que él había destacado al romper el día contra el enemigo, y aquél que desde temprano debía venir en marcha sobre el Campamento. Esos veinte hombres de caballería de las Villas los mandaba el valiente comandante de la misma arma Andrés Piedra (Villareño), que al año siguiente, y al frente de ese mismo Cuerpo, ya aumentado, murió en la memorable acción de las Guásimas. A las siete y media se empezaron a oír los disparos entre la tropa enemiga y los veinte hombres mandados por Piedra, como a media legua, en el límite de las Sabanas de Jimaguayú. El fuego se iba acercando gradualmente a nuestro Campamento hasta que ya se percibía por las inmediaciones de la avanzada de caballería colocada en el lindero que separa el potrero, y la sabana de aquella finca. Entonces fue cuando el general Agramonte a caballo y acompañado de su Estado mayor y Escolta, daba sus últimas disposiciones a los jefes de Cuerpo, deteniéndose al frente de cada Batallón e inquiriendo hasta los más mínimos detalles sobre la colocación y orden de las fuerzas. Marchaba sereno y con profunda calma por delante de la Infantería de O. a E. hacia el arroyo, cuando ya las balas del enemigo al frente y cercano a nosotros pasaban por encima de nuestras cabezas, de la del general y de sus acompañantes; llegó al paso del arroyo, que estaba junto al monte, pasó aquél, y vino a situarse en nuestro flanco derecho, que como queda dicho cubría el que esto escribe con su compañía. Una vez allí y al empezar el fuego entre los españoles y nuestra infantería, me dijo el general: «Capitán Sánchez, ¿qué órdenes ha recibido usted del coronel González?» —«La de mantenerme en este flanco hasta recibir sus órdenes, Mayor», le contesté. «Pues bien, aguárdelas usted y avance, después de recibirlas, en apoyo de mi Escolta»; y repasando el arroyo en el acto, desplegó la caballería, y machete en mano se lanzó sobre el flanco izquierdo del enemigo que ya se las había tiesas con nuestra infantería. A ese tiempo que el general efectuaba tal avance con sus treinta hombres de caballería, se veía a los Escuadrones de Reeve que caían como una avalancha impetuosa sobre la extremidad del flanco izquierdo y retaguardia del enemigo, formando así en conjunto el fuego nuestro casi un cuadro; pues solo una parte del terreno de la acción que miraba hacia el lindero que da a las sabanas de Jimaguayú, no estaba ocupado por nuestra gente. La acción se empeñó con ardor, con brío, a fondo, como suele decirse, sin que en un cuarto de hora cesara el estruendo de los rifles y del cañón que el enemigo traía; en ese tiempo, el humo que era mucho y espeso lo cubría todo y nada se veía; yo, que ocupaba la meseta de una pequeña altura que existe en la margen del arroyo como a 60 metros, no percibía ya el movimiento de los que combatían a mi frente; pues solo momentos antes de espesarse tanto el humo de la pólvora, había distinguido a nuestros Batallones en su avance potrero afuera, hacia la vanguardia enemiga, que se defendía tenazmente y a pie firme. Nada más vi en aquellos momentos de la acción, apareciendo poco después en mi Compañía el sargento Lorenzo Varona, de la Escolta del general, a pie y calzado de espuelas y polainas, diciéndome aparte y en voz baja, «que el general había sido muerto a su lado por una bala del enemigo», y agregó: «cuando el general cayó muerto de su caballo, yo traté de echármelo a cuesta, pero no pude con él, y lo dejé abandonado, perdiendo mi caballo que huyó espantado por el fuego del enemigo». A Varona, que me dijo eso, y habiendo perdido su caballo, no le quedó más recurso que huir, a pie, hacia mi Compañía para refugiarse en ella, puesto que aquél era el único flanco abierto que le quedaba para retirarse, repasando el arroyo. Yo, por mi parte, al recibir tan fatal noticia, guardé silencio entre mi gente, sabiendo por experiencia lo que desmoralizan esas nuevas fatales a los que las escuchan, más en los supremos momentos de una acción. En cuanto a mí, que no suelo ser de temperamento impresionable; puedo asegurar que tan infausta e inesperada noticia me dejó aturdido, como el que recibe en la cabeza o en el corazón un golpe mortal. Pocos instantes después vi que el fuego iba creciendo y nuestras fuerzas replegándose hacia la orilla del monte, lugar del Campamento que era su retirada natural, pero sin ser perseguidas por el enemigo, que se mantenía en sus posiciones de combate. Por fin, cesó todo el fuego, y nuestras infantería y caballería marchaban en orden de formación por el camino que orilla el monte, y que tenía franca salida hacia las fincas inmediatas de Guayabo y Antón. Entonces fue cuando yo, que me mantenía de reserva, por no haber recibido orden en contrario, me dirigí al teniente coronel Henry Reeve y le dije: «¿Qué órdenes me da usted?», contestándome él:

Manténgase aquí, observe los movimientos del enemigo; registre el campo de la acción cuando ése se marche y luego siguiendo las huellas de nuestra fuerza, vaya usted con su compañía a incorporárseme, llevándome relación de lo que viere.

Así lo hice, y permanecí desde aquel momento, que serían las ocho y media a nueve de la mañana, hasta las dos de la tarde, en el campo fatal de Jimaguayú.

Ahora bien, el enemigo nos atacó como a las ocho de la mañana y nuestras fuerzas se retiraron próximamente a las nueve, es decir, que la acción duraría poco más de media hora. Los españoles permanecieron en sus posiciones de combate hasta las once que se retiraron por el camino que habían traído —el de Cachaza—. Esas dos horas que permanecieron en Jimaguayú los españoles después de la acción, las emplearon en hacer su rancho, curar sus heridos y enterrar sus muertos. Tan pronto como ellos se marcharon, yo ocupé de nuevo la ranchería del Campamento que no habían destruido por no haberse acercado a ella; pues solo una pequeña sección de su caballería había avanzado hasta los primeros ranchos, y sin desmontarse de sus caballos cortaron con sus machetes las horquetas de algunos de ellos, retirándose en el acto. Habiéndose retirado la tropa española, empezamos nosotros a registrar el campo de la acción; la alterosa yerba de guinea, que algunas horas antes lo cubría todo frente al Campamento, estaba como cortada y molida en todo el espacio que ocuparon las fuerzas combatientes; en el flanco izquierdo del Campamento, como a 250 metros de distancia estaba un fortín viejo que los españoles habían construido allí provisionalmente en otro tiempo, abandonándolo; pues bien, en ese fortín había una fosa, y en ella trece muertos, pertenecientes a la columna española que acaba de combatir, e inmediato a la misma, dimos nosotros sepultura al cadáver del valeroso capitán de caballería perteneciente a la Escolta del general Agramonte, Jacobo Díaz de Villegas, que había muerto combatiendo heroicamente al lado de su general; tenía heridas de bala y de arma blanca, y entre éstas una que le había cortado la lengua. Era el capitán Jacobo Díaz de Villegas, hijo de Cienfuegos, sobrino del general Juan Díaz de Villegas, que fue anteriormente primer jefe de la División de Cienfuegos. Jacobo había subido al Camagüey con las fuerzas de las Villas en 1871, cuando aquéllas abandonaron su territorio, acompañando a su tío el general; luego en Camagüey, el general Agramonte lo había incorporado a su Escolta, y en ésa se distinguió notablemente por la impetuosidad de su valor; habiendo sido —según está escrito— el oficial que más se había hecho notar cinco o seis días antes en el combate contra la fuerza española que mandaba el teniente coronel Abril. El general Agramonte tenía en gran aprecio y estimación al citado capitán Villegas. Este era un bonito joven que tenía unos veintiséis o veintisiete años de edad, cuando cayó en el campo fatal de Jimaguayú, al lado del héroe camagüeyano. En aquel campo recorrido y explorado por nosotros, encontramos regados varios objetos, como cananas, cápsulas, sombreros, zapatos y ropas de los españoles; había además unos cuantos caballos heridos que ellos habían dejado abandonados. A las dos de la tarde y después de examinar bien el campo de batalla, y de haber almorzado mi gente, que había cocinado en el mismo campamento, me retiré de él siguiendo las huellas de nuestras fuerzas, según me lo había ordenado Reeve. Y, ¡cosa singular y desgraciada es ésa de que no habiéndose el enemigo llevado el cadáver del general Agramonte en su retirada del campo de la acción por ignorar su muerte, y permaneciendo yo en aquél, con más de sesenta hombres de mi fuerza, examinándolo y registrándolo todo por espacio de tres horas, no encontrara el preciado cadáver allí abandonado y oculto por la yerba de guinea para unos y para otros! Pero es verdad que yo y todos creíamos que al morir el general y desaparecer de nuestra vista, el enemigo se había apoderado de su cadáver, desde el primer momento, y en esa convicción, claro es que no habíamos de tomarnos empeño en buscarlo en aquel campo. Así pasó todo aquel incidente desgraciado. Como ya queda dicho, yo me retiré a las dos de la tarde, y dos horas después, según se supo luego, el enemigo —una parte de la columna— había contramarchado desde la finca «Cachaza» en busca del cadáver, que recogió y se llevó atravesado en un mulo hasta la ciudad de Puerto Príncipe, en la cual algunas horas más tarde (12 de mayo de 1873) lo convirtió en cenizas en el cementerio de dicha ciudad. Y el hallazgo del cadáver sucedió de esta manera. Un soldado do la columna española, después de la acción seguramente, registrando el campo se encontró con un cadáver cubano abandonado, y viendo por su aspecto y vestuario distinguido que debía ser un jefe, se acercó a él y le registró las ropas, encontrándole en una cananita ajustada al cinto, papeles y tal vez algún dinero, puesto que no dio parte del hallazgo a la columna, apoderándose de esos objetos y marchándose; mas luego parece que habló en la marcha sobre lo del cadáver y lo que había extraído de él, y fue denunciado ante el jefe de la columna quien examinando los papeles vino en conocimiento por ellos que el cadáver encontrado por aquel soldado era el del general Ignacio Agramonte, y volvió sobre sus pasos por él. Ahora bien, para terminar diré, que sobre la muerte del general, que tantas versiones han corrido después respecto de las circunstancias que la rodearon, yo creo sencillamente que el general, desviado por un momento del grueso de su Escolta y Estado mayor, y solo acompañado de Villegas y Varona, trató de salvar un espacio de terreno no muy considerable que mediaba entre él y la caballería de Reeve; parece que con la idea de comunicarle alguna orden verbal a aquel jefe —a Reeve— y al atravesar ese espacio cubierto de yerba de guinea, tropezó de improviso con un flanco de infantería enemiga que le hizo una descarga a certísima distancia, causándole la muerte instantánea por una bala que le atravesó el cráneo. Ese es mi parecer, y me fundo en él partiendo de la relación que en aquel infausto día me hizo Varona, y que aparece anteriormente en este relato, y también por haberse encontrado el cadáver de Villegas cerca del lugar en donde más tarde se marcó con piedras y ladrillos la caída de Agramonte. Se dijo poco después de su muerte, que el general había sido muerto por un joven de apellido Zaldívar que se había pasado de nuestro campo al del enemigo; pero yo a eso no le di ni le doy importancia alguna, puesto que conozco a fondo el sistema de nuestra guerra que no se prestaba a esa caza de hombres determinados, en medio de un combate como el de Jimaguayú, sobre todo en donde no hay alturas que pudieran dominar el campo de batalla y cubierto éste de yerbas tan altas, que dentro de ellas desaparecerían infantes y jinetes, por eso niego la versión de que el joven Zaldívar fuera el matador de Agramonte, suponiendo solamente, que si ése se había pasado al enemigo en aquellos días, natural era que viniera con otros cubanos prácticos de esos lugares guiando la columna de León. Hay otra versión vaga, y que hace poco me hizo oír Manuel Sanguily, y que yo ignoraba por completo; la de que un mulato había sido el que le dio muerte al general Agramonte. Yo no sé de dónde ha sacado Sanguily ése, que solo a él se lo he oído decir, en el espacio de veinte años que median de la muerte de Agramonte a la fecha: es verdad que Sanguily dice: «Se dijo, o se dice que un mulato», tal vez sea ése un sueño de Manuel. Él es soñador, una suposición por lo menos muy propia de él. Y dicho esto, vuelvo a ratificar mi creencia de siempre de que el general Agramonte fue muerto por un flanco enemigo que tropezó con él a corta distancia dentro de la yerba de guinea que era sumamente alterosa en aquel lugar. Yo marché sobre las huellas de nuestras fuerzas hasta alcanzarles en la finca «Guano Alto», en esa triste noche del funesto 11 de mayo; le di cuenta al teniente coronel Reeve de mi exploración y demás circunstancias de ella en el orden que ya dejo consignado y me incorporé a mi batallón. En ese campamento de «Guano Alto» donde llegué, todo era aflicción y profunda tristeza, nadie reía, todos callaban y si los grupos hablaban lo hacían en voz baja y de duelo, como lo hacen las familias numerosas cuando acaban de perder al padre amante y bueno. Aquella catástrofe irreparable, producida por la muerte de un hombre, hirió tal vez a la República; pero a nosotros que habíamos combatido a su lado tanto tiempo, y que conocíamos a fondo el valor militar y patriótico de aquel hombre, nos causó su desaparición de la escena pública y de la vida revolucionaria, el efecto pavoroso que deben sentir los que se hunden en el vacío sin encontrar asidero para salvarse de una muerte segura. Solo me resta decir que las fuerzas cubanas en Jimaguayú constarían de unos 500 hombres, y que las españolas llegarían a 700, más o menos; que nuestras bajas fueron unas veinte y pico, considerándole al enemigo muchas más. El general Agramonte en el combate de Jimaguayú montaba su caballo Ballestilla, que ocupó el enemigo. En cuanto al plan de combate ordenado por el general, de más está decir que no tenía pero; él conocía el terreno minuciosamente y se había presentado para combatir en él, previendo que los españoles vendrían a buscarlo para desquitarse de la derrota de Abril.

En las acciones de guerra, tan llenas de accidentes y peripecias imprevistas, es muy expuesto dar una opinión concluyente o afirmativa sobre su resultado, y así sucedió en Jimaguayú, donde cualquier conocedor del estado y entusiasmo de nuestras fuerzas, y del gran caudillo que las mandaba, y estudiando el plan que aquél trazara, y sus circunstancias favorables, como la de componerse la columna enemiga de unos 700 hombres y la nuestra de 500, cuyas cifras no eran desproporcionadas, porque fue muy común en la guerra de Cuba triunfar nuestras fuerzas siendo solamente la mitad en número de las del enemigo, hubiera esperado de seguro un triunfo lisonjero para nuestras armas; pero lo impidió la inesperada y hasta imprudente muerte de Agramonte. Así puedo llamarlo porque él ya en aquellas ventajosas condiciones de preponderante crédito militar en que se encontraba, no debió dejarse llevar de su impetuoso brío de guerrero y entrar en la acción de Jimaguayú como un simple soldado de fila, puesto que su carácter de primer jefe le ordenaba militarmente lo contrario de lo que desgraciadamente hizo —dio por resultado la catástrofe en lugar de la victoria, y a no ser por eso, sabe Dios lo que hubiera sido aquel día de la columna española que mandaba el teniente coronel León—. Pero así estaba escrito, como diría un fatalista; pues hay que saber, que después de estar nuestras fuerzas muchos días en Jimaguayú esperando al enemigo sin que éste viniera, había el general Agramonte determinado al fin, marchar el 11 por la mañana, anunciándolo así en la orden del día 10 por la tarde a todas las fuerzas; y después vinieron los exploradores de caballería diciendo que no había enemigo por aquellos alrededores, según lo he explicado antes, y por último el desgraciado anuncio del ranchero de Cachaza que cambió la escena en que girábamos y también la faz de la República Cubana.

Key West, 1893.

Serafín Sánchez

Libros a la carta

A la carta es un servicio especializado para

empresas,

librerías,

bibliotecas,

editoriales

y centros de enseñanza;

y permite confeccionar libros que, por su formato y concepción, sirven a los propósitos más específicos de estas instituciones.

Las empresas nos encargan ediciones personalizadas para marketing editorial o para regalos institucionales. Y los interesados solicitan, a título personal, ediciones antiguas, o no disponibles en el mercado; y las acompañan con notas y comentarios críticos.

Las ediciones tienen como apoyo un libro de estilo con todo tipo de referencias sobre los criterios de tratamiento tipográfico aplicados a nuestros libros que puede ser consultado en Linkgua-edición.com.

Linkgua edita por encargo diferentes versiones de una misma obra con distintos tratamientos ortotipográficos (actualizaciones de carácter divulgativo de un clásico, o versiones estrictamente fieles a la edición original de referencia).

Este servicio de ediciones a la carta le permitirá, si usted se dedica a la enseñanza, tener una forma de hacer pública su interpretación de un texto y, sobre una versión digitalizada «base», usted podrá introducir interpretaciones del texto fuente. Es un tópico que los profesores denuncien en clase los desmanes de una edición, o vayan comentando errores de interpretación de un texto y esta es una solución útil a esa necesidad del mundo académico.

Asimismo publicamos de manera sistemática, en un mismo catálogo, tesis doctorales y actas de congresos académicos, que son distribuidas a través de nuestra Web.

El servicio de «Libros a la carta» funciona de dos formas.

1. Tenemos un fondo de libros digitalizados que usted puede personalizar en tiradas de al menos cinco ejemplares. Estas personalizaciones pueden ser de todo tipo: añadir notas de clase para uso de un grupo de estudiantes,

introducir logos corporativos para uso con fines de marketing empresarial, etc. etc.

2. Buscamos libros descatalogados de otras editoriales y los reeditamos en tiradas cortas a petición de un cliente.